AF792800

Ochenta y seis cuentos

Quim Monzó

# Ochenta y seis cuentos

Traducción de Javier Cercas

EDITORIAL ANAGRAMA
BARCELONA

*Título de la edición original:*
Vuitanta-sis contes
Quaderns Crema
Barcelona, 1999

Traducción de Javier Cercas: *Uf, dijo él, Olivetti, Moulinex, Chaffoteaux et Maury, La isla de Maians, Guadalajara*
Traducción de Marcelo Cohen: *El porqué de las cosas*

*Gracias a Salvador Oliva por la traducción de la obra visible del poeta Borrell que figura en el cuento «El secuestro».*

*Diseño de la colección:*
Julio Vivas
Ilustración: «Illumination», Mark Tansey, 1982, colección Laura Skoler

*Primera edición: marzo 2001*
*Segunda edición: abril 2001*
*Tercera edición: mayo 2001*


Pedró de la Creu, 58
08034 Barcelona

ISBN: 84-339-2478-8
Depósito Legal: B. 24517-2001

Printed in Spain

Liberduplex, S.L., Constitució, 19, 08014 Barcelona

# UF, DIJO ÉL

Un jour il y aura autre chose que le jour.

BORIS VIAN, *Je voudrais pas crever*

Et mirava de fit a fit. No has sabut mai si t'havia besat o si només t'havia somrigut.

JORDI SARSANEDAS, *Mites*

# HISTORIA DE UN AMOR

*A Joan Brossa, que me dio la idea*

A estas alturas daría por bueno todo lo que ha pasado hasta ahora a cambio de ver, otra vez, el cielo de color pipermint y las estrellas que chisporrotean en el cesto de tus ojos. Pero esta vez, si se me permitiera, querría acabar de una vez. Empiezo a estar harto, cosa sorprendente si se tiene en cuenta que soy un hombre cargado de paciencia. Pero es que ésta es una historia inmemorial que empieza una alborada, cuando yo todavía era joven y la besaba con ternura, en un landó alquilado que el cochero había detenido junto a una isla de luz todavía encendida, ante la mansión neoclásica (de un neoclasicismo tardío) donde habíamos de querernos tanto y sin que nadie nos molestase. Ella era (ella es) una diosa nórdica, tierna como el vuelo de la abubilla, frágil, suave y traviesa. Digo esto a riesgo de parecer ridículo, pero es que ésta es la historia apasionada de un amor ardiente que nos encendía cada vez más, mientras entrábamos en la mansión, que era de una tía mía, medio loca y miope, que se tuvo que exiliar por razones más oscuras que heroicas. Subimos las escaleras con prisa, con la celeridad que se presupone en aquellos que, enamorados, han decidido aligerar orgásmicamente la adoración que se profesan. Atravesamos pasillos y estancias, y más pasillos y salas que daban a nuevos pasillos. Abríamos puertas más allá de las cuales había nuevas estancias con puertas que ocultaban salas con otras puertas (de una que no se abría tuvimos que hacer saltar la cerradura oxidada) que daban a estancias con nuevas puertas. Seré breve: finalmente llegamos a la habitación más espaciosa, con una cama amplia con dosel, y con las paredes cubiertas por damascos de estilos desaforados. Cuando descorrimos las cortinas, ansiosos de la claridad de la luna, nos envolvió una nube de polvo. Abrimos el balcón. Contra el cielo se recortaban las montañas (de tonalidades más botticellianas a medida que se hacía de día) y de los prados llegaba un ruido mortecino y estival (entre otras cosas porque todo esto pasaba en verano). Tuve que desnudarla lentamente (con impedimentos y desazones librarla de las dos faldas, las enaguas, el miriñaque, la faja, las medias, los zapatos, todas las diademas que llevaba en la cabeza) hasta que pude contemplar su cuerpo lácteo. Ella bajaba las pestañas, negras y grandes como abanicos, y se habría sonrojado si no hubiese sido porque el maquillaje hacía imposible que se notase y, por tanto, era un esfuerzo inútil. Los pezones eran oscuros y los pechos adolescentes, y se dejaba hacer con una indolencia del todo apropiada a una dama de clase social tan elevada, que desviaba la mirada, púdicamente, mientras yo me apresuraba a desnudarme. Lo que más me costó quitarme fueron las botas, sobre todo porque, con las prisas, tratando de deshacer los lazos de los cordones, me hacía nudos con ellos. Aprovechando que yo tardaba, me preguntó dónde estaba la toilette. Se lo indiqué. Cuando volvió (cubierta con un camisón de color rosa, de seda china, que había sido de una de mis abuelas, y que debía de haber encontrado en el armario del baño) yo me deshacía finalmente de la última bota y la tiraba contra la pared, que soltó una nueva nube de polvo y se agrietó. Luego, quitarme los calzoncillos y la camiseta fue cosa de pocos minutos. Me di prisa en recuperar el tiempo perdido: le acaricié las mejillas, le di besos en las orejas, le musité palabras melifluas. Parecía perdida en una duda profunda, muriéndose por ceder a las caricias y al mismo tiempo queriendo huir de ellas. Finalmente se volvió, me miró al fondo de los ojos y me besó en los labios, con tal inexperiencia que no pude evitar sonreír. Y, como no quería que tomase mi sonrisa por una burla, para ocultarla le mordí la oreja, le lamí el cuello y, aprovechando la proximidad del conducto auditivo, le murmuré: Amor mío..., varias veces, cada vez un poco más fuerte y en un tono un poco más salvaje. Fue entonces cuando llamaron a la puerta: un timbrazo largo. Me miró. La miré. Hice un gesto con la mano, excusándome mientras me levantaba. Vuelvo enseguida, amor. Ella (discreta) apartó la vista de la erección, que me resultaba imposible disimular. Vestido con un quimono bajé a abrir: el cochero me devolvía el sombrero de la señora, que (llevados por las emociones) habíamos olvidado en el asiento. Como no tenía puestos los pantalones, me encontré sin ninguna moneda con que darle las gracias a aquel cochero demasiado celoso. Tuve que subir al despacho a buscar alguna, no la encontré, cogí un billete, volví a bajar y se lo metí en el bolsillo. Me dio las gracias, le dije que no había de qué, cerré la puerta de golpe (se formó otra nube de polvo, se cayó una bisagra) y corrí escaleras arriba, hacia el dormitorio. Ella me esperaba, anhelante. Musitó mi nombre dos veces y me pidió que la abrazase, que la calentase con mi cuerpo. Púdica, llevaba aún unas bragas blancas y finas, de blonda (que yo, antes, no me había atrevido a quitarle para no parecer demasiado impaciente). Ahora sí: me arrodillé ante ella y se las bajé con dedos lentísimos. El interior estaba húmedo, y el aroma del flujo era tan intenso que me llenaba la pituitaria. Amor, amor..., insistía mientras le recorría el torso con la lengua. Como vi que le continuaba dando miedo tomar iniciativa alguna y mostrarse, así, demasiado atrevida, le cogí la mano y se la puse sobre mi miembro, que notó extremadamente caliente. Dejó escapar un oh que ahogué besándole el cuello pulgada a pulgada. De forma tosca, retiraba el prepucio y, con el rabillo del ojo, observaba el polifemo amenazador. El flujo ya había empapado las sábanas y ahora goteaba en el suelo. Con cuidado, le separé las piernas. El interior de los labios era un manantial pegajoso que se contraía, incontrolable, a cada caricia. Palomita mía, dije avanzando la verga hacia la abertura absorbente. Justo en aquel momento, volvieron a llamar a la puerta. Blasfemé en voz alta, decidí hacer caso omiso y empujé. Me detuvo. Vete a abrir, dijo, vete a saber quién puede ser ahora. Medio desabrochado, bajé las escaleras: detrás de la puerta, un taponcete gordezuelo me ofrecía la posibilidad de un seguro de vida a plazos, a pagar en tantos meses como hicieran falta. Cerré la puerta sin contestarle, subí nuevamente las escaleras. Arriba, ella retiró la mano en cuanto me vio llegar. Le besé los dedos, que ahora le olían a sexo. Para no perder más tiempo, sin más preámbulos forcé la abertura y me rodeó el paraíso: el cielo de pipermint, las estrellas en el cesto de sus ojos, todo lo que decía antes. Con los ojos cerrados, se mordía los labios y repetía: oh. A las primeras sacudidas, el flujo empezó a manar todavía más, tanto que nos empapaba los muslos y hacía que se nos pegasen las sábanas. Me arañaba la espalda y decía: Sí, sí, con periodicidad de metrónomo. Entonces, por encima de su gemido reiterado, empezó a sonar el del teléfono de la habitación de al lado. Maldije estos inventos modernos, hijos del diablo, y decidí hacer caso omiso, pero ella detuvo el movimiento y me atenazó con los músculos vaginales. Vi que movía los labios y supuse que quería decirme algo, pero con voz tan débil que, con el ring-ring del teléfono, no había manera de entenderla. Ve. Si oigo ese ruido no puedo continuar: me bloqueo. No me extrañó. Con aquellos gritos metálicos en la habitación de al lado, incluso yo empezaba a bloquearme. Salí de entre sus piernas (el coño se cerró, hizo blup, soltó una nueva descarga de flujo) y corrí hacia el teléfono, que no paraba de bramar. ¿Diga?, le dije a la trompetita negra, y preguntaron por un nombre que no había oído en mi vida y que no tenía, ni había tenido nunca, nada que ver conmigo ni con mi tía loca, miope y exiliada. Se equivoca, dije, no sé si antes o después de colgar. Pero en vez de volver arriba enseguida me dejé caer en la silla, y encendí un cigarrillo. Será mejor que me serene. ¡Estoy tan nervioso! Pero aún no me había fumado la mitad cuando decidí que qué hacía allí abajo, fumando, si ella estaba arriba, esperándome. Tiré el cigarrillo al suelo y volví al dormitorio. Has fumado, me dijo. Asentí, con miedo a que le desagradase el aliento nicotínico y aquello complicase también las cosas. Pero no. Me gusta el sabor del tabaco en tus labios, sonrió mordiéndomelos. Decidí apresurarme, no fuese a venir alguien, otra vez, a interrumpirnos. Los prados, más allá del balcón, se teñían de ocres y rojos de mediodía. Habían dejado de ser botticellianos para hacerse, cada vez más, vangoghianos. De hecho, la paz era tan absoluta que se oía a las carcomas atareadas en las vigas. Querido, dijo, quiero que te quedes conmigo. Si vuelven a molestarnos no haremos caso, propuse. No, eso no, dijo la chica. Y entonces me contó una historia que rompía el corazón: de niña, una noche estaba en la cama y oí que llamaban a la puerta. Llamaban y llamaban, cada vez más fuerte. No entendía cómo era que mis padres no salían a abrir. Con miedo, los busqué por la casa, pensando que quizá una lámpara de gas apagada al azar, por ejemplo, los había matado. Finalmente me los encontré en la cama: luchando, riendo, tocándose, resoplando. No era que alguien llamase, sino que, como las sacudidas eran tan fuertes, el cabezal de la cama golpeaba la pared, y toda ella temblaba y hacía que se moviese la imagen del Santo Cristo de Lepanto colgada allí. Desde entonces, siempre que oigo que llaman tengo que abrir la puerta, contestar el teléfono o lo que sea, y no puedo soportar ningún ring-ring no atendido. ¿Te haces cargo? Ya lo creo que me hago cargo, le aseguré mientras empezaba a acariciarle el pecho izquierdo. En cuestión de segundos, volvió a soltar flujo, que, añadido al que había soltado hasta entonces, se derramaba desde nuestras piernas y desde la cama, y se acumulaba en el suelo, donde formaba un charco poco profundo. De los besos y las caricias volvimos al acoplamiento. En cuanto el glande desapareció dentro de la vulva, nos cayó encima una lluvia de ladrillos, de vigas y de cañizo: el techo de la habitación se hundía.

Solucionado el problema (pagada y expulsada de casa la cuadrilla de albañiles y otra vez felices los dos, uno dentro del otro), tuve que atender a un par de testigos de Jehová, empeñados en leerme páginas de la Biblia que me eran del todo indiferentes. No había acabado de subir del todo las escaleras cuando volvió a sonar el timbre. Era una chica que ofrecía una espléndida gama de productos Avon. Dos minutos después de echarla sin contemplaciones, justo en el momento en que empezábamos a sentir las primeras vibraciones preorgásmicas, llamaron del campo de aviación (porque, a esta altura de la historia, ya habían incluso inventado los aeroplanos) y resultó ser una prima segunda, hija de la tía loca, miope y exiliada, que se autoinvitó a pasar una quincena en mi casa (es decir: en casa de su madre, la tía loca, miope y exiliada), y todo fueron angustias para evitar que entrase en el dormitorio. Pero el olor a flujo era tan intenso que se esparcía por todos los pasillos, salas y habitaciones de la mansión y, según cómo soplase el viento, por los pueblos y los valles de la comarca. Apenas comprendió qué tipo de olor era aquél, la prima segunda se fue, herida e indignada por tener que contar, entre la parentela, con un primo segundo al que tildaba de calavera y perdido. Sin siquiera decirle adiós, ya estaba otra vez en lo alto de las escaleras, abriendo nuevamente la puerta de la habitación, y nada más, porque de repente tuve que volver a bajar: una requisitoria militar (personificada en dos soldados y un cabo con orden de arresto y partida inmediata, bajo acusación de deserción por no haberme presentado a cumplir el servicio militar dentro del plazo reglamentario, que había expirado hacía más de dos años), me llevó a un cuartel y, pocos meses después, cuando estalló, a la guerra del 36. A la vuelta, tuve que pagar recibos a una larga, barbada y famélica hilera de acreedores, contesté, a medias e innecesariamente, una encuesta radiofónica, y tuve que ir a La Bisbal a visitar a un pariente moribundo (y llegué allí cuando ya hacía tres horas que le habían enterrado). ¿Qué otras interrupciones me esperan? Tanto da; infatigablemente subo ahora otra vez las escaleras, impregnada toda la casa de este olor que ya me parece casero, con la intención de acabar de una vez, de derramarme en ella y de dormirnos finalmente, relajados y satisfechos. ¡A menudo he tenido pesadillas en que, cuando volvía a casa, ella ya no estaba! Por otra parte, qué fácil hubiera sido dejarlo correr, pensar que toda esta serie de obstáculos no es más que la prueba de que no estamos hechos el uno para el otro, de que tanto tiempo intentándolo sin éxito tendría que hacernos renunciar. Abro la puerta, el picaporte se me queda en la mano, lo tiro a un lado, aparto con el pie montones de carcomas muertas y pilas de cartas sin abrir. Ella está entre las sábanas, mirando el infinito por la ventana. Cuando oye que la madera del suelo cruje vuelve los ojos, sobresaltada. Me reconoce, retira la mano, sonríe. Me abre los brazos como tantas veces a lo largo de estos años. Querido, me dice, ¡abrázame fuerte, querido! Yo la abrazo fuerte, mientras, sin dejar de abrazarla, me apresuro a quitarme guerreras, chalecos y corbatas de luto. Ah, si pudiésemos acabar este coito que empezamos hace ya tanto tiempo, cuando aún éramos jóvenes y nos besábamos en el landó y, erróneamente, preveíamos que, como mucho, en una hora habríamos acabado.

# EN UN TIEMPO LEJANO

*A Roser*

He aquí que una madrugada azul, de nieves blancas y arenas infinitas y glaciares como lenguas llorosas, el homínido se alzó sobre las dos patas de atrás y bajó los ojos hacia una tierra que ahora, de golpe, le quedaba lejos y movediza, y dilató las narices y olfateó la humedad del río y *se dio cuenta* de que olfateaba la humedad del río, y gruñó de contento, y volvió los ojos hacia el sol rojo que nacía más allá de prados y montañas y extensiones de tierra negra y horizontes de hierba y cabalgatas de animales eternos como el tiempo, y bajó la mirada y miró con fijeza la encina y levantó el puño y alargó el dedo índice, señalando la masa vegetal que susurraba ante él, y sintió cascadas de agua en la boca, pequeños gritos inconcretos, chillidos toscos: Agr gr gr ga arg; hasta que el gruñido se convirtió en palabra y vocalizó: Ar a arb abr arb arbo l, y repitió: Árrbol, y el índice todavía señalaba la encina, hasta que lo dirigió a la inmensidad azul que se extendía de un lado a otro del día que nacía sobre su cabeza como un dios de dos dimensiones infinitas, y dijo: Ci c ce cie cielo, y lo repitió, abrió unos ojos como naranjas, todavía inseguro, y señaló el río y vocalizó: A a ag agu gb a agu ua, y sonrió satisfecho, con los ojos llenos de una alegría reluciente, y pisó el suelo con fuerza, toc-toc, y la señaló con el índice y vocalizó dificultosamente: Pa pso pacost païco pasio ta, y ya con más calma: Paaï sos ca atlanns, sonriente y jovial, sin saber la que acababa de armar.

# SOBRE LA NO COMPARECENCIA A LAS CITAS

Bajo a la ciudad muy de vez en cuando: sólo cuando tengo que comprar o hablar con alguien; porque, entre una cosa y la otra, son dos horas largas de tren, por prados de menta y montañas de crocanti, y, además, viajar me molesta, me cansa, me agota, me da ganas de vomitar y hace que mi cara se vuelva de color leche. Claro que a veces no queda otro remedio que coger el tren, provisto de biodraminas y agua del Carmen, como hoy, porque no puedes estar diciendo siempre que no. Además, andamos tan faltos de gratificaciones últimamente, que sin que te des cuenta te sorprendes sentado en el asiento rojo, descabezando un sueño, que así el tiempo vuela más rápidamente y antes de lo que te crees ya has llegado, aunque entonces notes que has llegado demasiado pronto. Porque hasta que bajé del tren (un pie en el estribo, el otro en el suelo) no me fijé en el reloj, pero llegar con tiempo de sobra es un vicio tan arraigado en mí que ya no me alarma: eran las doce y pico y me habían citado a las cinco, cosa que quería decir que me vería obligado a aburrirme un buen rato, perspectiva que me decidió a comprar periódicos; cerca de la estación encontré un quiosco y una plaza donde caía un sol aterrador (me senté bajo unos olmos de silencio metálico, en un banco de plata). Al otro lado de la plaza, unos chavales de piernas arqueadas jugaban a pilla-pilla bajo la mirada discreta de madres jóvenes de carnes rosadas, con olor de paja fresca, que me hicieron pensar en comprar juguetes y pasteles, razón por la cual fui hasta unos almacenes gigantescos, de un bullicio de cemento, que me chuparon los cuartos y me escupieron más tarde, con la cabeza como un bombo de musiquitas de todos los colores. Flotando por el tiempo que me sobraba, despacito sobre los escaparates, los globos aerostáticos y los jilgueros inflamables que me ofrecían altramuces a mitad de precio, me sumé a un corro de gente: en medio, un par de medusas anfibias luchaban con violencia mayestática, agitando brazos, piernas, alas y ventosas. Era como las peleas de gallos mexicanos; polvo en las gargantas de los espectadores sudados y con camisas floreadas. Una de las dos medusas se había aferrado a la otra y parecía chuparle la sangre, una inexistente sangre amarilla y apestosa, en perpetua ebullición, hasta que se cayó al suelo y no se levantó más (el dueño de la ganadora recogió el animal con orgullo: lo cogió con la mano y se lo mostró al público mientras sonreía, triunfador y con los billetes en el bolsillo; el perdedor lloraba, abrazado a la medusa muerta). La gente empezó a dispersarse, y yo con ellos. Sentí hambre, tiré el cucurucho de altramuces, intacto, entré en un restaurante y pedí chucrut, agua mineral y un café doble (que, finalmente, se convirtió en un coñac con hielo, tan amargo y aceitoso que parecía gasolina). Entré en el edificio cuando sólo faltaban cinco minutos para las cinco (el reloj, inmenso, en la fachada) y todo parecía desierto: el hall de entrada, el largo pasillo con cristales, asomado a un jardín frío, las salas laterales, llenas de electricidad salada y vacías de cualquier tipo de actividad. Detrás de un mostrador encontré la cara dormida de un conserje. Cuando le pregunté por el señor Oliver me miró aburrido; me aseguró apáticamente que no estaba, que no le había visto en todo el día. A pesar de todas estas aseveraciones, yo insistía e insistía, tanto que me dejó pasar. Compruébelo usted mismo, dijo (un poco burlón), a ver si lo encuentra; yo no puedo hacer nada más. Y volvió a bajar la cabeza hasta el mármol del mostrador. Cerró los ojos otra vez mientras yo me decidía a deambular por las sombras mefistofélicas del cuento de hadas moderno: tiniebla y silencio de gilettes, leves pisadas sobre el suelo brillante, todo aliñado con un olor de magenta, de granadas podridas pintadas de azul, un largo travelín no sé si lateral o frontal, por umbráculos y estancias frías, por decorados polvorientos: balcones amplios sobre Ganges de plástico, dunas de cartón amarillo agrietadas, avenidas de papel en Nueva Yorks de baratillo, cárceles de cartulina con ventanas de alambre, nieves de porexpan y hielos de papel, y los techos: una única red de mecano negro bajo un Techo invisible. Y el rumor de ríos inconfesables, vigilados por policías desarrolladísimos (los estudios desiertos: ni un control en todo el edificio). Por pasillos de porcelana, el hambre de las polillas recuerda cuentos olvidados de Poe: aparatos fríos, cámaras y cámaras y jirafas y micros oxidados, todo tan lúgubre y oscuro (ni el aliento de un alma). De vez en cuando, un televisor mudo donde danzan oscuridades con cara de hombre que mueve los labios y dice palabras inaudibles, donde parejas felices bailan sin música, donde cowboys de tergal disparan tiros sordos (silencio en medio de un mar de hielo dulce). Miro el reloj: las cinco y cuarto y todavía no ha venido nadie (se han retrasado, pienso, quizá llegarán más tarde). Continúo caminando, esta vez por un poblado indio. Hay una cámara dirigida hacia una silla iluminada por un foco blanco. Me siento en ella. Miro. Ante mí, un pequeño televisor reproduce mi imagen: si me muevo, mi pequeña copia en el televisor se mueve; si bailo, baila; si me río, se ríe; si estoy en silencio, mirando fijamente el objetivo, se queda muda, mirándome a los ojos. Las seis. Me voy. Toda paciencia tiene un límite. Bajo las escaleras, llego al hall: el conserje ya no está. Todo está vacío. Abro la puerta y, entonces, veo al hombre pequeño y pálido, detrás de la puerta, observándome cabizbajo. ¿Y usted?, le pregunto, ¿también venía para la grabación? ¿Ha visto al señor Oliver? ¡Menuda cara! Y como no contesta le agarro por las solapas y le levanto del suelo (los pies se agitan, transparentes). Yo venía a cerrar la puerta, me contesta mirándome a los ojos. Le dejo en el suelo y añade: cuando llega esta hora, todos se van; se hartan de tanto esperar. Entonces, vengo y cierro la puerta. El hombrecito no parece tener muchas más cosas que decir, y se mueve con desazón, como si fuese demasiado tarde y tuviese prisa por marcharse, o llevase a hombros una carga pesada y mis preguntas fuesen una molestia más. Empiezo a caminar, buscando un taxi que me lleve a la estación.

# UF, DIJO ÉL

Tomaron café y trozos de tarta. Uf, dijo él finalmente (porque antes tenía la boca llena, no solamente de pastel sino también de pereza, y no la hubiera podido abrir). Ella ni le miró (hacía taaanto calor, y la ventana, como siempre, cerrada). La ventana, como siempre, cerrada, dijo. Él no contestó (pensaba que, en pleno verano, era lógico que hiciese calor). Si quieres, ábrela, sugirió, porque le pareció que tenía que decir algo. Ella, sin embargo, no se levantó de la silla ni hizo ningún comentario. Era como si el tiempo los aplastase en silencio. Cogió la tetera y, poco a poco, sirvió el café en la taza (hacía ya un año que se había roto la cafetera y habían decidido no comprar otra: como no les gustaba el té, usarían la tetera para el café). Una mosca volaba por encima del pastel. Levantó la mano para ahuyentarla, pero enseguida pensó que era un esfuerzo demasiado grande para lo poco que le molestaba la mosca, así que la dejó en paz. Durante unos segundos, la mano quedó suspendida en el aire. Después la bajó lentamente y la dejó sobre la mesa. Creo, dijo él olfateando el aire, que este calor atrae a las moscas. Más allá de la ventana, el sol ahogaba una hiedra sifilítica más muerta que viva, que se agarraba al único palmo limpio de muro, blanco y sucio. En un instante, la mancha solar llegaría al cristal y entraría en la habitación. Sí, convino ella mirando la taza, y la empezó a golpear con la cuchara (el tintineo era constante y cálido, mínimo). ¿Podrías dejar de hacer ruido?, preguntó él, harto. Ella tiró la cucharita sobre la mesa y el golpe fue suave, blando, de color naranja. Antes, era él quien todavía hablaba, no hacía tanto calor en verano. Todo se trastoca, remató ella. En eso estaban de acuerdo. Quedaron en silencio mientras el sol planeaba sobre todas las cabezas: las de los hombres en la calle, caminando lentos, las de los niños en la playa, ciegos de aspereza. Barajaron las cartas y cortaron. Ella tenía doble pareja.

Cuando se dieron cuenta el cielo ya estaba oscuro y el reflejo negro. Encendieron la luz de la mesa y recogieron las cartas. Con el mando a distancia pusieron el televisor. Sobre la mesa quedaban todavía embutidos y tostadas frías, que se fueron comiendo. Acabada la programación, los himnos y las banderas, la tele se inundó de lluvia y se durmieron en los sillones. Entonces, alrededor de la medianoche entraron por la ventana las palomas rosadas, los gallos negros de cañamiel, los ciervos dorados, las gaviotas de lapislázuli, las hiedras multicolores y las jirafas de heliotropo, tan risueñas. Se quedaron hasta la madrugada y se fueron poco a poco, a medida que el sol despuntaba, de tal manera que cuando él y ella se despertaron (el sol hería ya el muro blanco y sucio frente de la ventana) los animales y las plantas ya no estaban allí. Tomaron café y trozos de tarta. Uf, dijo él, finalmente (porque antes tenía la boca llena y no la hubiera podido abrir).

# SOBRE LA VOLUBILIDAD DEL ESPÍRITU HUMANO

*Al omnívoro VallcorbaPlana*

Claro que de pequeño había comido letras en la sopa, pero comerse una A recortada en papel blanco le produjo una sensación desconcertante. Había recortado la A con cuidado, poco a poco, con unas tijeras enormes, mientras observaba, aburrido, la tarde que caía más allá de los ventanales de la terraza. Era una de esas tardes tristes en que no sabéis qué hacer y os encontráis aferrándoos a la pequeña rutina de regar las plantas, quitar el polvo a los libros de la estantería más alta, cortaros las uñas, hasta que en la mano no os quedan más que las tijeras, complacidas en recortar formas sin sentido, y una de las formas adopta, porque sí, la forma de una A, y ahora se la comía codiciosamente, como si probase un plato sublime. Cuando hubo acabado la A, recortó una B; luego una C, y una D, y se las tragaba cada vez con más gusto. Cuando la noche fue ya una rebanada negra empezó a formar palabras cortas –TE, SE, PAN, DOS, CASA, JUAN– que se comía con deleite. Dos días más tarde descubrió que ya no le hacía falta comer otras cosas, que con las letras le bastaba para alimentarse. No le hacía falta ni fruta ni leche ni carne ni legumbres ni pescado. Los alimentos convencionales le dejaban cada vez más indiferente y, dos semanas más tarde, empezó a notar que más bien le repugnaban. También empezó a saber distinguir unas letras de las otras, no tanto las sustancias de que estaban hechas (eso no tenía importancia: bien pronto se dio cuenta de que este detalle no influía en absoluto en el grado de nutrición ni en el sabor) como los diferentes tipos, cuerpos y variantes. Así, descubrió que las sans serif eran más digestivas que las avec serif; que, de éstas, la égyptienne era la más pesada, tanto que, comida antes de dormir, producía insomnio o pesadillas estremecedoras. La experiencia le hizo darse cuenta de que la letra inglesa era buena para combatir el estreñimiento, la helvética demigras inmejorable contra la hepatitis y la futura medium contra la taquicardia. Para hacerla más digerible, si alguna vez consumía futura bold (siempre aliñada con unas cuantas american typewriting) era de cuerpos inferiores al 24. Obviamente, empezó a desarrollar ciertas preferencias: la baskerville, la gill, la stymie. En cambio, odiaba la blippo y la avantgarde. La times le era indiferente; como una merluza hervida, la definió un día, pero enseguida pensó que (cuando todavía se alimentaba convencionalmente) a veces había agradecido una buena merluza hervida o hecha, sencillamente, al vapor. Así pues, se hizo imprimir textos en times, sobre papeles diferentes: martelés azules y verdes, couchés rosados, biblias amarillentos. Por el mismo sistema, la venus fina, que hasta entonces le había parecido aburridísima, se convirtió (impresa en cuerpo 38 y tinta verde oscura sobre un satinado turquesa) en uno de sus platos predilectos. Más tarde llegó la cuestión de los vinos: ¿qué había que beber con cada tipo de letra? Esto le llevó a una larga temporada de pruebas: a veces fallidas, a menudo logradas. Le pareció que, con las helvéticas, cuadraban perfectamente los borgoñas, los barolos, los chiantis, los cabernets, los de la Rioja y los prioratos. Con las futuras (tanto las gruesas como las delgadas) ligaban excelentemente los alsacianos o bien un buen moriles. Y, en general, con todas las sans serif, los ribeiros, los penedès, los valdepeñas, los sylvaners, los rieslings, los sancerres, los chablis. Con las avec serif resultaban excelentes los del Bages, los grandes burdeos (como el Château-Latour, el Château-Margaux o el Saint-Émilion), algunos borgoñas o los de Tudela y Elciego. Al cabo de dos meses, devoraba periódicos, revistas, prospectos farmacéuticos, libros, cajas ligeras de cartón y pequeños rótulos luminosos que poco a poco fueron aumentando de volumen; y una cena no era una cena como es debido si no incluía algún volumen de la Enciclopedia y alguna letra de tubo de neón. Compró grandes cantidades de letraset. De noche, entraba en las imprentas y devoraba todos los caracteres que podía. Suplantaba a los linotipistas y se tragaba las barras de plomo tal como iban saliendo de la máquina. Descubrió las excelencias gastronómicas del alfabeto griego (que fueron compensando la primera impresión de pesadez que le produjeron), el placer del cirílico, el sabor exótico de los signos chinos, las diferencias entre el tailandés y el camboyano, la grasa del árabe. Devoraba abecedarios como quien respira. Lo único que le faltaba en este mundo era tiempo, porque había conseguido la felicidad por el camino de la literofagia; el día, la noche, la vida entera, tenían un objetivo único: probar nuevos caracteres. Si viajaba, lo hacía para conocer variantes de los tipos usuales de letras. Visitaba fundiciones tipográficas como otros visitan cavas de champán o fábricas de cerveza, y era la persona más feliz sobre la superficie del planeta si entre los dedos (y las mandíbulas) le caía alguna letra nueva, fresca, recién diseñada. Visitaba a los grafistas, y los ayudaba a introducir variantes en los diseños ya conocidos. Los había que le tomaban por loco, pero a la larga se daban cuenta de que sus consejos eran útiles, acertados, que perfeccionaban aquella forma un poco destartalada que nadie había sabido resolver. En consecuencia le dejaban hablar, e incluso, cuando no acertaban con la solución, le reclamaban antes de introducir un nuevo tipo en el mercado: para que diese su beneplácito. Era él quien, con una sonrisa en los labios, daba los últimos consejos que harían que aquel nuevo tipo fuese deseable, tanto desde el punto de vista tipográfico como desde el gastronómico.

¡Sin embargo, la volubilidad! Tres años después, las letras empezaron a hartarlo de forma irreversible. Unos meses más tarde ya le asqueaban. Afortunadamente, por aquella misma época empezó a desarrollar un progresivo interés por los barcos en miniatura.

# SPLASSSHF

SPLASSSHF: me sumerjo en el agua porque hace calor y estoy sudando y la piel me apesta y estoy agotado y el líquido es fresco y transparente y las gotas del splash de mi más bien tosco contacto tripón con la superficie sensualmente oscilante y amoral del Mediterráneo se pierden entre la espuma blanca, que cruje y se deshace, diseminada por la arena de la playa, y doy unas brazadas, achacunfa, achacunfa, achacunfa, y me maravillo de mi piel copertoneada y salgo del agua, BLUP, apolo veraniego, fardando más que Johnny Weissmuller, y doy una vuelta con intencionalidad contorneante y exhibicionista entre la red que tricotan las miradas tediosas, odiosas, famélicas y achicharradas de cuatro tías nórdicas que disimulan detrás de gafas de sol horribles, fingiendo que leen el *Bunte* o el *Stern*, como si les importase una puta mierda qué vestido de plástico metalizado ha diseñado el chorra de Rabanne, o las bragas que lleva la fulana de Schmidt, o el color de las mandarinas que come, con esos labios de fresa, Carolina de Mónaco, chavalita que, entre otras cosas, ha ereccionado en mí un súbito e imprevisible interés por la aristocracia, especialmente la suya, y por la sangre azul que circula por esas venas que le corren, locas y dispersas, por los pechos, los albaricoques, los melocotones, frutas frescas para revolcarse en ellas y llorar tu risa tus ojos tus dientes y pedir, EXIGIR, la socialización del mundo, no por nada (el mundo nos la suda) sino por ti, Carolina, y camino, pues, hacia el paseo marítimo o como le llamen aquí, mientras el sol nos agrieta de pura deshidratación (es mediodía y las sombras no deberían ser tan grandes, pero ya se sabe que siempre vamos con la hora extraña), pasito a pasito hasta el bar de la playa, donde pido un combinado de noventa y cinco pelas y una cerveza fresca y me la tomo y veo a los paisas, EH, chavales, ¿qué?, pues mira, nada, ah, bueno, ya ves, nos vemos más tarde, sí, en el Western Saloon, y pago y me voy a la chambre de la pensión y duermo un rato porque estoy agotado, coño, de tanto bailar (ya hace cuatro días que estoy aquí) y como si nada, esto es un asco, tanto Lloret, chico, ven a Lloret que ligarás y ni una mierda consagrada, tío, ¿qué quieres hacerle?, otro año no me pillarán. Me despierto a las nueve y todavía no es noche cerrada, bajo a la calle y me voy al bar de las hamburguesas, a marcarme una con ketchup y cebolla y una volldamm. ¡Qué joder!, con el calor que hace y ellos con la camiseta blanca con los sobacos sudados y la gorrita en la cabeza, en lo alto de la melena inmensa, sucia y rizada y hasta la espalda, una cheeseburger, please, me la como en dos bocados, luego me voy; son las diez y camino entre el río de gente que empieza a llenarlo todo, y me meto en un salón recreativo y hago dos partidas al millón, pero en la segunda no tengo suerte y en la primera bola he hecho falta, TILT, y me voy al bowling, al bar del bowling, quiero decir, y me tomo otra cerveza, ¡crrrrrrrrc!, el ruido resbaladizo de la bola, acercándose cada vez más, ¡plopft!, crrooooooc, y ya me aburre todo esto, así que me largo y me compro unas french fries en un bar blanco, de formica (¿o es fórmica?) y plástico, y me las voy metiendo en la boca, sentado en un banco del paseo, frente al mar con la camiseta nueva y sudada (más que nada en los sobacos) que me compré, en rojo, ayer; y miro el cielo, tan grande y oscurísimo y lleno de puntos blancos amarillentos, en fin, ¡filosofías ahora!, tiro la cajita aceitosa donde estaban las fries y me meto otra vez en el laberinto de calles, souvenirs, carne tibia, eh, chaval, eh, ¿qué hay?, Perlanca que va de paseo, arriba y abajo, ¿qué, vamos al Western Saloon?, sí, y el ruido (música) que te cae encima es demasiado, too much, como dicen los políglotas, y vamos hacia un rincón y nos sentamos y está lleno de peludos y tías buenísimas, más frías y distantes que la hostia, y el camarero, uno rubio, two beers, what?, two beers!, two beers!?!?, YEAH!, lo mismo da que hables o grites, ni se te oye, el follón tan considerable, y la música, Rolling Stones de los viejos tiempos, tío, dar palmas para seguir el ritmo, un Chuck Berry del 58, reserva carta blanca, mmm, bueno, nos traen las cervezas (treinta pelas y five for the boys a la que te despistas), OK, empiezo a estar a tono, bffff, vacaciones soñadas, una tía que está empezando a bailar, ooh, rubia, pelo liso y suave, ojos como pozos, labios como colchones y el tetamen que se espanta a cada contorsión, hasta que llega el gorila, esto no es una boîte, ya lo sabíamos, tío, pues no se puede bailar y la tía se para, un rictus de frustración le atraviesa los colchones, a joderse y a sentarse y a beber más cerveza, hasta que salimos y nos descolgamos por un callejón pequeñito y me doy de morros contra un arbolito: señal inequívoca o así de un very interesting colocón, papelina o gabardina, y me siento. Nos sentamos, Perlanca, en la acera y escuchamos el silencio, es tan extraño el silencio y la pared blanca, mmm, ¿vamos a una discothèque?, vamos, pues, y buscamos una, en una esquina afiladísima, luces azules y magentas, pst, debe de estar bien, podríamos haber ido al Revolution, demasiado lejos, aquí bailamos y ya está bien, bueno, y nos lanzamos a la pista, ¡HOP!, qué bien, y pedimos un cubalibre y nos traen un raf, qué cosas, pero da lo mismo, esto es vida y no las ocho horas diarias en la oficina, está bien esta canción, es Rosana de los Diablos, ¡qué bonita!, hay unas extranjerotas que para qué; nos sentamos, a ver si descanso un poco, y las luces: amarilla, rojo relamido, verde, azul, el espot blanco: flash flash flash flash, y todo que da vueltas, uuuop, si ligase alguna cosa..., pero este año es fatal: ni el Barça gana la liga, así que ya me diréis cómo pueden ir las vacaciones, ja ja, y este año sin Michels ya veremos, el tío ese, el alemán, el nuevo, no sé ni cómo se llama, ya veremos, ¿eh?, y, ¡vaya!, unas tías aquí a nuestro lado, un poco sosas y narigudas, no están buenas, ¿qué se le va a hacer?, parecen del país, hola, ¿qué?, qué rollo, ¿cómo lo hacemos, Perlanca?, más raf, ánimo, qué calor, Perlanca se está subiendo a la parra, hoy tiene el día más fino que yo, y las tías responden (anda, que son más pánfilas...), bailamos, Demis Roussos, we shall dance, we shall dance, qué fino, aunque un poco pasado, pero va bien para estar juntos, ¡cómo se arrima!, plan o proyecto and so on, a ver, ¿cómo te llamas?, Mariantonia, pero me llaman Toñi, ¿de dónde eres?, de HospitaletdelLlobregat, ah, yo soy de Manresa pero ahora vivo en SanAdriándelBesós, yo trabajo de dependienta en El Corte Inglés, ¿en La Raja Británica?, ¡JA, JA, JA, qué gracioso!, sí, en la sección de perfumería, pero estudio secretariado, eso está bien: progresar, sí. ¿De vacaciones? Sí, con mi amiga, Mariangustias, Angie para las amigas, ¿Angie?, como la mujer de David Bowie, ya sabes: la canción de los Rolling Stones: Aaaaangie, Aaaaaangiie, tú estás al corriente de todo, psse, qué calor hace aquí, ¿no?, sí, ¿quieres que nos vayamos?, bueno. Nos vamos los cuatro, ahora paseamos, y nos tomamos un cuantró con hielo en la barra de un bar piojoso y nederlandizante. Son simpáticas, un poco espesas y chorras, pero ¿qué se le va a hacer? Podríamos ir a mi apartamento, dice Perlanca, como si a aquella habitación se le pudiese llamar apartamento (pero a ver qué cara ponen: bajan los ojos y se miran de manera fugaz: malo: Perlanca ha ido demasiado aprisa), uf, tengo unos discos buenos, podemos ir a escuchar música, insiste, bueno, dicen las tías, ¡plis-plas!, todavía va a funcionar la cosa. Compramos una botella de champán bien fría, un champán bueno, la ocasión se lo merece: un

DELAPIERRE, y subimos a la habitación: una habitación de hotel, claro que mejor que la mía y, ya la hemos cagado, la cama bien a la vista, lo primero que se ha visto cuando hemos entrado, enooorme, en el mismísimo centro del escenario. Las tías se han quedado heladas, con la mosca detrás de la oreja. ¿Nos sentamos? Perlanca pone un disco de los Beatles, oh, qué bonito, nos gustan los Beatles, dice Mariangustias, y abro la ventana porque hace calor y me gusta mirar el cielo, tan frío y tan azul y tan lejano, y calculo: deben de ser las dos o las tres de la madrugada, pfff, todavía es pronto, ¡el champán!, ¡el champán!, ¡qué bien!, nos reímos, ¡está fresquito!, sí, es que el champán hay que servirlo fresco, dice Perlanca. Ah, abre la boca Toñi, y me siento cerca de ella y hablamos de música, ¿tú, en Barcelona, qué haces?, trabajo en una agencia de publicidad, ¡oh, qué interesante! Sí. ¿Y los domingos qué haces? Voy a bailar con las amigas. ¿Ah, sí?, y le paso la mano por la espalda, con suavidad, como la seda: no dice nada, le presiono ligeramente el brazo con las puntas de los dedos, a la altura del bíceps, me acerco poco a poco y no dice nada. Voy a poner luz indirecta, dice Perlanca. OK. Y apaga una bombilla, y estamos así, pues, con la luz tamizada y voy y me la morreo, plis-plas, y no dice nada. Perlanca ha desaparecido con Mariangustias, están en la habitación de al lado, la de Ricardo, que se ha ido a Cadaqués con la jet set, a comerse una paella, y el disco, crac-crac, que ya se ha acabado y va tropezando constantemente, quizá una mota de polvo, o quizá está rayado, crac-crac, ya veo que nadie moverá un dedo para cambiarlo, le paso la mano por debajo de la blusa, y me responde mejor de lo que esperaba, vaya: desabrochamos botones y cremalleras encima del sofá, uf, y la beso más, hiervo, tiene una cintura... No, me dice, así no, ¿ah, no?, no, es que no tomo pilulas, ¿sabes?, ah, pilulas, JA, JA, podemos hacer marcha atrás. O no, espera, creo que Perlanca tiene una goma de ésas, llamo a la puerta: toc-toc, Perlanca, ¿se puede? Entro y salgo. Mira. Ah, qué bien, ¿es seguro? Sí, inglés, garantizado. Crac-crac, dice el tocadiscos. Ah, bueno, a ver, ven, me gustas mucho, tú también, eres muy simpático, me dice, y veo esa nariz enorme, como un loro o una urraca. Sí, digo. Oh, ¿qué te pasa?, dice. ¿Qué me pasa?, y me miro, coño, no lo sé. ¿Qué te pasa?, dice ella. No lo sé, no me había pasado nunca, le digo, de verdad que no lo entiendo. Me cabreo. No te excito, dice, y baja la cara, entristecida. ¡Qué dices, mujer!, si me excitas cantidad, pero no lo entiendo, vaya, chico, no sabemos qué hacer. Crac-crac, dice el tocadiscos. Ella disimula arreglando cojines y mirándome con el rabillo del ojo. Yo intento concentrarme, pensar en esas curvas o en alguna foto del *Playboy*, a ver... Mierda, qué lata, debe de haber sido la gomita, no lo sé, vaya, una vez que ligo, pienso, y le digo: mira, lo siento, de verdad. No te preocupes, dice Toñi, y trata de sonreír, como quien no le da importancia, mientras se va vistiendo poco a poco y mira por la ventana y se oye el rumor de la calle y la radio del vecino, Rosana de los Diablos, qué canción, está bien, es bonita, ¿no?, dice Toñi, sí, digo yo, y sonríe (¿con tristeza?) y yo pienso qué frustración, qué gilipollez, mierda, y abro la botella y me tomo un cynar.

# HUMO

*A la dinosauria*

Me gusta pasarme las tardes por los bares, rodeado de una nube de humo y con una copa de ginebra delante, sobre la barra de madera barnizada. Bebo demasiado, ya lo sé, y a eso le debo esta barriguita que hace las delicias críticas de algún amor de esos de una vez a la semana, ya me llamarás, beso frío en los labios. Me gusta sentarme en un rincón tranquilo, o en la barra, y leer, leer mucho y de todo (periódicos, revistas, novelas), y tomar apuntes: coger una servilletita de papel y empezar a escribir, hasta que está llena, y coger otra y otra y otra, todas apretadas de líneas de letras, hasta que un cuarto de hora más tarde el servilletero está vacío. Entonces arranco las hojas de la agenda, y cuando se han acabado dejo de escribir y miro a la gente que me rodea, el techo, las paredes enmoquetadas de oscuro (estos pubs que no tienen nada de pubs son el lugar más tranquilo para leer), y pienso en otros tiempos, y en lo que tengo que hacer por las noches. Las servilletitas y las hojas de la agenda acostumbro a tirarlas, apenas salgo a la calle, en cualquier papelera. A menudo, de noche (sobre todo últimamente) no sé qué hacer y todo es una desazón y un revolcarse por las sábanas, que acaban hechas un gurruño de tanto dar vueltas en ellas. De noche veo las cosas muy negras, muy monstruosas (como todo el mundo, supongo), y tengo que levantarme y encender la luz y poner un disco de la Bonet (poque me gusta mucho la Bonet) y esperar que nazca el día y los edificios pasen de negros a grises. ¿Lo habéis hecho alguna vez, eso de esperar que el sol salga y observar los movimientos del edificio de enfrente? Hay gente que madruga y gente que siempre está durmiendo, en pisos que parecen deshabitados porque nadie se mueve dentro, y otros que abren los ventanales de par en par, y entre la oscuridad ambiental puedes ver a una mujer con pañuelo en la cabeza que limpia el polvo de los muebles. Pero eso pasa cuando la mañana está muy avanzada. Antes he visto cómo la gente sale, madrugadora, por la puerta de la calle, que parece sonreír cuando la abren. Los hay que cogen el coche y huyen (me imagino que hacia oficinas y fábricas). Si estamos en verano, cuando el sol está lo bastante alto me tumbo sobre las baldosas y tomo el sol. Si estamos en invierno, entro dentro y preparo café caliente. Sumergido en un mundo tibio, harto de sueños legañosos, miro los ruidos de la ciudad. Cuando empiezo a oír la musiquilla del diario hablado, me visto y salgo a la calle, como en el bar de la esquina y cojo el metro hasta el centro de la ciudad. Allí empiezo mi lento recorrido. Compro periódicos, hurgo en las librerías. Llegada esta hora (las ocho y pico) tengo el ánimo suficiente para llegar al Berimbau del paseo del Born, tomar una caipiriña y enrollarme mal con la gente del Màgic, que son tan jóvenes que parecen frágiles y hacen que me sienta muy mayor. Me imagino que, cuando me miran, censuran mi presencia: ¿adónde vas, con tus veinticuatro años?, y no sé si agachar la cabeza pidiendo perdón, porque las generaciones vuelan y antes de que te des cuenta has cambiado los pantalones cortos de niño ilusionado por un montón de arrugas alrededor de los ojos indiferentes. He aquí la vejez. Me gustaría abrazar, lamer estos cuerpos tan delgados, de adolescentes a medio formar. Y si no lo hago es por una especie de vergüenza abisal que me lo impide. (La vergüenza abisal es una propiedad característica de los peces de ese nombre.) Ellos (los adolescentes) mueven los pies siguiendo el ritmo del blues, porque estos días tocan blues, en el Màgic. Y los blues son como recuerdos de ciudades que nunca has pisado, de madrugadas humeantes en fábricas suburbanas, de golpes de porra silenciosos sobre cabezas de goma, como el estallido de luz sobre los cascos de los policías a punto de cargar. Estas sensaciones (junto con el chasquido de los tímpanos por culpa de los decibelios) son todo lo que me acostumbra a pasar en el Màgic. Y digo «acostumbra» porque una noche fue diferente: se me acercó un chico (no debía de tener más de dieciocho años, llevaba las solapas de la gabardina levantadas, un cigarrillo en los labios, la camiseta con franjas horizontales azules y blancas, el pelo rubio y corto y las gafas negras y enormes) e, instalado en mi misma mesa, sin haberme pedido ningún tipo de permiso, se dirigió a mí en un tono suave y melifluo: «¿Tú vienes a menudo al Màgic?» «Cada noche.» «Pues yo no te he visto nunca: debe de ser porque es la primera vez que vengo.» Y se rió con una risotada tan estúpida que rompió los vasos de las mesas, las botellas de las estanterías y las gafas de los miopes, e hizo que los músicos dejasen de tocar y lo mirasen, sorprendidos y silenciosos, como toda la gente. Luego se serenó, dejó de reírse y cerró la boca (tenía los dientes anchos, como de caballo) y miró a todas partes y su mirada (incluso a través de la oscuridad de los cristales de las gafas) hizo callar los últimos murmullos de la gente. Hizo chascar los dedos, y los músicos, como autómatas, volvieron a tocar. Bebió un sorbito de coñac, del vaso largo, y se limpió los dedos con el fulard de mil colores que le colgaba del cuello. La gente lo miraba con el rabillo del ojo, y los músicos tropezaban con la melodía. «¿Sabes?», me dijo en un tono confidencial (pensé que aquel era un tono que no le convenía en absoluto), «nunca he sido un hombre virtuoso o pacífico: por nada saco la navaja y, en veinte segundos, dejo el suelo tan empapado de sangre que ni cambiando las baldosas se olvida de ser rojo; y, como soy demasiado mayor para cambiar de carácter, sería conveniente que te acercases a los músicos y los convencieses de que toquen *Fascinación*, que es una música que me gusta mucho.» El guitarra detuvo el blues en cuanto me vio llegar. Le musité el encargo al oído y volví a mi silla, al lado de la suya. *Fascinación* empezaba a sonar, y creo que nunca en la vida aquellos músicos habían tocado tan bien. Al de la camiseta de rayas y la risotada estúpida se le humedecieron los ojos enseguida, y las lágrimas, grandes como huevos, le chorreaban al suelo, o bien se las secaba con el fulard. Poco después, los músicos parecían agotados y el fulard estaba empapado como una bayeta. «Basta», dijo, «podéis parar.» Los músicos pararon inmediatamente mientras él se levantaba de la silla y se iba escaleras arriba. Quedamos solos y en silencio, perdidos como nunca. Nadie se atrevió a decir ni pío y, quien más quien menos, todo el mundo fue huyendo hacia las residencias cotidianas. Al día siguiente, con el desayuno de media mañana, encontramos su foto en el periódico, con un titular triste: «Atrapado cuando trataba de pasar por la frontera un cargamento de mariposas rosadas». En la foto había salido muy mal, como gris y plano y de una edad indefinida. Tiré el periódico al suelo y, antes de tiempo, empecé mi vía crucis. Me gusta flotar por mares de aceite frío: recordar gestos, personas y cosas, y mirar los cuerpos de los adolescentes cuando mueven el pie siguiendo el ritmo. Quizá algún día me encerraré en una habitación y miraré el mundo por el agujero sucio de la ventana, con el transistor pegado al oído. Entonces tendré que recuperar totalmente los años perdidos e imaginarme el presente. A estas alturas aún no conservo el olor de los hechos futuros porque difícilmente se puede conservar aquello que aún ha de llegar. O viceversa. Basta. (Acelerado y obtuso, cuando llega esta hora acostumbro a levantarme, reconozco que ya no sé lo que me digo, pago las copas, abro la puerta y salgo. Más allá no sé qué debe de haber.)

## CANTIDAD DE PRADOS EN LOS OJOS

Era muy divertido cuando llegabas, bebida y con prados de pastelería en los ojos, y apenas decías «hola» y te sentabas en el sofá contemplando un punto inconcreto del techo monocromo, como si no respirases, sin aliento y con la mente en blanco. Tenía que desnudarte poco a poco, con cuidado, procurando no desnucarte, con toda la ternura del mundo colocar tu cabeza loca sobre cojines de seda (al día siguiente no tolerabas otros), apagar velas y luces y salir a la sala y matar el tocadiscos (precisamente cuando Gilberto Gil rompía un grito de ángel, o Zappa explicaba los peligros de un encontronazo con el demonio). Pensaba: «Buenas noches, gorrión, que sueñes con paraísos», y me sumergía en un magma de nieblas invernales y bosques daneses poblados por niños risueños y doncellas aterradas, de las que ni los cronistas populares guardan memoria. Al día siguiente, la primera en levantarte eras siempre tú, y lo hacías enfadada. Revolvías la habitación, abrías la ventana y con la claridad del sol (cerrabas los ojos hasta convertirlos en un par de puntos pequeñísimos) alegrabas la cara, tan pálida, y parecías una muñeca de plástico, embrujada, que empezase a vivir. Llegabas hasta el sofá donde yo me hacía el dormido y me estampabas un beso en la mejilla, momento que yo aprovechaba para fingir que me despertaba. (Prefería dormir en el comedor, en el sofá, porque tus revolcones en la cama eran violentos y peligrosos y me daban miedo.) Una vez levantado (tú ya habías desayunado y parecías nueva: un ser distinto del que llegaba de noche: los ojos negros y risueños, las mejillas rojas, los labios húmedos y sonrientes), desaparecías cerrando la puerta bruscamente. Tenías que dar unas clases, decías, y ya no sabía cuándo volvería a verte. Entonces bajaba a la calle y andaba por la ciudad, arriba y abajo, mirando escaparates, comprando libros que después no leería, tomando el sol sobre el césped de los parques, hojeando periódicos y revistas ante una naranjada con vodka. Me sentaba en las plazas y daba pan mojado a las palomas. Miraba las piernas y los culos de las chicas, ceñidos dentro de tejanos deslucidísimos. Compraba popcorn y entraba en cualquier cine, sin fijarme en qué película echaban, y a menudo una tragaba burradas monstruosas: westerns sin pies ni cabeza, o rollos psicológicos para pánfilas en tarde de ocio. Cuando salía, caía la noche y empezaban a brillar las farolas, aquí y allá, y la gente corría devotamente apresurada, atareadísima, perseguida por el día que se escurría. De cena comía hamburguesas o tortillas y bebía vino, otra vez, y leía algún libro olvidado mucho tiempo atrás, y volvía a casa poco a poco, porque la frialdad del apartamento era considerable, y no quería que me llenase la noche de sombras y razonamientos. Si daban las dos y aún no habías llegado, me metía en la cama (porque entonces ya era seguro que no volverías en toda la noche) y continuaba leyendo hasta dormirme. Al día siguiente encontraba el libro en el suelo y la luz encendida en medio de un sol de mediodía, despatarrado y seco, que me rayaba muros y mesas. Entonces tenía que arreglarme, lavarme la cara, empezar la marcha cotidiana, porque siempre quedaba la posibilidad de que, aquella noche, te dejases caer por casa.

Porque al final siempre te dejabas caer, y nunca pasaban dos días sin que hubieses comparecido. Pero aquella vez no fue así. El primer día no me alarmé: volverías al día siguiente, pensaba. Al tercer día vi que aquella vez sería diferente, y a lo largo de los días siguientes (que lentíssssimamente se convertían en semanas) perdí el interés por las cosas: bebí tanto vino que ya ni lo odio; dejé de ir al cine, de comer hamburguesas y de mirar las caderas de las chicas. No salía de casa. Quizá vendrá por la mañana, pensaba. En consecuencia, dejé de salir definitivamente, y les quitaba una y otra vez el polvo a los muebles, barría el suelo y pasaba la aspiradora: que todo lo encontrases bien limpio, si volvías. Después, ni eso. Parecía que el sol hubiese dejado de iluminar el planeta y todo se volvía oscuro, negro y opaco. Ni siquiera limpiaba: el polvo fue acumulándose por los rincones, bajo los muebles, y pasar el dedo por encima de ellos era llevarse una rebanada de polvo blanco. Dejé de afeitarme, de ducharme. No me movía de la cama y comía mendrugos y leche condensada. Un día, el hambre me retorcía tanto el vientre que bajé al supermercado y, como acosado, compré queso, leche y chorizo y me los comí allí mismo. La gente me miraba como si fuese un gusano, así que volví a la cama y allí me quedé, y desde allí veía pasar las horas: cómo se hacía de noche y nacía el día, cómo el rayo de sol recorría la línea de las baldosas, trepaba por la pared, lucía sobre el póster, subía por el techo y desaparecía por la ventana, cosa que quería decir que volvía a ser de noche. Traté de llorar, dejé de pensar, cerré los ojos, y no me obturé las orejas porque hacía tiempo que ya no oía nada.

Mira por dónde, fue por la nariz por donde me di cuenta de que volvías a estar allí, ante mí, bebida y con prados de pastelería pálida en los ojos, sin siquiera decirme «hola», intentando articular palabras neblinosas, sin éxito. Lo único que podía hacer era levantarme: a pesar de mi anemia intuida, a tientas entre claridades desdibujadas, sin poder deducir cuántos días habían pasado desde la última vez que apareciste. Abrí la ventana (¡que se airease la habitación!), y tuve que desnudarte poco a poco, con cuidado, procurando no desnucarte (pensando que todo volvía a ser como antes), haciendo que apoyases la cabeza en cojines de seda, porque al día siguiente no tolerabas otros.

# UNDERWORLD

*A Toni Martí y Quim Sota*

En cuanto mis trompas de Eustaquio reconocieron el riiiiiiinnng molesto del despertador salté de la cama y empecé a flexionar las piernas (un dos un dos un dos un dos un dos un dos un dos un dos) hasta que tuve suficiente y me deshice de una legaña, e intuí una mañana dormida, de la que se escurrían exiguas rayitas de luz por los listones de la ventana. Una vez acabados los ejercicios gimnásticos, bostezando ampliamente, con toda la pereza del mundo y un poco más, salí al comedor, rascándome la espalda (un nido de carcomas me devoraba el espinazo), y en el comedor no había nadie (Pinxa y Riqui debían de estar durmiendo), así que abrí la puerta de cristal y los dos postigos de madera y salí a la terraza y comparecí ante la mañana silenciosa, coronada por un leve sol naciente del lado del mar. Si cerrabas los ojos podías imaginar la espuma blanca, bostezando también y estallando contra las rocas de la escollera, en una sístole y diástole universal. En la casa todo estaba muerto y yo tenía con ganas de juerga: abrí la puerta de la habitación de Riqui (que era la que me quedaba más cerca) y el tipo dormía abrumadoramente, emitiendo un silbido extraño, tan extraño que, por un momento, dudé si no se había metamorfoseado en foca, león marino o pájaro indonesio y asmático, pero no, porque en cuanto empecé a sacudirlo el silbido se acabó, y yo: despiértate, Riqui, ¡despiértate!, ¡venga!, y él negándose: mmmm, gemía, mmmm, muy bajito diciéndome que no, muy bajito, y se daba la vuelta y escondía la cabeza bajo la almohada y el cuerpo bajo la sábana; ¡Riqui!, ¡Riqui!, y tanto le llegué a incordiar que finalmente se despertó y me miró profundamente, largo rato, como si no me reconociese, hasta que abrió los labios y me preguntó la hora y le dije que las siete y pico more or less y dijo OK y se levantó, recogió los útiles de afeitar y desapareció hacia el lavabo y, una vez estuvo fuera, me dije ahora a despertar al otro, pero cuando salía de la habitación de Riqui vi que Pinxa ya estaba en la terraza, zampándose una tostada con mantequilla y miel, con los ojos en blanco y la cabeza alzada, hasta que la bajó y me miró y me riñó: a ver si no bramas tanto, que has despertado a medio vecindario. Riqui, dije, ya sabes que es duro de oído. Sí, concedió, y me invitó a café con leche. Y así estábamos, empijamados y boquiabiertos, viendo cómo el día se levantaba y las calles se llenaban poco a poco de los sonidos cotidianos (los chirridos de los automóviles, el murmullo histérico de las hormigas humanas apresurándose hacia el trabajo, el aliento de rutina que ocupaba todo el espacio putrefacto de la ciudad) cuando Riqui compareció también, con el vaso de naranjada en la mano, a decirnos buenos días y olfatear bien fuerte el aire nuevo del nuevo día, hoy bien limpio el cielo, todo Collserola perfectamente visible, limpio como una diapositiva, tan optimista que me convenció de que todo iba bastante bien (aunque no pudiera hacer desistir a Riqui de poner un elepé de Chico Buarque de Holanda) y me sentía perfectamente, en absoluto ansioso. Todo irá bien, es fácil, me decía, y mientras tanto olía a manzanas y me pregunté de dónde coño salía aquel olor, y era que, delante de mí, a un palmo de la nariz, bajo el plano que examinábamos con fruición, había un frutero lleno de manzanas amarillasverdes, salvajes, como delicados diseños que ningún designer podría mejorar. Cogí una y la mordí: hacía crac-cras y el interior era blanco y jugoso. Eh, tú, ¿estás soñando?, preguntó Pinxa, y yo no, no, abriendo los ojos, y Pinxa, con las greñas desganadas colgándole de la frente, sentado ante mí y sonriendo: bah, todo irá bien, per fec to, pronosticaba, y yo contestaba que sí, claro. Riqui entró en la habitación, metiéndose los faldones de la camisa en los pantalones, cargando la nueve milímetros parabellum, y riéndose. Mira que si Txordi se ha ido de juerga y viene borracho... Pinxa, burlón, siempre tan benévolo, más vale que no pase nada de todo eso, y explicando que sería jodido que Txordi no llegase y tuviesen que dejarlo todo para otro día, o hacerlo sin él; después sonriendo: no lo creo, Txordi es un buen chaval y nunca en la vida nos haría una putada así. Tiré el corazón de la manzana sobre la mesa y fui a cambiar el disco, mientras a mi espalda Riqui gruñía que era un cerdo (por haber tirado sobre la mesa lo que quedaba de manzana). Corté a Chico Buarque a media canción y puse música de Nino Rota, un elepé que trajo Pinxa cuando estuvo en la Riviera, el año pasado, haciendo de macarra. Es una música que me gusta, que me entra por los oídos y me recorre las mil venas del cuerpo, como si fuese un héroe de película italiana, dijo mientras nos lo mostraba, todo él sueños y delíriums musicales. Bon, dijo Pinxa (que había vivido en Marsella cuatro o cinco meses, y hablaba, por tanto, francés), voy a probarme los tirantes. Tirantes azules mojados dan el cante, dijo Riqui, tan acostumbrado a la poesía, y Pinxa, sonriendo, de vuelta ya, estirándoselos, ¿qué os parece?, preguntaba (y parecía un señor de película antigua y medio borrada, gris, con el pelo goteándole fijador y los tirantes sobre la blancura de la camisa, todo tan teatral que sólo faltaba la luz amarillenta de una bombilla polvorienta oscilando levemente al viento triste de un anochecer legañoso), y le dije pareces salido de un film de los años cuarenta, y él, ufano: ¡exacto!, sonriendo, eso es lo que quería, ¿has visto *Scarface*?, ¿no?, no sabéis las ganas que tenía de ir a atracar un banco vestido comilfó, y con la raya del pelo a la derecha. ¡Como una brecha!, gritó Riqui (tan rápido como siempre en cuestiones de métrica y rima), mientras yo empezaba a morder desganadamente otra manzana. Miré el reloj: las ocho y cuarto y Txordi sin venir, éste nos va a joder la operación. Vamos, hombre, no seas tan severo, debe de haberse dormido, decía Pinxa, colocándose el chaleco y la chaqueta milrayas, prepárate, vamos, a ver si vas a ser el último. Así pues, tuve que levantarme, bostezar, ir hasta la habitación, empezar a vestirme y aplazar la ducha hasta la noche. (De los sonidos que me llegaban de la habitación deduje que *a)* Riqui estaba quitando el disco de Nino Rota, con evidente daño de éste, y *b)* que volvía a poner a Chico Buarque de Holanda, con ganas evidentes de molestarme.) Apenas acerqué la nariz a los calcetines, me llegó a la pituitaria un tufo que me ayudó a decidirme: abrí el cajón y saqué un par limpio mientras, mezclada con la musiquita vomitiva, me llegaba el rumor de aquel par de pollos jugando a policías y ladrones, bang bang bang, y ya casi las ocho y media. Con la pistolita limpia, pregunté por Txordi. ¿Habrá que informar a la bofia y preguntar si saben dónde anda? No seas tontaina, hombre, ya llegará. OK, pues. Me senté en el sofá y empecé a pasar páginas de un *Fotogramas* atrasado, con cantidad de tetamen y muslamen y fotos de chicas bonitísimas esperando una oportunidad, pobres estarlets del subdesarrollo cinematográfico, y Pinxa repasaba el plano y Riqui se desodoraba las axilas, en conjunto una imagen bastante poética: el nuevo underworld desodorándose el alma (editorial para magazine catolicoprogresista). Entonces llamaron a la puerta y Pinxa se alarmó: ¡la pasma, tú, la pasma!, decía sacando la 9 mm y colocándose en posición más erótica que defensiva, mientras Riqui se acercaba a la puerta y preguntaba ¿quién es?, y una voz conocida dijo Txordi, y Riqui quitó la cadenita y abrió la puerta (por el marco de la cual apareció Txordi con los ojos relucientes y la camisa desabrochada y un ligero temblor en las manos). ¡Hombre, eso sí que no!, se quejaba Pinxa, no jodas, tenemos que trabajar esta mañana y te presentas borracho. No, no, no, se defendía Txordi, no estoy borracho, es que no he dormido bien, y aquí sonrió: una rubia, tío, de Philadelphia, Phili, como dicen ellos, ¡menuda rubia, chico! Fue entonces cuando yo perdí definitivamente la confianza y los papeles, y me senté en el sofá mientras oía cómo Txordi se explicaba: no, no, hostia, estoy bien, la mano me tiembla un poco pero no es nada. En cinco minutos y con un desayuno como es debido estaré listo para lo que sea. ¿Qué?, se horrorizaba Pinxa, ¿encima todavía no has desayunado? Desierto el frigorífico, no nos quedó otra opción que lavarle un poco la cara y las axilas y abrirle los párpados y remojarle los ojos y peinarlo un poco y prepararle la pistolita y, arrastrándolo, salir al rellano y apretar el botoncito del ascensor y, después de apretarlo durante un minuto, oír al portero que brama desde la planta baja (¡el ascensor está averiaaado!) y, por tanto, bajar los ocho pisos a pie, pasito a pasito por la escalera. Sólo nos faltaba esto, hombre. Y una vez en el coche, arrancar hacia el centro y atravesar calles estrechas y calles anchas, avenidas y semáforos de todos los colores, ¡eh, colegas!, que yo aún no he desayunado, y el coche que chirría: ¡ñeeeeeec! (frenazo) y a buscar un barcito donde hagan huevos fritos y jamón, con un buen vinito, un penedès oscuro y un cafecito. No, un... ¿Uno? Dos. Tres. Cuatro. Cuatro carajillos, Txordi secándose los labios y eructando un poquito, anda, vamos, pagad, y Riqui que paga y ya estamos otra vez en el coche, leyendo la multa que nos ha endiñado algún urbano demasiado estricto. Hostia, se queja Pinxa, ¿y por qué?, y sacamos la cabeza por la ventanilla y vemos un inmenso disco azul, aureolado de rojo y atravesado diagonalmente por una raya también roja, y comprendemos: hemos aparcado en lugar prohibido, y tenemos que jugárnoslo a pares o nones: Txordi gana y por tanto es quien se encarga de romper la multa y de conducir el automóvil, que hace brooom broooomm mientras nos acercamos al banco y Pinxa notifica que son las diez y media, joder tú, pues sí que andamos bien, sois tan poco puntuales, con gente como vosotros nunca llegaremos a ninguna parte, etcétera. Hasta que llegamos y aparcamos, justo delante de la sucursal bancaria, y salimos todos, salvo Txordi, que se queda al volante, deseándonos suerte, y somos tres: Pinxa, Riqui y yo, que nos acercamos a la puerta de cristal, la abrimos y entramos como si nada: sonrientes y angélicos cuando encañonamos a los funcionarios, sorprendidos, atolondrados, diciendo nosequé, y los obligamos a tumbarse, en el suelo, todos bocabajo, los clientes también, la frialdad de la 9 mm en el pescuezo del director de la sucursal, adelante, tris-tras hasta la caja fuerte, venga, ábrela, dice Pinxa, y el buenazo acojonado y diciendo sí sí sí, atolondrado, con la mano en la cerradura, una cerradura de golpe, enorme y brillante, y me parece extraño, ¿una caja fuerte con una simple cerradura de golpe?, mmmm, y dentro de la caja encontramos kilos y kilos y kilos de carne roja, blanca y grasienta, con un tufo de muerte helada, y entonces nos dimos cuenta de que era un frigorífico y no una caja fuerte, y volvimos la mirada hacia el director de la sucursal e iba vestido con un delantal blanco y llevaba los brazos con sangre hasta los codos, y oímos que el buen hombre decía (muy respetuoso y sin dejar de mirar los revólveres): oigan, me parece que se equivocan. Y entonces nos damos cuenta de que aquello es la carnicería, no la sucursal bancaria, y nos echamos a reír, pidiendo excusas, saliendo a la tienda llena a rebosar de señoras y de dependientes por los suelos. Anda, vamos, ya pueden levantarse, todos reventando de risa y saliendo a la calle, las 9 mm en los bolsillos, y descubrimos que el banco está justo en la puerta de al lado, pero ya nadie tiene ganas de ir allí, ni de atracarlo, mañana será otro día, dice Riqui, repantigándose en el asiento delantero del coche, Txordi boquiabierto y sin entender nada, todos con ganas de reír y beber whisky y comer patatitas fritas, y tortilla de alcachofas, añade Pinxa.

# LA CREACIÓN

*A Biel, cantidad de teoría de los lenguajes*
*Marguery à la Diamond Jim*

En el principio hízose la noche: una noche falsamente eterna que nunca se convierte ni siquiera en madrugada, por lo cual, el día primero, Dios Nuestro Señor (además de crearse a sí mismo) crea el día y, como el palizón le deja agotado, tiene tanto sueño que no se aclara y se echa a dormir, actividad que le ocupa hasta el día sexto, en que se despierta y, deprisa y corriendo, tiene que crear el universo, el ancho mundo, los vegetales, los animales, los homínidos, la física nuclear y los fantasmas, que (como son tan alocados) se dedican a pintar el cielo de color azul, porque habéis de saber que en un principio (es decir: las cinco primeras jornadas) el cielo era de color verde, razón por la cual se confundía muy a menudo con los prados de césped, a los cuales, a su vez, les parece ahora monótono llevar una existencia tan verde, y se tornasuelan en bellas gamas de colores que vuelven locos de envidia a los arcos iris, los cuales, para no ser menos, adoptan la forma de figuras geométricas: cuadrados, triángulos, cubos, cilindros y, sobre todo, pirámides, que asombran a los faraones egipcios, personajes sumamente enamoradizos que deciden tomarlas bajo su tutela, cosa que las entristece sobremanera y las hace adoptar esa coloración polvorienta, producto de la tristeza y las lágrimas derramadas sobre el Nilo, que a estas alturas no es todavía un río sino un torrente bordeado de pitas, y con un quiosco de bebidas novecentista donde un señor vestido de gris pide el juego del parchís, y un señor chapucero pide el salero, y un tranviario desconocido pide una cabeza de burro con cocido, y una puta con bigote rubio pide pan con tomate en el Vesubio, y un chavalito progre con melena pide vino blanco en la cena, y un gitano orejudo pide un aviador cornudo (¡y le dan uno de Cornualles!), y un señor del Ampurdán pide que le cambien el pan (que está seco), y un taxista despistado pide que le corten el brazo, y los coros de Clavé piden té, y una señora de Gerona pide huevos y una litrona, y un fraile capuchino pide un poco más de vino, y un grupo de comunistas pide que cambien los taxistas, y un grupo de jorobados pide copas de calvados, y un novelista pide muslos de ciclista (a la vasca), y un artista plástico y conceptual pide cerveza, y un vigilante pide bogavante, y un homosexual pide un real, y un heterosexual pide un aval, y un abogado de Murano pide que le corten la mano, y un regimiento de ranas se queda con las ganas, y a un señorito le cortan el pito, y un obrero se tira un pedo, y un burgués es un hijo de puta, y una nueva prostituta enseña una teta y pide lechuga y le dan pezones de atleta y dice, ¡ay, caramba!, y se va al bar de al lado (pero por el camino ya se ha masturbado), y toda una tribu de sioux no encuentra una rima adecuada y se muere ante el mostrador, y viene el barrendero (que es de Santpedor) y se los lleva de paseo, y viene la batalla de Wounded Knee y se muere casi todo el mundo, menos Charles Bronson y Karen Black, que empiezan a follar y llenan el mundo de niños, y uno de ellos (ya mayor) pide café con leche y el camarero le dice que le aproveche, y pide una aspirina y le dan cocaína, y se droga un poco y cree que se droga mucho, y cogen el autobús y los aplasta un jorobado andaluz con un obús, y pide un diccionario y le preguntan si con mostaza y, como duda, le dan una calabaza y se la come con avecrem y le sienta bien, suelta un eructo y le ladra a un perro (atónito) que persigue a un gato que pide leche, y le dan pescado, pero como es un remilgado se va al Ritz y pide arroz, y le traen una ternera y se come sus ojos, lo que hace que se muera (porque estaban contaminados), y le entierran rápidamente un atardecer indecente, lleno de morados y amarillos y grises, tonos de alborada manchando de añoranza el cielo y de negro las alas de los pájaros, que cada vez pían menos, hasta que ya no dicen nada (quizá porque no tienen nada que decir) y se compran una moviola y se tragan a cámara lenta todos los films de Claude Lelouch y también se mueren (obviamente) y los tiran al mar con honores de capitán o general, con banderas trifoliadas que, de noche, follan con las astas y lloran por un tiempo que se fue y nunca volverá, hasta que vuelve y dice hola, y todo el mundo hace como si no hubiese pasado nada, como si los años transcurridos fuesen una cosa recuperable, y sí, sí que ha pasado, puntualiza una voz oscura, sombría y tal, y es la voz de la conciencia que se ha comprado un porche azul y pide alkaseltzer y paciencia, y la mandan a la mierda y allí se va y no vuelve, y envía postales exóticas y cartas de amor como las que me hacías llegar, ¿te acuerdas?, y escuchan radio France International, noche y esperanzas, y una rubia que se ríe se me acerca y me dice: hvor meget skal man give for en pähaengsmotor?, en kompromisløs pris, vil Johnson-ejerne sige, y dudo (siempre que dudo, me miro las uñas) y alzo la cabeza, decidido, y le suelto: og der er flere, der floretraekker Johnson-motorer, frem for noget andet maerke i pähaengsmotorer, frase esta que le hace llorar lágrimas de cristal fundido que, cuando llegan al suelo, se solidifican en botellas de ginebra que manos cadavéricas (recordadlo: el desierto os pisa la espalda) acercan a bocas sedientas que, de un único trago, se beben el contenido y hacen chascar las lenguas contra el paladar, que está tan seco que se agrieta en mil pedazos, en cada uno de los cuales hay una reproducción en miniatura de nuestro propio, pequeño y mezquino mundo, con el añadido de un volkswagen color naranja que echa humo por todas partes, y cuatro paparazzi que agitan mantas viejas con la loable intención de parar la humareda, que se vuelve de color rosado y se eleva hasta los cielos y los planetas y los asteroides y los espútnics, y en uno de esos espútnics está Dios, que me da la mano: enchanté, le digo, ¿señor Dios, je suppose?, y el muy granuja me contesta: no, señor Tries, para servirle. Se da un hartón de reír y se aleja por el paraíso entre nubes de ángeles que mean hacia la Tierra con pichas y coñitos de plástico (he aquí el viejo bizantinismo), y son ángeles y arcángeles con cabellos de sedalina amarilla, que luchan entre sí y caen (o ascienden) por los espacios intergalácticos, tropezando con estrellas y cometas* y pandorgas y milochas y birlochas de todo tipo, que nos vemos obligados a empujar contra los muros para salir de la imprenta que apesta a tipolito, y cogemos un taxi y pedimos que nos lleve a la Arrabassada, y el taxista aranca (¡a cien por hora!) y en un periquete estamos en el puerto. Aquí, dice, guardaba madera J. V. Foix. ¡Está usted loco!, le replicamos, Foix no guardó nunca madera en el muelle, ¡tiene una pastelería en Sarrià! ¡Además, le he pedido que me llevase a la Arrabassada! Cabreado, el hombre se saca del bolsillo un papel arrugado, impreso en letra pequeña y abarrotado de sellos rojos y tampones azules, que le dan aspecto de cosa oficial. Mire, mire, dice, aquí explica que ir a la Arrabassada está prohibido. ¡Y más solo! ¡Ya puede estar contento si no le denuncio! Venga, vamos, págueme. Le doy un billete de quinientas. ¡No tengo cambio, adiós!

* «*cometa* 2. f. Armazón plana y muy ligera, por lo común de cañas, sobre la cual se extiende o pega papel o tela; en la parte inferior se le pone una especie de cola formada con cintas o trozos de papel y, sujeta hacia el medio a un hilo o bramante muy largo, se arroja al aire, que la va elevando, y sirve de diversión a los muchachos.» *Diccionario de la lengua española*, vigésima primera edición, tomo I (a-g). Madrid, 1992. Copyright Real Academia Española, 1992. Editorial Espasa Calpe, S. A., Carretera de Irún, km. 12,200. 28049 Madrid, p. 517.

Y huye como alma que lleva el diablo con el billete en la mano, ¡ffiiiiu!, dejándome solo ante la mar y la tan tópica soledad urbana, que, precisamente, ahora acaba de ligarse a un marinero noruego, rubio como la cerveza, y se va con él para vivir una delirante historia de amor que se acabará un atardecer lluvioso en la Côte d'Azur, en plena y abundante menstruación azul, mientras barcos sin popa surcan las mares atlánticas y las espumas blancas de cerveza que acarician las arenas y los puertos y los acantilados, y se tragan las gaviotas que vuelan a ras de las olas (y las olas son rayas de agua que se despeinan de la cabellera del mar). Todo esto el día sexto. Llegado el séptimo, Dios Nuestro Señor descansa. Luego viene Haydn y con todo esto hace un oratorio.

## SOBRE LA FUTILIDAD DE LOS DESEOS HUMANOS

Cuando llegué a la isla pensaba que tenía la muerte muy cerca, que no podría resistir tanto sol rojo, ni tanto tiempo de soledad: por todas partes agua, agua al norte, al sur, al este, al oeste, allá donde volvieses los ojos agua azul o gris o verde o negra, y un horizonte dormido, y el sonido frío de las olas empapando la blancura de la arena. Llegué nadando, agotado, y cuando volví los ojos vi aún el culo del barco (popa la llaman) hundiéndose definitivamente. Un par de enormes burbujas de aire salieron de las profundidades submarinas y ya no hubo más barco. Y yo, solo, preguntándome si alguna otra persona había sobrevivido a la tragedia, pero por lo que se veía yo era el único superviviente, el único que había conseguido llegar a aquella isla sin una sola alma por ninguna parte. Todo el mundo había muerto, pues: la Muerte, señora del anochecer que caía sobre mi cabeza y mi cuerpo, llagado y desmoralizado, convencido de que aquella isla mínima no era la salvación sino el aplazamiento de la muerte definitiva, mi tumba futura, la losa que se cerraría al cabo de uno o dos días, hasta que el cuerpo aguantase, tan poco esperanzado que pensé que no encontraría nada con qué alimentarme, y resultó que la isla estaba llena de frutos y plantas y animales extraños (conejos con cabeza de pato y lengua prensil, por ejemplo). La segunda mañana (porque había dormido todo el día y la noche anterior) abrí los ojos con la sensación de que un látigo de fuego se me comía, y era el sol que me tostaba la piel. Pronto me di cuenta de que mi única opción era sobrevivir. Y sobrevivir significaba aprender a aceptar aquella soledad y aquel viento cálido y que el tiempo eterno planease sobre el mar, ante mis ojos rojos. Caminé por la playa y nadé, remojándome la espalda quemada, y volví a la playa y fue allí donde encontré el cadáver, un viejo y triste cadáver aferrado a un palo embarrado, inútil como él, ahogado y anónimo, extendido ahora sobre la arena. Con la punta del pie lo volví boca arriba, y resultó ser uno de los marineros del barco: ojos como babosas y oscura cara de niño, inflada. Asco. Quizá vendrán otros, pensé, pero no se veía ninguno más. Todos los demás están en el mar, me dije mientras lo empujaba con el pie, con la esperanza de que las olas se lo llevarían (esperanza inútil, porque el cadáver regresó una y otra vez, uno y otro día, y otro y otro). A veces desaparecía y, cuando ya creía que no lo vería más, al día siguiente volvía a la arena, diez metros más allá, tal vez, o incluso al otro lado de la isla. No me dejaba nunca aquel cadáver loco, sucio, viejo, triste y estúpido que, por más que lo empujaba hacia el mar, regresaba siempre, hasta que un día ya no regresó más, como si finalmente se lo hubiesen comido los peces. Fue a partir de su desaparición cuando fui consciente de lo solo que estaba y pensé (¿cómo podía ser de otro modo?) en Robinson Crusoe, y empecé a buscar a un Viernes pero allí no había ni una puta alma humana. Empecé a explorar la isla, que era pequeña pero accidentada, con colinas y calas de aguas transparentes y rosadas y playas blancas y acantilados liliputienses. Descubrí una cueva fría, que convertí inmediatamente en mi habitáculo, aunque cuando llovía se inundaba de agua y barro. Comía frutos de los árboles y peces extraños y alguno de aquellos conejos anátidos, peludísimos, que cazaba a pedradas. Me programé una vida mínimamente satisfactoria: dormía mucho, nadaba, pero sobre todo pensaba (y es terrible la cantidad de tiempo que hay para pensar en estas condiciones, como si todo fuese una película vista en la pantalla del cine del barrio, con la única diferencia de que después no se encendían las luces ni salíamos a la calle, porque la película continuaba día y noche, porque era mi existencia cotidiana). Era como si todo lo que me rodeaba no fuese otra cosa que un decorado, era como si un día tuviese que levantarme y dar una palmada y decir: bueno, ya basta de cachondeo. Y entonces todo volvería a ser normal. Es decir: viviría otra vez una vida estándar en una ciudad lejana y estándar. Pero nunca me decidí a dar la palmada, para no llevarme la más triste de las decepciones. En toda la isla no encontré nunca una señal del paso del hombre. Nada. Como el presente me resultaba más bien incordiante, recordaba tiempos pasados: cuando era pequeño e iba a la escuela, los compañeros, cuando fui a la mili, calles llenas de gente, cuando iba al cine y comía helados de vainilla y bebía naranjada, litros de naranjada, cerveza holandesa, y tortillas de dos huevos y pan con tomate y lechugas y ensaimadas y sobrasadas y turnedós y merluzas a la vasca y suizos en la calle Petritxol, y horchatas y cocacolas y recordaba cuando veía la televisión y cuando me dormía escuchando Radio Juventud, de madrugada, harto de hablar con gente desconocida por bares llenos de ruido. Cuando me la meneo recuerdo a todas aquellas chicas sin nombre con quienes me iba a la cama. Qué lejos está el mundo, y qué miedo tener que derramar el semen sobre la arena blanca de la playa. Ante mí, el paisaje ni se inmuta: monótono y concéntrico, indiferente y asexuado. Un día vi un avión que atravesaba el cielo de horizonte a horizonte. Después de unos breves segundos, desapareció. A la mañana siguiente volví al mismo sitio y observé el cielo durante todo el día y me harté de ver el mismo azul insípido que se oscurecía y se volvía negro y estrellado. Nunca volví a ver otro avión. Avión loco, chárter enigmático equivocado de ruta.

El día en que se produjo lo que había estado soñando durante tanto tiempo me había levantado como cada mañana de las miles de mañanas de mi existencia salvaje. Me había bañado en las aguas, nítidas, y estaba a punto de comer algunas frutas. De repente me di cuenta de que abría los ojos de par en par, sorprendido de que allí, ante mí, estuviese aquel barco enorme, blanco y silencioso. Era un espejismo que no desaparecía ni cuando me frotaba los ojos. Corrí hacia el agua, saltando de alegría, mientras una barca se acercaba lentamente, con cuatro o cinco hombres que me hacían señales con la mano. Yo lloraba de alegría: pronto volverían los helados de vainilla, las cervezas holandesas, los suizos en la calle Petritxol, las noches durmiéndome escuchando Radio Juventud. Una vez llegaron a la playa, después de los abrazos previsibles y los intentos de mantener una conversación en un aguachirle de lenguas, me dieron no sé qué tipo de píldoras contra todas las enfermedades del mundo mientras el médico me examinaba de arriba abajo y finalmente concluía que estaba perfectamente. Todos, sin embargo, me observaban extrañados. Yo pensaba es que deben de encontrarme tan delgado, tan barbudo... Mientras tanto, ellos habían ido bajando (eran muchos: docenas de personas, hombres y mujeres) y observaban el terreno. Y yo me preguntaba por qué bajaban tantos y qué hacíamos allí sin subir de una puñetera vez a la lancha que tenía que llevarnos al barco, de vuelta a casa (y a casa quería decir cualquier sitio donde me pudiese duchar entre baldosas relucientes y secarme con toallas y comer cocina alemana y ver a gente e ir otra vez al cine y emborracharme). Todavía llegaron más barcas, con cantidad de bultos y cajas. Me acerqué al que parecía el mandamás y le pregunté que cuándo nos íbamos. No nos vamos, dijo. Hemos decidido huir del frenesí del mundo actual y fundar una comunidad en un lugar alejado de los humos y las envidias, de las angustias y los miedos, un mundo donde todos seamos hermanos (y dijo esto abriendo los brazos, sonrió, miró al cielo largo rato y continuó hablando): hemos venido aquí a construir nuestra comunidad. Y, mientras decía esto, sus compañeros hacía rato que habían empezado a desmontar el barco, y con las maderas que sacaban empezaban a construir muros y techos.

Había una distancia tan grande entre aquellas dos imágenes que se superponían, más acá y más allá del cristal (una, el viejo jorobadito que pagaba con un duro el vaso de vino tinto; y la otra, tú, la chica dorada, de gafas oscuras, aparcando el citroën mehari color naranja), que nunca hubiera imaginado que entrarías en el bar de formica reluciente donde yo apuraba el primer gintónic de la noche que acababa de nacer. Cuando te sentaste en el taburete, justo a mi lado, entendí, de una forma neblinosa, que a veces el mundo da vueltas como es debido.

Pediste un martini blanco. Abriste el bolso, sacaste un paquete de dunhill. Encendiste un cigarrillo y hacías volar caracoles de humo blanco que se perdían en el aire frío, hacia el techo enmoquetado de oscuro. Ahora sería estúpido tratar de recordar cómo empezamos a hablarnos; no lo sé: quizá uno de los dos, tú o yo, pidió fuego, o hizo un comentario casual y encontró una sonrisa abierta, o uno miró a los ojos del otro, una cálida profundidad, blanda.

Consumimos gintónics y martinis a espuertas: ante nosotros se fue formando un tablero de ajedrez hecho de botellitas transparentes. Se nos acabó también el tabaco rubio, y tuvimos que comprar ducados, que era lo único que había en aquel bar inconcreto, de silencio metálico.

En la calle, el cielo era ya una mancha oscura, y ante los ojos se nos abría una noche oblicua, saturada de puntos de luz y colores y sonidos secos y olores indecisos. Subimos en el mehari y dijiste que lo habías robado, cosa que me permití no creer, mientras mentalmente os etiquetaba: a ti como a niña de casa bien y al coche como un regalo de aniversario ofrecido por papá. ¿Adónde quieres ir?, preguntó uno de los dos, y el otro inconcretó un lugar con un gesto ambiguo, sonrió, agachó la cabeza, inspiró profundamente haciendo bajar el alcohol hasta las alcantarillas del estómago.

Comimos bocadillos por la Rambla, antes de refugiarnos en bares incómodos, de nombres exóticos, donde bebíamos líquidos llamados polinésicos entre plantas de un Mediterráneo casero. Acabamos abrazándonos en una boîte fría y ruidosa, llena de humo. Tomamos cafés en la parte puta de la Rambla, escuchamos música en la Chapa, y nos reímos de la gente, esnobs de mentalidad encogida, decíamos.

Volvimos a tu coche y nos sentamos. Ninguno de los dos abrió la boca durante un rato. Al final, uno de los dos levantó la cabeza y se dio cuenta de que el otro le observaba. Sonrió. Sonreímos. Fuiste tú quien mencionó, entonces, tu estudio, quien arrancó, quien metió la segunda, quien atravesó de nuevo la ciudad, quien aparcó en una calle solitaria, de farolas espaciadas, de árboles insomnes. Entramos en el ascensor abrazándonos, buscándonos las lenguas hasta que la sacudida de la llegada nos sorprendió, nos cortó el beso, nos hizo reír.

Me tumbé sobre los cojines, barrocos y chillones. Me preguntaste qué quería beber y te dije que vodka con naranjada. Pusiste música brasileña en el estéreo: Vinicius de Moraes, sambas que llenaban la noche de agua intensamente azul, de claridad, de arena blanca sobre la que me empapabas de deseo, mordiéndome los labios, buscándome por los rincones de las risas, extendiendo el abanico de tu cabellera sobre mi pecho, alzando la cabeza, riendo con esos dientes blancos y relucientes, riendo con ojos verdes como prados irlandeses, húmedos. Vinicius se perdía, lejano, más allá de las notas, sentindo a terra toda rodar, una música líquida acariciándote los pechos por encima de la blusa, mientras hacías que mis manos te abriesen la cremallera de los jeans, desnudándonos desordenadamente, entre caricias y mordiscos, tu boca perdiéndose por los boscajes de mi entrepierna, parándonos a menudo y mirándonos largamente, sombras airadas con un deje de alcohol.

Fue entonces cuando te vi los pechos: cuando te desabroché la blusa me quedé inmóvil, anonadado, boquiabierto. Te reíste: ¿vas a sorprenderte ahora?, dijiste, y yo no sabía qué hacer, no sabía qué decir, cómo reaccionar. Comprenderás que no es nada usual encontrarte ante dos pechos transparentes, dentro de los que vive toda una flora tropical de palmeras y palmas y margallones, ondeada por vientos asirios, tramontanas egipcias, monzones amazónicos por donde revolotean pequeños papagayos, loros, cacatúas, palomas de cien mil colores, con un fondo de granadas a punto de madurar.

Comprenderás también que, por un momento, estuviese a punto de huir. Y ahora me imagino que lo que hizo que me quedara fue tu imagen divertida, tus labios rojos, tus ojos irónicos, la saliva que hacía relucir tus dientes y a mí sentirme sediento. Noté que la erección me volvía, que me arrodillaba para doblar y romper, deshacer tu carne morena. Y te acariciaba los pechos, esos pechos blandos y transparentes, y observaba cómo se agitaban, y cómo dentro de ellos cantaban los papagayos y las plantas se reían a cada golpe de pelvis, y un coro de loros amarillos estallaba cuando nos besábamos, las palomas elevándose por encima de un mar de algas temblorosas. Cuando orgasmábamos, los vientos más cálidos hacían ondear las ramas de las palmeras, la espuma oscura de tus océanos y las plumas coloradas amarillas blancas anaranjadas que me crecían ya por la espalda, donde rápidamente me brotaron alas, poco antes de que me surgiese este pico dorado con el que ahora te hablo, y me encogiese y ya nunca más me hiciese falta llevar gafas, ni camisa, ni corbata, ni pagar letras estúpidas, ni billetes de metro a horas concurridas, convertido ya en un papagayo verde amarillo rojo dentro de tu pecho feliz y cálido.

## CONFIDENCIA

Yo he sido siempre un catacaldos, eso que quede claro desde el principio. No sé si por naturaleza o impulsado por las circunstancias, como se dice en estos casos. Ya de niño cambiaba a menudo de colegio (cosa que, bien pensado, tampoco significa nada, ya que si, por una parte, puede nacer de este hecho mi inconstancia, bien pudiera ser también lo contrario: que, a consecuencia de una inconstancia congénita, de niño cambiase a menudo de colegio; en fin, da igual). Papá también era así, quiero decir como yo; mamá, en cambio, fue constante e inamovible: toda la vida dedicada a las faenas de casa. Es el destino de la mujer, decía, e inspiraba tanto aire que parecía que la habitación se vaciase y las tetas fueran a estallarle. Pienso que ahora tendría que opinar de otro modo, porque los tiempos cambian y ella era la muestra perfecta de conformación al contexto. A mí, antes de hacer la comunión me gustaba mucho jugar al burro y a las damas, y me pasaba días enteros haciéndolo. Después, sin embargo, llegué a hartarme y me entró la manía de jugar a las chapas y al ajedrez, aunque éstos dejaron de interesarme bien pronto. (No sé quién dijo que un juego donde los dos jugadores están de acuerdo en las reglas es inútil y aburrido, ya que el único interés puede provenir del hecho de no estar de acuerdo ni siquiera en las reglas.) Estudié ingeniería, pero, como era de prever, aún no había acabado el primer año cuando ya estaba en una banda de rock, olvidándome de ingenios de cualquier tipo. Todo fue bien el primer mes. Al segundo, me echaron por impuntual. Menos mal que ya había encontrado trabajo en una fábrica de botones, y allí trabajaba por horas. Llegado el momento, no me admitieron en plantilla porque aún no había hecho la mili. No me quedó otra solución que apuntarme como voluntario. Bien pensado, el espíritu militar era una cosa que no me cuadraba mal: lo había visto en muchas películas y quedaba bastante bien. Me destinaron a Zaragoza, como a casi todo el mundo. No os hablaré de aventuras de quinto, que es de mal gusto. Sólo diré que conocí a una chica tartamuda que se dejaba tocar bastante. Gracias a Dios, cuando se dio cuenta de que estaba embarazada, yo ya navegaba por Holanda, con un grupo de jazz. (En éste, como todo Dios estaba bebido, no importaba demasiado si llegabas pronto o tarde.) Hay que decir que musicalmente tampoco parecía importar si estábamos o no. Esto duró un verano, justo hasta que me pillaron y me metieron en chirona (no por tocar free jazz, sino porque me encontraron un paquete de mierda, una colección de ácidos y un poco de heroína que vendía para sacarme un sobresueldo, malos consejos de Lou Reed, ahí tienes). Un año más tarde me dejaron en la frontera (era un día nublado y soplaba un viento que doblaba los palos de las banderas y plateaba el verdor húmedo de los prados flamencos). Pasito a pasito, volví en tren a casa, básicamente porque no tenía ni un duro y calculaba que el lío con la aragonesa habría pasado a la historia. Así fue, gracias a Dios. Por medio de un tío de Sabadell, conseguí el carnet del paro. Yo ya me las prometía felices: sin trabajar y cobrando el subsidio. Un día conocí a un tipo de no sé qué coño de partido socialista. Me apalizó verbalmente hasta que consiguió que me arrepintiera de la actitud contemplativa que había adoptado ante la vida. Una vez arrepentido, me ofreció trabajo en una agencia de publicidad con la que tenía algo que ver. El trabajo era angustioso: redacción de textos para clientes neuróticos que no sabían en absoluto qué querían y, al primer problema, desistían de anunciarse. La crisis, decían, y yo no sé de qué crisis hablaban (desde que nací siempre hay cerca de mí alguien que habla de crisis). Sin embargo, una mañana nos encontraron a la secretaria del señor gerente y a mí satisfaciendo nuestros saludables impulsos sexuales, cosa que, pese a ser grave, no hubiera tenido una importancia capital si el descubrimiento no lo hubiese efectuado el señor gerente en persona (junto a todos los miembros del respetable consejo de administración), en el preciso momento de entrar en la sala para celebrar la reunión previa a la convención anual. Hay que decir que la secretaria y yo holgábamos (y que se me perdone la crudeza de la palabra) precisamente sobre la mesa larga, barnizada y ligeramente ovalada, de la sala de juntas y bajo la mirada impávida de una panda de antiguos presidentes de la empresa (afortunadamente fallecidos) que nos observaban bajo una pátina aceitosa desde suntuosos marcos dorados. Nos despidieron. Ya en la calle y no sabiendo qué hacer, me sentí obligado a invitarla a desayunar. Lloraba (ella) tantísimo que la gente que nos rodeaba empezó a mirarme mal, sospechando vete a saber qué retorcidos infanticidios. Mi trabajo..., decía, y sollozaba y volvía a llorar. Hábilmente, me excusé hacia los lavabos. Huí por el ventanuco, según había visto en una coproducción italoamericana, no recuerdo si en color. Ahí lo tienes, me dije, un final triste para un amor demasiado impetuoso. Y digo amor porque yo, a esa chica, la quería. No volví a enamorarme hasta un mes después, cuando ya estaba enrolado en un circo, de malabarista (había conseguido el trabajo por medio del tío de Sabadell que he mencionado antes, fabricante textil y acupuntor en horas de ocio). Bueno, el caso es que me enamoré de una domadora de tigres (la única domadora de tigres de Europa, decía la publicidad). Era alta y rubia y de ojos azules y de acento germánico. (En realidad era una chavala de Narbona, más falsa que un duro sevillano.) Se llamaba Louise pero la llamaban Ulrike, que quedaba más nórdico y atrevido. La perseguí como un loco, le enviaba rosas, claveles y bombones, espiaba la claridad de su ventana cuando se desnudaba antes de meterse en la cama (y a veces entreveía su silueta, el movimiento blando de sus pechos, el terciopelo de la entrepierna). Finalmente, una tarde (el circo había acampado en las afueras de Elche y nos rodeaba un paisaje cálido, de un gris anaranjado más allá de la cresta de las colinas, con la luna como una moneda de plata) me decidí a declararle todo el amor que me llenaba. Toc, toc, toc, una vez subidos los peldaños de la furgoneta llamé. El interior estaba oscuro y nadie contestaba. La busqué por todo el campamento. Al final la encontré en la jaula de los tigres, amancebada con uno de los animalotes. Sentado en la puerta de la jaula (y detrás de mí todo eran gritos de placer de ella y rugidos orgásmicos del tigre), decidí que el malabarismo no era, así pues, mi destino. Al día siguiente por la mañana ya estaba lejos, sudado y agotado, bajo una alegría de sol, con los pies hirviendo y un estúpido ramo de flores en la mano, del que me deshice inmediatamente. Después he hecho de camarero y de presentador de telediarios, de conserje nocturno y de diseñador industrial, de florista y de maître de restaurante de tercera, de pescador en las costas islandesas y de mayordomo. Ahora que reparo en ello, todo lo que os he contado no tiene ninguna relación con lo que me pasó después. O quizá sí con lo que me pasa ahora. No lo sé. Además de catacaldos, siempre he sido un indeciso. Lo que quería deciros es que un día, mientras estaba de vacaciones en Cadaqués, me morí. Yo me imaginaba que la muerte era como un sueño doloroso, que perdería la conciencia y me convertiría en una nada fría. He ahí mi problema: no he notado ningún tipo de cambio: continúo calentándome el cacumen como antes y, si bien no puedo morir de inanición, tengo tantas ganas de comer que no puedo dejar de hacerlo y me veo obligado a trabajar como antes, o quizá más. Evidentemente, ni hablar de procesos putrefactivos. ¿Qué diferencia hay entonces entre la vida y la muerte? Me he tragado todo Bergman (¡sólo *El séptimo sello* la he visto siete veces!) y todo Espriu. De ninguno de los dos he entendido ni papa. Yo me interesaba por sus films y libros porque dicen que hablan de la muerte. Antes estaba preocupado; ahora ya no: el otro día conocí a uno que ya se ha muerto dos veces. Nos hemos hecho muy amigos y los fines de semana vamos a Sitges, a ligar, y hemos pensado en montar una charcutería. Pero a mí lo que me hace más gracia es una quesería al estilo francés, aunque no tardaría mucho en hartarme. Mientras tanto, ya lo veis: escribo cuentos.

# OLIVETTI, MOULINEX, CHAFFOTEAUX
ET MAURY

«Je suis fier de dire que toute ma vie je me suis battu contre les idées que je défends en ce moment.»

«Je suis fier de vous répondre que moi, c'est exactement le contraire.»

WOLINSKI, *Charlie-Hebdo,* núm. 346

Zwei Juden treffen sich im Eisenbahnwagen einer galizischen Station. «Wohin fahrst du?» fragt der eine. «Nach Krakau», ist die Antwort. «Sieh' her, was du für Lügner bist», braust der andere auf. «Wenn du sagst, du fahrst nach Krakau, willst du doch, daß ich glauben soll, du fahrst nach Lemberg. Nun weiß ich aber, daß du wirklich fahrst nach Krakau. Also warum lügst du?»

Citado por SIGMUND FREUD en *Der Witz und seine Beziehung zum Unbewußten*

# REDACCIÓN

*Qué hice el domingo.* – El domingo fue un día en que hizo mucho sol y fui a pasear con papá y mamá. Mamá llevaba un vestido beige con una rebeca de color blanco hueso, y papá un pulóver azul Raf y unos pantalones grises y una camisa blanca, abierta. Yo llevaba un jersey de cuello cerrado, azul como el pulóver de papá pero más claro, y una chaqueta marrón y unos pantalones también marrones, un poco más claros que la chaqueta, y unas bambas rojas. Mamá llevaba unos zapatos claros y papá unos negros. Por la mañana paseamos y a media mañana fuimos a desayunar a las Balmoral. Pedimos un suizo y una ensaimada rellena, y yo pedí cruasanes. Luego fuimos a ver las flores, y las había rojas y amarillas y blancas y rosas, e incluso azules, que papá dijo que eran teñidas, y plantas verdes y violetas, y pájaros grandes y pequeños, y papá compró el periódico en un quiosco. También fuimos a mirar escaparates, y, una vez que llevábamos mucho rato delante de un escaparate con jerséis, papá le dijo a mamá que se diese prisa. Y luego, en una plaza, nos sentamos en un banco verde, y había una señora mayor con el pelo blanco y las mejillas muy rojas, como tomates, que daba pan a las palomas, y me recordaba a la yaya, y papá leía el periódico todo el rato y yo le pedí que me dejase mirar los dibujos y me dejó medio periódico y me dijo que no lo estropease. Luego, cuando ya subíamos a casa, mamá, como papá estaba todo el rato leyendo el periódico, le dijo que siempre lo estaba leyendo y que ya estaba harta: que lo leía en casa, desayunando, comiendo, en la calle, caminando o en el bar, o cuando paseábamos. Y papá no dijo nada y continuó leyendo, y mamá le insultó y luego era como si lo sintiese, y me dio un beso, y luego, mientras mamá estaba en la cocina preparando el arroz, papá me dijo no le hagas caso. Comimos arroz caldoso, que no me gusta, y carne con pimientos fritos. Los pimientos fritos me gustan mucho pero la carne no, que está muy cruda, porque mamá dice que así está más rica, pero a mí no me gusta. Me gusta más la carne que me dan en el colegio, bien quemadita. En el colegio no me gustan nunca los primeros platos. En cambio, en casa me dan vino con gaseosa. En el colegio no. Luego, por la tarde, vinieron mis titos con mi primo, y mis titos se pusieron a hablar en la sala, con mis papás, y a tomar café, y mi primo y yo fuimos a jugar al jardín, y allí jugamos a madelmanes y al futbolín, a la pelota y con el camión de bomberos y a guerras de astronautas, y mi primo se puso muy tonto porque perdía, y a mí es que mi primo me molesta mucho, porque no sabe perder, y tuve que soltarle un guantazo y se puso a llorar muy muy fuerte, y vinieron mi mamá y mi tita y mi tito, y mamá dijo qué ha pasado y, antes de que yo le contestase, mi primo dijo me ha pegado y mi mamá me dio una bofetada y yo también me puse a llorar y volvimos todos a la sala, y mamá me cogía de la mano y papá leía el periódico y fumaba un puro que le había traído el tito, y mamá le dijo los niños están en el jardín, matándose, y tú aquí, tan tranquilo, repantigado. La tita dijo que no pasaba nada, pero mamá le dijo que siempre era lo mismo, que a veces se hartaba. Luego los titos se fueron y, mientras se iban, mi primo me sacó la lengua y yo también se la saqué, y papá puso el televisor, porque daban fútbol, y mamá le dijo que cambiase de canal, que en el segundo ponían una película, y papá dijo que estaba viendo el partido y que no.

Luego fui al jardín, a ver la muñeca que tengo enterrada allí, al lado del árbol, y la saqué y la acaricié y la reñí porque no se había lavado las manos para comer y luego la volví a enterrar, y fui a la cocina, y mamá lloraba y le dije que no llorase. Luego me senté en el sofá, al lado de papá, y vi un rato el partido, pero luego me aburría y miré a papá, que era como si tampoco viese el partido y como si tuviese la cabeza en otra parte. Luego pusieron anuncios, que es lo que más me gusta, y luego la segunda parte del partido, y fui a ver a mamá, que estaba preparando la cena, y luego cenamos y pusieron una película de dibujos animados y las noticias, y una película antigua, de una artista que no sé cómo se llama, que era rubia y muy guapa y muy pechugona. Pero entonces me mandaron a dormir porque era tarde y subí las escaleras y me fui a la cama, y desde la cama oía la película y cómo discutían mis papás, pero con el ruido del televisor no podía oír bien lo que decían. Luego se peleaban a gritos y bajé de la cama para acercarme a la puerta y entender lo que decían, pero como todo estaba a oscuras no veía bien, sólo el claro de luna que entraba por la ventana que da al jardín y, como no veía bien, tropecé y tuve que volver a la cama con miedo por si venían a ver qué había sido aquel ruido, pero no vinieron. Yo escuchaba cómo continuaban discutiendo. Ahora lo oía mejor porque se ve que habían apagado el televisor, y papá le decía a mamá que no le molestase y la insultaba y le decía que no tenía ambiciones, y mamá también le insultaba y le decía no sé si que se fuese de casa o que se iría ella, y decía el nombre de una mujer y la insultaba, y luego oí que se rompía alguna cosa de cristal y luego oí gritos más fuertes, y eran tan fuertes que no se entendían, y luego oí un gran grito, mucho más fuerte, y luego ya no oí nada. Luego oí mucho ruido, pero flojito, como cuando para fregar arrastran los módulos del tresillo. Oí que se cerraba la puerta del jardín y entonces volví a salir de la cama y oí ruido fuera y miré por la ventana, y tenía frío en los pies, porque iba descalzo, y fuera estaba oscuro y no se veía nada, y me pareció que papá cavaba al lado del árbol y tuve miedo de que descubriese la muñeca y me castigase, y volví a la cama y me tapé bien, incluso la cara, escondida bajo las sábanas y a oscuras y los ojos bien cerrados. Oí que dejaban de cavar y luego unos pasos que subían las escaleras y me hice el dormido y oí que se abría la puerta del cuarto y pensé que debían de estar mirándome, pero yo no vi quién me miraba, porque me hacía el dormido y por eso no lo vi. Luego cerraron la puerta y me dormí y al día siguiente, ayer, papá me dijo que mamá se había ido de casa y luego vinieron señores que preguntaban cosas y yo no sabía qué contestar y todo el rato lloraba, y me llevaron a vivir a casa de los titos, y mi primo siempre me pega, pero eso ya no fue el domingo.

# THOMSON, BRAUN, CORBERÓ, PHILISHAVE...

*A los señores Justerini y Brooks,*
*con agradecimiento*

Apenas cerró la puerta, Pol se sintió aliviado. Había sido un viaje más cansado que de costumbre, como si todo el mundo estuviese obsesionado por crear dificultades innecesarias. Dejó la gabardina en el perchero (cuando lo vio tan polvoriento recordó que tendría que limpiar todo el piso), apretó el pulsador del contador de la electricidad, abrió la llave del paso del agua, encendió unas cuantas luces de la casa y pasó revista a cada habitación. Descorrió las cortinas de la sala: en medio de un círculo de montañas nevadas, el pueblo se ovillaba en el fondo del valle, como de pesebre.

En una estantería encontró una botella de coñac. Dio un sorbo. Sobre la mesa dejó la máquina de escribir, enfundada, y el maletín con papeles y libros. Del maletín sacó una bolsa con gambas. La llevó a la cocina y la dejó sobre el mármol. Tenía hambre. Se sentía como el asno de la fábula: estaba tan ansioso por empezar a escribir como por prepararse la comida. En la galería, abrió las llaves del gas y de la calefacción. Trató de encender el calentador. Lo intentó tres veces, pero no conseguía mantener la llama encendida. Por si las había olvidado, leyó las instrucciones grabadas sobre el botón: «1. Ouvrir le robinet d'arrêt gaz situé au bas de l'appareil. 2. Pousser ce bouton à fond et tourner vers la droite. Allumer la veileuse. Attendre environ 15 secondes. Pousser de nouveau à fond en tournant vers la gauche puis relâcher.» El robinet d'arrêt gaz ya estaba abierto. Apretó otra vez ce bouton à fond y lo hizo girar a la izquierda. Lentamente lo fue relâchant. La llama se volvió a apagar.

Decidió dejarlo correr un rato. En la cocina ordenó cuatro botes y puso en marcha la nevera. Llenó de agua la cubitera y dejó la bolsa de las gambas en una estantería. Recogió botellas vacías y las metió en un capacho. Todo estaba lleno de polvo. En la sala quitó las fundas de los sofás, barrió, pasó el trapo del polvo por encima de los muebles. En el dormitorio sacó sábanas limpias del armario, dio la vuelta al colchón, hizo la cama. Barrió también el estudio y quitó el polvo de los libros.

A media tarde se dio cuenta de que, con tanto trabajo, se le había olvidado comer. Decidió que se prepararía el jambalaya de cena. Cuando acabó con la limpieza, se sentía sucio y sudado. Necesitaba una ducha. En la galería, intentó nuevamente poner en marcha el calentador. Apretó el botón hasta el fondo, lo giró hacia la derecha, lo soltó; luego lo apretó otra vez y lo hizo girar hasta la posición inicial. Lo soltó muy suavemente: la llama se desvaneció. Lo intentó cuatro veces más: no había nada que hacer. Estaba claro que el aparato se había estropeado.

Se duchó con agua fría (y hacerlo mientras por la ventana no veía otra cosa que nieve le parecía estúpido), se vistió, recogió el capacho de las botellas y bajó al pueblo. Allí compró mantequilla, leche, jamón, pimientos, tomates, cebollas, ajos, perejil y pan. No hubo manera de encontrar salsa worcester; debería haber hecho como con las gambas: traérsela de la ciudad. La única solución sería sustituirla por salsa japonesa de soja (de ésta, curiosamente, sí encontró en el supermercado del pueblo) y vinagre.

En el bar merendó; más por preguntar al dueño si conocía a alguien que pudiese repararle el calentador que por hambre. El dueño sabía quién podía, pero ese quién, ahora, estaba fuera, y no volvería hasta el día siguiente. Le dijo que no se preocupase, que él se encargaría de hacerlo: al día siguiente por la mañana, en cuanto llegase el técnico local, se lo diría y él se lo arreglaría.

De vuelta en casa, colocó la compra en su sitio. Sacó la máquina de escribir de la funda y la situó en el centro de la mesa. A la derecha dejó los papeles en blanco. A la izquierda, los libros que necesitaba. Por la ventana (oscurecía rápidamente) la nieve tenía una tonalidad azulada y el cielo era de un gris ceniciento. Como había merendado, decidió no empezar a preparar la cena hasta las nueve. Tenía, pues, un par de horas para escribir. Puso manos a la obra.

Tarde o temprano, y siempre a medio rellenar, cada hoja iba a parar a la papelera. Retiró la máquina, encendió un cigarrillo. En el pueblo había pocas luces encendidas y casi ninguna era de tienda: sólo la del bar, amarilla, y las de la discoteca. El frío le helaba el espinazo. Sin muchas esperanzas volvió a intentar poner en marcha el calentador. Repitió cada acción un montón de veces, sin éxito. Harto, soltó un puñetazo sobre el calentador. Recordó que, de niño, su padre hacía funcionar un transistor japonés (el primer transistor que habían tenido) a puñetazos. Quizá con el calentador (si no japonés, francés) eran necesarios métodos parecidos. Repitió el puñetazo, esta vez con más fuerza. La lata rechinó y le pareció que la maquinaria rezongaba. Esperanzado, repitió las operaciones. En el momento de relâcher ce bouton, sin embargo, la llama se apagaba.

Descargó un tercer puñetazo, tan fuerte que la plaqueta donde decía CHAFFOTEAUX ET MAURY cayó al suelo. Se asustó. Había abollado la plancha y ahora el rumor era cada vez más fuerte. Alejando la cara, repitió las operaciones en un estado de ánimo que mezclaba la esperanza de una noche sin frío con el miedo de una explosión. Esta vez ganó: cuando soltó el botón, la llama se mantuvo allí, pequeña y oscilante, como si fuese la cosa más normal del mundo. Se sintió molesto porque le parecía que, si ahora había sido todo tan fácil, antes tenía que haber hecho alguna cosa mal. Miró la plancha abollada y recogió la plaqueta. Abrió los radiadores, uno por uno.

Más relajado, encendió el televisor. Hacía rayas. Intentó mover la antena. Las rayas se convirtieron en un tejido de granos que se movían, como un aguanieve. En aquel pueblo se recibían muy mal las emisiones. Giró el botón de sintonía. Finalmente le pareció que las imágenes eran de una calidad, si no correcta, bastante aceptable, dadas las condiciones y el lugar. Pasaban un partido de fútbol, espectáculo que no solamente no le gustaba, sino que le deprimía profundamente. Apretó el botoncito del UHF. La pantalla estaba cortada por rayas transversales. Repitió las operaciones: intentó ajustar la imagen, pero la del UHF se le escapaba mucho más que la del otro canal. De repente apareció una voz francesa, cosa que le hizo recordar que, desde allí, le sería más fácil coger el canal francés de VHF que el español de UHF. Cambió de lado, pues, y trató de cazar la emisión francesa. Pero no aparecía por ninguna parte. Lentamente se fue definiendo, en medio de un bombardeo de niebla, una cara de chica que se desvanecía enseguida, apenas movía un pelo el botón. La buscó con constancia, pero ya no la volvió a encontrar: ahora era un presentador gordo que abrazaba a un pollo con pinta de cantante y le daba una estatuilla horrible. Movían los labios, pero no se oía más que ruido de algo friéndose. Movió el dial muy poco a poco: consiguió la voz, baja: hablaban italiano, sin subtítulos ni traducciones. Se desconcertó. Intentó ajustar la imagen, pero si la imagen se le volvía limpia la voz desaparecía, y si la voz se aclaraba era a la imagen a la que se le pegaba el sarampión. Llegó a un punto medio aceptable. El presentador se despidió en italiano. También fueron en italiano los anuncios. No le cupo ninguna duda: había sintonizado la RAI. (Una vez lo había conseguido desde la costa, en verano, un día de cielo limpísimo.

Pero ¿en plena montaña y en invierno y con la amenaza de una tormenta de nieve?) La evidencia le convenció: se sirvió otro coñac y se sintió feliz. Se bebió la copa de dos tragos. Hacía mucho frío. Pensó lo peor: la llama del calentador debía de haberse apagado. Se levantó de un salto y voló a comprobarlo. La llama estaba allí. Suspiró aliviado. Por poco rato, sin embargo: revisó las habitaciones y los radiadores estaban fríos.

Mientras pasaba por delante del televisor vio a Ornella Vanoni cantando cosas brasileñas. Se dio prisa. Miró el calentador. Pensó que quizá le faltaba agua. (¿O le sobraba?) Abrió el grifo de paso y la aguja empezó a subir lentamente: 1, 2... Entre el 4 y el 5 había una raya roja que tenía toda la pinta de querer indicar peligro. Las entrañas del monstruo empezaron a gruñir. Parecía que de un momento a otro la calefacción tenía que ponerse a funcionar. Dio más agua. La aguja llegó al 3. Cerró el grifo. La aguja continuó subiendo durante unos segundos. Se paró un poco más allá del 4. Se aseguró de que el grifo estuviese bien cerrado. La aguja oscilaba a un pelo de la raya roja. El rumor del monstruo había subido de tono hasta convertirse en un silbido agudo: la llama se extendió por el quemador y la calefacción empezó a funcionar.

Comprobó radiador por radiador. Estaban fríos, pero las cañerías organizaban tal concierto que parecía obvio que bien pronto la casa sería un paraíso. Mientras esto llegaba, se volvió a situar ante el televisor: Ornella Vanoni saludaba con una sonrisa. El presentador gordo abrazó a la Vanoni, le regaló otra estatuilla y anunció un breve descanso, que Pol aprovechó para comprobar nuevamente el estado de los radiadores. De los seis que había en la casa, cuatro ya estaban un poco calientes. Uno de los dos que no funcionaban era el del recibidor; le daba igual. El otro, sin embargo, era el del dormitorio. Comprobó que estuviese abierto: lo estaba. Intentó desenroscar el pomo. Buscó un destornillador; sólo encontró uno, demasiado pequeño. Desenroscó con fuerza. El destornillador se dobló como un berbiquí pero el tornillo giraba, pasado de rosca. Cuando extrajo el pomo, el agua salió disparada: un chorro a presión.

Quedó empapado de pies a cabeza. La cama y el suelo se convirtieron, en pocos segundos, en una piscina. Con mucho trabajo consiguió volver a introducir el pomo (salpicó las paredes que se habían salvado de la humedad), enroscarlo con los dedos y dejarlo quieto, goteante; y el radiador, apagado. Desgarbadamente, se quitó la ropa mojada y se puso el pijama. Pasó la bayeta. Deshizo la cama y extendió la ropa y las sábanas sobre las sillas. Consideró las posibilidades: podía cerrar la llave del paso del agua y arreglarlo (pero le había costado tanto poner en funcionamiento la calefacción que no quería arriesgarse a que el calentador le jugase de nuevo una mala pasada). Dio aquel radiador por muerto: esperaría a que al día siguiente viniese el técnico que le había prometido el del bar. Mientras tanto dormiría en la cama, con más mantas, o en la sala, dentro del saco de dormir. Volvió a echar un vistazo al calentador: todo iba de maravilla.

En el televisor cantaba un trío de negros. Miró por la ventana: habían cerrado el bar y, excepto la discoteca, todo el pueblo estaba a oscuras. ¿Y si se iba a dormir? Había sido un día agitado. Si se metía en la cama pronto, al día siguiente podría trabajar de firme. Lamentaba, sin embargo, perderse el canal italiano (que quizá al día siguiente sería ilocalizable) y tener que aplazar el jambalaya. Sin acabar de decidirse, se ovilló en el sofá. Antes de un cuarto de hora ya se había dormido y soñaba con banquetes en mesas puestas en jardines de Nueva Orleans, soleados y con el ruido lejano de los tranvías. A la hora de servir los platos, los cocineros gritaban indignados; él, que acababa de llegar allí, se sentía culpable por haber tardado demasiado, y huía bajo balcones de hierro, sin saber dónde encontrar la salsa. Los cocineros se reían en silencio.

Le despertó la ausencia de ruido. El televisor estaba en blanco, lo apagó. Tenía tanta hambre como sueño. En la cocina oyó un mínimo goteo que no nacía de ningún grifo: era la nevera, que no funcionaba. El poco hielo que había hecho en aquellas horas se descongelaba lentamente. La desenchufó. Con esfuerzos que le parecieron titánicos le dio la vuelta. No entendió nada de aquel jeroglífico de serpentinas. Volvió a poner la nevera en su sitio y la conectó otra vez: no se encendía ni la llamita interior. Antes de dejar la cocina salió a la galería y volvió a mirar el calentador: la llama estaba donde tenía que estar.

De un armario cogió un saco de dormir. Se metió dentro y se tumbó sobre el parquet, junto a un radiador. Dio varias vueltas: le costaba encontrar la postura ideal. Meditó si no hubiese sido mejor darle la vuelta al colchón y dormir en él. Quizá no estaba tan empapado como en un principio había creído. Ahora, sin embargo, le daba pereza levantarse.

Tres cuartos de hora más tarde se reconoció insomne. En la cocina se preparó pan con aceite y azúcar. Se lo comió. Se sentó ante la máquina y empezó a escribir. Escribió media hoja, que a continuación arrancó. Hizo con ella una pelota y la tiró a la papelera. En la cocina cortó jamón y pan, y se lo comió. Del zurrón sacó *Candide ou l'optimisme*. Leía sentado en una silla de la cocina.

La luz tardó exactamente trece minutos en irse. A la claridad de una vela comprobó los plomos. Al parecer estaban bien. Miró por la ventana: que en el pueblo no hubiese ni una luz encendida no significaba nada: era lógico, a las cuatro y pico de la madrugada. Encendió más velas y continuó leyendo.

Cuando se despertó ya era de día. Se había dormido sobre la mesa y estaba congelado. Bostezó; los huesos estaban a punto de deshacérsele en estalactitas. Palpó los radiadores: todos estaban fríos. Corrió hacia el calentador: la llama estaba en su sitio pero el termómetro marcaba cero grados.

Abrió el paso del agua: 3, 4, 4 y medio... Dejó atrás la raya roja. De un tubito proyectado hacia el exterior del edificio empezó a chorrear el exceso de agua. El calentador emitió un gruñido, la llama hizo como si, finalmente, fuese a extenderse por el quemador, pero, en vez de hacerlo, se apagó.

Decidió prepararse un café. Cuando encontró el bote lleno de granos sin moler recordó que el molinillo se había estropeado la última vez que había subido. Buscó un cazo y lo llenó de leche. Entonces tuvo una idea mejor: dejó el cazo sobre el mármol y buscó una olla y una cazuela. Encendió uno de los fogones de la cocina; como mínimo la cocina funcionaba. Limpió e hirvió las gambas. Luego colocó la cazuela en el fuego, con mantequilla. Añadió el jamón, cortado a dados grandes, y pimiento verde bien picado. Lo fue removiendo durante unos minutos, y echó un poco de harina. Más tarde añadió las gambas, agua, tomates cortados en cuatro trozos, cebolla, ajo y perejil bien picados. Cuando rompió a hervir, añadió arroz, sal, tomillo, pimentón, salsa de soja y vinagre. Puso la tapadera y bajó el fuego. Durante media hora, fue controlando el chup-chup.

Llamaron a la puerta: un mocoso venía de parte del del bar a reparar el calentador. Pol le mostró no sólo el calentador, sino todos los demás aparatos que había que reparar; y los radiadores: uno por uno. Pero perdió demasiado tiempo con las explicaciones. Se dio cuenta cuando sintió un olor delator y fue hacia la cocina. Intentó verter el jambalaya en un plato, pero se había agarrado al fondo de la cazuela y lo que pudo sacar de ella era una pasta incomestible.

Puso el cazo de leche al fuego. El mocoso le llamó para explicarle que es muy fácil no estropear el radiador si, desde el principio, se desenrosca el pomo en el sentido correcto. Volvió a la cocina demasiado tarde: la leche había hervido y se había derramado: por encima de los fogones. Con flema, se bebió la leche directamente de la botella, a gollete. Metió dos rebanadas de pan en la tostadora. Salieron carbonizadas.

Se escondió en el váter. Se hizo el firme propósito de no salir de allí hasta que no hubiesen reparado todas las máquinas en un kilómetro a la redonda. Tiró de la cadena y se le rompió por tres sitios. Se miró en el espejo: vio un espíritu fugitivo y mal afeitado. A punto de cometer el peor error de su vida, contempló la máquina de afeitar que tenía en la mano. Aterrado, la tiró al bidé: le había visto los colmillos.

Fuera le esperaba el chico. Juntos comprobaron que el calentador, radiadores, molinillo de café, nevera, tostadora y máquina de afeitar funcionaban perfectamente. Hasta que comprase otra, sustituyó la cadena rota por una cuerda. Pol pagó. El mocoso se fue.

Después de afeitarse, se sentó ante la máquina de escribir. Le invadía la rabia: el día anterior se había pasado todo el viaje con ganas de llegar e, inmediatamente, empezar a escribir. En cambio, desde que había llegado no hacía más que pelearse con los objetos, sin poder escribir ni una línea. Confiando en una memoria demasiado débil, no había tomado nota de las ideas que había ido madurando a lo largo del trayecto. Y desde que había llegado a la casa, no había conseguido recuperar ni una sola imagen: tenía la mente en blanco y no sabía qué escribir. Ahora todos los radiadores funcionaban a cien: el aire se llenaba de un calor exagerado. Encendió un cigarrillo. Empezó a teclear casi sin saber qué. Pero enseguida supo qué tenía que escribir: precisamente aquella serie de mezquindades que le angustiaban desde hacía veinte horas. Las líneas le salían a chorros: «... Había sido un viaje más cansado que de costumbre, como si todo el mundo estuviese obsesionado por crear dificultades innecesarias.» Se detuvo: hacía un sol llameante. Sudaba. Se quitó el jersey, fue hasta la galería, apagó el calentador. No tuvo miedo de que aquel gesto fuese irreversible. En la mesa, leyó otra vez lo que había escrito: «... intentó nuevamente poner en marcha el calentador. Apretó el botón hasta el fondo, lo giró hacia la derecha, lo soltó...» Ahora sabía que mientras más líneas escribiese más seguro se sentiría. Tenía que escribirlo todo: desde la salida de la ciudad hasta la llegada del mocoso; todavía más: hasta este preciso momento en que, reintegrado todo a la normalidad, se sentaba ante la máquina y daba con la clave. Sólo cuando se hubiese vaciado de todas las molestias podría empezar a escribir aquello por lo que realmente había venido a aislarse; y todas las ideas que le habían bombardeado durante el viaje aparecerían en un orden perfecto: sin ningún esfuerzo llenaría de parrafadas densas las hojas de papel del montón derecho; y, cuando las hubiese llenado todas, bajaría al pueblo y compraría una botella de alella para acompañar el inmejorable jambalaya que se prepararía para celebrarlo. De golpe, sin embargo, una tecla de la olivetti saltó por los aires, en un brinco acrobático. En cuestión de segundos, la máquina se descuajeringó: quedó reducida a un montón de tornillos, barritas y muelles.

# MELOCOTÓN DE MANZANA

No puedo contar el argumento del film: sólo recuerdo (muy vagamente) que estaba lleno de bromas baratas y carrerillas de cartón. De vez en cuando, la protagonista se caía al suelo con los macarrones en la mano o la situación equívoca pillaba al chico en calzoncillos. El público se reía, no porque la película fuese divertida, sino porque era tan estúpida que se convertía en grotesca. En las últimas filas empezaron a armar bronca y a hacer comentarios en voz alta, más ingeniosos que el diálogo de la pantalla.

La vi por primera vez cuando observé a mis vecinos de asiento: un perfil moreno que comía cacahuetes y tiraba las cáscaras al suelo. Tosió una vez, y otra miró atrás (pero no a mí, ni a nadie) y bostezó, como todo el mundo a la salida.

A media tarde ya estaba harto de vagar por librerías. Había intentado encontrar algún volumen, inútilmente; y cuando fracaso en estas misiones la depresión se me come a bocados y me hace pensar en el suicidio. A punto de meterme en el bolsillo un tratado de trigonometría (que era el único al alcance en el único rincón escondido de librería), la vi otra vez. Ahora llevaba gafas amarillas, y la mirada de complicidad que me dirigió me hizo dudar si me recordaba de un par de horas atrás (en el cine) o si se solidarizaba con mis sufrimientos cleptomaníacos. Por un segundo pensé que era una mirada de reproche.

¿Hace falta decir que cuando volví a verla (aquella misma noche, dos mesas más allá en un restaurante exótico, vestida de oscuro y acariciando la mano de un hombre frío) pensé que era obvio que no sólo volvería a encontrármela al otro día (en el teatro), sino que durante toda la semana siguiente coincidiríamos por calles, bares, tiendas y cines, afectada ella de aires amnésicos y empeñada en aparentar las ocupaciones más diversas? Por fin (en el cóctel inaugural de una exposición de escultura del todo prescindible), un amigo común hizo las presentaciones. Negó haberme visto nunca, conducta que (si bien en un principio consideré un esfuerzo por menospreciarme), finalmente, ante su actitud acogedora, me desconcertó. Cenamos juntos, y para no convertir esto en un relato pornográfico diré que, cuando me desperté, ella ya no estaba allí. Sólo una nota: «Te llamaré, besos.»

No llamó en toda la mañana. Aquella misma tarde (mientras salía de la cuchillería donde había comprado un nuevo cuchillo de quesos) pasó junto a mí sin verme, buenísima en unos shorts negros. «¿No me reconoces?», protesté mientras le pellizcaba una nalga. Puso cara de sorpresa y me marcó cuatro de los cinco dedos en la cara. Me calificó de sinvergüenza e insolente, valoración que se contradecía con las reiteradas afirmaciones de que no me conocía. Insultado y agredido por media ciudad (que se solidarizó con ella), escapé por un callejón lateral donde (para mayor desconcierto) volví a verla, esta vez con una blusa extravagante y una falda roja francamente corta. Sonriendo, me dijo si íbamos para allá y, cuando le pregunté adónde (pregunta del todo estúpida, sólo explicable por el aturdimiento que me producía no conseguir explicarme cómo había podido cambiarse tan deprisa de ropa), me miró de arriba abajo, chascó la lengua y me dio la espalda, momento que aproveché para echar a correr hasta el bulevar. Pero, evidentemente, estaba también en el bulevar, vestida de azul y sentada en un banco, con el agravante de que, al mismo tiempo, con unos tejanos blancos compraba un helado pocos metros más allá. Cuando llegó la noche, estaba por todas partes: o todas las mujeres lucían su cara o su cara se reproducía en la de todas las mujeres, bajo una luna que, como todo a mi alrededor, se fotocopiaba infinitamente y daba al cielo el aspecto de una ficha de computadora. No hacía falta, pues, ser muy inteligente para profetizar mi futuro, para adivinar cuál sería el escalón siguiente de aquel complot cósmico: cuando me detuve ante un cartel de circo, el hombre que lo miraba volvió la cara al mismo tiempo que yo y, por un momento, no supe si me hallaba a este lado del espejo o al otro: otro yo diferente de mí me observaba sorprendido, sin saber por qué me sacaba aquel cuchillo del bolsillo, dudando aún si al clavárselo (a él y a todos los que, como él, fuesen yo sin ser yo) no me lo estaba clavando a mí mismo en el pecho.

## LA DAMA SALMÓN

Lo primero que me enamoró de ella fue la manera de cruzar las piernas. Muy suavemente, como si fuesen de hielo y le diese miedo rompérselas, levantó una y la pasó por encima de la otra: quedaron las dos en contacto, de la rodilla al pie. Aquello fue la magdalena: de golpe me vino a la cabeza un barullo de imágenes de tías y primas, y fotos en sepia de una abuela en los años veinte, de sombrero redondo y falda corta, con las piernas unidas de la misma manera que mi compañera de vagón, que, después de un rato, para descruzarlas levantó una hacia delante y, durante un segundo, toda la pierna (del pubis al pie) estuvo completamente recta. Paralelas, las inclinó hacia un lado, perfectas y espléndidas. Unas piernas como aquéllas podían hacer la felicidad de quien pudiese compartirlas (y compartirlas significaba observarlas todo el tiempo, acariciarlas de vez en cuando, desnudas bajo la seda de las medias...); podían traer la desgracia y el suicidio a quien las perdiese; podían provocar guerras infinitas, nueva Elena de Troya de piernas Marlene Dietrich, que miraba por la ventanilla la interminable secuencia de prados verdes y muy pocas casas, ante una cortina de árboles medio ocres medio blancos.

En Hønefoss el tren se detuvo y nos hicieron bajar. No entendí por qué razón teníamos que cambiar de tren, pero como nadie protestó di por buenos los motivos de la compañía. Los vagones donde habíamos venido se alejaron enseguida y, al cabo de cinco minutos, vinieron otros.

Todo el mundo se dio prisa en subir, y cada cual se sentaba donde quería. Yo, que había perdido la esperanza de continuar contemplando el juego de piernas de la señora, me alejé hacia uno de los últimos vagones. Allí encontré un compartimiento vacío y me instalé en él. Saqué del macuto la guía azul y me adentré en la lectura de cotas, poblaciones y posibles restaurantes. La tranquilidad se acabó pronto: alguien abrió la puerta del compartimiento y, a partir de aquel momento, todo fue un alboroto soterrado y continuo de paquetes y chiquillería. Me sumergí en el libro, que enumeraba cantidad de consideraciones sobre la calidad de los arenques en las islas de la costa, de las que me distrajo la sensación de ser observado. Levanté la cabeza. Ante mí, un niño pedía explicaciones sobre un tebeo a una señora que parecía ser su madre y no estar para muchos cuentos. Volví la vista, vaga, por el compartimiento: a mi lado estaba sentada la dama espléndida, la del juego de piernas.

Me sorprendió. (¡Con todos los asientos vacíos que quedaban, había tenido que venirse a sentar justo a mi lado!) Miraba hacia delante, aparentemente al niño, que insistía en que su madre le explicase los monigotes. Volví a la guía y a los arenques.

En Sokna bajaron el niño y la madre, y subió un viejo. En cuanto el tren dejó atrás la estación, noté una presión en la pierna. ¡Ella (la dama de las piernas color salmón) frotaba una contra la mía! No tardé mucho en reaccionar: no sólo accedí a la caricia sino que la incrementé. Con el rabillo del ojo me pareció que sonreía. ¿Qué había que hacer ahora? Concebí esperanzas de que, en el primer pueblo importante, el viejo bajara y nos quedáramos solos. Pero pasaron un montón de estaciones y el viejo no se movía. Tenía cerrados los ojos y apoyaba la cabeza en una de las orejeras del asiento. Dormía tan relajadamente que me pregunté si no se había muerto. ¿Y si, vivo pero dormido, se pasaba de estación? ¿Y si tenía que bajar precisamente en la que nos habíamos detenido ahora y no se daba cuenta de que ya había llegado? Quizá despertarlo sería incluso una buena obra. Extranjero sensato, preferí callar, sobre todo ahora que nuestro compartimiento había aumentado de población: una chica de unos veinte años, con una mochila exagerada y unos ojos clarísimos.

La pierna de la dama y la mía continuaban en contacto; por lo que parecía, ninguno de los dos tenía suficiente ingenio para llevar a buen puerto nuestros deseos. Bastante rato después de que el tren hubiese vuelto a arrancar, reuní fuerzas suficientes para preguntarle si iba muy lejos. Al principio ni me miró y, cuando se lo repetí, volvió la cara hacia mí (ahora, viéndola desde tan cerca, me daba cuenta de que era una matrona bellísima), me sonrió con labios de sangre y me contestó en noruego. (Mis esperanzas de que perteneciese a la considerable parte de la población que habla inglés como segunda lengua se iban, de golpe, al garete.) Me quedé cortado. Añadió alguna otra cosa y se quedó esperando una respuesta que yo no podía darle. La chica leía una revista de modas y parecía totalmente alejada del mundo que la rodeaba. El viejo, sin embargo, que antes estaba tan dormido que me había parecido muerto, abrió los ojos y me sirvió de traductor: la señora se excusaba por no hablar mi idioma. Me pasó por la cabeza decirle que el idioma a que se refería no era mío sino prestado, pero me callé. El viejo se ofreció a continuar los servicios de traducción. Me aturdí (me imaginé, rodilla en tierra, declarándole mi amor por medio de un traductor), no supe qué decirle, le dije que no (al viejo) y le di las gracias. Luego se hizo un silencio un tanto tenso. Las piernas, sin embargo, continuaban juntas. El viejo cerró nuevamente los ojos, pero durante poco rato: al llegar a Torpo nos dijo adiós y bajó.

Entre Torpo y Ål dejé caer lentamente la mano sobre la de la mujer y, con las puntas de los dedos, acariciaba su dorso. Me pareció que movía los párpados. Hizo girar la mano de tal manera que, cuando las apretamos, quedaron cerradas como una nuez. La chica de enfrente pasaba hojas con mucho ruido, y miraba de vez en cuando por la ventana. De golpe, cerró la revista y la dejó sobre el asiento de al lado. Nos miró de pasada, detuvo los ojos dos segundos sobre nuestras manos cogidas y a continuación, discreta, dirigió la mirada a la mochila, apretó una correa, se sumergió nuevamente en los lagos del paisaje y bostezó.

El atardecer no acababa nunca de hacerse noche. En Geilo había subido un hombre de mediana edad, con uniforme verde, que tenía pinta de guardia forestal. Las posibilidades se me escapaban. Tomé una determinación: levantarme con la mano de la dama bien cogida y salir al pasillo, donde, como mínimo, podríamos, si no hablar, entendernos con más facilidad. El riesgo era, sin embargo, que ella no quisiese acceder al juego y me dijese alguna cosa que yo no pudiese entender, pero sí los demás ocupantes del compartimiento, y eso me angustiaba. En favor de mi acción estaba el factor de que, en realidad, la primera iniciativa había partido de ella, y de que la única iniciativa que yo había tomado (la de cogerle la mano) no había sido rechazada. Me molestaba, sin embargo, que no se diese cuenta de mi inferioridad de condiciones, extraño en un país frío. Jugando en terreno propio, era ella quien debía decidir qué teníamos que hacer. ¿O era que le bastaba con hacer manitas y restregarnos las piernas?

Me levanté con su mano bien cogida. Durante un segundo, creí que no se levantaría: me miró sorprendida y luego sonrió. Me precedió por la puerta. Caminamos por el pasillo, hasta la cola del vagón. En la plataforma, cara a cara, empezó a decir palabras muy lentas, que le debían de parecer elementales, pero que para mí eran como si hablase noruego. (Y ahora veo que el chiste es imbécil.) Era evidente que había que dejar bien claro qué terreno lingüístico (y aquí sí que renuncio a la broma fácil) nos sería propicio. Silabeándolas, le expuse mis cuatro posibilidades. Me comprendió, porque ella mencionó tres, que yo también comprendí, para mi desgracia (y supongo que suya), porque ninguna de sus tres coincidía con ninguna de mis cuatro. ¿Cómo podía yo, entonces, decirle que estaba loco por sus piernas; que quería abrazarla y acariciarla antes de que huyera de mí en alguna estación que no podía prever; que su iniciativa de restregarme la pierna había sido el gesto más agradable que me habían dedicado desde hacía una semana? Besándola. Nos besamos fuertemente (y aquél era el primer beso que nos dábamos: la obertura de la sinfonía), en un abrazo que duró tanto como el puente que atravesábamos, y que se acabó cuando se abrió la puerta del pasillo: la chica del compartimiento se dirigía al lavabo, que (ahora me daba cuenta) estaba en la plataforma donde nosotros perdíamos el tiempo, besándonos como chiquillos, sin llegar a hechos más sustanciosos. Mientras la chica se encerraba en el lavabo, pensé que sólo había que esperar a que saliese para usar aquella guarida amorosa que se nos ofrecía en bandeja.

Diez minutos más tarde, aún no había salido. Me excitaba pensar a qué actos deliciosos podía estar entregándose. Me hubiera gustado insinuárselo a mi desconocida amiga, que ahora se dedicaba a repetir palabras (¿tal vez de amor, de sexo airado?) en cada una de las lenguas que dominaba, a ver si yo la entendía; pero no había nada que hacer: todas me sonaban a gárgaras glaciales, a ecos en un fiordo. Y más allá de la ventana, llanuras nevadas.

Muchos minutos más tarde, pasó el revisor y pidió los billetes. Con las prisas habíamos dejado los macutos en el compartimiento y tuvimos que ir a buscarlos. El guarda forestal ya no estaba allí. El revisor hizo su trabajo y se fue. Volvíamos a estar solos y sentados. Fue todo uno empezar a acariciarle una rodilla y entrar la chica. Pensé, pues, que muy probablemente el lavabo volvía a estar vacío. La oportunidad esperada. Hice el gesto de levantarme, pero la dama dijo alguna cosa y continuó sentada. Debía de poner cara de perplejo, porque la chica se vio obligada a traducirme la frase:

–Dice que baja en la estación que viene.

El tren se detuvo haciendo más ruido que nunca. Del portaequipajes le bajé la maleta. Se despidió con un beso en la mejilla y añadió unas cuantas palabras.

–Ha dicho –tradujo la chica– que lamenta mucho no haberlo conocido en circunstancias más propicias.

–Dígale que a mí me pasa lo mismo –improvisé.

Se lo tradujo. La dama de mis sueños sonrió y desapareció por el pasillo.

Me senté sólo unos segundos, porque enseguida decidí que el mundo no se ha hecho para los cobardes: cogí el macuto y el talego y fui hacia la puerta. La chica, que ponía cara de no entender mi decisión, me miró sorprendida. En el andén me sentí perdido: la mujer no estaba, ni había nadie. Entré en el edificio de la estación: también estaba vacío. Salí por detrás: había una plaza, con letreros de neón y sin gente. A diez metros de la puerta de la estación, mi ex vecina de asiento, la dama de piel de color salmón, abrazaba a un hombre, besaba a un niño y montaba en un volkswagen. Deprisa y corriendo volví atrás: ¡sólo me faltaba perder el tren! Me monté en él cuando ya arrancaba. Volví al compartimiento. La chica me miró. Dejé el talego en el estante, me senté, respiré profundamente y volví a sacar la guía. La chica puso los pies en el asiento, se abrazó las piernas y, mirándome, se rió con una risa que entonces entendí en un sentido que luego resultó no ser el correcto. Dijo:

–Siento haberles estropeado el flirt, pero he tenido que esconderme en el lavabo porque no llevo billete.

Y se sentaba, ahora, con las piernas perfectamente cruzadas: paralelas, perfectas y espléndidas.

De madrugada, se delató accidentalmente: cuando cogió la mochila para sacar el paquete de tabaco, se le cayó al suelo el billete del tren. Fingí que miraba por la ventana.

# CACOFONÍA

Desde siempre, A había sentido unas ganas locas de tomar la calle Balmes en dirección contraria a la permitida; bien por error (una noche de farra, después de haberlo cerrado todo) o conscientemente (para romper el espejo de la rutina). Se imaginaba la ola creciente de automóviles, cantidad de colores hirviendo en las bocas indignadas: luces aturdidas desviándose a derecha e izquierda para evitarlo y, consiguientemente, chocando unas con otras: la mayor catástrofe de la historia: un caos concéntrico que se amplía de calle en calle, de barrio en barrio, de ciudad en ciudad, y se abre de un continente a otro, al mar...

Ahora también sentía esas ganas. En cambio (y hacía chascar la lengua contra el paladar, para esconderse un regusto verde, de hiel), empezaba a bajar Balmes dentro de la ortodoxia más estricta: hacia el mar; acababa de dejar atrás la Rotonda. Había tomado gimlets en la falda de la montaña, entre palmeras, sentado en hamacas de lona color crudo, justo donde el último tranvía del planeta da la vuelta y un pianista distraído, mientras agoniza, tropieza con *Three little words* una y otra vez, en un piano reluciente.

A la altura de la estación del Putxet tuvo que frenar: un semáforo borde. Puso la radio. Movió el dial. Encontró a Benny Goodman y eso le llevó al optimismo. Subió el volumen. El semáforo viró al verde y él pensó en anilinas. Cambió de carril mientras atravesaba Mitre. Como pisando hojas secas, aceleró. Frente al bar librería Crystal City, aparcó sobre la acera. Entró en el bar. En la barra había una chica leyendo revistas. Sólo había una mesa ocupada. Pidió un café, curioseó por las estanterías: había desde tratados de geografía vasca hasta enigmas del Egipto polvoriento. Hojeó *The Last Tycoon*. Se bebió el café a sorbitos. Pagó libro y café. Salió a la calle. Pasó vía Augusta en rojo.

Se sintió muy solo. Le pasó por la cabeza volver a cenar. Miró el reloj: faltaba media hora para encontrarse con B. Encendió un cigarrillo: se imaginó fumándose tres. Encendió dos más y se fumaba los tres al mismo tiempo. Sonreía de la pinta que debía de tener, visto desde otro automóvil. Se sintió complacido. Pensó que en el mundo no hay nada que sea mejor que otra cosa; pensó en farolas que se hundían, verticales. Hacía frío.

Antes de llegar a Travessera dudó si torcer a la izquierda y perderse por Gràcia. No se decidió hasta La Granada, y entonces ya era demasiado tarde y la cabeza se le perdía en nuevas dudas: ¿aparcar en Tuset y comerse una tortilla hundido en skai blanco? En el semáforo de Diagonal le pareció que nunca abandonaría esa calle.

Arrancó en cuanto el verde de los peatones empezó a parpadear. Un coche retrasado que iba hacia Macià se desvió para esquivarlo, hizo sonar el claxon, le insultó y fue a empotrarse contra una papelera. Aceleró, dejó atrás calles y semáforos incoloros. Atravesó la Gran Vía en rojo, descaradamente (y provocó topetazos y heridos, aullidos de ambulancia y una estrella fugitiva, pero eso minutos más tarde). Vio el Forn del Cigne cerrado. Dudó si, a aquella hora, dentro preparaban pasteles. Se le ocurrió lanzarse contra él, reventar la puerta, entrar con el coche hasta la trastienda, saludar a los panaderos y abandonar el local por una puerta de urgencia, sacudiéndose harina de las mangas. Era falso que nunca abandonaría esa calle: se saltó la continua y tomó la Rambla. Aparcó a la puerta del Baviera. Se sentó en una mesita, en la acera. Pocos peatones. Bostezó.

B llegó tarde, con jersey blanco y pantalones azules, estrechos. A imaginó su culo. Miró el reloj.

–Poco puntual.

–No puedes hacerte una idea de cómo está el tráfico. He venido en taxi; hemos tenido que desviarnos por el Paralelo, y salían multitudes de los teatros, y la policía hacía una batida en el Carrer Nou. Están chalados: han cerrado el Marsella y el London. No nos han dejado pasar por la Rambla. He tenido que venir caminando desde la catedral.

A pensó que hacía por lo menos diez años que no pisaba el London. Recordó a un amigo, una noche: los Enfants Terribles, la comisaría de policía, la panadería de ensaimadas que abre de madrugada. Reflexionó sobre el paso de los años. B continuaba:

–... como si quisiesen hacernos obedecer. Imagínate: a nuestra edad, ahora que cada uno de nosotros se ha convertido en un pequeño amo de una pequeña verdad. No pongas esa cara de merluzo. ¿Te das cuenta de que todo el mundo se cree el ombligo del planeta? El otro día, Tèbia me dijo...

A tenía sed. Le hizo señales a un camarero que hacía como que no le veía. La verborrea de B no tenía fisuras:

–... y Riba tiene pasta (y tener pasta es para él lo más importante del mundo, lo único importante), y Joan folla cada noche con una chica diferente (porque seducir cada noche a una chica diferente es lo que más le importa, y piensa que quien malgasta el tiempo en otras cosas es corto), y Marcel come mucho (y no entiende cómo alguien puede estar mucho tiempo lejos de una mesa bien puesta), y...

A se imaginaba caminando Rambla abajo, como un rayo, y tirándose al agua. El camarero atendía a una mesa, tres más allá.

–... lee a manta, y Manel es quien toma más anfetaminas de la pandilla (quien *más;* ojo: *el número uno),* y Marta es imbécil (*la más imbécil* del inmueble: la número uno), y Pere y Núria se quieren mucho (porque han visto muchas películas de Doris Day y son *el récord de pareja estable en el barrio),* y Xavier es introvertido (el introvertido *más solitario* del país, quizá), y Maria la extrovertida *más...*

A agachó la cabeza. Se imaginó el coche eludiendo la acera del monumento a Colón, acelerando hacia las escaleras, B gritando, el coche dando tumbos, incontrolable, volviéndose de lado, cayendo suavemente en las aguas aceitosas, opacas de petróleo.

–... y Eugeni es quien ve más la tele de la comarca *(el récord comarcal),* y el señor Pere trabaja mucho *(más que ningún otro en el taller),* y Octavi empina el codo sin medida (y está orgullosísimo de ser *el más alcohólico* de su casa), y Tomàs es un cinéfago, y Manolo la vanguardia de la clase obrera, e Ignàsia posibilista, y Eulàlia radical, y Artur gay, y el señor Jaume feliz y heterosexual, y Andreu poeta, y Fina friolera. Todo va bien porque cada cual es cada cual: hay un patrón de conducta para cada uno de nosotros: cada maestrillo tiene su librillo.

A aprovechó que B había callado un instante para tomar aliento:

–Podemos ir a tomar una copa a un sitio donde nos atiendan.

Se levantaron justo cuando el camarero había decidido acercarse a ellos. Los miró con cara de indignación y refunfuñó. Subieron al coche. Dieron la vuelta a la plaza y tomaron la ronda Universidad. A la altura de Balmes, A frenó. Ahora los edificios se le hundían, además de las farolas.

Dobló a la derecha: subía, pues, Balmes, y los gritos, las risas y las consideraciones de peligro de B se confundían con los insultos de la gente de la calle, escasa y con ganas de aprovechar cualquier oportunidad. A se dio cuenta de que, cuando tomas una calle al revés, no hay semáforos. Pasada la

Gran Vía se encontraron el primer coche: los de dentro los miraron sorprendidos. Hasta Diagonal encontraron siete más (y a ninguno de los siete le fue difícil cambiar de carril). Al llegar a vía Augusta, la subida se convirtió en legal y los semáforos volvieron a dar la cara. Subieron la avenida Tibidabo y, cuando llegaron donde muere el tranvía, los bares ya habían cerrado. A pensó que era como haber hecho trampa, eso de subir Balmes de madrugada, con tan pocos coches. Aparcó y, apoyados en una barandilla que miraba al vacío, observaron la ciudad que se extendía (y al mismo tiempo se constreñía) hasta el mar, que no tiene límites. Tres horas más tarde, el sol empezó a salir poco a poco.

# GLOBO

Pasó los primeros veinte años de su vida en un circo, corriendo de un sitio a otro, y nunca, en todos aquellos años, pisó la misma ciudad dos veces. ¿Alguna vez había habido algún otro circo que hubiese errado tan desmesuradamente? Hijo de acróbatas, la infancia fue para él una serie de paisajes nuevos, mientras cada pocas semanas se hacía amigo de nuevos enanos y payasos, domadores y leones, ponis, trapecistas, funambulistas, hombres bala y elefantes. Conoció a tres Buffalo Bills y a dos indias bailarinas que se dejaban siluetear por cuchillos. A los catorce años se enamoró de una adolescente que durante tres noches seguidas ocupó un asiento en la segunda fila. La tercera noche (él ayudaba a la dama de los perritos amaestrados), la adolescente le guiñó un ojo y él se puso colorado. No supo cómo reaccionar, y cuando se le ocurrió un método de aproximación ya era demasiado tarde: se marchaba por la carretera, en una caravana de carros, hacia la ciudad siguiente.

El circo cerró cuando él tenía veinte años. Adujeron la historia de siempre: la competencia cinematográfica y televisiva había acabado por matar el circo. Quien pudo se incorporó a otros circos, pero no hubo sitio para todo el mundo. Él, que era joven, hubiera podido conseguir trabajo en ellos (y emular no sólo a sus progenitores, sino también a los mejores acróbatas del mundo), pero decidió probar si tan interesante era el famoso sedentarismo.

Se convirtió en funcionario en las oficinas de una compañía de ferrocarriles. Nunca, en veinte años, salió de la ciudad que había elegido; cada día revisaba, corregía y decidía horarios de viajes, sin sentir ningún tipo de añoranza cuando leía los destinos escritos en los billetes. Él, que había recorrido medio planeta antes de los veinte años, se pasó veinte más encerrado entre una casa silenciosa y una oficina férrea, a la que iba cada día por el mismo camino. Las primeras noches, cuando se encerraba en casa, aburrido, recordaba los lugares donde había estado, en un pasado que cada día se alejaba más. Pensaba que al sedentarismo había que cogerle gusto sedentariamente: quizá lo que necesitaba era tiempo para acostumbrarse a él. Bien pronto perdió no sólo la capacidad de reaccionar contra la rutina que empezaba a comérselo, sino (lo que es más grave) la capacidad de evocar de día. En cambio, cada noche soñaba con detallismo de artesano una vida paralela que no era sino la repetición de su misma vida con veinte años de retraso. Fue así como (soñando como soñaba cada noche con el día de veinte años atrás) cuando cumplió los cuarenta soñó que el circo cerraba y él elegía hacerse sedentario. La pesadilla le despertó, sudado, jadeando profundamente y con los ojos abiertos de par en par, fijos en el techo, como si fuera a caérsele encima. Recién salido de un sueño de dos décadas, hizo las maletas. En la estación, tomó el primer tren que pasó.

Viajó de país en país. Desde el principio había decidido recuperar el tiempo perdido: descartó todos los lugares donde había estado de joven y no pisó ninguna ciudad que ya conociese. Al cabo de diez años, cuando cumplió medio siglo de vida, había recorrido la mitad de la mitad del mundo que no había visto de joven. Cada vez que decía adiós a una ciudad sabía que lo hacía para siempre. Cada primera mirada a un paisaje era también la última.

Diez años más tarde había recorrido todo el planeta. Le era imposible pisar tierra donde no hubiese estado ya alguna vez. Desde hacía años había ido dándose cuenta de que, cuanto más mundo recorría, menos soñaba. Hasta que ahora, una vez recorrido del todo, ya casi no soñaba nada. Incluso recordar le costaba. Hizo memoria: ¿qué ciudad era aquella donde había besado por primera vez a una chica, a su prima funambulista? Dudó si el beso había sido en Berlín o en Danzig. Se preguntó si lo había visto todo con suficiente detenimiento. Si era así, no encontraba excusa para una duda tan considerable. Se dio cuenta de que le costaba recordar los paisajes, las arquitecturas: algunas plazas se le borraban y el curso de los ríos le sorprendía cada vez. Se preguntó de qué le había servido recorrer el mundo entero si al acabar no iba a acordarse de él.

Vivía una espiral de desazón. Ahora, mientras esperaba el tren que iba a llevarle a Parma (la primera ciudad de su largo inventario de ciudades: la que menos recordaba, precisamente porque había nacido en ella), se daba cuenta de que cada vez le era más difícil evocar la imagen de su madre, que se le dibujaba como un espejo de agua que se deshace cuando lo remueves. Sentado en el banco de madera, miraba las hierbas entre las vías. De golpe, las miró pero no las entendió: había olvidado su nombre y (como hojas que el viento arranca de un libro mal encuadernado) huían del archivo de su memoria todas las hierbas precedentes. Se preguntó qué era aquella serie de pequeños brotes verdes. Le pareció que perdía la cabeza. Levantó los ojos: en el muro de enfrente, más allá de las vías, un enorme cartel de circo, desgarrado, le alegró. Pensó que sería bueno llegarse hasta él, después de tantos años de no estar bajo ninguna carpa. Pero cuando volvió a mirar el cartel para ver la fecha y el lugar donde estaba instalado, se preguntó qué era aquella cara pintada de blanco, con una cruz en un ojo, una raya vertical en el otro, un sombrero como un cucurucho reluciente, una nariz excesiva y unos labios que reían dos veces.

El andén estaba desierto. Bajó el cuerpo hasta apoyar la nuca en el respaldo del banco. Cerró los ojos. Bostezó. Miró a derecha e izquierda. Se lamentó: «Si no conozco ni la ciudad donde he nacido...» Oyó una puerta que se abría: una mujer asomó la cabeza, miró a un lado y a otro y desapareció. Cuando a continuación oyó el portazo no fue capaz de recordar si aquella puerta se había abierto antes, ni quién había entrado por ella, ni si alguna vez había entrado alguien, ni la puerta.

Apenas tuvo tiempo de preguntarse qué le pasaba. Recordó (y la imagen le llenó el cerebro tan vigorosamente que dudó si la veía de verdad) un estanque gris bajo un cielo blanco, ante una selva húmeda. A continuación (y era evidente que ya no podía dominar las imágenes, que se disparaban como los globos cuando pierden aire) fue un hotel seco, con sabor de polvo, de paredes blancas y muebles de madera, cubistas. Luego desaparecieron del todo las imágenes: no recordó nada más: todo era un rectángulo negro: olvidó el nombre de la ciudad adonde iba, miró extrañado la estación y no supo deducir dónde estaba, ni qué eran aquellas líneas paralelas, de hierro, que se perdían por los dos horizontes. Cuando el tren llegó, no supo reconocerlo. No le pareció ni máquina ni monstruo, porque ninguna de las dos cosas quería decir nada. Como también había olvidado qué era el miedo, no huyó.

# EL NORTE DEL SUR

N subió los escalones de dos en dos, nervioso, aturdido, intentando disimular las palpitaciones. En el último tramo de escalera trató de serenarse y se dio cuenta de que, en realidad, exteriormente el único detalle que podía hacerle parecer sospechoso era la respiración demasiado agitada. Inspiró varias veces y, con miedo, abrió la puerta. Escuchó el silencio para ver si le aclaraba algo. Sabía que todo estaba a punto de irse al garete, de convertirse en un montón de escombros, y que no había manera de evitarlo. Ahora, sin embargo, no era el momento de lamentarse, de hablar de lo que podía haberse hecho (y que no se hizo porque, en el instante decisivo, uno traga saliva y tira por la calle de en medio). Al fin y al cabo, sólo vivimos una o dos veces, y que el techo y el suelo se agrietasen y que los cimientos en los que desde hacía tantos años había basado su existencia se hiciesen añicos era lo mínimo que había que esperar de una situación como aquélla, un callejón sin salida que amenazaba con chuparlo para siempre jamás y hacerlo desaparecer por el ojo de la espiral sin fin. Se sentó. Dejó ir la cabeza hacia atrás.

Imaginó la furia de S, boquiabierta y tensa, mirándolo de hito en hito, como si no le reconociese y fuera ahora cuando viese por vez primera aquel reptil que tosía discretamente ante ella, y apartaba los ojos de aquella mirada que le quemaba la piel. No supo prever otras reacciones: a partir de aquel momento las posibilidades se disparaban, incontrolables. N sabía que de entonces en adelante se habían acabado para siempre jamás los caramelos compartidos, la mermelada de los domingos por la mañana, el paseo del atardecer, los besos en el ascensor, las risas en el hipódromo, las dos entradas de cine escondidas bajo el sombrero o bajo la servilleta. En cambio, ahora empezaban las mañanas de escarcha, los despertadores helvéticos, las abrumadoras tardes de león encerrado en una jaula demasiado grande, monje en una celda, pájaro disecado que acumula polvo, apolillado.

Claro que, a la larga, la escarcha se desharía en agua, y vendrían los partidos de los jueves, las timbas de los sábados, las latas de cerveza bajo la cama, los pies sobre la mesa, el desayuno con champán antes de irse a dormir. Y no sólo eso: se habrían acabado, para siempre jamás, las visitas de parientes arrugados y amigos sabihondos que llenaban de ceniza el parquet en cenas de compromiso. Se habrían acabado las medias en el sofá, los consejos fuera de tono, los pelos en el lavabo, las exigencias intempestivas. Durante un rato, N caminó arriba y abajo por el piso. Luego se sintió mareado, con ganas de comer y vomitar al mismo tiempo. Se lavó, colocó los libros, se entretuvo en graduar las revoluciones del tocadiscos.

Entonces oyó los pasos de S: subía las escaleras rápidamente, metía la llave en la cerradura, abría la puerta. Como los niños que para no ser vistos cierran los ojos, no la miró y oyó cómo tiraba el abrigo y el sombrero sobre una silla, decía «hola» y le miraba con una fuerza que no llegaba a traspasarlo, mucho más débil de lo que se había imaginado. Intranquilo, N levantó la vista y se enfrentó a la de ella; S estaba aturdida y procuraba disimular las palpitaciones excesivas. N se quedó desconcertado: se había olido todas las redes que podían caerle encima y no había previsto esta tregua inesperada. Era evidente que ninguno de los dos hablaría del asunto porque los dos estaban igual de desconcertados. N vio que, antes de empezar, se habían acabado las partidas de póquer, los pies sobre la mesa, los partidos de los jueves, las latas de cerveza bajo la cama, el desayuno con champán antes de irse a dormir. Claro que volvían los caramelos compartidos, la mermelada de los domingos por la mañana, las dos entradas escondidas bajo el sombrero. Pero también los pelos en el lavabo, las medias en el sofá, los consejos fuera de tono, las visitas de parientes arrugados, los amigos sabihondos llenando de ceniza el parquet en cenas de compromiso, las exigencias intempestivas, tan a menudo la mano aferrada al cuchillo. Se levantó (y se le hizo evidente que todo lo que había pensado había pasado también por la cabeza de ella), juntaron las mejillas, se dijeron «hola» nuevamente y se besaron en la boca, abrazándose con una furia desenfrenada.

# TRUCOS

La mañana tenía cara de huevo. En la pista de tenis, Enric se entregaba a las peripecias habituales: por ejemplo, el esmach fue un pelín largo (o corto; o perfecto), y Nacho (como hacía a menudo) perdió la pelota, que rebotó en un muro (o en la red metálica, o en los árboles) y fue parándose hasta que se quedó junto a una silla vacía, de tijera. Pongamos (para abreviar) que con aquella pelota ganó la jugada, el set y el partido: son detalles que no importan mucho: Enric ganaba casi siempre.

Luego se duchó y se vistió. Nacho le propuso comer juntos. Enric dijo que no: tenía que encontrarse con Pepa. Quedaron en que se telefonearían para cenar.

Pepa llegó tarde. Abría la puerta del restaurante mientras pedía excusas. Además, ya había comido: un sándwich con los de la facultad. Lo sentía. Enric pensó que un sándwich no era comida suficiente. Pepa dijo que tomaría una copa. El camarero anotó el pedido. Pepa sonreía. Enric le explicó que había comprado una torre en Menorca (para ir los fines de semana) y que, para hacerlo más fácil, había pensado en sacarse el título de piloto de avioneta. Pepa propuso ir al cine.

Dos horas más tarde salían. Fueron a casa de Enric y se metieron en la cama. A las ocho, mientras dormían a medias, sonó el teléfono. Era Nacho, enfadado: se había equivocado de número dos veces consecutivas. Siempre al mismo sitio. Quedaron en cenar. En la habitación, Pepa todavía dormía. Enric le mordió las piernas.

–¿Nos duchamos juntos?

A medio enjabonarse, el teléfono sonó otra vez. Con una erección jabonosa, Enric fue esparciendo huellas por las baldosas. Pepa se tocó un pezón y torció el morro.

–¿Diga?

Al otro lado se oía el silencio; casi imperceptible, alguien que respiraba.

–¿Diga?

La respiración dudó. Parecía que se aguantase la risa. Enric imaginó un manzano sin manzanas ni hojas: de cartón; o un loro mudo que llamase desde otro mundo, muy cerca. Finalmente, habló una chica:

–Hola, Enric. ¿Te acuerdas de mí?

No se acordaba. Por un momento pensó: «Quizá Eva, o quizá Anna.» Pasó revista a todas las posibilidades: aquella voz le era definitivamente desconocida. La erección había desaparecido y las gotas de jabón caían al suelo, donde formaban un charco.

–Francamente...

–¿No te acuerdas de toooodas las cosas que hicimos juntos?

La voz quería ser excitante y daba risa. Nadie puede preguntar: «¿No te acuerdas de todas las cosas que hicimos juntos?» si no es en broma. A punto de responder, la voz habló nuevamente:

–Yo sí que me acuerdo mucho de ti. ¿Sabes lo que hago cuando me acuerdo? –La voz exageraba la respiración, golpeaba el paladar con la lengua–. ¿Te lo imaginas? Primero me lamo un dedo, me lo chupo como si fuese de miel. Luego, poco a poco, porque no tengo ninguna prisa (tengo todo el tiempo del mundo), bajo la mano por el cuerpo, acariciándolo todo, cada pliegue, porque es un cuerpo frágil, que hay que tratar con mucha delicadeza. Y, justo aquí donde ahora me toco, en este botoncito que titila, me muero de gusto; meto un dedo de la otra mano por un agujero que es de seda, tibio y jugoso...

Enric colgó. Intentó adivinar (ya que era seguro que desconocía a la poseedora de la voz) quién podía ser el conocido que estuviese partiéndose de risa a dos metros del aparato, mientras una amiga conchabada con él hacía el trabajo seductor. Se dio cuenta de que la erección había vuelto. Se dio prisa. Se tiró a la bañera. Salpicó de agua todo el suelo.

–¿Sabes quién era? Una llamada guarra.

–¿Qué te ha dicho?

–Me ha dicho que se metía dos dedos, exactamente así.

Cuando, medio minuto más tarde, sonó nuevamente el teléfono, ya tenían tres dentro. Se hicieron los sordos y el ring fue repitiéndose, largo, durante minutos, como una sirena con urgencia.

Al día siguiente, después de ganar el partido, Enric comió con un consejero del banco. Más tarde llamó a Lídia. Quedaron en que pasaría a recogerla, por la noche. En casa, Enric se cambió, escuchó música, leyó un informe; a las ocho en punto, cuando sonó el teléfono, leía el *International Management* y bostezaba.

–Hola, Enric. ¿Todavía no te acuerdas de mí?

–...

–Ayer por la noche pensé mucho en ti y...

–¿Y te metías tres dedos?

–Cuatro. Porque estaba muy húmeda y me entraban muy bien, suavemente, como nunca...

Enric colgó. Sólo faltaba que le permitiese vacilarle. Se vistió. En el tocadiscos, puso a Klaus Schulze (que era la música que le gustaba a Lídia), y lo dejó preparado para ponerlo en marcha en cuanto volviesen a casa.

Durante tres días, la llamada se repitió, siempre a la misma hora. La cuarta noche, Enric reunió, a las ocho y ante el teléfono, a cantidad de amigos y amigas que conocían la historia. Cada vez que sonaba el teléfono, una persona diferente cogía el aparato y negaba que aquél fuese el número marcado. A la quinta vez, la voz dijo: «Imbécil», y dejó de telefonear.

Aquella noche, Enric se fue a dormir más pronto que de costumbre. Al día siguiente por la mañana, por vez primera en seis meses, perdió un partido. Molesto, no llamó a Pepa, como habían acordado, y dedicó la tarde a comprar cosas inútiles y un jarrón de anticuario. A las siete y media estaba sentado, medio aburrido, ante la tele. Cuando faltaban dos minutos para las ocho, sonó el teléfono. Le extrañó: las llamadas anónimas eran siempre del todo puntuales. Descolgó: Pepa: que cómo va todo. Cuando faltaban quince segundos para las ocho, Enric buscó una excusa: ya la llamaría más tarde. Tan pronto como colgó el auricular, el teléfono sonó otra vez.

–¿Dime?

–Hola.

A partir de ese momento la historia es fácil de imaginar y, por este motivo, quizá más aburrida. Tendremos, pues, que ser breves y evitar por una parte explicaciones psicológicas (subterfugios siempre al alcance para justificar cualquier hecho) y por otra la descripción de las reacciones de los amigos, de las amigas, la preocupación creciente de los consejeros bancarios, las medidas de la familia (consecutivamente extrañada, preocupada, indignada, resuelta): son fáciles de prever y cada vez más graves.

Durante días, Enric intentó conseguir una cita con la voz misteriosa. Después de muchas noches de bregar con ella, la voz aceptó: mañana, a las ocho en tal sitio. Enric se describió para que le identificase: traje gris y clavel rojo en el ojal de la solapa. La voz lo encontró divertido. Enric se alegró.

Al día siguiente a las ocho, por vez primera en semanas no estaba ante el teléfono. El sitio acordado estaba lleno de gente y no se le presentó nadie. No pudo saber si ella estaba o no; y, si estaba, quién era. Volvió a casa, tarde y bebido, con llaves demasiado grandes para cerraduras tan pequeñas. A la llamada siguiente se mostró indignado. La voz le dijo que había acudido a la cita, pero que prefirió no decir nada y contemplar cómo reaccionaba él. Cabreado, Enric colgó el teléfono y, justo cuando lo colgaba, ya se arrepentía, porque se daba cuenta de que lo de haber ido a la cita, no habérsele presentado y haberle observado quería decir que ya se cansaba de aquel juego. Esperó una nueva llamada, que no llegó. Durmió mal y al día siguiente, a las ocho de la noche, el teléfono continuó mudo, y cuando finalmente volvió a sonar, tres días más tarde, fue para decirle que el juego se había acabado, que ya la hartaba una historia que había empezado como una broma de colegiala, por azar, un día en que alguien llamó, equivocándose de número, preguntando por un tal Enric y repitiendo las cifras dos veces, las veces suficientes para tomar nota y empezar el juego. Ahora ya no llamaría más. Enric le pidió que se vieran. Ella dijo que no. Él insistió. Ella se negó en redondo. Él tuvo miedo de que ella colgase y aceptó no verse a cambio de que todo continuase como hasta entonces: una llamada diaria. Ella dijo que ya lo había decidido: no llamaría más. Colgó.

Enric meditó las posibilidades: si ella había sabido su nombre y su número de teléfono por unas llamadas equivocadas, entonces los dos números de teléfono tenían que ser muy similares: una o, como mucho, dos cifras de diferencia, solamente. Decidió probar todas las alteraciones numéricas posibles. Pero las combinaciones posibles de un número de teléfono de seis cifras son muchas. Al cabo de pocos días, se le cansó el dedo y nacía en él la pesadumbre de que quizá el número de ella era uno de tantos que probaba y que sonaban indefinidamente, sin que nadie contestase. Prolongó la tentativa durante semanas: marcó miles de números; nada de nada.

Imaginó cien mil muertes posibles. Moriría por amor, por amor a alguien de quien sólo conocía la voz. Cada noche, cuando colgaba el auricular después de un día agotador (antes de las ocho, por si acaso), decidía un suicidio diferente: llegó a componer el manual más extenso sobre la cuestión. Se imaginaba la última imagen de la película, siempre la misma: a las ocho de la noche, mientras retirasen el ataúd con el cadáver dentro, en la mesilla de noche sonaría el teléfono, un día demasiado tarde.

Todo se precipitó, sin embargo, de manera bien diferente: después de semanas parapetado en el rincón más oscuro de la casa (eludiendo las indagaciones policiales, las brigadas de psicoanalistas enviados por la familia, el asedio de amigos y amigas), una noche encontró bajo la puerta de entrada un recibo de la telefónica de fecha bastante atrasada, con la amenaza inminente (y, por tanto, ya efectiva) de cortarle la línea. Corrió hacia el aparato y descolgó el auricular sabiendo lo que encontraría: la línea cortada. Entonces dedujo que, en algún punto del proceso familiar por bloquearle las cuentas corrientes (ante la evidente locura), había habido un error y el bloqueo había alcanzado incluso a los pagos. El final de la historia se pierde, ahora, por laberintos, pasillos y ventanillas de burocracia plateresca, tratando de pagar todos los recibos atrasados para que le vuelvan a conectar la línea, con la cada vez más desvanecida esperanza de que la llamada se repita; aprovechando finalmente una salida a la calle para llamar, en un primer momento con pesar, a Lídia (o quizá a Pepa) desde una cabina:

–Hola, chica.

–¡Qué sorpresa! ¿Ya has pasado la cuarentena?

# MUÑECAS RUSAS

Corre a través de prados, escondiéndose entre las hierbas altas, detrás de las columnas. La casa está cada vez más lejos. A la derecha del camino, árboles de ribera y, de vez en cuando, un letrero de madera blanca con letras negras: BADEN VERBOTEN. Cantidad de caminitos cortísimos, perpendiculares al principal, acaban en escaleras que se adentran en el lago, con barandillas ornadas con jarrones y flores de piedra. Resopla. Suda. Está muy cansado. Se apoya en la barandilla. Mira atrás y hacia el agua, alternativamente y con desazón. Ahora camina, bordeando el lago hasta el embarcadero, que está desierto. Observa el horizonte. Sabe que, si tardan mucho, le atraparán. Vuelve atrás por las escaleras. Salta la barandilla. Se esconde entre los árboles. Desde allí divisa el lago. Está impaciente. Mira constantemente el reloj. No ha pasado mucho rato cuando oye un rumor mínimo que se ensancha: a lo lejos, entre los azules lívidos del cielo y del agua, aparece un fueraborda. Un pájaro corta el aire. Él se levanta del suelo. Con mucho cuidado, separa las ramas, mira hacia el camino, salta la barandilla. Mientras baja la escalera de piedra que ha de llevarle al embarcadero, oye un ruido tras él. Vuelve la cabeza: la chica morena, de gafas oscuras, le apunta con una pistola. Aumenta el volumen de la música. Él empieza a correr hacia el agua.

La pantalla se vuelve negra, luego blanca. La gente silba. Los hay que gritan. Se encienden las luces. Durante un momento disminuye el ruido. Luego pasan diez lentos minutos durante los cuales el público se desliza desde la espera más o menos paciente hasta la irritación: patea y pide explicaciones. El desconcierto llega cuando, por fin, un representante de la empresa baja a excusarse, aturdido, y explica que ha pasado una cosa insólita: no está el final de la película. Y no parece, añade, que nadie lo haya cortado, porque, sin ningún empalme, después de las últimas imágenes vistas hay un buen trozo de cola negra. Lamenta muchísimo las molestias, sobre todo porque toma en consideración que hechos como éste son enojosos, y más siendo un día de estreno. La conclusión es que lo mejor que puede hacer en estas condiciones es devolver el dinero de la entrada, por lo cual ruega al público que abandone la sala en orden y pase por las taquillas. Añade que han hablado con la distribuidora, que asegura no saber nada, y promete ponerse en contacto con la productora en cuanto pueda. El representante de la empresa hace finalmente un gesto de impotencia con los brazos y se va. Después de un estallido de quejas, el público sale lentamente. El espectador (uno entre todos: a elegir) bosteza, se levanta con pereza, sale al hall. La cola para recoger el importe de la entrada en taquilla se mezcla con la de los que esperaban para la sesión siguiente y ahora, perplejos, no se deciden a abandonar el lugar preeminente que un considerable rato de espera les ha procurado. Nuestro hombre no tiene ganas de esperar: da el dinero por perdido y enfila calle arriba. A media cola oye que la noticia llega allí tergiversada: dicen que alguien ha secuestrado el film con la intención de conseguir promoción para un proyecto cinematográfico que no había encontrado apoyo en ninguna productora. En la cola de la cola, la noticia corre ya del todo desmadejada: dicen que alguien ha telefoneado al cine para hacer saber que en el local hay una bomba. La gente se dispersa por calles laterales, discretamente asustada. Él sube al coche, arranca. En la radio suena Dizzy Gillespie. Toma calles de suburbio, neblinosas de un blanco opaco. Ahora, por la radio, un periodista tartamudo le hace una entrevista a una mujer sin brazos que ha parido a un niño sin piernas. El locutor, a trompicones, concluye que no hay jueves sin viernes y, a continuación, arranca otra vez Gillespie: *Russian Lullaby*, canción que el hombre oye también (y le sorprende) en el hilo musical del restaurante donde entra a continuación. Una vez en la mesa, pide un palíndromo gastronómico (de primero, melón con jamón; de segundo, lacón; de postre, melón) con la esperanza de provocar la estupefacción del maître, que, con todo, no parece dispuesto a dejarse sorprender tan fácilmente. En una mesa cercana, alguien habla de una telépata de Australia que se despertó de un sueño, aterrada, en el mismo instante en que un colega suyo, suizo, recibía un fuerte sobresalto, provocado por una sobrina juguetona que le había cogido el gusto a los disfraces extremados. Nuestro hombre se ríe y la risa crece a medida que va cenando, hasta que, a la hora del postre, ya es un chorro de cascabeles y timbales que resuenan por todas las mazmorras del castillo.

El despertador. Arrastrándose, con pereza, se ducha, se afeita, se viste. Desayuna en el bar de enfrente. Luego coge el coche: pronto, la ciudad queda atrás y durante diez minutos la carretera está desierta. Ve la casa a lo lejos. Aparca muy cerca. A la derecha del camino, árboles de ribera. A las orillas del lago, focos, cables y cuadros de enchufes.

Le esperaban desde hacía rato. Se cambia en un momento. Le maquillan. El director da la orden de empezar la filmación. Él se esconde entre los árboles. Allí filman diversos planos. Luego salta la barandilla. Repite el salto dos veces. Mientras baja la escalera de piedra, oye un ruido tras él; vuelve la cabeza: la chica morena, de gafas oscuras, le apunta con una pistola. Él empieza a correr hacia el agua. Repiten la escena: por dos veces la chica apunta y él echa a correr hacia el agua. El director no interrumpe la filmación. La chica dispara. El actor cae al suelo.

En platea hay un momento de desconcierto: uno de los espectadores ha caído también al suelo. Se lo llevan y el film acaba a continuación.

# TO CHOOSE

> When a man cannot choose he ceases to be a man (...) Is a man who chooses the bad perhaps in some way better than a man who has the good imposed upon him?
>
> ANTHONY BURGESS, *A Clockwork Orange*

A media mañana, habiendo despachado la correspondencia y a punto de revisar unas cartas, sentí un vacío en el estómago. No era que tuviese hambre: aquél era un vacío corpóreo, como una pelota que me costase deglutir. Si hubiese podido meterme la mano en la boca y hacerla bajar por el cuello, la habría palpado: blanda y grasienta, aquella nada se quejaba en silencio. En la planta baja, tomé cafés. Media hora más tarde, la desazón continuaba: esta vez en el bar de enfrente, tomé agua mineral con gas. Todavía resistí otro cuarto de hora, pero ya era como si por dentro fuese aire: si alguien me hubiese pinchado hubiera reventado. Pedí audiencia al director: le expliqué que me encontraba mal y, en consecuencia, le pedía permiso para irme a casa. Describí las molestias bastante confusamente: de estómago, cada vez más agudas. Añadí un dolor de cabeza considerable, por si los síntomas le parecían leves o escasos. Me dio permiso para volver a casa y me deseó una mejoría rápida.

Por el camino medité: por la espalda me trepaba una especie de angustia, sin que yo supiese que ya se metamorfoseaba en un deseo que me sería imposible controlar. Hacia media tarde empecé, simultáneamente, a entender qué me pasaba y a no querer aceptarlo. Para no pensar en ello, me dediqué a arreglar enchufes, colgar lámparas, limpiar estantes. En una tarde tuve listos todos los trabajos que había ido postergando durante meses.

Por la noche, mientras miraba la tele, conseguí formularlo de manera coherente. Y (como si confiase en que el hecho de oírlo en palabras, limpias y rotundas, tuviese que darme miedo y, en consecuencia, echarme atrás) lo repetí en voz alta:

–Tengo que matar a alguien.

Oído así, en frío, el efecto fue contrario al esperado: era como si los significantes hiciesen menos graves a los significados *(vous pigez la feinte?).* Evidentemente, me formulé las objeciones que hacen al caso, morales y de riesgo. Además, usualmente, cuando alguien piensa en matar, es precisamente a alguien en concreto a quien quiere matar, y por motivos determinados. Yo, sin embargo, estaba muy lejos de sentimientos tan simples. Sentía la necesidad de matar sin tener motivo, y tampoco a nadie en concreto, y este sentimiento no sólo no hacía que me sintiera mal sino que (estaba seguro) si lo llevaba a buen puerto haría que me sintiese libre, despierto y feliz.

Aquella noche dormí mal: me asaltaban pesadillas, pero no porque fuese a cometer (¿fuese a cometer: tan decidido estaba ya todo en el sueño?) una, por así decir, canallada, sino porque tardaba demasiado en decidirme. En algún momento del sueño, entre un desierto de maíz y un edificio sin puertas, entendía una verdad que me parecía, de tan cierta, atroz: no es culpable quien comete un crimen, sino aquel que, habiendo cometido un crimen, se deja atrapar. Por la mañana, sudado, telefoneé a la oficina y alegué una gripe considerable. El director me recetó aspirinas, coñac, leche caliente, miel con limón y cama.

Mientras tomaba zumos de fruta, cavilé largamente: ¿a quién mataría y por qué? Se me ocurría (lo había oído decir y no sabía dónde) que sólo puede haber un crimen perfecto allí donde entre criminal y víctima no es posible establecer ningún tipo de relación. Si mataba a un peatón anónimo sin ser visto por nadie, ¿cómo podrían inculparme, si no lo conocería de nada y ni siquiera sabría quién era? Sería como un francotirador, que dispara contra gente que desconoce; pero, en cambio, evitaría el afán de exhibición que a menudo hace que le atrapen.

No me hacía falta, pues, decidir a quién matar: sería el azar el que me trajese a la víctima. En una esquina solitaria, sin siquiera verle la cara, mataría a alguien y no sería hasta el día siguiente, por los periódicos, cuando conocería su rostro y su nombre. Lo único que me hacía falta era premeditar la herramienta. Ya de entrada rechacé el coche: aplastar a alguien, a cien por hora en un callejón oscuro, me pareció demasiado difícil para un aprendiz posiblemente torpe, y comprometedor. Las armas blancas me parecían sucias. La media en la garganta, sórdida. Nada me satisfacía tanto como el revólver: me convertía en un asesino de película.

Además, me vestiría a tono con la acción. Me diseñé la indumentaria: traje a rayas (con chaleco), camisa oscura, corbata clara, zapatos de cordones. Entre la sastrería y la armería invertí menos tiempo de lo que creía. Recuperé unos zapatos de cordones, preciosos, del estante más alto de un armario. En la armería no encontré ningún tipo de dificultades: la desmesurada facilidad de obtención de armas para la defensa personal hacía más fácil que nunca el ataque personal. Aquella misma tarde lo tuve todo listo. Dormí de un tirón.

Al día siguiente por la mañana, el espejo me mostró una cara nada criminal: después de tantos años de compañía mutua, puedo reconocer que mi rostro está a medio camino entre el de la merluza y el del huevo, quizá demasiado pálido, boquiabierto, nada agresivo. Antes de salir a la calle (y todavía sin creérmelo del todo) me coloqué el arma entre el cinturón y la camisa.

Toda la mañana estuve vagando por parques. Comí en el

quiosco de una plaza con un surtidor en medio. Luego paseé por choperas que creía desaparecidas. Toda la tarde acaricié con la mano la culata del revólver. Junto a un estanque de papel de plata, una vieja daba vezas a las palomas. Estábamos del todo solos. Continué caminando: mucho más allá, un guarda se limpiaba las uñas displicentemente, sentado en un banco. No me sentí tentado de dispararle. Luego, entre unos árboles, vi a una pareja más que besándose. Me llenaron el corazón de ternura.

¿A quién iba a matar, siendo tan remilgado? Todos me parecían demasiado grises para morir. ¿Quizá alguien que despuntase? De una forma vaga, sabía que ninguno de aquellos personajes era el que buscaba. ¿Buscaba, pues, a alguno en concreto? Por el camino que me llevaba a la salida del parque se acercaba ahora un hombre ni joven ni viejo, ni alto ni bajo, tan indefinido que hubierais podido pasar junto a él sin daros cuenta de que estaba allí. ¿Tenía que matar a un tipo como aquél? Saqué el revólver de entre el hígado y el cinturón y me lo coloqué en el bolsillo de la americana. A diez pasos del hombre, puse el dedo en el gatillo. A punto de dispararle (me sorprendió la facilidad con que hubiera podido hacerlo) consideré que tanta mediocridad no me convencía. Volvía a las cábalas y, para alejarlas, me repetía que el camino correcto era matar sin motivo, porque sólo así el crimen puede quedar impune. Por un momento pensé que me faltaba decisión. ¡Qué fácil ha de ser apretar el gatillo por una convicción! Volví la cabeza y el hombre indefinido ya estaba lejos.

En un bar, tomé una copa de ginebra menorquina. Con el coche, me alejé de la ciudad: elegí carreteras conocidas y caminos que desconocía. Bastante alejada de todo rastro de urbanización, rodeada de cipreses y bajo una luna pletórica, descubrí una villa de dos pisos con las luces encendidas. Silenciosamente, aparqué el coche entre los árboles.

Atravesé el prado medio agachado y corriendo. Me parecía haber vivido antes todo aquello, en una reencarnación previa, o quizá en el cine. Ya estaba al lado de la puerta. Por las ventanas podía observar el interior: en una sala amplia, de paredes excesivamente llenas de cuadros, un hombre de unos cuarenta años veía la tele. ¿Había alguien más en la casa? De una caja de madera el hombre sacó un puro. Oí ruido: en el piso de arriba habían apagado las luces y una mujer aparecía ahora en la puerta de la sala, con un abrigo grueso, de pieles. El hombre y la mujer se besaban. Me llegaban retazos de conversación. Él le recomendó que volviese pronto. Ella prometió volver en cuanto acabase la película. Me escondí bajo una escalera, detrás de unas matas, pero la mujer no salió por la puerta, sino directamente del garaje, en un mercedes blanco, a una velocidad exagerada.

Resultaría más inverosímil pedir que me dejaran telefonear con la vieja excusa del coche averiado que dramatizar la situación de manera que le afectase a él hasta el punto de que abriese sin dudarlo. Esperé un puñado de minutos, durante los cuales el hombre cortó el puro y lo encendió con cuidado. Luego llamé impetuosamente:

–¡Abra! ¡Su mujer ha tenido un accidente!

Sólo me llegaba la voz del televisor. (Ahora, ante la puerta, no podía ver qué hacía el hombre.) Luego oí cómo apagaba el aparato; y pasos, que no supe deducir si venían o se iban. Palpé el revólver, todavía en el bolsillo. Insistí:

–¡Abra! ¡Ha habido un accidente! ¡Su mujer, con un mercedes blanco...!

El hombre corrió el cerrojo y abrió lentamente, desconcertado. Yo no debía de tener un aspecto malévolo, porque cuando me vio abrió del todo la puerta, definitivamente confiado, y dijo:

–¿Mi mujer? No estoy casado. Pero el mercedes blanco...

Error mío: había hecho deducciones equivocadas: la mujer que se había marchado no era, pues, su mujer. ¿Y qué? Quizá era la amante, o una amiga, a quien compadecí: el hombre no había considerado la posibilidad de que se tratase de ella hasta que oyó hablar del mercedes blanco. Fuera como fuese, yo ya estaba dentro de la casa y hacía demasiado rato que el silencio se espesaba. Aquél era sin duda mi hombre. Saqué el revólver. El hombre hizo un gesto de sorpresa. Me vi obligado a decir algunas palabras que aclarasen la situación:

–He venido a matarlo.

El hombre se sintió aún más sorprendido: era evidente que cuando había visto el arma había creído que estaba allí para robar. Con un hilo de voz me preguntó por qué. No quise caer en el juego: si empezaba a argumentarle que en realidad no tenía ningún motivo para liquidarlo, pronto me sentiría de sobra y ridículo. El hombre dijo todavía:

–Un momento. Le daré todo lo que quiera. –Se quitó el reloj de oro y me lo alargó, junto con la cartera, que llevaba en el bolsillo derecho de los pantalones–. Arriba tengo joyas, más dinero. Si quiere, puede coger estos cuadros. Puede sacar un montón de dinero con ellos. Pero no se atolondre, no nos atolondremos.

Había ido aterrorizándose gradualmente. Se resistía a creer que yo no estaba allí para robarle nada: era incapaz de entenderlo. Juzgué insultante que me considerase un ladronzuelo que se puede comprar con quincalla. Tembloroso y balbuceante, me pareció tan cobarde (y, mientras sentía la frialdad del gatillo en el dedo, pensaba que yo, en su lugar, me hubiera comportado con una cobardía similar) que no sentí el más mínimo remordimiento al dispararle dos tiros, que, en la noche, resonaron como bofetadas. En el suelo, lo rematé con un tercer tiro. El puro empezaba a quemar un ángulo de la alfombra. El hombre aferraba fuertemente la cartera y el reloj que me había ofrecido. Me agaché. Sin acabar de entender lo que hacía, cogí reloj y cartera. En el piso de arriba, arramblé con joyas y dinero. Elegí cinco cuadros: un modigliani, dos bacon, un hopper y un llimós. Con el pañuelo abrí la puerta. En el coche, mientras arrancaba, me preguntaba si la próxima vez me sería tan fácil como ésta.

# LA CARTA

El miércoles al mediodía cerró todas las puertas y ventanas de la cocina, encendió el gas y se tumbó en el suelo, boca arriba; murió un rato después. El viernes por la mañana, cuando aún no habían llegado los de la funeraria, el cartero llevó una carta en un sobre sin remitente. Un primo lejano, el único pariente que había sido posible localizar, se había ido de allí hacía rato, alegando ocupaciones ineludibles y un parentesco lo bastante distante como para, basándose en un agnosticismo militante, haber cumplido suficientes rituales fúnebres con una noche velándolo. El portero, pues, aceptó la carta, pero luego no supo qué hacer con ella y la dejó sobre las manos del cadáver. Los de la funeraria llegaron con retraso y prisa. Cerraron el ataúd y se lo llevaron escaleras abajo. El portero cerró la puerta del piso. La carta, que nadie leyó, decía:

«Carísimo mamoncete:

He ido recibiendo tus cartas, pero hasta hace un par de días no he tenido tiempo de leerlas. Y te contesto dando por sentado que es la primera y la última vez que lo hago. Bastante trabajo tengo como para dedicarme a consolar a pobres de espíritu como tú. Quieres llenarme la cabeza con promesas y declaraciones que no vienen a cuento, ni nadie te pide. Vives fuera del mundo. Sabes muy bien que nunca volveré contigo, porque tú y yo ya nos hemos dado todo lo que podíamos darnos; que, al fin y al cabo, era bien poco. No me vengas entonces con historias lacrimógenas. Te sentaría bien un poco más de carácter. Dices que me fui con Bert porque sexualmente me satisfacía más que tú, y lo haces como si, diciéndomelo, me insultases y quisieras que me sintiese puta. Estás muy equivocado si te crees que eso hará que me sienta mal. ¿Qué te has creído? En cambio, aciertas de lleno cuando dices que con Bert me lo paso mejor. ¡Ya lo creo! Me gustaría que pudieses medir las diferencias que os separan, que son, también, mentales. Y, como eres masoquista por naturaleza, te contaré que apenas me musita a la oreja todo lo que me hará, me humedece como tú no me has humedecido nunca. Puedo pasarme horas y horas acariciándolo, y cuando me harto hago que descargue donde quiero. Luego no tengo más que volver a empezar. ¡Es tan diferente de ti! Tiene lo que se llama imaginación, no sé si sabes a qué me refiero. En el restaurante, en medio de la cena hace que me quite las bragas, y cosas como ésta, que a ti te parecerán tan fuera de lugar (¿a qué viene quitarse las bragas en el restaurante?, debes de estar pensando ahora mismo), a mí me vuelven loca de gusto, tan loca que tenemos que huir del restaurante deprisa y corriendo. Por la calle nos arrimamos uno al otro, como si fuésemos chavales. Nos metemos en los jardines de las casas, y nos revolcamos por el césped, excitados porque, en cualquier momento, alguien puede descubrirnos. Luego tomamos un taxi y me continúa tocando de tal manera que he de esconder la cara y morderme la mano para que el taxista no se dé cuenta; Bert, muy serio, como si no hiciese nada con la mano, y yo corriéndome una y otra vez, hasta que dejamos el asiento empapado y bajamos riéndonos sólo de imaginar la cara de los viajeros que suban después de nosotros. ¿Te gusta que te cuente estas cosas? Seguro que sí. Te lo debes de estar pasando tan bien, sufriendo... Te ha gustado siempre, sufrir y torturarte por todo. Quizá si te cuento cosas de éstas te excitas mucho. ¿Te has excitado mucho mientras leías cómo me manosea Bert? Me manosea y me palpa y me mete los dedos por todas partes, por todos los agujeros que encuentra (y yo se los meto a él), y nos amamos en los parques y en los cines, y en hotelitos, con prisa, como si no pudiésemos esperar a llegar a casa. Y cuando llegamos a casa, ¡otra vez! Y yo lo manoseo tanto, lo manoseo por todas partes: por la calle, en los bares, delante de sus amigos y de los míos, en el coche, mientras conduce. En el autobús, cuando va lleno, le meto la mano dentro del abrigo, y dentro de la bragueta, y se la cojo, dura, firme y caliente, y se la meneo al ritmo del traqueteo del autobús, hasta que se me derrama en los dedos, y me los lamo mientras bajamos, y el viajero de al lado de la puerta me mira los labios y los dedos y, después de un instante, entiende lo que ha pasado y sonríe, sorprendido. Puedes cascártela, si quieres. Si, por el contrario, te duele que te cuente todo esto, ya sabes lo que te toca: no escribirme más. Si fueses una persona normal, a estas alturas, cuando casi hace dos meses que dejamos de vivir juntos, tendrías una noviecita y estarías tocándole el culo, en vez de intentar meterme la mala conciencia con tus cartitas. Por si te sirve de algún consuelo (o por si te aumenta el sufrimiento), quiero decirte que he empezado a salir con un chico muy mono, y Bert está un pelín nervioso, tanto como tú la primera vez que te dije que salía con Bert. Con este chiquito me lo paso muy bien. Quizá todavía mejor que con Bert, cosa bastante difícil y que vendría a confirmar tu teoría de que siempre que me agencio un noviecito me atolondro y siempre me parece que es mucho mejor que los anteriores, y, en cambio, cuando luego lo conozco a fondo pierdo interés por él. Quizá sí. ¿Y qué? Éste es muy joven y se lo tengo que enseñar todo: cómo se tiene que poner, qué tiene que hacerme, cómo tiene que lamerme, cómo tiene que abrazarme. Con él me siento protectora, como una madre. Es tierno y fuerte como un ternero, y me llena la boca como nadie.

Debe de ser cosa de la edad: un chaval tan suave... ¿Quieres saber más cosas de mí? Espero que no. Y, en cuanto a la amenaza de suicidarte, te diré que me parece de mal gusto y poco ingeniosa, ya que, si pretendes hacerme el mismo chantaje que me hizo Toni cuando lo dejé por ti, te recordaré que él, como mínimo, tuvo los huevos de cumplir su amenaza, cosa que dudo que tú hagas. En fin, querido, esperando no recibir ninguna otra noticia de ti, te saluda bien poco efusivamente,

C.»

# EN PUNTO

Dice el diccionario que es puntual quien hace una cosa exactamente en el momento señalado. Eso quiere decir que, si quedas citado a las siete, eres puntual si te presentas a las siete. Hasta aquí, todo claro. Lo que ya no queda tan claro es cómo definir a quien, habiendo quedado citado a las siete, a las seis ya está dando vueltas por calles cercanas a la del lugar del encuentro, y a las seis y media se para al lado del quiosco, que es el lugar acordado, más que nada porque es viernes y los viernes los quioscos florecen como jardines en tiempo de primavera: todos los periódicos de fin de semana aparecen de golpe, y a la hora de esperar hay pocas cosas más distraídas que observar lentamente portadas de revistas (y de libros, que llenan los escaparates laterales). A las siete menos cuarto, sin embargo, ya están vistas todas las portadas y, como todavía falta un cuarto de hora, no queda otro remedio que comprar finalmente una revista o un periódico y hojearlo perezosamente. Cuando llegas a la última línea de la última columna de la última página (que es la única que hay que leer: la de entretenimientos), son las siete y no hay ninguna razón para sentirte cansado de esperar, ya que en realidad la espera todavía no ha empezado. El tal individuo, que es puntual (está en el sitio exactamente en el momento señalado) y al mismo tiempo impuntual (había llegado al sitio antes de tiempo: no exactamente en el momento señalado, pues), soy, en este caso, yo, que continúo sin saber cómo definir esta impuntual puntualidad exacerbada que arrastro desde pequeño, para desgracia mía y sorpresa de las personas con quienes me cito, que acostumbran a ser obsesivamente impuntuales. Ser impuntual puede querer decir quedar a las siete y presentarse a las siete y un minuto, o a las siete y cinco minutos, o a las siete y cuarto, o a las siete y media, o a las nueve, o a las diez. (Que muchos impuntuales lo son porque disfrutan haciéndose esperar es tan obvio que no hay que darle más vueltas.) Si, finalmente, la persona con quien te citas acaba por no presentarse, entonces deja automáticamente de ser impuntual para convertirse en un, o una, caradura. Si, afortunadamente, conocéis las costumbres de aquel a quien esperáis, podéis clasificarlo en la categoría adecuada, e incluso excusarle un retraso (o sorprenderos de una puntualidad fuera de lo común, o preocuparos por un accidente que no ha existido). Si no conocéis sus hábitos en las citas, el riesgo y la aventura se abren ante vuestro futuro inmediato y, muy probablemente, os convertiréis durante un largo rato en un maniquí impertérrito que se apoya en muros y farolas, maquinando deliciosas venganzas y clasificando, a modo de distracción, todos los tipos de puntual e impuntual con que los hados nos enfrentan a lo largo de la vida.

Éste era mi caso: desconocía completamente los hábitos formales de la chica a la que esperaba (siempre me la había encontrado a la salida de la central nuclear, que es donde trabajo yo; y ella también: de eso la conozco). Bien: a las siete y cuarto había mirado todas las portadas y leído no uno, sino dos periódicos (para ser exactos, un diario y una revista). A y media empecé a preocuparme por si habíamos quedado en otro sitio; por si habíamos quedado a otra hora; por si ella había entendido otro sitio u otra hora; por si era yo quien lo había entendido mal; por si le había pasado algo; por si se había echado atrás y decidido no venir (¡y yo que había pasado la aspiradora por la moqueta y colocado champán en la nevera, con la esperanza de una noche loca!); por si el tráfico era caótico en alguna zona de la ciudad (recordé, sin embargo, que no tenía coche y, por tanto, el caos automovilístico no la afectaba); por si era el metro lo que no funcionaba (un choque: los vagones descarrilados: los cadáveres por el andén: ¿el de ella también?); por si alguna otra causa se lo había impedido: la madre atropellada por un taxi; el padre caído por el agujero de un ascensor; el hermano pequeño (¿tenía algún hermano, pequeño o mayor?) detenido por traficante de balas de colores. A las nueve empecé a considerar la posibilidad de tomar una decisión. A las nueve y cuarto cerraron el quiosco (y el quiosquero, mientras bajaba la persiana de hierro, me miró como quien mira a un fantasma, o a un ladrón). Pensé que sería bueno tomar un café en el bar que había justo enfrente del quiosco. A y media entré en él, y el calor hizo que me diera cuenta de que fuera, en la calle, hacía un frío de mil demonios. ¡Y yo había estado allí tres horas! Me quedé en la barra, desde donde (como lo último que se pierde, dicen, es la esperanza) podía observar la calle y el quiosco, por si ella aparecía batiendo el récord de impuntualidad del país, que es bastante considerable. Pedí un café con leche.

A las diez (ya habréis imaginado que las cosas no pasaban, ni pasan, exactamente cada cuarto de hora: precisar, además, los minutos sería cargante) pagué el café con leche, y mientras me volvía hacia la puerta vi, sentada en una mesa, mirándome sonriente, a Helena. (No nos emocionemos antes de tiempo: Helena no era la chica a la que yo había estado esperando toda la tarde. La chica a la que yo había estado esperando toda la tarde se llamaba Hortènsia. De paso me presentaré: me llamo Hilari.) Helena había sido novia mía en la universidad, hasta hacía un año: cuando acabé la carrera acabé con Helena. Ahora nos besábamos en las mejillas.

–Cómo has cambiado...

–No mucho, creo. A ti te encuentro igual.

–Hacía un año que no nos veíamos. Y parece que haga más. Te encuentro más gordo. ¿A qué te dedicas? ¿Qué haces? Cuéntame cosas.

–Es que...

–Siéntate.

–... me iba.

–¿Qué tomas?

–Tomaba un ...

–Siéntate. Me da no sé qué verte de pie. ¿Has crecido? Te veo más alto.

–¡No seas bestia! ¿Cómo quieres que crezca a estas alturas de la vida?

–¿Qué tomas?

–Eee... Un coñac.

Cogí una silla y me senté. De golpe, no tenía ningunas ganas de que Hortènsia apareciese y me viese con Helena. Dudaba si era mejor irme enseguida y correr el riesgo de que Hortènsia llegase al quiosco justo entonces (cosa muy improbable: estaba claro que pertenecía a la raza de los carotas), o quedarnos allí y correr otro riesgo: que Hortènsia llegase un poco más tarde, entrase en el bar y nos descubriese.

–Te he visto cuando entrabas, hace media hora.

No se me ocurrió preguntarle por qué no me había dicho nada. Pensé que, si yo no la había visto entrar (cosa muy extraña, ya que había estado junto al quiosco toda la tarde), ¿cuánto tiempo hacía que estaba en el bar? ¿Me había estado observando, pasmarote abandonado junto al quiosco, obviamente esperando a alguien que no llegaba, ni ha llegado? (¿Y ella, esperaba a alguien? ¿Me lo preguntaría a mí? Si lo hacía, ¿qué debía contestarle yo?)

–¿Hace mucho que estás aquí?

Estratega de andar por casa, había preguntado yo primero.

–Un rato. Hace tanto frío que he entrado a tomar algo caliente.

¿Qué era para ella un rato? ¿Qué patrón debía de utilizar para juzgar si un rato era corto o largo? Y aquello del frío que hacía... ¿Se burlaba? Quedamos callados unos momentos, o un momento, o quizá unos fragmentos de momento que parecieron segundos larguísimos. Tenía que decir algo: los hechos imprevistos (y aquel encuentro era uno de ellos) me desconciertan. A ella debía de pasarle una cosa parecida, porque yo no había contestado su última pregunta y no parecía haberse dado cuenta. Fuimos tirando pelotas fuera. De golpe, Helena empezó a hablar seriamente:

–Cuando dejamos de vernos me sentí fatal. Muy mal. De verdad. No hace falta volver a hablar de eso: los dos sabemos lo que pasó. Yo... No lo sé. Decidimos no echarnos las culpas el uno al otro. De acuerdo. Sólo quiero explicarte que, al mismo tiempo que me sentía tan hundida, me sentía muy bien, muy bien de una manera extraña: era como si volviese a ser yo (y no me gusta esta frase: me parece barata). Pocos días después de que rompiésemos fui al cine, sola, ponían no sé qué. Fui al cine y, cuando salía, en el vestíbulo, me fijé en el suelo, enmoquetado en tonos rojizos, con cuadros grandes. Y era como si siempre lo hubiese visto pero ahora, por primera vez, lo contemplase. Como si nunca antes lo hubiese contemplado. Y, a pesar de estar deshecha, me sentía segura, observando aquella moqueta y aquellos sofás grises y aquellas puertas lacadas de negro, y tenía ganas de hablar con alguien, de ligarme a algún maromo que fuese muy romántico, muy blando, muy tierno. No sé si me explico bien: el mundo, bueno o malo, estaba allí para mí, y estaba muy jodida, mucho; pero era yo la que estaba jodida. Y luego, cuando salí a la calle y vi los coches, y la gente, me gustaba pensar que no tenía que estar a tal hora en tal sitio para encontrarme con tal persona y que podía, no lo sé, tomarme una horchata, o ir a ver otra película, o volver a ver la misma, o sentarme en un banco a esperar que pasase el camión de la basura. O encontrarme con quien quisiese, o estar sola.

Yo no abría la boca. Ella dejó de hablar un momento, quizá sólo para tomar aliento, porque inmediatamente continuó:

–Durante este año he salido con uno de la facultad (yo todavía no he acabado): Hipòlit. No sé si te acuerdas de él: uno alto y pelirrojo, con la nariz enorme, que jugaba a baloncesto. Nos hemos estado viendo hasta hace una semana, cuando quedamos y no compareció.

–¿Quedasteis citados y no vino?

–Exacto. Luego llamó, al día siguiente, excusándose. Y le creí, porque la excusa (lo comprobé enseguida) era cierta. A veces pasan cosas como ésta y no tienen importancia. Pero aquel día vi muy claro que Hipòlit y yo habíamos acabado hacía tiempo; no por la tontería de no comparecer a la cita. Aquello había sido sólo el detonante: de repente lo vi claro. Aquella sensación que te decía, de volver a reconocerme en el mundo, te la he descrito tan apasionadamente porque ahora la estoy volviendo a vivir, y la moqueta rojiza es la que he visto esta tarde en el cine.

Mientras Helena hablaba, había ido disculpándole todas y cada una de las putadas que me había hecho tiempo atrás: digamos que volvía a estar razonablemente enamorado de ella. Empecé a dudar si de verdad la había odiado tanto durante aquel año. Hizo el ademán de irse. Le insinué que nos viéramos. Agachó la cabeza, me miró y dudó. Insistí: ¿el lunes?

–El lunes a mí no me va bien.

–A mí tampoco, ahora que lo pienso.

–El martes a mí no.

–A mí sí, pero si a ti no...

–El miércoles tampoco.

–¿Y el jueves? No. El jueves a mí no. ¿Y el viernes? El viernes me va bien.

–El viernes no puedo. ¿Sabes lo que pasa?: cada vez que rompo con un novio, me lleno las horas haciendo cursillos. Cuando rompí contigo, me puse a estudiar italiano. Ahora he empezado alemán.

–Pues, en fin, mira, no sé...

–¿Y mañana? Mañana me va bien. Si no, tendremos que esperar hasta no sé cuándo.

Quedamos de acuerdo. Nos veríamos al día siguiente: en aquel mismo bar a las siete de la tarde. En casa, encontré una llamada en el contestador automático: Hortènsia no había podido venir porque, media hora antes de la cita, se había puesto enferma. Lo sentía mucho. Había llamado cuando yo ya no estaba: a las seis.

Al día siguiente, sábado, dormí hasta tarde. No recordaba si Helena era muy impuntual o sólo un poco. Por si acaso, decidí representar el papel del pequeño impuntual, que hace parecer menos anhelante; llegaría al bar a las siete y tres minutos. Sin embargo, puntual impuntualmente exacerbado como soy, a las seis ya estaba tres calles más allá, mirando escaparates. Compré castañas y me las fui comiendo lentamente, buscando papeleras para tirar las cáscaras. Escandalosamente puntual con mis decisiones, a las siete y tres minutos llegué ante el bar, eché un vistazo rápido al quiosco y al quiosquero (que me miró al bies, como si me tuviese visto) y entré en el bar. Me senté en una mesa y pedí anís. Los cuartos de hora fueron fluyendo, uno tras otro: Helena no comparecía. A las nueve me fui: compré un periódico en el quiosco. A mi lado, comprando otro, estaba Hortènsia, sorprendida de verme allí y lamentando no haber podido comparecer el día anterior; señalaba al culpable: un dolor de estómago terrible provocado por una comida mal digerida. Ahora, sin embargo (y lo lamentaba mucho), tenía prisa: quedamos citados para el día siguiente. Al día siguiente esperé sólo hasta las ocho y media: Hortènsia no se presentó. En la esquina me encontré a Helena, que iba con el tiempo justo: deprisa y corriendo se disculpó por no haber comparecido el día anterior. Quedamos para el día siguiente (ya se las arreglaría, me prometió, para cancelar las ocupaciones que tenía a aquella hora). Al día siguiente no se presentó. En la otra acera, sin embargo, topé con Hortènsia, que intentaba tomar el mismo taxi que yo (y que tomamos juntos): se excusó muchísimo y me pidió que nos encontrásemos al día siguiente. Al día siguiente esperé inútilmente y, harto, volví a casa caminando, dando una vuelta por las galerías de arte. Ante un magritte me encontré con Helena, que se excusó.

Las imaginé conchabadas: eran amigas y se pitorreaban de mí; se reían cada tarde, contándose dónde y cómo me habían encontrado, qué cara había puesto yo. Seguí el juego durante un mes. Hasta que me cansé. Quedé con una de ellas y no comparecí. En vez de ir al bar donde habíamos quedado, me escondí en el de enfrente, y observé a distancia si aquella con la que no había quedado espiaba desde algún sitio para seguirme en cuanto yo saliese del bar y, entonces, encontrarse casualmente conmigo. Estaba en la barra cuando se me acercó un chico no del todo desconocido: alto y pelirrojo, y con pinta de jugador de baloncesto.

–Tú debes de ser Hilari –dijo.

Hice que sí con la cabeza. Le hice saber mi suposición de que él era Hipòlit, el ex novio de Helena. Empezamos a hablar. Él no había acudida a la cita con Helena, un mes y algunos días atrás, por el mismo motivo por el que yo no lo había hecho aquella tarde. Evidentemente, conocía a Hortènsia y había pasado por los mismos escalones que yo. Recordamos los tiempos de la facultad (alejados en un año para mí, pero todavía actuales para él). Decidimos cenar juntos y, mientras cenábamos, tratamos de averiguar por qué actuaban así. ¿Y si no lo hacían motu proprio? Quizá no éramos los únicos burlados de aquella manera, y la ciudad estaba llena de payasos como nosotros. Quizá era una conjura mundial: las mujeres de todos los países se habían unido en una jugada magistral para volver locos a los hombres, antes de asestarles el golpe final e instaurar un nuevo matriarcado. Pedimos la tercera botella de champán. Era necesario, urgentemente, avisar al mundo de nuestro hallazgo, organizar a los hombres ante el peligro. Hipòlit sugirió un contraataque: uno de los dos tendría que conocer a una ex novia del otro, citarla y no presentarse él, sino el otro: la rueda empezaría a girar: todos los hombres, en todo el mundo, se citarían con todas las mujeres, y ni unos ni otros acudirían a las citas.

A altas horas de la madrugada nos dijimos adiós. Quedamos para el día siguiente, para concretar la estrategia: a tal hora y en tal sitio. Evidentemente, al día siguiente, sobrio, no me presenté.

# UN CINE

Fuera llovía.

Era un cine miserable, descascarillado de una pintura que, en un tiempo definitivamente perdido, fue crema. Por toda la fachada, cartelones descoloridos, con caras de artistas que debían de haber muerto hacía décadas, maquilladas y con estrellas de purpurina. Cuando entré todavía proyectaban las diapositivas. No había encontrado cola, y fue la misma taquillera quien se encargó de cortarme las entradas, ahorro de personal que (por si no fuera lo bastante evidente) demostraba que el negocio iba de capa caída.

Aunque la platea estaba casi vacía, me acompañó un acomodador (impermeable al ridículo de ser perfectamente prescindible) que cojeaba sobre las cáscaras de cacahuete, las bolsas de plástico, los kleenex, los papeles de periódico y los preservativos que enmoquetaban el suelo de la sala. Ya entonces hubiera debido irme, pero no lo hice. El acomodador escupió en el suelo. Yo elegí un asiento junto al pasillo central, ni muy cerca ni muy lejos de la pantalla. Las diapositivas se acabaron y, sólo un instante, se encendieron las luces. En las paredes laterales, de los antiguos forros sólo quedaban harapos carmesíes. Volvió la oscuridad y, de manera inaudita, el sonido del motor del proyector invadió la sala. Nadie protestó.

Tropezando, una pareja heterosexual (que armaba un griterío de regimiento) eligió sentarse justo en la fila de atrás, haciendo chirriar las sillas. Mientras el león rugía, empezaron a hablar. Con los títulos de crédito, se callaron un rato. Luego, el chico le dijo alguna cosa a la chica, a la oreja, y ella se echó a reír; él, provocador contagiado, también. Volví la cara de perfil (en casos como éste, una demostración inmediata de que te molestan puede conseguir que alteren su comportamiento) y contraje los labios en un rictus que quería evidenciar la molestia que me producían.

Aparte del soniquete de las sillas, por un rato hubo silencio (no sabía si mi demostración mímica había tenido éxito o si había sido sólo casualidad), pero enseguida oí que desenvolvían celofán. Seguro que era el celofán de un caramelo, y el ruido (en el casi total vacío de la sala) cobraba una importancia absoluta: parecía que la banda sonora del film hubiese enmudecido y fuese precisamente por los altavoces por donde salía el scrach-scrach del celofán infinito. Aún no habían acabado de desenvolver el primer caramelo cuando la voz de la chica dijo: «¿Quieres?», y el «sí» del chico ya se confundió con el inicio de la nueva sinfonía: uno tras otro, desenvolvieron siete caramelos o bomboncitos, lo que fuese. Luego se callaron.

En la película, todo habían sido paisajes secos: panorámica arriba y panorámica abajo. Justamente ahora empezaba la acción: el forastero llegaba al bar y todo el mundo lo miraba mal. Pedía whisky y el camarero se lo servía de mala gana. Un barbudo legañoso se mondaba un diente.

De golpe, la chica de atrás estornudó. Y aquello que parecía un hecho espontáneo se convirtió en un recital sin fin (aliñado con cuatro ruidos de manipulación del cierre del monedero) que acabó cuando la chica se sonó y produjo una sesión de viento nasal bastante notable, de la que me distrajo un olor de maíz tostado.

Si hay en el mundo un olor que no soporto es el de maíz

tostado. Nadie comía maíz tostado, ni a derecha ni a izquierda, y la parejita estaba lo bastante atareada desenvolviendo caramelos o bombones como para dedicarse, además, a las palomitas. El pensamiento, sin embargo, me salió en voz alta:

–¿Cómo es posible...?

De la fila de delante (que hasta entonces me había parecido vacía) sacó la cabecita un hombrecillo que me miró con ojos de tigre, invisibles:

–¡Ya basta de ruiditos! ¿Eh?

Estaba a punto de contestar que yo no había sido sino el autor del último murmullo y que, como inocente de todos los ruidos y olores producidos hasta entonces, creía que no era a mí a quien había que abroncar; en mitad de la primera palabra, sin embargo, se volvieron tres cabezas, para hacerme callar.

Me levanté. Volví a sentarme dos o tres filas más adelante, al otro lado del pasillo. Ahora no entendía nada de lo que pasaba en la pantalla: cuatro memos con pinta de tahúres (entre ellos, el forastero de antes) jugaban al póquer. Parecía que uno de ellos había sacado un full: trío de ases y pareja de jacks, combinación que sorprendió notablemente al forastero, que tenía pareja de ases, cosa que quería decir que había cinco ases sobre la mesa, hecho sumamente anormal si tenemos en cuenta que jugaban solamente con una baraja. Era evidente, pues, que uno de los dos había hecho trampa. Como los dos negaban ser culpables y aseguraban que lo era el otro, el asunto se resolvió con un pequeño duelo, del que resultó ganador el forastero, con gran indignación de los locales, que se llevaron el cadáver y enseguida buscaron algún sustituto para continuar el juego. Dejaron fuera de la baraja uno de los dos ases gemelos y continuaron jugando. Volvió el follón cuando otros dos jugadores (esta vez, el forastero miraba la disputa, distraído), convencidos de la buena mano que les había entrado, apostaban cada vez más fuerte, tan fuerte que se lo apostaron todo, seguros de que ganarían. Cuando mostraron las cartas, resultó que los dos tenían póquer de ases.

Si por un as de más se había organizado un duelo hacía tan sólo unos minutos, por dos póquers de ases había que esperar una carnicería. Sin embargo, no fue así: antes de empezar a discutir, uno de los dos acusados potenciales ya había disparado sobre el otro, acción que inmediatamente le reputó de inocente. Buscaron a otro sustituto y pidieron un nuevo juego de cartas.

Consideré, por segunda vez, la oportunidad de irme. Por si el local no era lo bastante lóbrego, el film no tenía ni pies ni cabeza. Además, la música era redundante y los actores no sabían lo que se traían entre manos. Ahora continuaban jugando: aparecían ases por todas partes. Cambiaron de baraja un montón de veces antes de, definitivamente mosqueados, empezar a pegar tiros a mansalva. No quedó más que un jugador: precisamente el forastero, que ahora se levantaba y venía hacia el primer plano, como si el hecho de haber sobrevivido le destinase a empresas superiores, hecho que ni él mismo se creía. Dos hileras delante de mí, un chico se reía, desenvolvía un papel de periódico y sacaba un bocadillo. De atún: me llegaba el olor.

Según parecía, salvo el dueño del bar, todo el pueblo había muerto en la matanza. El forastero bebía ahora, apoyado en la barra, sin saber qué hacer (más o menos como el director de la película). El plano duraba minutos: el forastero se tomaba un vaso tras otro, como si esperase que alguno de nosotros le lanzase una idea para proseguir la acción. ¿Cómo continuaba aquel desbarajuste? Cada vez tenía menos ganas de saberlo. De la pared derecha de la sala cayó al suelo un globo de luz, que se rompió en mil pedazos. Alguien se rió.

Entonces sentí que me tocaban el muslo. Sorprendido, no supe cómo reaccionar. Era la primera vez que alguien trataba de tocarme, en un cine. No me atrevía a volver la cara y ver quién era el furtivo individuo que me manoseaba. Cuando me había sentado allí, el asiento de al lado estaba vacío. Dudaba si suponerlo macho o hembra (el peso de una mano bien poca cosa me decía), pero fuese lo que fuese imaginaba su cuerpo desgarbado, su cara granujienta. ¡Muy probablemente era un andrógeno, un andrógeno extraterrestre! Le veía de color verde, la boca llena de dientes de acero... Quizá la mejor solución sería no hacerle caso y, ante mi indiferencia, la mano desaparecería tan sigilosamente como había llegado. Intenté fijarme en la película: en la pantalla, el forastero danzaba con una cabaretera de peinado demasiado moderno. Pero aquello no solucionaba nada: la mano seguía subiendo muslo arriba. Tomé aliento: me volví: quien me tocaba el muslo era la taquillera, que se convertía, así, en triple empleada de la casa. ¿O actuaba por iniciativa propia? Unas cuantas filas atrás, se oyó un golpe rotundo: se había hundido una silla, y se reía todo el mundo: el público en general y en particular la víctima, que se levantaba del suelo sacudiéndose los pantalones. La taquillera se rió también, un momento, y luego me dijo, bajito:

–No te asustes. ¿Te gusta la película? Yo la he visto tantas veces que me la sé de memoria. ¿Sabes que hoy cerramos? No te había visto nunca por aquí. Aquí, cuando viene gente nueva se nota mucho. Hace muchos años que somos los mismos. Nos vemos tan a menudo que es como si no envejeciésemos. ¿Ves aquella parejita? Vienen cada día, desde hace un montón de años, y siempre se sientan en el mismo sitio. ¿Te gusta la película, entonces? No es muy interesante, la verdad. A mí, de todas las que hemos pasado (¡y hemos pasado un montón!), la que más me gustó fue una que proyectamos cuando esto era un cine de estreno. (¡Hace muchos años esto era un cine de estreno, no te creas!) Y era una película tan bonita que acababa igual que había empezado, y el proyector (el hombre que la proyectaba: el maquinista, quiero decir), que entonces era más joven, quizá, se lo montaba de tal manera que era como si la película no se acabase nunca, y duraba tres o cuatro sesiones, sin detenerse. Y menos mal que teníamos que cerrar de madrugada, que, si no, hubiera podido hacerla durar días. El protagonista era un chico joven que quería huir de su destino. ¡Como si se pudiese huir de lo que está escrito! Ahora no recuerdo exactamente cómo era la historia: sé que salía una mansión de sombras, muy neblinosa, de decorado, tan vieja que se caía a trozos. Salía una chica, pero no sé qué pintaba. Él huía de casa, me parece, pero al final volvía, porque por todas partes por donde pasaba llevaba con él la destrucción y, fuese en el metro o en un chalé de la costa, todo se hundía rápidamente. No lo recuerdo bien, pero la lección me parece clara: nadie puede escapar de su futuro. Mmm. ¿Quieres irte? Quédate: luego celebraremos esta última proyección. Ahora es como si fueras uno más del grupo.

Me levanté. Hay noches en que valdría más no haber salido de casa. Caminaba sin mirar atrás: la parejita se reía y me miraba. De vez en cuando, faltaban sillas y las hileras parecían dentaduras cariadas. En la última fila, un par se amaban de manera excesiva. De la puerta del lavabo salían alaridos mareantes. Un ladronzuelo con antifaz asaltaba al acomodador con una navaja extraordinaria. Mientras buscaba la salida entre los pliegues de la cortina de terciopelo, gruesa y granate, oí un fuerte chasquido: la pantalla se agrietaba en diagonal, de arriba abajo, de derecha a izquierda. Todo el mundo rompió a reír.

En la calle había dejado de llover. Caminé deprisa. Temía no sabía qué: una sombra inconcreta, un azar maléfico que, estaba seguro, había de durar hasta que saliese el sol. Si conseguía ver la primera luz de la mañana me habría salvado. Hasta casa pisé baldosas alternadas. Cuando llegué, me di cuenta de que había perdido las llaves. Las había perdido o me las habían robado (¿quizá la taquillera?). Ahí tienes, me dije, lo que me temía. Pero en el estómago sentía que aún no me había llegado lo peor. Podía, claro, llamar a los bomberos para que reventasen la puerta. O a un cerrajero. Pero ésa no era la solución: tarde o temprano tendría que enfrentarme a ellos. Si no iba yo, vendrían ellos. Pensar en denunciarlos me dio risa: en la comisaría, ellos serían el comisario, los agentes, un ladronzuelo aparentemente detenido, la taquillera haciendo de celadora. El maullido de un gato me hizo chillar.

Empecé a deshacer el camino hacia el cine. Pensé: llegaré y me estarán esperando todos, con risas de azufre y haciendo tintinear las llaves. Pensé: llegaré y las brigadas de derribos habrán empezado a tirar el edificio, y por los alrededores no encontraré ni a uno de los siniestros personajes; y sabré que llevaré encima, para siempre, una maldición terrible. Justo antes de la esquina de la calle del cine, sin embargo, vi las llaves, mis llaves, en el suelo, relucientes como un diamante. Mientras las recogía pensé: ahora ya no me hace falta ir. También pensé: pero en casa, angustiado, no podré dormir. Si me doy prisa llegaré antes y, cuanto antes llegue, antes acabará todo. ¿Qué pasa? ¿Tengo miedo de fantasmas? Doblé en la esquina y me di prisa.

# EL REINO VEGETAL

*Al nieto del Matons,*
*del nieto del tío Ximo*

Decir que estos tiempos son difíciles es no decir nada, porque hemos usado tanto la expresión que ha acabado por perder su sentido, si es que alguna vez lo ha tenido: los tiempos han sido siempre difíciles para las frases hechas. Quizá sería más preciso decir que ya no sabemos dónde está el norte; o, mejor aún, que dudamos si hay norte (y, en consecuencia, sur, que es la subversión de aquél), y todo son sombras movedizas en un pasillo de colegio. Dicen que son tiempos de crisis, y me gusta pensar que es por eso por lo que todo está como está. Porque, si esa teoría es cierta, cuando se acabe la crisis las brújulas volverán a funcionar. Hace unos años, parecíamos tenerlo todo claro: derribamos los ídolos (no todos los ídolos, sin embargo: quizá fue ése el error), y nos sentamos en los pedestales vacíos, a esperar que dos más dos ya no fuesen cuatro: las defenestraciones siempre han sido un norte, por lo menos. Ahora nos hemos hecho adultos (hemos aprendido que dos garrotazos y dos garrotazos suman cuatro garrotazos) y dudamos entre devolver a su sitio a alguno de los ídolos demolidos o continuar sentados en los pedestales, con la confianza de que, con el correr del tiempo, alguien meterá baza y forjará nuevas estatuas (si puede ser, de plástico, que queman mejor y echan un tufo que apesta).

De pequeño, cuando me preguntaban: «Y tú, guapo, ¿qué quieres ser cuando seas mayor?», contestaba: «Depravado.» Y he dedicado todos los esfuerzos de mi vida a intentar conseguirlo. A mi generación (más bien tendríamos que llamarla degeneración: hemos sido una generación afortunadamente degenerada) le empezó a salir el acné a la sombra de los primeros Rolling Stones, y de las peleas entre mods y rockers, proyectando su ira contra todo aquello que pareciese ortodoxo. Sensatamente, entendimos que heterodoxia y depravación eran palabras que ningún diccionario recogía como sinónimos.

He hablado de mi vocación por la depravación, pero no he explicado cómo se fue fraguando. (No sé si sabré hacerlo: veo muy claramente mis raíces, pero luego todo son escalones evolutivos perdidos.) En los Enfats Terribles confraternizamos con putas tronadas, con marineros yanquis y brasileños, y norteafricanos (ahora los llaman así) con gafas de sol a medianoche. De todos ellos aprendimos a hacernos cínicos y aprovechados; cuando desembarcaron los primeros hippies ya sabíamos que nunca comulgaríamos con ellos: poner la otra mejilla no era nuestro estilo. Nos negábamos los sentimientos (y éramos sentimentales como pocos), y sólo nos conmovían objetivos de los que pudiésemos sacar algún beneficio. El tiempo nos ha dado un poco la razón (nunca la da del todo): hoy, los hippies ya pasaron a la historia y los aprovechados son los amos del mundo. Con los setenta empezó la decadencia definitiva: los defensores de la ética de la perversión se fueron revelando poco éticos y nada perversos; oportunistas y basta. Me harté de yonquis y navajas, y las nuevas hornadas de rebeldes (ecologistas, macrobióticos y objetores) hacían que se me cayera el alma a los pies.

El aburrimiento lo precipitó todo. Aquella noche yo leía a Baudelaire tumbado en la hamaca de la terraza, rodeado de margallones y hortensias, asomado a la bahía azul de luna amarilla. Txitxi se paseaba arriba y abajo por el piso, aburrida, abstemia, triste, deserotizada: no quería beber, no quería hablar y, sobre todo, no quería follar. Tan aburrido como ella, me levanté de la hamaca, cogí a Txitxi por un brazo, se lo torcí hasta que empezó a llorar (y me miraba con ojos que confesaban que, de golpe, también a ella le había desaparecido el aburrimiento) y la forcé sin que sus chillidos representasen ningún cargo de conciencia. Como en un milagro, se me abría el cielo; una claridad me apremiaba: de golpe descubría que había estado vegetando durante años. Ahora era un oso después de hivernar, que elegía el camino más digno: convertirme en un libertino clásico. Sólo probaría los frutos prohibidos. Habiendo pasado por todo el resto, me fui especializando en las mujeres: cuestiones de edad.

A partir de entonces todo fue a pedir de boca. El vicio es una llanura de arenas movedizas que te chupan y no te dejan huir. Llevado por la experiencia inicial, al principio me convertí en violador. Al cabo de poco, consciente de la importancia de mi trabajo en una sociedad como la nuestra, decidí plantearme teóricamente la función que había de desempeñar, no fuese que en vez de corruptor estuviese representando el papel más simple de corrompido. Y, como no puede haber reflexión teórica fructífera si no va acompañada de una praxis consciente, fui (alternativamente, consecutivamente, simultáneamente) exhibicionista, voyeur, pervertidor de menores, gigoló, sádico, amante de la zoofilia, masoquista, sodomita. Terreno que se me prohibía, terreno que tomaba al asalto. Ninguna aberración me era ajena. Por eso, cuando digo que estos tiempos son difíciles lo hago con un profundo conocimiento de causa, producto, como he dicho, de una reflexión paralelamente teórica y práctica.

Ahora os contaré la última: el miércoles, a la una y pico de la noche, estaba en el Whisky Twist. Acodado en la barra, fumaba, observaba el estante con las botellas y trataba de leer las etiquetas, anónimas a la luz azul y roja del local. Al fondo de la sala bailaban. A la entrada había dos que armaban bronca, y cada puñetazo lanzaba a uno contra la puerta, hasta que salió el gorila y se acabó el festival. Pedí bebida, pero no sé cuál, ni a quién. Sólo recuerdo (y no puedo recordar mucho más porque parece como si todo lo que me pasó más tarde me hubiese borrado la memoria precedente) que, cuando me volví hacia la derecha para mirar la pista de baile, la vi sentada dos o tres taburetes más allá.

Bebía un zumo anaranjado. Llevaba el pelo largo, oscuro y suelto sobre los hombros. De perfil, me recordaba a Silvie Vartan, una Silvie Vartan morena. Vestía una chaqueta tejana (corta: Levi's), de esas que ya no se ven: desteñida como los pantalones. Ahora no sé si, cuando le vi la carita, que parecía un mapa de inocencia, pensé que era un bocado lo bastante atractivo para añadirlo al memorial de infamias o si me sorprendió (¿emocionado, yo?) encontrar, después de tantos años, a una chica vestida como vestíamos una década antes. Me recordaba a una novia que me agencié una noche en el Jazz Colón, cuando el Jazz Colón era el Jazz Colón y agenciarse una novia era seducirla, cautivarla, tirársela y abandonarla al cabo de tres cuartos de hora. Aquella chica me recordaba las fiestas de tarde de domingo, el twist, el mádison, siempre con los papás a punto de volver del cine. Me recordaba a los Shadows, me recordaba a Jerry Lee Lewis, me recordaba a Michel Polnareff; me recordaba a mí mismo, locamente enamorado de una muñeca pecosa.

Me lancé a hablar con ella de una manera innecesariamente disimulada. (Innecesariamente porque, hoy en día, las cosas van tan rápidas que nadie da rodeos y el sí o el no son inmediatos y definidos.) Charlamos de banalidades, dimos vueltas por el Born, tomamos chocolate cerca del parque, caminamos Rambla arriba. La dejé en la puerta de su casa sin haberle tocado ni un pelo pero con su número de teléfono en el bolsillo. Más que un depravado, parecía un ángel de la guarda con ganas de mejorar nota. Me dio miedo pensar que podía sentirme a gusto haciendo aquel papel de buen chico.

Para equilibrar la balanza, cuando llegué a casa tuve que masturbarme mirando fotos de animales (cerdos, perros y asnos) que penetraban a boquiabiertas damiselas de pelo rubio teñido: ¡de alguna forma tenía que mantener la integridad! Con una chincheta clavé el número de teléfono junto al aparato. La llamaría al día siguiente. Igual que, de pequeño, antes de dormirme rezaba una oración, ahora me dormí repitiéndome una y otra vez que yo era un crápula y ella tan sólo un hito más, y calculando lo disipado y cruel que sería unas horas más tarde.

No me costó nada concertar una cita con ella. Incluso en su casa, directamente: ¡hasta ese punto había sido un caballero la noche anterior! La invité a bebidas y a un porro. Sólo me aceptó un zumo de frutas y, mientras en el televisor dos boxeadores se zurraban por el campeonato de Europa de los welter, empecé a besarle el cuello, a morderle la nuez. Por un momento pareció sorprendida y me sentí ridículo: quizá era verdad que ayer me había tomado por un pavisoso. En la boca me detuve una eternidad; el recorrido fue lento y trabajado para que, llegado el momento, ya no me pudiese negar nada. En el televisor, uno de los boxeadores saludaba victorioso y el otro estaba todavía en el suelo, nocaut. Empezaba el telediario. Media hora más tarde, pasaban *Un tranvía llamado deseo*, con Marlon Brando y Vivien Leigh, que es un film que siempre me ha gustado. No me lo quería perder, así que decidí acabar con la chica antes de que empezase la película. Empecé a desnudarla; opuso una resistencia débil. La lucha por quitarle la falda fue más ardua. Esto me animó: por fin una resistencia stricto sensu después de mucho tiempo. (Estas adolescentes de ahora, que no se te resisten, te hacen perder el aliciente por las pequeñas cosas de la vida.) Me vi obligado a emplear la fuerza. Bocarriba y sin falda, apretaba las piernas y, atolondradamente, inventándose mentiras a chorros, se excusaba y me proponía otras compensaciones demasiado poco disipadas para mí. Le destripé las bragas, que eran de satén, y cuando intenté meter un dedo constaté que no podía: pasaba algo extraño. Le abrí los labios con un esfuerzo titánico, porque aquellos labios se resistían como si tuviesen vida propia. Volví a intentar meter un dedo (y antes lo lamí, y la lamí a ella también, a ver si lleno de saliva todo iba mejor), pero enseguida comprobé que era imposible: el agujero estaba cerrado como no había visto ninguno. Supuse que era capaz de dominar de manera extraordinaria los músculos vaginales y lo hacía para impedirme la entrada. Yo estaba empezando a perder la paciencia. La amenacé con ir a buscar un berbiquí. Aterrada, empezó a hablar y cometí el error de escucharla. No debería haberlo hecho. Escucharla me perdió: a estas alturas no sé si me engañó, ni si me engaña todavía. Me dijo:

–Espera. No pienses que es que no quiero. Aunque te parezca imposible, hay un problema real que impide que me penetres. Yo soy y no soy la culpable de él. Tendría que remontarme muy atrás para explicártelo todo, pero iré directamente al grano: siempre he sido una persona de convicciones fuertes. Cuesta explicarlo: no es sólo que, de pequeña, simplemente la duda de si tenía gripe o no me hiciera pillar las gripes más impresionantes. Eso todavía es explicable e hipocondríaco. No es tampoco que un día, jugando con mi hermano a indios y cowboys, llegase a convencerme tan profundamente de mi papel de sioux que, durante tres días, no hiciese sino aullar ceremonias rituales que espantaban a la familia, y la cosa llegase a tal punto que no comprendía ningún otro idioma que no fuese el sioux (y, cuando digo que no comprendía, quiero decir exactamente eso: no que jugase a fingir que no comprendía). Casos así los he tenido a puñados. Te ahorraré las descripciones. Esto mío va más allá de la hipocondría o las somatizaciones. No me mires con esa cara. No me hagas daño. No te miento: cuando se me mete una cosa en la cabeza, se me mete por encima de mi voluntad, y me tiene completamente dominada. Verás lo que pasa. Hace un año, empecé a interesarme por el vegetarianismo y, en cuanto estuve convencida de las virtudes de este régimen, todo fue sobre ruedas, pero en un sentido que no había previsto: he acabado persuadida del todo. Con esto quiero decir que soy vegetariana de la cabeza a los pies, y que mi cuerpo (todo él, de arriba abajo) sólo acepta vegetales. Y no hay nada que hacer hasta que me convenza de que el vegetarianismo es nocivo o que, a pesar de ser saludable, no debo seguirlo fanáticamente.

Caí en la trampa: me sentí conmovido por aquel cuerpo espléndido que temblaba en mis brazos y me lo creí. De golpe, todo mi castillo se iba al suelo. Ya no era aquel depravado incorruptible: por una vez había cedido a la comprensión. Y de qué manera: no solamente no la forcé, sino que, para satisfacerla, utilicé pepinos, zanahorias, berenjenas. Dice que me quiere mucho. Según el ginecólogo, todo es cuestión del psicólogo. Según el psicólogo, todo es cuestión de que se convenza de que el carnivorismo no sólo no es nefasto sino que tiene algunas virtudes. Porque, según parece, con ella no hay medias tintas: o blanco o negro; o es del todo adepta a una cosa o no lo es en absoluto. Hace semanas que intento convencerla de las virtudes de la perversidad. Si lo consigo, tengo el camino libre: como es del todo evidente que el vegetarianismo no es perverso, lo rechazará. Ella parece bien dispuesta a dejarse persuadir. Empieza a entender mis manías y no parecen desagradarle: incluso ya lee al Marqués con más placer que los manuales de limones y cebollas. Ahora bien, desde ayer me asalta una idea: siendo como es (o todo o nada, o blanco o negro), ¿y si se convence tanto de las bondades de la depravación que se hace del todo perversa y, escorpión y pigmalión al mismo tiempo, le parece que la perversión más grande a que puede llegar es volver, de una manera que no puedo prever, la cola venenosa hacia mí?

## OLDEBERKOOP

*A Marcelo Cohen,* xava *gamba*

–¿Nunca dejará de nevar? Tengo ganas de irme. ¿Cuántos días hace que estamos aquí? ¿Once? ¿O diez? Diez u once: he perdido la cuenta. ¡Si no la llevas tú, que decías que la nevada no duraría mucho, que la nieve no cuajaría porque había llovido hacía poco! Las cosas empiezan siempre por una nadería y al final se te comen. ¿Qué escribes? Estamos todos tan serios, aquí adentro... Toda esta gente es tan seria que pasan a las borracheras como si nada. Cuando se emborrachan me dan miedo, y se emborrachan tan a menudo..., ¡parece mentira que todavía quede alguna botella de alcohol! Aquellos del idioma extraño me hacen gracia. Todavía no sabemos qué hablan. Holandés no, claro. Y no tienen cara de indonesios. Quizá son frisones. ¿Has oído alguna vez hablar frisón? Quizá lo es. Tú dices que hablan hebreo, pero si hablasen hebreo serían israelíes, y los israelíes tienen el inglés como segunda lengua; y éstos, de inglés, nada de nada. Tantos días aquí y todavía no lo sabemos. Me gustaría hablar con ellos. Les preguntaría de dónde son, cómo viven, qué hacen, qué les interesa: se lo preguntaría todo. Ya te lo he explicado unas cuantas veces; pero no puedo evitarlo: aquí no pasa nada desde hace diez u once días. ¿O quizá doce? (¿Quieres dar una calada?) Tengo ganas de hablar. Ya me conoces: cuando no hago nada hablo por los codos. (¿Sabes que ya no queda leche?) Claro que lo sabes: te lo he dicho hace un rato. Bueno, te lo he dicho hace un rato porque tú me lo has dicho esta mañana. Pero déjame que yo te dé alguna noticia. Aunque la sepas y, por tanto, en realidad no sea noticia. Mmm. Si tuviera un piso, en la cocina pondría baldosines verdes, como éstos. ¿No quieres dar una calada? ¿Qué escribes? Mmmmm. ¡Hala! ¡Qué estropicio! Debe de haber sido el niño (¿cómo se llama? ¿Jan?). Debe de haber roto media vajilla. Está muy nervioso, pobre criatura. ¿Has oído lo que dicen ahora, los frisones o israelíes? Se ríen tanto... ¡Debe de ser divertidísimo! ¿No lo has oído? ¿Por qué me miras así? Mmmm, qué buena, esta hierba. ¿De dónde la deben de haber sacado? No quedaba y, de golpe, ha aparecido un montón. Debe de ser aquel lechuguino delgado, que se la escondía. Tiene cara de antipático: no me gusta nada. Dales las gracias. Thank you, ¡eh! Mmmmmm, es muy..., ¿cómo te lo diría? (Da igual.) Y pensar que la tengo plantada en casa: un montón de macetas. Se las debe de estar fumando Maria: Maria fumando maría: Maria autofumándose: ¿una nueva forma de suicidio? Mmm. No me digas que no la conoces. Maria es todo un caso: nunca ha tenido un duro pero siempre ha sabido elegir el vino adecuado, ya sabes lo que quiero decir. Me gusta la gente que sabe hacer ese tipo de cosas. Mmm. Sería el paraíso que alguien tuviese un ácido por aquí. Quizá el lechuguino lo tiene y por eso anda tan tieso. ¿Has probado alguna vez el ácido? ¿Sí? Me extraña. ¿Y las setas alucinógenas? Eso sí que, seguro, no lo has probado nunca, ¿verdad? No, claro. Yo sí. Las setas son... Es imposible explicarlo. Las setas son... Todo. Son como una película. Te lo pasas como en una película de Walt Disney: el cielo de un azul profundísimo: de decorado: falso y al mismo tiempo verdadero como nunca. Como si todo fuese un decorado, lleno de luz artificial. El césped de un verde imposible. No, hombre, no. No son como el ácido. Oye, ¿a qué se le llama «nieve»? ¿A la heroína o a la cocaína? Qué ironía, hablar de nieve ahora: estando rodeados de ella. Podríamos salir e inyectárnosla toda (o esnifarla, depende): así sí que nos iríamos enseguida. Yo, una vez, tuve un novio que se pinchaba, y era un problema porque nunca se le ponía tiesa; y a mí, cuando una cosa no se puede hacer, todavía me entran más ganas de hacerla. Imagínate: me moría por follar con él, y no había manera. Mmm. En fin, ya te lo decía yo, cuando empezó a nevar: que nos fuésemos. Ahora como mínimo estaríamos en el pueblo más cercano (¿cómo se llama?): en un hotelito, en la cama y tomando manzanilla con miel. ¿Qué ha dicho el dueño? Pobre hombre, no se esperaba esto de tener huéspedes en el bar. Si por lo menos tuviese habitaciones. Con la experiencia podrá montar un hotel. ¿Qué ha dicho ahora? Debe de haber dicho a quién le toca hoy ayudarlo en la cocina. No debemos de ser nosotros, ¿verdad?, no nos ha mirado. Yo, una noche, tuve que quedarme a dormir en un bar. ¿Te lo he contado alguna vez? En el bar de Pito. ¿Lo conoces? Es un bar con demasiado humo y ruido, y un puto televisor que no para nunca (y que no mira nadie), y una máquina de esas que llaman pinball, con cantidad de números y letras que se encienden y se apagan y se encienden y se apagan. Si alguna vez te acercas para jugar una partida, rápidamente viene Pito a pasar el trapo del polvo por el cristal de la máquina (de manera que no puedas ver bien la bola), y va quitando el polvo mientras te va pegando codazos, hasta que (si habías sido lo bastante hábil para dominar la partida a pesar del trapo del polvo) la bola se escapa definitivamente. Pito está chiflado: es astuto y gentil al mismo tiempo. Si le pides una cerveza, te servirá una cocacola, y si pides un cortado te servirá un cubalibre o un ron con naranjada, y si pides un ron con naranjada te traerá un plato de callos o un grog, mientras te increpa, te mira con el rabillo del ojo, te presenta al vecino de barra, le grita al perro, que tiene cara de triste y se le parece cada vez más. (Los dos pertenecen a una misma raza de seres, emparentada con los cafés y los coñacs más que con los hombres o los perros.) La noche en que tuve que quedarme allí llegué a entender que para pedir y conseguir lo que querías había que hacer cálculos y no pedir nunca ni lo que querías realmente ni el producto aparentemente más opuesto. Al final conseguías que Pito te sirviese, si no exactamente lo que querías, algo que se le parecía. Quería tomarme un whisky: pedí aceitunas rellenas y una naranja: me sirvió un coñac y una ensaimada. Me bebí el coñac y la ensaimada se quedó en la barra. Me había equivocado por poco. Al segundo pedido fallé por más: volvía a tener ganas de tomar whisky: pedí una tónica: me sirvió un jerez seco, que es una bebida que odio. A la tercera acerté. Pedí un jarabe de grosella: un espléndido whisky de malta llenó el vaso corto a rebosar. Durante todas estas estratagemas, fuera llovía mucho más que a cántaros: llovía como nunca ha llovido en este planeta. Decir que era un diluvio es reducir notablemente las proporciones del hecho: a nadie se le pasó por la cabeza la posibilidad de volver a casa aunque viviese sólo un par de casas más lejos. Tuvimos que quedarnos allí, pues, un montón heterogéneo de gente. Organizamos timbas que (a las dos de la noche, cuando la planta baja se inundó) tuvimos que interrumpir para subir al primer piso. Continuamos jugando hasta las cinco y pico de la mañana, cuando la lluvia amainó y unos nos fuimos para casa y otros para el trabajo. En el resto de la ciudad casi no había llovido: lo que son las cosas: quizá aquí pasa lo mismo y en el pueblo de al lado no nieva: sólo nieva en este rincón de carretera y en ningún otro lugar del mundo. Quizá acabaremos con la nieve y nunca más nevará, por los siglos de los siglos; y nuestros hijos y nietos no sabrán qué es la nieve y sólo la conocerán por las fotos y las películas. ¿Te has dado cuenta de que el nivel ya llega a un palmo de la parte de arriba del cristal de la ventana? No lo romperá, ¿verdad? ¿Por qué no le dices al dueño que cierre los postigos? Si no, la nieve romperá los cristales. Además, no hará tanto frío. ¿Cómo es posible que no se le haya ocurrido a nadie? Mira: ahora nieva con más fuerza. Mira cómo sube el nivel: más deprisa que nunca. Ahí tienes: ya no vemos el cielo: sólo nieve. Pronto nos faltará el aire. Nevará tanto que desapareceremos, nosotros y los edificios, bajo una capa de nieve, y moriremos asfixiados cuando se nos acabe el aire, que será pronto, y hará tanto frío que la nieve no se descongelará nunca, y, cuando los hombres se adapten a la nueva era glacial (debe de ser eso: hemos entrado en una nueva era glacial: ¡hemos vuelto millones de años atrás!), construirán autopistas por encima de nosotros. Dentro de mil años, arqueólogos miopes encontrarán nuestros cadáveres en un perfecto estado de conservación: como en un frigorífico. Nos desnudarán, nos observarán, nos analizarán. ¡Qué horror! Por cierto, ¿cómo es que no viene ninguna de esas máquinas que quitan la nieve? En este país, tormentas así tienen que ser habituales; quizá no tanta nieve, claro, pero están acostumbrados a las nevadas fuertes, eso seguro. ¿Y por qué no vienen a reparar el teléfono? Mmm. Ahí tienes: esto ya se acaba: sólo queda el cartón. ¿Qué hora es? Si como mínimo funcionase la tele... ¿Por qué nos tienen que pasar estas cosas a nosotros? Bff. Tengo sueño. ¿Vienes a tumbarte conmigo al rincón? Dormiremos la siesta, ¿quieres? Tú venga a escribir. Es como si no supieses hacer nada más. ¿Es que te sirve para algo? ¿Qué escribes, si se puede saber? A ver... Estás loco. ¿Por qué escribes todo lo que digo? Es decir: que ni siquiera te inventas lo que escribes, sino que de hecho te puedo ordenar escribir una cosa u otra; y escribirás únicamente lo que yo decida. Escribe mierda. «Mierda.» No, ahora lo leía. Eh, para. Estás loco. Escribe sólo lo que te diga que escri... ¡Hey! Has escrito media palabra; bien. Si ahora me callo, no escribirás nada: ¿dejarás un espacio en blanco o pondrás un punto y aparte? A ver... Bah: has puesto puntos suspensivos: eres muy poco original: eso ya lo has hecho antes. ¿Nunca pones punto y aparte? Pon un punto y aparte. Ahora. Me cabrea que no me hagas caso. Escribes para no hablar. Te crees que estás por encima de las circunstancias y no eres más que un mamoncete, como todos los demás. ¿Te crees que a mí me hace alguna gracia estar aquí? Podrías ser más amable. La comunicación entre las personas es una cosa por lo menos interesante, y que ayuda a pasar el rato. ¿No lo has pensado nunca? Mírame a los ojos. Mírame. No escribas «mírame» y mírame. No: no escribas «no escribas "mírame" y mírame» y mírame. No: no escribas «no: no escribas "no escribas 'mírame' y mírame" y mírame» y mírame. Dejémoslo correr. Ahora me callaré para que no escribas nada más y tengas que mirarme o, si no, aburrirte. *Non scriverai più.*

# LA ISLA DE MAIANS

P: Quid est vigilanti somnus? A: Spes.

P: Quid est mirum? A: Nuper vidi hominem stantem, molientem, ambulantem, qui numquam fuit.

P: Quomodo potest esse? Pande mihi. A: Imago est in aqua.

A: Quidam ignotus mecum sine lingua et voce locutus est, qui numquam ante fuit nec postea erit, et quem non audiebam nec novi. P: Somnium te forte fatigavit, magister.

A: Quid est quod est et non est? P: Nihil.

A: Quomodo potest esse et non esse? P: Nomine est et re non est.

DISPUTATIO REGALIS ET NOBILISSIMI IUVENIS PIPPINI CUM ALBINO SCHOLASTICO

# Calle de los Días Laborables

–No me escuchas –dijo ella, de repente.

Él se quedó de una pieza. De hecho, era verdad: hacía minutos que la verborrea de la mujer sólo era la música de fondo que acompañaba sus pensamientos, que estaban muy lejos.

–No me escuchas –repitió ella–. No paras de hablar de ti. Tan sólo te interesas por ti mismo. No te preocupa en absoluto lo que digo. No te interesas por lo que me pasa por la cabeza, ni por cómo soy, ni por lo que hago.

El hombre estaba sorprendido. Con delicadeza, sacó los dos dedos. Le daba miedo que la mujer le preguntase de qué había estado hablando hasta aquel momento en que se había callado de golpe para, a continuación, decirle que no la escuchaba. El hombre no sabía qué contestar. Para retrasar la respuesta a las acusaciones, le dio un beso en la mejilla, que era tiernísima, e invirtió en aquella muestra de afecto más rato del necesario. El tiempo pasaba, sin embargo, y tenía que contestar algo.

–¿De veras crees que sólo hablo de mí mismo?

–En ningún momento de estas dos noches que hemos salido te has interesado ni una sola vez por mis cosas.

–Hostia. –El hombre tenía la cara triste, ausente.

–Eres muy extraño. –Y, como si le pesara haberlo entristecido, añadió–: Ahora no te pongas triste.

Mientras se abrazaban nuevamente, el hombre pensó que ella tenía razón. Muy sinceramente, lamentaba (de una manera que no identificaba del todo con la culpabilidad) no haberse interesado por lo que pasaba por la cabeza de la mujer, ni por lo que hacía en la vida: qué la apasionaba, de qué vivía. La primera noche que salieron apenas le preguntó si vivía sola o con alguien, y si se lo había preguntado había sido tan sólo para tratar de deducir si su casa sería un buen sitio adonde ir de madrugada, o si tendrían que ir a un hotelito, o si se verían obligados a quedarse en el coche, en alguna curva de la carretera. Se apoderó de él una ola de desazón. Se sintió mezquino, el ser más despreciable del mundo, y reconoció que, en efecto, en los últimos tiempos la gente le daba lo mismo. Mira por dónde, la mujer le había pillado en falta: había caído al fondo del pozo más ridículo. ¡Precisamente él, que siempre se había considerado «humano», «sensible», lejos de tantas personas interesadas únicamente en sí mismas! Volvió la vista, como si tuviese que apresurarse a enmendar el error, y la fijó en la pared de enfrente. Estaban en casa de la chica, y si le hubiesen pedido describirla no hubiera sabido cómo hacerlo. Con el rabillo del ojo miró el largo mueble de madera clara, barnizado; vio en él un plato de cerámica brillante, un tambor marroquí, un tubo de aspirinas, tres libros y una pipa blanca holandesa. Miró el suelo: baldosas de colores. Las cortinas eran de un blanco crudo. Volvió la cabeza y observó el dibujo que había en la pared: líneas de grosores diversos, con ángulos durísimos, círculos macizos y flechas. El sofá donde estaban sentados era de tela gris, con un ribete rosa. Miró la espalda de la mujer a la que abrazaba: justo sobre el espinazo, cosa de un palmo más abajo de la nuca, tenía una peca. Por un momento se imaginó en una terraza, en lo alto de un edificio, acercándose a la barandilla. Deshizo el abrazo. Casi con lágrimas en los ojos, el hombre se apresuró a intentar enmendar el error:

–Tienes razón: siempre hablo de mí. Nunca me había

fijado. ¡Es horrible! Es un comportamiento absolutamente detestable. Te lo digo muy sinceramente. Desearía que me creyeses. De veras. No te estoy mintiendo; no me estoy inventando una mentira para complacerte. Reconozco que ha de ser difícil soportar, aunque sea un par de noches, a alguien que no habla más que de sí mismo. Me daría escalofríos salir con alguien así. Pero si en alguna cosa no he fallado nunca ha sido en la sinceridad. Siempre he sido honesto, y no sólo contigo. Me siento desconcertado. No puedo negar lo que dices. Porque tienes razón: últimamente siempre hablo de mí...

Se había levantado y agitaba los puños cerrados, como si golpease el aire.

–... como si fuera la única cosa que me interesase. De veras que me horroriza descubrir que soy así. Pero yo antes no era igual. Me interesaba por las cosas de los demás. Estoy seguro. Querría saber a partir de qué momento dejé de interesarme por la gente...

Cayó de rodillas ante la chica. Le abrazó las piernas. Le pasó la mano derecha por debajo de la falda y le acarició el muslo.

–... querría saber qué, qué cosa o qué serie de cosas, ha hecho de mí un egotista. No te rías. Me gustaría volver a interesarme por la gente. Y, sobre todo, por encima de cualquier otra consideración, me gustaría dejar de ser así contigo. Porque me interesas mucho. Por eso necesito que me ayudes a descubrir en qué ocasiones me comporto así. Y por qué lo hago. Me gustaría que hablásemos de eso.

# CASA CON JARDÍN

El hombre sube al coche (un fiat uno azul metalizado) y tira la cartera al asiento posterior. Está cansado del trabajo del día, y contento porque aquella mañana, cuando él y su mujer salían de casa, han encontrado en el buzón (en el cual, por cierto, tiene que poner un día de éstos sus nombres, porque desde que se cayó la tarjeta donde estaban escritos no ha encontrado el momento de volverlos a poner) un sobre de la caja de ahorros con el recibo del último pago de la hipoteca de la casa. El hombre viene, precisamente, de celebrarlo en privado en el bar donde, a menudo, al salir del trabajo y de camino hacia casa, se para a beber, antes de meterse en la autopista. Hoy ha tomado, como siempre que va allí, dos cervezas y medio whisky. Mientras se sienta al volante piensa que tendrá problemas, por ese vasito de whisky y por esas cervezas, el día en que los policías de tráfico lo paren para hacerle una rutinaria prueba de alcoholemia.

El hombre recuerda que, al principio de esos siete años que ha durado el pago de la hipoteca, la cifra que tenía que abonar mensualmente le ahogaba el presupuesto, mientras que, en los últimos años, casi ni la notaba. Quizá también ha sido porque se ha ido acostumbrando lentamente a la casa: al principio, no era nada amante de vivir fuera de la ciudad. Pero a su mujer le había entrado la manía de vivir en una de aquellas casitas de dos pisos, con jardín, que había visto en una urbanización encaramada en la montaña, y la cosa no tuvo vuelta de hoja.

Sale pronto de la autopista. Uno de los argumentos a favor de vivir en aquella casa era, precisamente, que a menudo se tarda más en ir de un barrio a otro de la ciudad que en ir de la ciudad a esa urbanización, que, así, reúne las ventajas de la ciudad y las de la naturaleza. Aparca el coche justo enfrente de la puerta y se recrimina haber pasado otro día sin avisar de que vengan a arreglar la puerta automática del garaje. Para el motor, pone la barra de seguridad, recoge la cartera y cierra el coche con un golpe seco. Empuja la puerta de la valla del jardín y, en cuanto pisa el camino de piedra que serpentea por el césped, viene a recibirlo el perro, un setter que salta y mueve la cola, alegre. El hombre se agacha, le acaricia la cabeza, recoge una rama del suelo y la tira al otro lado del jardín. El perro corre a buscarla.

En la puerta, apoyada en el marco, le espera la mujer.

–Has tardado.

–Me he parado un momento a tomar una copa.

–No me gusta que tomes copas antes de venir a casa. Algún día tendremos un disgusto.

La mujer le besa los labios y se va escaleras arriba. El hombre deja la americana en el perchero que hay al lado de la puerta. Saca el periódico de la cartera. Deja la cartera sobre la consola y entra en la sala. Se sienta en la butaca rosa, justo al lado de la chimenea, que ahora (estamos en primavera) está apagada. Enciende la luz, despliega el periódico y busca la página de pasatiempos. Aquel mediodía, mientras comía, ha empezado a resolver un crucigrama. Lo encuentra y lo continúa. Durante un rato prosigue sin ningún problema, pero al final se atasca en una de las propuestas. En la nueve horizontal: «Individuo de una raza que invadió la Grecia del siglo XII a. C.». Cuatro letras. Suspira. Tendría que levantarse y consultarlo en la enciclopedia, pero le da pereza. A sus pies, tumbado, está el perro. El hombre deja el periódico sobre el brazo de la butaca. Se levanta, pero no a buscar la enciclopedia. Va hasta el perchero de la entrada y recoge la petaca, que está en la americana. Vuelve a sentarse y prepara calmosamente una pipa. La enciende y da una calada. Vuelve a coger el periódico. En la doce vertical, con diez letras: «Relativo o perteneciente al lujo (pl.)». La mujer entra en la sala y se sienta en el sofá que hay al lado de la butaca rosa. Enciende el televisor. Cuando oye la cantinela de uno de los espots, el hombre levanta la cabeza y mira un instante la pantalla y la luz que proyecta sobre la cara de la mujer. Se pregunta quién es aquella mujer y qué pinta en casa. Ahora que se fija, recuerda que es la misma mujer que le ha abierto la puerta; pero no es su mujer, la mujer que vive con él, de ninguna manera. No es como si no la conociese: es que, efectivamente, no la conoce. Mira también al perro, que está a sus pies: ¿qué hace allí? Él no ha tenido nunca ninguna simpatía por los animales y no los tendría nunca en casa, ni los ha tenido. ¿Y la casa? Nunca había estado allí. Estas paredes, estos muebles no tienen nada que ver ni con él ni con su casa. La butaca es espléndidamente confortable y él (lo suyo le duele) no ha tenido nunca una butaca confortable. Ahora duda de si lo que ha hecho que se dé cuenta de lo que pasa ha sido la claridad del televisor iluminando la cara de la mujer o bien la comodidad de la butaca. Pero ¿qué es lo que pasa exactamente? Piensa que es amnesia: ha olvidado quién es, y esa casa es, efectivamente, suya, y ésa es la mujer que vive con él desde que se casaron, y ese perro le pertenece, aunque no se acuerde de él. Si no, ¿cómo le habrían tratado los dos con tanta familiaridad cuando ha llegado? ¿Cómo le habría recibido amigablemente el perro? ¿Cómo le habría besado la mujer? Pero enseguida ve claro que no es amnesia lo que sufre: recuerda perfectamente la cara de su mujer, la cara de la mujer de la que esa mañana se ha despedido cuando la ha dejado en la boca de un metro que había de llevarla al trabajo. Y sabe que en su casa no tiene ninguna bestia peluda con cola y lengua babeante. ¡Ni él ni su mujer soportan a los perros! Sabe muy bien que las paredes de su casa no son blancas, y sabe que los cuadros que cuelgan de ellas son otros, y ahora mismo podría decir los nombres de todos sus autores. Se levanta nuevamente y se acerca a la estantería que hay en una de las paredes de la sala. Mira los títulos de los libros: autores que desconoce, títulos que no le interesan. Hay una estatuilla de un premio de ajedrez de un pueblo que nunca ha visitado.

Sólo en una cosa esa casa es parecida a la suya: es una torre de dos pisos con jardín; lo ha visto cuando ha llegado y, para confirmarlo, está la escalera que sube al piso superior, una escalera que ve desde donde está ahora. Durante un segundo piensa si será que, simplemente, se ha equivocado de calle: en esa urbanización todas las calles y todas las casas se parecen. Pero enseguida se avergüenza de haberlo supuesto. Aunque hubiese pasado exactamente eso, ¿cómo es que esa mujer que está sentada ante el televisor le ha reconocido y ha actuado con tanta normalidad que incluso a él le ha costado bastante rato darse cuenta de que estaba en un lugar extraño? Siente el impulso de recoger americana y cartera y salir corriendo de allí, meterse en el coche y buscar la casa de verdad, que, supone, no debe de estar lejos. El hombre ha apartado las cortinas de la ventana de la sala y observa, más allá del jardín, las casas de enfrente: la perspectiva es del todo semejante a la que ve desde la ventana de su casa.

–¿Te pasa algo? –dice la mujer–. Pareces inquieto.

El hombre musita una excusa y piensa que no le haría falta más que salir fuera y mirar el número de la casa, que debe de estar al lado de la puerta del jardín, y el nombre de la calle en la esquina, para confirmar la situación, en un sentido o en el otro. Pero hacerlo le da miedo: ignora por qué, pero no siente ningún deseo de comprobar qué pasa realmente. Y, además, tiene ganas de orinar, muchas ganas de orinar: las dos cervezas que se ha tomado en el bar hacen el efecto previsible. Camina hacia donde supone que debe de estar el lavabo (en su casa, como mínimo, el lavabo está aproximadamente situado así), pero abre la puerta y se encuentra la cocina. Sigue el pasillo: abre la primera puerta a la izquierda, pero hay una habitación. Piensa que el lavabo debe de estar cerca de la cocina: estas dos piezas acostumbran estar siempre juntas, porque a la hora de construir una casa es más simple no desperdigar ni las cañerías que llevan el agua ni las de desagüe. Retrocede y abre nuevamente la cocina, a ver si hay otra puerta que pueda ser la del lavabo, aunque sólo en pisos antiguos recuerda haber visto lavabos a los que se accede a través de la cocina. Pero en la cocina no hay más puerta que la de entrada. Vuelve a la sala y busca con la mirada. La mujer (ahora se fija en ella: morena, de unos veintiocho o treinta años, con una boca atractiva) levanta un instante los ojos del televisor. El hombre sonríe, sin atreverse a preguntar dónde está el lavabo. Ve una puerta en el pasillo, bajo la escalera, en dirección contraria a la que antes ha explorado. Va, abre la puerta y encuentra una habitación pequeña y sin pintar, llena de trastos. Las ganas de orinar le aumentan con el nerviosismo: ahora ya son insoportables. Piensa que quizá el lavabo está en el piso de arriba, pero no le parece nada lógico que, estando allí la cocina, la sala y una habitación, no haya también uno en la planta baja, independientemente de que arriba lo haya o no. Está junto a la puerta de la calle, con la mano en el picaporte. Sin acercarse a la sala, grita que sale un momento al jardín, a estirar las piernas. En el jardín, corre hacia un matojo, se desabrocha la bragueta y orina copiosamente. Resopla de placer. Vuelve la vista descuidadamente y ve que, más allá de la valla que da a la casa de al lado, el vecino le observa. El hombre, pillado en falta, levanta la mano que tiene libre y saluda al vecino, esbozando una sonrisa. El vecino, sin sonreír, le devuelve el saludo. Al acabar, el hombre se abrocha la bragueta y vuelve a la casa. En cuanto pone un pie dentro, el perro se acerca a olisquearlo. Dos pensamientos hierven en la cabeza del hombre: no sabe cómo montárselo para librarse de ese animal (¿quizá envenenándole la comida?) y le da miedo el momento en que tendrá que llamar a la mujer y todavía no sabrá su nombre. Sin que forzosamente haya de ser así, se imagina que eso pasará esta noche, cuando estén en la cama. Este pensamiento le produce, de manera inmediata, una erección.

# FILOLOGÍA

Collell se ha pasado la tarde analizando los paralelismos y las disimilitudes entre el capítulo vigésimo tercero de una novela (que tiene la característica aparentemente curiosa de estar plagada de personajes con nombres que empiezan, casi todos, por la misma letra), un cuento previo del mismo autor (cuyos personajes tienen nombres que empiezan también con la misma letra) y, también del mismo autor, un cuento posterior (con personajes de nombres con iniciales diversas, pero que, igual que el capítulo y el cuento mencionados, tratan de la espera). Aburrido, a las ocho lo ha dejado, se ha puesto la americana y ha salido a la calle.

Ahora compra el periódico de la tarde, lo dobla y se lo pone bajo la axila. Mientras camina hacia el bar, piensa que los dos tendrían que haber quedado en ir vestidos de alguna manera concreta, con alguna señal identificadora, que no hacía falta, claro, que fuese aquello tan trasnochado del clavel en la solapa. A la hora de concretar la cita, ninguno de los dos pensó que podría haber problemas de reconocimiento. Aunque, quizá, piensa después de un rato el crítico, no los habrá y todo son, como siempre, especulaciones.

Una estudiante de filología que se llama Paula le ha llamado y le ha dicho que necesita hacerle unas preguntas sobre Agustí Brell, el escritor que, después de décadas de olvido, es ahora fervorosamente recuperado desde que, hace un año, una editorial de segunda fila sin originales nuevos decidió reeditar *Ennudecer en Addaia*, cuya primera edición, de 1955, pasó sin pena ni gloria, y se arrastró durante cerca de treinta años por librerías de viejo, en ejemplares amarillentos y manchados. En cambio, hace un año, el libro se convirtió en un éxito absoluto y sorprendente. Enardecida y envidiosa, la editorial que, en 1963, publicó *Palmeras y cipreses* sacó de los almacenes los ejemplares que quedaban, que eran casi todos los que había impreso. Los ejemplares se vendieron en un par de semanas. La segunda edición apareció enseguida y tardó cinco días en agotarse, para alegría del editor, que juraba a quien quisiera escucharle que el mundo, verdaderamente, está loco.

El crítico llega a la calle del bar donde han quedado citados. Dos travesías más y ya estará allí. Piensa ahora que, en cierto modo, no haber concretado una señal para identificarse le abre (por lo menos, hasta el momento del encuentro) cantidad de perspectivas. Que pueden, evidentemente, verse abocadas al fracaso más absoluto. Tan confortable le ha parecido la voz de la estudiante que Collell se complace en jugar con esas expectativas. Y es por esas expectativas, ahora que lo piensa, por lo que ha decidido acudir, no porque le importe mucho contar lo poco que sabe sobre Agustí Brell. El crítico, que (después de haberlo ignorado siempre) hace un año fue de los primeros en alegrarse de que Brell fuese colocado finalmente en el lugar que le correspondía, considera ahora que la gente (como ocurre a menudo con todo) se ha pasado un poco: como en la ley del péndulo, del más oscuro de los olvidos le han encumbrado en un altar excesivo. En pocos meses, el brellismo se ha convertido en una moda frenética, y todo escritor que no siga las estructuras, los temas o la sintaxis acelerada de Brell es inmediatamente condenado al escarnio y al fuego, con la misma ligereza con que, durante un montón de años, habían aplicado el fuego y el escarnio al propio Brell. Hasta su muerte (que, en el momento de producirse, fue considerada una nueva muestra de la irresponsabilidad que le caracterizaba) es ahora un motivo más de admiración. Brell murió con su mujer, en 1966, cuando el coche que conducía se despeñó por las costas del Garraf. Dejó una hija de meses (de quien, como Brell no tenía ningún familiar vivo, tuvieron que hacerse cargo los únicos parientes de la mujer, alemanes), dos novelas inacabadas y una considerable cantidad de deudas. En cualquier caso, piensa el crítico, de Brell no sabe ni un detalle más de lo que dicen los prólogos y los artículos publicados últimamente (de los que sólo uno es suyo), artículos y prólogos que una estudiante de filología interesada en hacer una tesis sobre el asunto (como es el caso de la estudiante que le ha llamado) tiene que conocer a la fuerza.

Llega a la terraza del bar cuando pasan unos minutos de las nueve. Esto de haber quedado «a las nueve y pico» es una ambigüedad que, ahora que se fija, no le gusta nada. En las mesas, del sexo femenino sólo hay dos viejas que se ríen bajito y tres chicas con pinta de haberse pasado todo el día en la playa, nada interesadas en Brell ni en ningún otro personaje similar. Antes de sentarse fuera, Collell entra en el bar a echar un vistazo. En la barra, un par de hombres discute y un tercero se mira en la copa de martini. Una vez se ha asegurado de que la chica está aún por llegar, el crítico se instala en una de las mesas de la terraza (donde hay un vaso vacío, con restos de espuma de cerveza, y un cenicero), desdobla el periódico y se pone a leer, levantando de vez en cuando los ojos, cada vez que le parece que llega alguien. En el periódico, el tema del día parece claro: la alianza entre el centro-derecha y la izquierda para contrarrestar la mayoría de centro-izquierda.

La primera chica de la que el crítico duda si es o no la estudiante que ha quedado con él avanza por la otra acera. Viste una blusa negra y unos pantalones grises. Lleva una carpeta en la mano, detalle que a Collell le parece significativo. Además, la chica mira a un lado y a otro, como si no conociese bien la calle. Bien pensado, sin embargo (rumia el crítico rápidamente), esto no es ningún indicio de que esa sea la chica que espera. Precisamente ha sido ella quien ha decidido el lugar de encuentro porque le cae cerca de casa. Y, por tanto, parece bastante lógico que si el bar y la calle están cerca de su casa, los conozca bien. La chica atraviesa la calle y, durante unas décimas de segundo, parece a punto de entrar al bar (a mirar, prevé erróneamente el crítico, si él está en la barra), pero continúa caminando y desaparece por la esquina.

Según algunos observadores, lo más importante de la alianza entre el centro-derecha y la izquierda es que rompe una tradición que parecía inconmovible. La duda, ahora, es (según todos los indicios) ver cómo se lo tomarán los militantes y los votantes de los dos partidos. Collell pasa página. La final de la copa de fútbol es, en aquellos momentos, una completa incógnita.

Un chico en bicicleta hace sonar el timbre y esquiva a un perro que atraviesa la calle. Por la acera, una mujer avanza hacia el bar. Lleva gafas, un macuto y un vestido verde loro. El crítico se estremece. ¿Y si fuese ésa la estudiante? Menudo engorro ir a cenar con ella y soportarla toda una noche, aunque sea al otro lado de una mesa de restaurante. Mentalmente, maldice a Brell y a sus inesperadas admiradoras. La mujer ya está a la altura de la terraza del bar. Y, antes de que Collell deduzca si trata de localizarlo o no, ya la han localizado a ella. Las dos viejas que se reían bajito le hacen señas con la mano. La mujer del vestido verde loro se apresura a llegar a la mesa y reparte besos: uno en cada mejilla de cada una de las dos viejas.

Justo al lado de las primeras mesas se para un taxi. Cuando el taxista enciende la luz para cobrar, el crítico ve que, en el asiento de atrás, hay una chica que recoge el cambio con rapidez, abre la puerta, sale y se pasa el asa del bolso por el hombro. ¡Con qué ganas Collell desea que aquella chica sea Paula! Ya se ve: cenando con ella, haciéndola reír y contándole quién sabe qué de Brell. E inventándose lo que no sabe. Con una estudiante como ésa se siente capaz de fabricar, si hace falta, un nuevo Brell entero especialmente diseñado para que encaje con lo que convenga a la chica, que, ahora, da un repaso a los pobladores de las mesas de la terraza. El crítico intenta condensar suficiente electricidad en la mirada como para que, en el momento fugaz en que los ojos de ella y los de él se encuentren, se provoque tal cortocircuito que la chica no pueda dejar de darse cuenta de que es a él a quien busca, el hombre que le abrirá las puertas al mundo de Brell. La chica, sin embargo, resiste la descarga eléctrica como si nada, abre la puerta del bar y se instala en la barra.

¿Qué puede hacer? Por un lado, que se haya instalado en la barra quiere decir que no es ella. La cita es en la terraza: eso está claro. Pero, ¿y si, de hecho, no hubiese quedado tan claro como a él le parece? Una vez aceptada la posibilidad de que no haya quedado tan claro, ¿qué debe hacer? ¿Levantarse y preguntarle, con una enorme sonrisa, si es estudiante de filología? (Pensar que podría ser estudiante de filología pero no ser la estudiante de filología que espera queda más allá de lo que le apetece imaginar. Mucho más allá todavía queda la posibilidad de que la chica se llame Paula y no sea la Paula que espera.) Y la chica esta, si realmente es la que espera, ¿qué imagen se ha formado de él para que no le reconozca? Durante un rato, el crítico se queda perplejo. Le preocupa la posibilidad de que sea Paula y de que no le reconozca. Porque todo el mundo acostumbra formarse imágenes más bien óptimas de las cosas que no conoce y que espera con ganas. (Pero ¿y si no le espera con ganas?) En cualquier caso, si la chica no le reconoce es porque su imagen real defrauda las expectativas que se había hecho. Duda aún si levantarse de la silla y dirigirse a ella, cuando observa que los ojos de la chica se iluminan, y no por él. La chica sonríe ahora abiertamente: por la puerta acaba de entrar un hombre con gorra, que llega hasta la barra y, sin apuntar ni una sonrisa, la besa en los labios.

El crítico mira el reloj. Y media, poco más o menos. ¿A partir de qué momento tiene que sentirse plantado? ¿A partir de menos cuarto? ¿A menos cuarto en punto? ¿O tiene que esperar hasta las diez? Trata de iniciar la lectura de un editorial sobre el famoso acuerdo entre partidos, pero no consigue concentrarse: con un ojo mira el papel y con el otro la barra donde está la chica (que ahora se ha colgado del brazo de su acompañante) y la calle, por si aparece la estudiante.

De golpe, se da cuenta de que todavía no ha pedido. Tanto rato esperando y ningún camarero se ha acercado a preguntarle qué quiere tomar, ni siquiera a limpiarle la mesa y recoger el vaso de cerveza vacío que ha dejado el cliente anterior. Eso le enfurece. ¿Cómo es posible que, en la media hora que lleva allí, ningún camarero se haya dignado acercarse a él? Esto le lleva a oscuras meditaciones sobre la creciente ineficiencia, petulancia y mala educación de los trabajadores que tienen que tratar con el público, sobre todo los camareros de bar. Alza el brazo y mueve la mano para llamar la atención del camarero que sirve en las mesas. Pero el camarero está en el pequeño mostrador que da a la cocina, con la bandeja bajo el brazo, pegando la hebra con el que atiende en la barra. Es inútil gritar, considera, porque los dos camareros están dentro, y no sólo no oirían nada sino que gritar le parece poco elegante. Además, se imagina las caras de la gente que hay en la terraza (que sí le oirían), mirándole. Levantarse para entrar en el bar y pedirle al camarero que venga a servirle le parece desmesurado. Un camarero ha de saber que su trabajo es atender al público, no esperar a que el público se tome la molestia de recordárselo.

Si no fuese porque espera a la estudiante, se levantaría

ahora mismo de la mesa y se marcharía. Y aquella chica, por cierto, ¿piensa comparecer a la cita o no? El camarero de la bandeja bajo el brazo vuelve un momento la cabeza. Fuma con desgana y bosteza. Collell levanta nuevamente el brazo para llamar su atención, pero el camarero ni le ve, porque vuelve a estar concentradísimo en la discusión con el camarero de la barra, y en quitarse una brizna de tabaco del labio. Poco después llegan a la terraza dos hombres que se ríen de manera molesta. Después de un rato, el camarero sale y se acerca a la mesa de los hombres. Collell intenta ahora captar la atención del camarero y hacer valer su derecho de antigüedad. Alza el brazo y agita la mano; ¡incluso le grita! El camarero ni siquiera parece darse cuenta. El crítico, en la cumbre de la indignación, tira al suelo el vaso, vacío y con restos de espuma de cerveza, que había en la mesa.

Diez minutos y una discusión más tarde, tiene delante una copa de manzanilla que, ahora que lo piensa, no le apetece en absoluto; de hecho, lo único que le apetece es marcharse. Ya son menos cuarto y, por tanto, la elasticidad de la hora de encuentro llega al máximo. ¿Por qué ha de continuar esperando a alguien que no tiene la delicadeza de presentarse a la hora acordada, tanto más cuanto que ha sido ella quien le ha llamado y, por tanto, es precisamente ella quien tiene interés en hablar con él? Cierra los ojos y, de un par de tragos, se bebe el contenido de la copa. Cuando vuelve a abrir los ojos, frente a él hay una preciosidad. Que sea tan guapa todavía le indigna más. Con lo felices que habrían podido ser... La mira con odio.

–Justo a tiempo. ¿Un poco tarde? Lo siento. Es que hay un tráfico tremendo –se excusa la chica, con un ligero acento germánico–. ¿Es usted el señor Collell? Porque si le estoy soltando el rollo y resulta que no lo es...

El crítico la mira sin decir nada. La chica vuelve la cabeza y busca por la terraza, considerando la posibilidad de que Collell esté en alguna otra mesa. Pero no hay ninguna otra mesa con un hombre solo, y los dos hombres que se ríen desmesuradamente quedan fuera de toda sospecha. Desconcertada, la chica se disculpa, entra en el bar a echar un vistazo, vuelve a salir a la terraza y se sienta en una mesa vacía. Espera hasta las diez y media, momento en que paga y se marcha. Poco más tarde, el crítico (que ha esperado todo el rato sólo por el gusto de ver cómo le espera a él igual que él ha esperado, y dudando de vez en cuando si, por rencor, no estará mandando al garete la posibilidad de convertir en realidad las expectativas que había imaginado), se levanta, paga la manzanilla, discute con el camarero si tiene que pagar o no el vaso que ha roto y se marcha.

# FIEBRE

Con voz dolorida, el niño llama a la madre, que va corriendo y, apenas le pone la mano en la frente, se da cuenta de que hierve. El niño tiene los ojos como brasas. La madre se da prisa en buscar, en el botiquín, los supositorios antitérmicos. Le pone uno y, como la fiebre no amaina, busca el teléfono del médico; pero mira el reloj y recuerda que hasta las diez no abre la consulta. Si le llama a casa, a las ocho, para una cosa que, seguramente, debe de ser sólo una gripe, el médico pondrá mala cara. Le llamará en cuanto abra la consulta. El padre de la criatura acaba de salir, hace un cuarto de hora, hacia el trabajo. Le telefoneará más tarde para decírselo. Mientras tanto tomará la temperatura al niño. Va a buscar el termómetro.

Para el niño, la fiebre no es lo más grave. Se ha puesto enfermo precisamente el día en que la escuela sale de excursión. Mira la hora (las ocho y cuarto) y piensa que quizá, a base de fuerza de voluntad, aún estará a tiempo de conseguir que la fiebre haya desaparecido antes de las nueve, que es cuando saldrá el autocar. Pero enseguida ve claro que, aunque se pusiese bueno en tan poco tiempo, la madre no le dejaría ir. Con lo que le cuesta, siempre que le interesa, hacerse el enfermo para evitar ir a la escuela, y le ha pillado la fiebre precisamente hoy, cuando tantas ganas tenía de ir. Todavía le da más rabia porque había hecho la misma excursión el año pasado y por eso sabe que es una salida para pasarlo francamente bien. Recuerda todavía, de pe a pa, la del año pasado, y la fiebre le ayuda a dibujarla con perfiles, si no más precisos, sí más brillantes. Ahora la madre ha entrado en la habitación (no la ha oído hasta que la tiene ante él: es como si la calentura le redondease los ruidos) y, mientras le pone en la frente compresas empapadas de agua con vinagre, le dice que telefoneará a la escuela para que salgan sin esperarle inútilmente. El niño está a punto de pedirle que aplace la llamada por si acaso se pone bien enseguida, pero decide callarse al imaginar la cara que pondría su madre si le explicase la presunción de que quizá, si se lo propone, a las nueve ya no tendrá fiebre. Además, no tiene ningunas ganas de hablar. Está, realmente, muy cansado. La madre, cuando acaba de ponerle compresas en la frente (que le estremecen), le dice, mientras apaga la bombilla, que se encontrará mejor con la luz apagada. El niño se queda enseguida dormido en una nube de calor, llena de cristales rotos.

Se vuelve a despertar a las diez menos cuarto. Una de las rayas de sol que llegan entre listón y listón de la persiana ilumina el despertador. ¿Habrá llamado ya su madre a la escuela? Qué vergüenza si lo ha olvidado y le han esperado (todos: maestros y alumnos) un tiempo prudencial, hasta decidirse a llamar ellos a su casa y encontrarse (pero el teléfono no ha sonado, ¿o sí?) con que está enfermo. Pero no: arropado por la fiebre, los ve claramente, en el autocar, por la autopista, media hora después de haber salido de la ciudad, cantando, riendo, peleándose. Ve a Vidal contando las heroicidades que cuenta siempre y que ya nadie se cree. Ve a Ibort comiéndose el bocadillo antes de tiempo; al chófer pidiendo silencio; al señor Sanchis repitiendo, con actitud más enérgica, las demandas del chófer; a Cabrera peleándose con el menor de los Iborra; a Bellver y a Garcia burlándose del señor Sanchis. Lo ve todo con tanta claridad que, de no ser porque se añaden detalles y variantes que el año anterior no se produjeron, creería que lo único que hace es recordar la excursión anterior. Pero no: el año pasado él se sentaba, precisamente, al lado de Bellver, y Garcia se sentaba con Comte, y el menor de los Iborra no venía y, en cambio, ahora le ve como si estuviese ante él: ve cómo empuja a Cabrera por la espalda, y luego disimula; ve cómo Bellver (quizá para celebrar que es un día de fiesta, él que habitualmente es tan apocado) se suma a la batalla; ve cómo Vidal (como siempre, con aire de querer ser quien manda) intenta poner orden, sin que nadie le haga caso; ve cómo el señor Sanchis vuelve la cabeza; ve cómo el chófer se vuelve también, pidiendo silencio; ve la curva más a la izquierda de donde tendría que estar; ve el chillido de cincuenta y dos voces; ve la cara de terror del señor Sanchis, y él mismo cierra los ojos, horrorizado, sin tiempo de pensar que más le hubiera valido no disimular la fiebre y haberse quedado en la cama, aquella mañana.

# NO TENGO QUÉ PONERME

El hombre está ante el espejo. Se acaba de afeitar y de duchar. Con una mano se agarra el pequeño michelín de la cintura, lo mira en el espejo y hace chascar la lengua.

Duda qué ponerse. Como duda, piensa que adelantará trabajo si se pone la camiseta y los eslips. Busca unos blancos, con rayitas azules. Comprueba que no tengan ningún agujero. Se los pone. En cambio, cuando tiene la camiseta en la mano le parece que quizá será mejor no ponérsela, y la guarda en el cajón. Abre otro cuerpo de armario y mira las camisas. Hay una blanca, italiana, de algodón, que se compró hace unas semanas y que le gusta especialmente. Coge la percha por el gancho y observa la camisa; le atrae el tacto. Pero el color blanco le engorda. La devuelve a su sitio. Con los dedos, como quien pasa páginas de un libro, acaricia las mangas de todas las camisas. Decididamente, las que le sientan mejor son la gris y la negra. Pero últimamente se las ha puesto tan a menudo que está harto de ellas. Si al final se decide por una de esas dos camisas, podría ponerse los pantalones grises, o los tejanos negros.

A la duda ya tradicional de no saber cómo vestirse para quedar más favorecido se añade que no tiene ni idea de cómo irá ella. ¿Vendrá con un vestido especialmente ostentoso o de una manera sencilla? Si, pongamos por caso, viniese vestida de sport, él, con los tejanos negros y la camisa gris o negra, quedaría bien. Porque la americana es otra de las dudas: ¿se pondrá la americana gris (la más clásica) o bien la de cuadritos verdosos? Si eligiese la camisa negra, la americana de cuadritos le serviría para romper un poco la seriedad de la camisa y los pantalones que, según y cómo, puede ser excesiva. Claro que con una corbata también puede romper la austeridad gris-negra de la camisa y los pantalones. ¿Se pondrá corbata o no? Con la mano aparta las camisas y saca el cuelgacorbatas. ¿Cuál se pondrá? ¿Una lisa, de rayas, a cuadritos? Con la americana de cuadritos, la corbata de cuadritos puede quedar demasiado chabacana. O, precisamente, poner cuadritos sobre cuadritos resultará quizá un choque interesante, por lo brutal.

Claro que también podría no ponerse corbata. Pero si no se la pone y ella se presenta muy bien vestida, ¿no quedará demasiado golfo? La mezcla de corbata y tejanos le dará un estilo ambiguo, que quizá le permitirá resolver la situación, vaya ella como vaya. El problema es si esta combinación de corbata de cuadritos, tejanos y americana de cuadritos no resultará demasiado irónica, según cómo vista ella. ¿Y si se pusiese los pantalones de cheviot? Con los pantalones de cheviot, la fuerza de la camisa oscura y la ironía del choque de los cuadritos de la corbata y de los de la americana no arrastraría, además, el toque burlesco de los tejanos, un toque burlesco que a él le parecería bien, pero que, como ya se ha dicho repetidamente, le da miedo que choque con la vestimenta de ella.

Irá, pues (repite mentalmente, para ver si el conjunto decidido le complace), con camisa gris, corbata de cuadritos amarronados, americana de cuadritos verdosos y pantalones de cheviot, también amarronados. Quizá lo que le hace falta, ahora, es pasar de la teoría a la práctica. Lo hace: se pone la camisa gris, los pantalones de cheviot, la corbata de cuadritos amarronados y la americana de cuadritos verdosos. Se mira en el espejo. Los pies, todavía sin calzar, contrastan escandalosamente. Tiene que decidir qué zapatos se pone, y toma la determinación de elegirlos rápidamente, no sea que los zapatos generen una nueva cadena de dudas. Se pone los de piel marrón, sin pensárselo en absoluto.

Pero ¿y si ella se presenta a la cita con un vestido de cheviot de un color parecido al de sus pantalones, parecido pero no exactamente igual, que es cuando peor quedan estas combinaciones? Eso por no hablar de la posibilidad de que se presente con un vestido de cuadritos. Una cosa es que él juegue deliberadamente a hacer chocar dos tipos de cuadritos diferentes (los verdosos de la americana y los amarronados de la corbata), porque considera que este choque puede ser atractivo. Pero si ella fuese también con cuadritos, tanto choque se convertiría en ridículo. ¿Cómo puede saber cómo vestirá ella? No le ha dicho a qué tipo de fiesta iban. Ahora que lo piensa, por teléfono le ha parecido que tenía pocas ganas de cumplidos. Cuando le ha oído la voz, opaca y agrietada, y le ha preguntado si estaba constipada, ella ha contestado con una evasiva y ha colgado deprisa. Así pues, ante la evidencia de que no hay forma humana de saber cómo irá ella, quizá lo que tiene que hacer es jugar con los cuadritos. Así, como mínimo, no se aventurará al peligro de que, si ella se presenta con alguna prenda de vestir de cuadritos (si viniese con una americana de cuadritos sería para suicidarse), los dos hagan el ridículo. ¿Pero dejará la americana o la corbata? Mientras lo piensa, se prepara un café. Se lo sirve en un vaso de cristal y se lo toma sin azúcar. Finalmente se decide: dejará la americana, ya que no solamente es mucho más probable que ella se presente con americana de cuadritos que con corbata de cuadritos, sino que, en caso de coincidir en esta ornamentación, una corbata siempre es mucho más pequeña (y mucho más discreta, por tanto) que una americana. ¿Qué americana se pondrá, entonces? ¿La negra, la arrugada? ¿La gris, más clásica? Se prueba la gris y se le hace evidente que no es la que le sienta bien. Se la quita y se pone la negra. Pero, a pesar de estar arrugada, le parece que queda demasiado clásico, no ya si ella se presenta vestida de manera más sencilla, sino incluso sólo por sí mismo, abstracción hecha de cómo pueda venir ella. Si se viste con americana negra, camisa gris, corbata de cuadritos, pantalones de cheviot y zapatos de piel, ¿no quedará extrañamente clásico al lado de ella, si ella se presenta vestida, pongamos por caso, con tejanos, un jersey y una gabardina? Claro que podría hacer trampa: podría mirar por la mirilla y, según cómo la viese llegar, decidir en el último momento si dejarse la corbata puesta o, en un segundo, quitársela para quedar vestido tan informalmente como ella.

¿Es sin embargo tan importante que la vestimenta de ella y la de él, digamos, estén conjuntadas? ¿No es, según como se mire (y, cuanto más lo mira, más le parece que sí), una voluntad de perfección desmesurada? ¿Qué problema hay si ella va de una manera y él de otra bien diferente? Incluso puede tener cierta gracia que uno vista de una manera y el otro de otra. ¿O es que piensa que el hecho de que las vestimentas de uno y del otro sintonicen es un buen augurio para la relación? En vez de calentarse los cascos rumiando cómo tiene que montárselo para que el vestido de ella no choque con el de él, lo que tiene que hacer es vestir como crea que quedará mejor. Pero ¿cómo había decidido que quedaría mejor?

Recupera la idea de los tejanos y la americana de cuadritos. Se quita los zapatos, los pantalones de cheviot y se pone los tejanos negros y, otra vez, los zapatos. Y se cambia de americana. Se mira en el espejo: ahora que se fija, le parece que le quedará mejor la americana negra. Se quita la de cuadritos y se vuelve a poner la negra. Pero ¿los zapatos de piel marrón con los tejanos negros? Fatal. Busca los zapatos negros con cordones, y los encuentra: sucios. Los mocasines negros, en cambio, están limpios. Pero desde hace dos años los encuentra tan chabacanos que ni los toma en consideración. Se apresura a sentarse, se arremanga la camisa y extiende betún por los zapatos negros.

Cambia de zapatos y se mira al espejo. Está bien, pero hay alguna cosa que no encaja. ¿Y si rechazase la teoría de las camisas oscuras y buscase, por ejemplo, la camisa roja, que siempre ha favorecido el color de su cara? Se quita la americana negra y la camisa gris y se pone la camisa roja y, otra vez, la americana negra encima. Se contempla en el espejo. No. Se vuelve a quitar la americana y la camisa. Sin tiempo de teorizar, se prueba todas las variantes posibles: la camisa beige con la americana negra; la camisa verde con la americana de cuadritos; la camiseta amarilla con la americana negra; la camiseta verde con la americana gris; la camiseta gris con la americana gris; la camiseta blanca con la americana de cuadritos; la camisa amarilla con la corbata verde y la americana negra; la camisa fucsia con la corbata de rayas azules y amarillas y la americana de cuadritos; la camisa marrón con la americana beige (que no había valorado antes); la camiseta blanca con la americana gris...

Cuando suena el timbre está vestido con una cazadora azul, una camisa blanca, una pajarita abominable, unos pantalones de lana jaspeados de marrón, beige y verde, y calcetines negros. Todavía no ha elegido los zapatos. Para no verse ahogado en un inesperado nuevo mar de dudas, en el último momento decide abrir la puerta sin haber mirado antes por la mirilla. La encuentra ante él, vestida con una sencilla túnica negra y una guadaña en la mano. El hombre la mira, entre decepcionado y sorprendido.

–No me digas que es una fiesta de disfraces –dice.

–No.

# FERROCARRIL

## DERECHO

Z había soñado que, en un lugar inconcreto (una especie de vagón de metro o sala de hospital, alicatada de blanco, con asientos de terciopelo verde), entraba una chica que le parecía conocida. Dudaba si era la chica que había visto en una estación una vez que... La asociaba a un panorama de humo y viaje. Si hubiera sabido cómo se llamaba la habría abordado. Pero, sin recordar su nombre, le parecía que no tenía ningún derecho a acercarse a ella. La posibilidad de que no le reconociese le entristecía; pero cuando la chica le miró se sintió más seguro: probablemente también le recordaba y, como él, no se atrevía a decirle nada. Quizá el hecho de que no se hubiesen presentado, de que ninguno de los dos conociese el nombre del otro, la cortaba, igual que le pasaba a él: por eso no le abordaba. Quizá ella también pensaba lo mismo: que a Z le pasaba lo mismo que a ella. Z pensó, también, que ella debía de pensar que él pensaba que ella pensaba que él pensaba que ella pensaba lo mismo que él. Podía abordarla y decirle: «Hola, me llamo Z; te conozco pero nunca nadie me ha dicho tu nombre.» Pensó que quizá ella le recordaba bastante bien pero consideraba, por algún motivo que se le escapaba, que no hacía falta saludarse. Ella hizo un gesto extraño con la pierna, como si le doliese, y Z se dio cuenta (y se sorprendió, al mismo tiempo, de no haberse dado cuenta hasta entonces) de que la chica tenía, a pesar de llevarlas escondidas bajo los pantalones, unas piernas espléndidas. Z meditó que, en efecto, se hace bien difícil decir, de unas piernas escondidas bajo los pantalones, que son espléndidas, y pronto se encontró abrazándolas, bajo una lluvia de hojas secas, en un otoño húmedo, en un prado viscoso por el que caminaba ahora, cerca de un acantilado de lunas que se despeñan contra las olas, y una garganta y unos colmillos.

Se despertó habiendo perdido la noción del tiempo. Le resultó difícil calcular (ni siquiera aproximadamente) cuánto tiempo hacía que estaba dormido. Además, en aquel preciso momento el tren atravesaba un túnel, cosa que (viniendo como venía de los limbos oníricos) le desconcertó aún más y le impidió saber si la costra que le alojaba era el día o la noche. En el compartimiento, todo eran caras nuevas: ahora le acompañaban dos hombres bien vestidos (con pinta de chicos de películas de los años cincuenta, o de predicadores mormones), una pareja de campesinos y una chica bellísima de la que deseó enamorarse locamente.

En cada estación cambiaban algunos vecinos: desfilaron y desaparecieron dos militares, cinco o seis personas normales, una vieja extraordinariamente flaca, un chico ojeroso, una monja, una pareja de turistas, un viajante de avellanas de Reus, un comando de boy scouts, una madre con dos cachorros, un emigrante que regresaba, Randy Newman, la sección de viento de una orquesta de verbenas y un maître de vacaciones. Ahora era una pareja quien dialogaba, de asiento a asiento, cara a cara, ella con los pies sobre el asiento de él, él con los pies sobre el asiento de ella:

–La situación es la siguiente: Xina (que está casada con Xavier) ha dejado a Llorenç (que está separado de Rosa) para irse a vivir con Pep (que está casado con Marta, y vivía con Joan). Xavier ahora vive solo, pero está enrollado con Rita (que había sido muy amiga de Leopold).

–¿Rita había salido con Leopold?

–¡Ya lo creo!

–Yo había sabido de Leopold que se había separado de Júlia para irse a vivir con Maria, aquella chica poca cosa que estaba casada con Joan.

–¿El Joan que vivía con Pep?

–Sí.

–¿Y ahora Joan qué hace?

–Vive con Conxita.

–¿La Conxita de Manel?

–No: Conxita Farguell, la hermana de Joan, que había vivido con Llorenç hace tres años, cuando se separó de Rosa.

–Rosa ahora vive con Carles.

–¿Carles?

–Sí, un chaval de Valencia que hace postales.

–No le conozco.

–Es nuevo.

–Yo conocía a un Carles que había sido novio de Xina en la universidad, pero era de Manresa y estudiaba derecho.

–¿Carles Codina?

–No, este que digo no sé cómo se llamaba. Ahora no sé dónde anda. Vivía en Ibiza, cuando fueron Tònia y Oriol. Se enrolló con Tònia y luego desapareció. Fue cuando Tònia estuvo tan deprimida, porque, mientras ella estaba con Carles, Oriol salió con una hermana pequeña de Pau.

–A Pau no le conozco.

–Ahora vive en Madrid, pero había trabajado en el estudio de Minguell, cuando diseñaron el entourage de un happening para Marta. Allí donde actuaron Nasi y Conxita. Y también Júlia, poco antes de que se fuese a vivir con la mujer de Leopold.

–¿La mujer de Leopold?

–Sí, la...

–¡Pero si la mujer de Leopold es Júlia!

–¿Júlia?

–¿Cómo podía haberse ido a vivir consigo misma? Querrás decir que se fue a vivir sola.

–No.

Desconcertados, los dos miraron por la ventanilla. Ella sugirió una nueva posibilidad. Él la negó. Ella quitó los pies del asiento de él. El tren se detuvo en una estación.

–Nos hemos liado en algún punto. A ver...

–A ver, volvamos a empezar: Xina...

El tren arrancó. La pareja llegó a destino media hora más tarde. En el compartimiento quedaron sólo la chica, que se abanicaba, y Z. En un momento en que la chica volvió los ojos hasta mirarle, Z perdió el equilibrio: eran dos ojos como dos piscinas con sombrillas, de coral, un poco estrábicos: el paraíso.

Luego se aburría. Dejó el macuto en el asiento y poco a poco paseó hacia la cabeza del ferrocarril. En las estaciones ladraban perros. El reloj de una torre de iglesia marcaba las seis. En el pasillo, un hombre bebía cerveza de una lata. En el compartimiento vecino, una pareja se estrechaba las manos y se besaba en los labios, como pájaros. En el suelo del pasillo, sobre una maleta gruesa, antigua, una chica acariciaba la cabeza de un chico, que se reía y le estiraba el jersey. Z pasó al otro vagón. Ante la puerta del váter, un hombre de gafas oscuras leía el periódico. En el pasillo, un empleado de la compañía concesionaria del servicio de restaurante ofrecía la mercancía de un carrito con bebidas a un compartimiento con las cortinas bajadas. Z pasó de largo. Como un rayo, el tren atravesó una estación sin detenerse. En el segundo compartimiento, dos chicos y una chica se besaban ardorosamente. Tres compartimientos más adelante, un chico se desabrochaba los zapatos mientras la chica, ya descalza, se quitaba la blusa.

Dio media vuelta. Se pegó a la pared para dejar pasar el carrito. La chica y uno de los dos chicos del primer compartimiento ya estaban desnudos. El otro se apresuraba a imitarlos. Desde detrás de las cortinas bajadas del compartimiento siguiente, Z oyó gemidos. Delante del váter, el hombre de gafas oscuras leía el periódico. Z volvió a su vagón. En el pasillo, sobre la maleta, la chica apretaba la entrepierna de su compañero, le acercaba los labios, le besaba. En el compartimiento vecino al de Z, la chica estaba sentada sobre el chico, de espaldas a él, clavada hasta el fondo y agitándose.

Z abrió la puerta de su compartimiento. La chica continuaba abanicándose, mirando por la ventanilla. Ahora dejaban la estación de Castagnaro: por el andén caminaba, hacia la salida, el hombre de gafas oscuras que leía el periódico a la puerta del váter. Cuando Z cerró la puerta, la chica dejó, por un segundo, de abanicarse, y le miró. Se sonrieron. En medio de aquel silencio neutro parecía absurdo contarle qué pasaba en el resto del tren. Acobardado e indeciso, dijo vaguedades:

–¿Va muy lejos?

–A Casteggio.

–?

–Cerca de Voghera, entre Alessandria y Piacenza.

Ella acogió con una sonrisa el cambio de asiento de Z, que se había situado a su lado. Bien pronto ya no se decían nada: se besaban, se abrazaban, buscándose bajo las faldas y los pantalones. Lo hicieron de todas las maneras posibles. Ella murmuraba sin parar:

–Me gusta que me baje las bragas poco a poco, sentir cómo sus dedos se deslizan sin ninguna prisa sobre la ropa fina. Me gusta que me acaricie el culo con la mano bien abierta, con las dos manos, las dos nalgas, que me abra, que me lo lama, que me meta dos dedos mientras yo me muerdo los labios. Muévase. Me gusta que mire cuando me abre el chocho, que me lo lama, que pase el dedo por el borde, que tire de mis pelos. Me gusta lamerle. Me gusta lamerle el sabor de mi jugo. Me gusta lamerle cuando todavía lleva los pantalones puestos, para que suelte una gota que mancha la ropa. Me gusta entrar en una casa cualquiera de la calle, en cualquier calle, desabrocharle la bragueta, sacársela fuera, mamársela, bajarme las bragas y follar sobre los escalones. Me gusta que entonces salgan señores y señoras de todos los pisos de la escalera y que lo vean todo. Me gusta sentir su pubis contra mi culo. Me gusta que lo hagamos como los perros y los caballos, me gusta que me abrace y me muerda los pechos, me gusta que se toque delante de mí: y contemplar cómo salpica las paredes de terciopelo de este vagón. Me gusta levantarme la falda, agacharme, despatarrarme del todo y que se hunda en mí. Me gustaría ser una danzarina adolescente, y en medio del escenario liberarme del maillot negro y del eslip verde, muy seria bebiendo leche blanca de un vaso, con la camiseta de media manga y el culo al aire, sonriéndole. Me gusta beber champán y que se me derrame por encima. Me gusta abrazarme a sus piernas, escondidas en pantalones estrechísimos, subiendo los peldaños de un autobús, arremangándome el camisón, alzando nuevamente el culo, de rodillas, usted recogiendo la humedad con la mano, una teta saliéndome de la chaqueta cuando voy a la puerta para vigilar si viene el revisor. Me gusta que chicos desnudos monten grandes motocicletas, y que vuelvan la cabeza y me miren con ojos de no verme. Me gusta que se baje los pantalones y comprobar que está usted a medio camino entre la indiferencia y la excitación. Me gusta que elija cuál de los dos agujeros (uno húmedo y el otro humedecible) le interesa más. Me gusta que tire por la calle de en medio, que no sepa en cuál de los dos se hunde. Me gusta estar sobre colchones azules rayados de blanco, en camas de hierro, con los pezones erectos, acariciándome la entrepierna, abiertas las piernas con medias oscuras, larguísimos los tacones de los zapatos, acariciándomelo, enorme y vibrátil, con ojos, cejas, nariz y una risa que se burla, mientras cierro los ojos y me muerdo la lengua muy suavemente y alzo la cabeza y lanzo la melena hacia atrás, titilantes las gotas de sudor en las puntas de los pezones, unos pezones sepias, como en las fotos de Jane Birkin, con gafas de sol, con camiseta sin manga, con las bragas sudadas. Me gusta que me mire mientras tenso las medias, tras los cristales de la oficina. Querría sentirle hervir, que me quemase. Querría que me mirase siempre, con prismáticos, desde la ventana de la casa de enfrente, cuando me quito el sostén blanco...

Luego descansaron. La chica abrió el macuto y los dos comieron pasteles. Se vistieron. Tiraron a la vía el papel que envolvía los pasteles. El tren se detuvo en Marcaria.

–¿Me quiere?

–¡Ya lo creo que la quiero!

Se abrió la puerta del compartimiento. Entró un caballero sobrio con un maletín oscuro. Se sentó cerca de la puerta. La chica acercó los labios a la oreja de Z:

–Me llamo X.

–Yo me llamo Z.

En cuanto el tren dejó atrás la estación, el caballero abrió el maletín oscuro, sacó un periódico, lo desplegó y empezó a leerlo desganadamente. A continuación entraron en un túnel y, ante la escasa luz de la bombilla, el hombre optó por doblar el periódico y mirar a la pared.

Salieron del túnel y entraron en la claridad. El hombre retomó la lectura. X miraba hacia fuera. En la estación siguiente, Z se sorprendió: el cartel decía PREMILCUORE, cuando, después de Marcaria, había que esperar Bozzolo.

–Premilcuore?

–Cosa hai detto? –preguntó X.

–Premilcuore? È impossibile. Dov'è Bozzolo? –trataba de razonar Z.

–Si accomodi, prego –dijo el hombre, doblando el periódico.

–Non capisco.

–Non hai capito?

–Abbia la gentilezza...

–Abbia la bontà di...

–Non ho tempo.

–Cosa c'è di nuovo? Quanto costa questo?

–Questo è troppo caro. Cosa facciamo oggi? Venga presto!

–Purtroppo no.

–Da quale binario partiva il treno? Dov'è il gabinetto? Cameriere, il conto! Tanto piacere di fare la sua conoscenza. Porti questa valigia. Quanto costa questa camera con pensione completa? Che giorno è oggi?

–Oggi è lunedì.

–Che ora è?

–Sono le quattro; è l'una.

–Prego, stia seduto.

–Tante grazie.

–Mille grazie.

–Prego.

–Non c'è di che.

–Scusami.

–Scusi.

–Non fa niente.

–Questo posto è occupato. Questo posto è riservato. C'è un caldo terribile.

–Sí: fa molto caldo: fa freddo: fa bel tempo: è tardi. È possibile. È necessario.

–Piove. Tira vento. Nevica.

–Con permesso.

–Buon giorno. Buona sera. Buona notte. Questo luogo mi piace.

–Poco fa. Domani. Dopo domani. Stanotte. Affatto, mica. Niente afatto. Senza dubbio. Su per giù.

Después de Premilcuore en vez de Bozzolo, llegó Lizzano en vez de Piadena, y Sabionetta en vez de Cicognolo. En vez de Cremona, el letrero proclamaba BERGAMO. Caóticamente, a continuación llegaron a Marsella. Y aún no la habían abandonado cuando entraron en Milán. Luego, en un orden misterioso, llegaron Burdeos, Lyon, Limoges, Bilbao, Tolosa, Estrasburgo, Bruselas, Udine, Ratisbona, Mondsee, Menaggio, Aarhus... Finalmente, ya ni siquiera hacía falta abandonar la estación: cada letrero del mismo andén indicaba una ciudad diferente. X no parecía darle importancia.

–X, ahora de verdad...

Z alargó la mano hasta acariciarle una rodilla. X, sorprendida, chilló, insultándole. El hombre del periódico, caballeresco y enfurecido, le abofeteó con la sección deportiva. Fuera, de la copa de un árbol se elevaban gorriones.

Z pensó: «Esto es un sueño que acabará cuando me despierte, de verdad, en un túnel; pero he salido de un túnel mientras me despertaba de un sueño: quizá sueño un sueño dentro de un sueño: sueños concéntricos: un sueño dentro de un sueño dentro de un sueño dentro de un sueño...; quizá este estadio que denominamos vida no es sino otro sueño, el más terrible de todos, el último, del que sólo nos despertamos cuando morimos.» Etc.

Cuando aminoraron las miradas y los insultos languidecieron, Z se levantó, cogió la maleta y salió al pasillo. En los compartimientos vecinos, las parejas habían retomado una actitud relajada. Vestidos, fumaban y charlaban en voz baja. Z dudó.

En la estación siguiente bajó. Paseó por el andén. Un cartel demasiado amarillo le molestó. Pensó (y era evidente que no lo haría) volver atrás y abrazar a X. Como en una fotografía sobreexpuesta, se imaginó a X abrazada al hombre del periódico. Se sentó en un banco. Esperó el siguiente tren. Pensó que tendría que sentir frío pero sentía calor.

El hombre de enfrente había estado roncando de manera frenética, y cuando se despertó (cuando se cayó una maleta al suelo, en el pasillo, y se oyeron risas y bromas), parecía desconcertado, malhumorado, cuando vio que atravesaban un túnel. Marta miró cómo observaba a cada uno de los pasajeros: a los dos chicos bien vestidos, a los campesinos, a ella misma, que escondió los ojos entre las páginas del periódico.

Luego subió y bajó gente. En cuanto una pareja ajada empezó a contarse una película, el hombre que había frente a ella se puso a roncar nuevamente.

Entre dos estaciones, se quedaron solos en el compartimiento. Luego entró un hombre joven, que sonrió, se sentó a su lado, le ofreció un cigarrillo (que ella rechazó) y abrió un *Playboy* por un artículo sobre el mundial de fútbol. El hombre de enfrente murmuraba en sueños. Luego se despertó. Masticando aire, acarició una rodilla de Marta, que, sorprendida, no supo qué hacer, ni qué decir, y apenas tuvo tiempo de preguntar: «Pero, ¿qué hace?», cuando el hombre que leía el *Playboy* a su lado golpeó brutalmente al otro, que al principio se acurrucó sobre sí mismo pero al final se levantó y, de un puñetazo, lo tiró sobre los asientos. Luego se quedaron mudos durante un rato. El hombre que estaba frente a Marta cogió la maleta y salió al pasillo. Marta lo vio todavía cuando el tren arrancaba de la estación siguiente: sentado en un banco, escribía en una libreta. El hombre que leía el *Playboy* se dirigió a ella:

–A los individuos como ése habría que...

Dos estaciones más allá, Marta bajó. El hombre del *Playboy* se ofreció a ayudarla con la maleta. Mientras bajaba los peldaños del vagón (y el hombre todavía la miraba por la ventanilla del compartimiento), Marta tropezó, se cayó al suelo y un dolor intenso le anunció que se había torcido el tobillo. El tren arrancaba.

Le vendaron la pierna. En el trabajo le dieron la baja. Estuvo una semana en la cama: durmiendo, leyendo libros y mirando la televisión; vio una película que la entusiasmó. Lamentablemente, sin embargo, empezada: un gordinflón jugaba al billar con los amigos. Les decía adiós antes de tiempo. Caminaba sin prisa por calles sin tiendas ni farolas, que, de hecho, habrían estado de más, porque la luna estaba llena en un cielo que, por contraste, estaba muy negro. Llegaba a casa cuando sonaban las doce campanadas. Subía las escaleras lentamente, hablando en voz baja, pidiéndole a un cielo en el que parecía no creer que el designio no fuese cierto. En el rellano, arrancaba dos hojas secas de una planta que se moría en un tiesto de alabastro. Inspiraba profundamente. Abría la puerta, que chirriaba. Caminaba con pasos de pájaro, deseando fundirse, deseando estar a cien kilómetros de allí, con el corazón en la garganta, pensando si aquella babosa obesa estaría ya en cualquier rincón de la casa, escondida, afilándose las uñas, con ojos de lobo, con risotadas como cuchillos. La casa estaba a oscuras y él no se atrevía a encender ninguna luz. En una habitación, un postigo batía. Aturdido, de un golpe con el hombro tiraba un estante con libros. El ruido le hacía chillar pero el miedo le reventaba el chillido en la garganta; silencio. «Ahora», murmuraba como si estuviese loco, «debe de haberse dado cuenta de que he llegado.» Recogía toda la sección de novelas góticas y las colocaba en su sitio. Caminaba lentamente. Pisaba un libro abierto que había olvidado recoger, medio escondido bajo una silla. Tropezaba con él o resbalaba, da igual: se caían al suelo, él y sus cien kilos (como mínimo) de peso. Si antes el ruido había sido considerable, ahora el choque del cuerpo contra el suelo era rotundo. En algún lugar de la casa se oía un gruñido, algo se revolvía. Aterrado, el hombre de la película comprendía que lo que tenía que pasar empezaba a pasar: los oscuros designios se habían hecho realidad: desde aquel momento nada volvería a ser como era. Se cubría la cara con las dos manos. Pero, en vez de llorar, iba a la cocina, sigilosamente, y se servía un vodka. Pensaba: «Podría huir. Pero ¿adónde? Me perseguiría. En ningún lugar del planeta estaría a salvo. ¿O sí?» Luego, elípticamente, el film daba a entender que el hombre pasaba la noche despierto. Un vaso tras otro, liquidaba la botella de Stolichnaya y empezaba una de Moskovskaya. A las seis, el cielo clareaba. Borracho como una cuba, cantaba habaneras abocado a la pila. A las nueve de la mañana oía gruñidos y convulsiones en la habitación de al lado, algo que se arrastraba. Se le caía la botella vacía al suelo. La cara se le contraía en un gesto de terror. No se equivocaba: cuando la silueta se dibujó en la puerta de la cocina, soltó un grito. Con bata de boatiné y bigudíes en la cabeza, la silueta se recortaba en la puerta, con los brazos cruzados. Luego aparecieron los títulos de crédito y una cita de Edgar Allan Poe. Hacía rato que Marta se había dormido.

Al cabo de una semana se levantó de la cama. Con una muleta, caminaba arriba y abajo por la casa; esto duró otra semana. La primera mañana que salió a la calle para ir a trabajar, cuando subió al metro vio a un hombre que se parecía tanto al que le había tocado la rodilla en el tren, hacía dos semanas, que, sólo por el deseo de confirmarlo o no, le habría abordado para preguntárselo, aunque no tenía ningunas ganas de hablar con él. Pensó que quizá no era un individuo tan imbécil como se había imaginado. Lo recordó sentado en la estación, una vez había bajado y el tren arrancaba; y recordó también que aquella visión le había hecho sentir una extraña conmiseración. La posibilidad de no decirle nada y que la reconociese la estremecía, porque le parecía que, si era él quien tomaba la iniciativa de abordarla, de golpe huiría de ella la conmiseración recién nacida. El otro la miró un instante y ella pensó que probablemente también la recordaba y no se atrevía a decirle nada: debía de considerar (y quién sabe si no tenía toda la razón del mundo) que, habiéndose conocido en las circunstancias en que se habían conocido, más valía no saludarse; o quizá la había olvidado, o había olvidado el lugar donde la conoció, y era por alguno de estos motivos por lo que no la abordaba. Quizá el otro también pensaba lo mismo: que a ella le pasaba lo mismo que a él, que no recordaba alguno de esos detalles. Pensó todavía que él debía de pensar que ella pensaba que él pensaba que ella pensaba que él pensaba lo mismo que ella. Pensó también que podía abordarlo y decirle: «Hola, me llamo Marta; te conozco de hace dos semanas, en el tren, pero no sé cómo te llamas: me tocaste la rodilla sin presentarte.» Él hizo un gesto con la cabeza (no una seña) y Marta lo miró nuevamente: ahora le parecía muy diferente: afeitado, vestido con gabardina, sombrero y wambas. La gabardina la recordaba de hacía dos semanas, cuando le había parecido comprada en el extranjero y, al acabar, pensó que quizá no entendía tanto y no era sino una burberry's comprada aquí mismo, en una tienda cualquiera, bajo una lluvia de hojas secas, en un otoño húmedo, en un prado viscoso por el que caminaban ahora, abrazándose para protegerse del frío, cerca de un acantilado de lunas que se despeñan contra las olas.

En la estación siguiente, cuando abrieron las puertas, él bajó y, en el andén, volvió la cabeza un instante para mirarla. Marta bajó dos estaciones después. Llegó pronto al trabajo. El conserje dormitaba. A las diez, el director la llamó al despacho y le dijo que le habían aumentado el sueldo.

A handkerchief or neckerchief
of soft twilled silk

# LA FILANTROPÍA DEL MOBILIARIO

Muchos deben de pensar que esto de estar debajo de la gente en los momentos más íntimos tiene grandes ventajas. Sobre todo las sillas (que creen que soportan a la gente en situaciones más aburridas) se pasan el día insinuando cosas. Se imaginan que siempre que alguien se tiende encima de nosotros...

Por lo que he vivido, os puedo asegurar que pocas veces es excitante ser el altar de los momentos íntimos. Claro que mi vida es muy corta: me hicieron hace una docena de años, de madera de roble, al estilo Luis XVI. De casa del carpintero fui a la tienda (donde me pasé un año largo), y de la tienda a casa de un dentista viudo, tan rico como apolillado y achacoso. ¿Quién sería capaz de encontrar excitante ser la cama de un personaje así?

Seis años después murió el dentista. Fui a parar a una casa nueva. Al principio, cuando vi que mi nueva usufructuaria era una niña de trece años, me desazonaba no conseguir adivinar por qué se les había ocurrido otorgar una cama tan enorme a una niña. Luego, una silla (las sillas, a veces, con la limpieza, van arriba y abajo por la casa, y no siempre vuelven al mismo sitio) me explicó que toda la casa estaba llena de muebles antiguos, muy bien cuidados. Se conoce que a esta gente le gustaban las antiguallas. Si hubiesen sabido que yo, a pesar del estilo, apenas tenía once años de existencia...

En la casa vivían tres personas. La niña, la madre y el padre. Cada mediodía, la madre venía a hacerme. Era una mujer alta y animosa. El padre estaba siempre atareado; todavía no sé en qué. Me hubiera gustado saber en qué cama dormían ellos, y (si, como era fácil suponer, dormían en una cama tan grande como yo) por qué me habían adjudicado a mí a la niña. Para ahuyentar la envidia, y sin acabar de creérmelo, me decía que quizá eran unos padres tan amantes de su hija que habían elegido para ella la mejor de las dos camas. O bien: había sido el buen gusto de la niña el que me había preferido a la otra. O todavía más sencillo: me habían adjudicado a la hija porque había llegado más tarde que la otra cama grande, que lógicamente se habían adjudicado a ellos, de entrada.

Cada noche, la niña llegaba a la habitación, dejaba la cartera sobre una butaca y, de un salto, se me tiraba encima. Descansaba unos segundos, como si estuviese muy cansada, suspiraba profundamente y se levantaba enseguida. Se ponía a la mesa, abría los libros, leía un rato, se volvía a levantar, ponía música en el tocadiscos (un tocadiscos estúpido y fatuo que tenía en la estantería) y volvía a sentarse. Mientras estudiaba, con la cabeza hundida en los libros, seguía el ritmo de la música con el pie. Iba a primero de secundaria y, siempre que no estaba con los libros, tocaba la guitarra y fingía estudiar solfeo. De noche se desnudaba, inconsciente de mi presencia; o, mejor dicho, inconsciente de que una cama pudiese darse cuenta de nada. Alzaba las sábanas de arriba y se metía dentro. Era agradable, pero también mortificante, sentir su peso, ligero, y cómo se daba la vuelta de vez en cuando.

Un día llegaron tres hombres gritones, vestidos con monos azules. Llevaban un piano. Yo sospechaba que algo así tenía que pasar, porque el día anterior el padre y la madre habían venido a la habitación, habían tomado medidas de un rincón y habían comentado: «Éste es el sitio ideal.» Se habían marchado y habían dejado a la niña atareada limpiando el rincón de juguetes y trastos. A juzgar por cómo cantaba, alegre mientras ordenaba las cosas (cuando, habitualmente, ordenar no le gustaba nada), deduje que iban a traer algo que debía de hacerle mucha ilusión.

Era un piano, pues. Apenas habían acabado de instalarlo cuando la niña se abalanzó sobre él. Levantó la tapa y empezó a digamos tocarlo, sin querer siquiera tener en cuenta que no estaba afinado. Hicieron falta muchas explicaciones del padre y de la madre para que aceptase dejarlo hasta que todo estuviese a punto.

Al día siguiente vino el afinador. Tres días más tarde, el maestro. El maestro de piano (lo vi enseguida) era un tipo presuntuoso, con un bigote rubio y recortado y un aire irritante, del todo insoportable. Alzaba una ceja cuando alguien le hablaba. Estoy seguro de que, cada vez que tenía que salir de casa, antes se pasaba una hora ante el espejo, preparándose. Además, contra la creencia general de que los pianistas han de tener los dedos largos, él los tenía cortos y regordetes. Quizá esto confirmaba mi sospecha de que no era ni un pianista pasable. Por eso se dedicaba a enseñar, suponía yo, porque como pianista debía de haber llegado a la cumbre, a su particular cumbre pequeñita y ridícula. Al piano tampoco le cayó bien el pianista. Mucho mejor que aquel hombre lo habían tocado otros, me explicaba.

El pianista empezó a venir cada día. Se sentaban los dos ante el piano, uno al lado del otro. Con el paso de las semanas, la niña fue tocando cada vez mejor, hasta que llegó un momento (y sólo habían pasado un par de meses, como mucho, desde que el piano había llegado) en que el pianista observaba a la niña con una admiración especial. Era evidente que se daba cuenta de que la niña era un prodigio. Empezó a mirarla menos altivamente, a ponerse más a su alcance, a preguntarle por la escuela, a interesarse por lo que quería hacer de mayor. La niña quería ser pianista, decía. (Pero muchas veces, en situaciones similares, con otras amigas, o con los padres, había dicho cosas bien diferentes: peluquera, arquitecta, médica, espeleóloga...) El pianista la miraba con deleite y tocaba, con los dedos cortos y regordetes, el borde de la tapa del piano, como si nada en el mundo le hiciese tanta ilusión como que la niña llegase a ser lo que él había soñado ser. El pianista le contaba grandezas pasadas: una vez que había actuado en Londres y otra en Hamburgo; no mencionaba el nombre de ningún local, porque debían de haber sido locales siniestros. La niña quedaba fascinada por estas míseras grandezas del maestro, y era toda ojos y embeleso. Una noche, después de una clase interrumpida por una de aquellas fabulaciones del pianista, la niña (cosa que no había hecho nunca) cuando se desnudó se acarició. Aquella noche, hasta que se durmió, su peso ligero me fue más pesado que nunca: toda ella era convulsiones y gemidos.

Al piano, la niña mejoraba día a día. Una tarde, ella y el maestro tocaban el piano a cuatro manos. Y, ya descaradamente, era ella quien tocaba mucho mejor que él. Cuando acabaron la pieza, se miraron. El pianista abrazó a la niña por la cintura y la besó. Ella no rechazaba los besos ni las caricias, pero tampoco colaboraba en ellas. Cuando el pianista intentó llegar más allá, ella se cerró, retiró los dedos regordetes que la manoseaban y dijo: «Mis padres...»

Me estremecía pensar qué podía pasar si el maestro, en vez de ir demasiado lejos un día cualquiera, lo hacía un viernes, el día en que los padres no llegaban hasta las nueve. El piano se mostró igualmente preocupado, y trató de colaborar, en la medida de sus posibilidades. Hizo lo único que le era posible: cuando tocaba la chica hacía que las teclas sonaran como los ángeles. Cuando quien tocaba era el maestro se tensaba y el sonido salía agarrotado. A ver si, así, la chica se daba cuenta de hasta qué punto el maestro ya no era lo bastante maestro para ella, y se le caía del pedestal.

Pero, como pasa una vez cada semana, indefectiblemente llegó el viernes. El maestro se presentó cinco minutos antes de las seis. Sentados al piano, el maestro y la alumna se cogían de las manos. El pianista le decía que era maravillosa, que podría llegar tan lejos como quisiese. Con las mejillas coloradas, la chica se dejaba hacer. Después le abrazó y, en brazos del pianista, fue a parar encima de mí. ¿Cómo podría describiros el sufrimiento que me invadió? ¿Qué podía hacer? Lo único que me era dado: tensar las patas y relajar y tensar alternativamente el somier; los chirridos se hicieron cada vez más fuertes, hasta el punto de que sólo una caricia de él se me convertía en un gemido aterrador. La niña se asustó:

–¡Nos van a oír!

–Si no hay nadie...

–¿Y los vecinos? Deben de oír el ruido. No se puede disimular que es un somier. Esta cama tan vieja...

La niña se abrochaba, con prisa y atemorizada. El pianista también, sin evitar mirarme con rabia, con menos rabia de la que habría sentido si hubiese sabido que, en situaciones así, las camas rechinamos con más intensidad por voluntad expresa. ¡Que me mirase como quisiese! Sabía, sin embargo, que mi triunfo era momentáneo. Tendría que estar siempre atento a repetir la acción cada vez que el pianista intentase alguna maniobra similar.

Pasaron el sábado y el domingo. La niña, lánguida. A veces, lloraba. A veces, al piano, improvisaba las melodías más bellas y tristes que nunca había interpretado. El lunes por la tarde, mientras la niña repasaba los libros, entraron en la habitación los padres, acompañados de un par de hombres con monos azules. La madre me señaló de inmediato:

–Cuidado, no rayen las paredes.

Los hombres pusieron cara de aguantar a regañadientes

aquella observación, que debían de considerar parte de las cargas habituales del trabajo. La niña había dejado los libros y ahora estaba de pie, detrás de sus padres.

–El profesor de gimnasia siempre me dice que dormir sobre madera, en vez de somier, me irá bien para la espalda. Además, en los cajones de la cama nueva podré guardar todas las cosas que ahora no sé dónde meter. Así no os quejaréis de que todo está siempre desordenado. –El padre puso cara de haber oído muchas veces aquella historia, últimamente. La niña continuó–: Con tanto ruido no había quien durmiese. Y necesito dormir muy bien, para tocar el piano descansada. Sobre todo ahora que entraré en el conservatorio.

# LITERATURA RURAL

B aferraba la cuerda con fuerza y la iba soltando poco a poco. J lo miraba, apoyado en el brocal del pozo y un poco aburrido. Desde dentro, la voz de P, que pedía que soltase la cuerda un poco más, se oía duplicada, grave, lejana, como si viniese de aquel lago que hay en el centro de la Tierra. J recordó aquella película de colores antiguos que había visto en la tele, el invierno pasado. La polea rechinó.

–Tendremos que encontrar una tralla nueva –dijo B, y estornudó. Luego acabó–: Ésta se desfleca.

J entendió qué quería decir B más por el gesto de pasar los dedos por las hebras de la cuerda (que se caían en cuanto se tiraba un poco de ellas) que por lo que había dicho. J siempre tenía problemas con las palabras que B y P usaban. Era de ciudad y hacía sólo tres años que pasaba las vacaciones en aquel pueblo: desde que sus padres compraron allí una casa bastante deteriorada y la arreglaron. En aquellos tres veranos, J había hecho todo lo posible para aprender las palabras que B y P usaban. La primera semana del primer verano que estuvo allí, después de conocerlos habló de ellos con su padre. Le explicó que P y B hablaban muy raro. Su padre le aclaró que no era que P y B hablasen raro. Casi al contrario: lo que pasaba era que en aquel pueblo, como en la mayoría, la gente tiene un vocabulario mucho más rico que en la ciudad, sobre todo en lo que se refiere a las cosas del campo, que son las que les rodean. Al contrario que ellos, gente de ciudad, que saben distinguir un Renault 5 de un Renault 12 sin ninguna dificultad, y esto no le extraña a nadie, porque, como cada día ven docenas, es lógico que los distingan. P y B, en cambio, como lo que ven cada día son plantas, animales y montañas, conocen el nombre de cada uno de ellos. Los de ciudad, como todas estas cosas no las ven sino muy de vez en cuando (en su caso, sólo un mes al año, en vacaciones), no tienen la costumbre de nombrarlas. Eso es lo que pasa, decía.

Tanta riqueza de vocabulario aturdía a J. Por poner un ejemplo, P y B se sabían todos los nombres de los árboles. No es que J no supiese ni uno. J sabía distinguir, sin dudar un segundo, un pino, una palmera, un ciprés e incluso un olivo. Y sabía que esos árboles que hay a la entrada de muchos pueblos, a un lado y otro de la carretera, son plátanos. (Y le hacía gracia que se les llamase plátanos, como a la fruta.) Y sabía dibujarlos. Muchas veces los dibujaba, en la escuela, y eran unos dibujos maravillosos, que el profesor elogiaba delante de todo el mundo. Pero B y P distinguían otras innumerables especies de árboles y plantas: olmos, encinas, sauces, robles, fresnos, chopos, nogales, cerezos, castaños, hayas, manzanos, ciruelos, bojes, zarzas, lilas, madreselvas... Y de setas: los conocimientos de J sobre la materia se reducían al níscalo y al champiñón (y eso si estaban cocinados), y ahora oía nombres sin imagen definida: hidno, bejín, galamperna, rebozuelo, oronja... Cien mil tipos de vegetales que J no sabría distinguir nunca. Y, por si eso no bastase, usaban, con toda naturalidad, términos colectivos, que todavía complicaban más las cosas.

–Vamos a la alameda –había dicho una mañana P, a una velocidad exacerbada. J se había quedado de una pieza.

–¿Adónde?

–A la alameda.

–Déjale –había interrumpido B–. ¿No ves que es un estafermo?

Ni «estafermo» sabía lo que quería decir exactamente. Sabía, claro, que lo utilizaban en las ocasiones en que él o sus compañeros de colegio, en la ciudad, hubieran usado «burro», «imbécil» o «animal». Pero, así como sabía cuál era el significado primigenio de cada una de estas palabras (el de «imbécil», por cierto, lo había sabido hacía pocos meses), no sabía cuál era el de «estafermo», ni si el significado primigenio era ya, directamente, el insulto.

En algún momento del primer verano en el pueblo, J había pensado que no usaban todas aquellas palabras extrañas porque sí. Lo hacían, pensaba, para que le quedasen claras las distancias. Pero pronto se dio cuenta de que no era así: B y P hablaban igual que toda la demás gente del pueblo, estuviese él (o cualquier otro «de ciudad») presente o no. Y aquello, evidentemente, quería decir que no se inventaban barreras especiales para él: las barreras estaban allí, sin necesidad de que nadie se las inventase.

«Umbría» fue una de las palabras que más le sorprendieron cuando la oyó por primera vez. Era una noche en que bajaban por una montaña. De repente, P y B echaron a correr, como si les persiguiese una bestia.

–¡A ver quién llega antes a aquella umbría!

¿A aquella qué? Apenas hubiera podido deletrear la palabra, con lo corta que era. «¿Umbría?» Antes de que tuviese tiempo de aclarar la cuestión, B y P ya estaban lejos, corriendo vete a saber hacia dónde. J también echó a correr detrás de ellos. Pero luego todo eran caminos que se bifurcaban, senderos que subían por la montaña y trochas que bajaban hacia el río. J observaba cada árbol, cada piedra. ¿Sería una umbría aquella roca enorme? ¿O lo sería aquel árbol extraño y rojizo? Tenía toda la pinta. ¿O era «umbría» un sinónimo de lo que había aprendido hacía un par de semanas: una poza? Encontró una cabaña de pastor medio derruida. Quizá a las cabañas de pastor medio derruidas se las llamaba umbrías.

Al llegar la oscuridad hacía ya horas que no sabía adónde iba, ni qué buscaba. Se había perdido y, en la noche, le era imposible acertar con el camino de vuelta. Le encontraron a la mañana siguiente, acurrucado bajo el saliente de una roca. Eran tres hombres y los padres de J. La madre lloraba. Los tres hombres disimulaban la risa. El padre los miraba, nervioso.

Una vez supo qué era una «umbría» (cuando llegó a casa corrió a buscarlo en el diccionario), nunca más volvió a olvidársele. Saberlo, sin embargo, no le alegró mucho: con el tiempo había aprendido que, cuantas más palabras nuevas conocía, más le quedaban por conocer. Esta ley inexorable la había descubierto el segundo verano, cuando se afanó en anotar, en una libreta, todas las palabras extrañas que sus compañeros de juego decían, y en preguntar su significado. Luego, por la noche, en casa, mientras sus padres se imaginaban que estaba durmiendo, las estudiaba. Pero era un trabajo inútil: cada día descubría que, además de las aprendidas, B y P usaban cincuenta mil más, nuevas para él e igualmente extrañas. Le sorprendió que «tralla» significase «cuerda». Se pasó toda una noche memorizándola, total para que, al día siguiente, P, en vez de «cuerda» o «tralla», usase la palabra «maroma».

–¡Basta!

P había llegado al nivel del agua. B y J miraban adentro. B tensaba la cuerda bien fuerte mientras J sostenía la linterna, iluminando el fondo del pozo. P nadaba allí calmadamente y, de vez en cuando, se zambullía, recogía alguna moneda del fondo y la metía en una bolsa que llevaba atada a la cintura (aprendió que la llamaban escarcela). Unos dos metros de profundidad, un poco menos, decía B que había.

La ocurrencia de hacer correr por el pueblo la voz de que tirar monedas en el pozo hacía que se cumpliesen los deseos formulados inmediatamente a continuación la había tenido J el año anterior. P y B la habían aceptado enseguida. Por primera vez le habían mirado con ojos de admiración. La idea la había sacado de una película que había visto por la tele, una película donde aparecía una gran fuente, en Roma, donde la gente tira monedas y formula deseos. Hacer correr la voz entre los veraneantes fue fácil. Aunque el pozo no sólo no era ninguna maravilla arquitectónica sino que era igual que todos los demás de la comarca, los de ciudad habían acogido con simpatía aquella muestra de ingenio, y más de uno había creído que así se recuperaba una tradición local. La idea había tenido más éxito del que el mismo J se había imaginado. El pozo estaba un poco antes de la entrada del pueblo, cerca de la carretera, en el camino que, de día, llevaba a las fuentes más frecuentadas por los veraneantes y, de noche, a los rincones por donde se perdían las parejas.

Ahora los mayores hablaban de ponerle una reja para evitar que alguien se cayese en él. A los mayores la idea de enrejar el pozo se les había ocurrido desde que, un par de veces, habían visto cómo los chicos se metían dentro. P y B habían recibido con rabia la noticia de la posible colocación de la reja, porque representaría el fin de aquella fuente de ingresos. En cambio, aun siendo el creador de la idea, J se lo tomaba con más calma. P y B se habían apoderado hasta tal punto de la ocurrencia que él casi había acabado por considerarse un intruso. En parte porque nunca había querido bajar al pozo. Le repugnaba la idea de entrar en contacto con el musgo y los helechos, y el fondo se lo imaginaba lleno de animales: de serpientes de agua, de arañas, de peces pequeños y horribles. J se sentía de sobra: de no ser porque en invierno no había veraneantes y, por tanto, no había monedas (los nativos eran demasiado realistas y roñosos para tirar ni un duro a un pozo, por mucho que les prometieran la luna), P y B hubieran sido suficientes para recoger las monedas. Incluso con uno solo hubiera bastado, le había explicado, una vez, B (en parte para demostrar a J la generosidad que tenían con él, dejándole compartir los beneficios). Haciendo rápel, uno solo se podía descolgar por el pozo sin problemas y, una vez listo el trabajo, igualmente sin problemas, podía escalar fácilmente los siete u ocho metros de cuerda hasta la salida.

–¡Templa! –gritó P.

Inmediatamente, B empezó a tensar la cuerda. J iluminaba el pozo, tratando de que el rayo de luz no hiriese los ojos de P. La polea chirriaba. Al final, P sacó la cabeza. Sobre el brocal del pozo, B vació la escarcela: siete monedas de duro, tres de cinco duros y ocho de peseta.

–En total son: setenta y cinco más treinta y cinco... Ochenta..., noventa..., cien..., ¡ciento diez! Ciento diez más ocho, ciento dieciocho. Ciento dieciocho entre tres...

–Treinta y ocho, un poco más –calculó J.

–Espera, espera –dijo B–. Déjame ver los bolsillos.

P se desataba la cuerda, que llevaba anudada a la cintura, y la miraba con preocupación.

–Hay que cambiar esta tralla. Se desfleca.

–No me líes. Siempre te quedas con monedas. ¡Vacía los bolsillos!

–¡Mentira! Eso el que lo hace eres tú, no yo.

Cada vez era lo mismo. Fuese quien fuese de los dos quien bajase, se guardaba algunas de las monedas en el bolsillo. Eso les permitía, luego, zurrarse durante un rato: zurras de las que salían más amigos que nunca. Ahora mismo, P y B ya estaban por el suelo, a puñetazos, hasta que P quedó bocabajo, con B sentado encima, torciéndole un brazo. Le metió la mano en el bolsillo y sacó dos monedas de cinco duros. Las miró con satisfacción y estornudó. Para no perder el control durante el estornudo, le retorció el brazo con más fuerza.

–¡Ésas ya las llevaba! ¡Son mías!

J no entendía de qué servía esconderse monedas si los dos sabían que uno estaba seguro de que el otro se guardaba monedas siempre y, por tanto, le descubría. Cada lunes por la noche, sin embargo, repetían la misma jugada. ¿Confiaban en que, alguna vez, al otro se le olvidaría o no se daría cuenta? Cuando se hubieron sacudido el polvo del todo, mientras recogían la cuerda se volvieron hacia J.

–¿Qué, vamos a empalmar a las novillas?

Una vez, J había querido hacerles entender que, tal como le había explicado su padre, en realidad era lógico que él, un chico de ciudad, no entendiese muchas de las cosas que le decían: que no conociese el nombre de todos los árboles, ni de todas las plantas, ni de las diferentes zonas de las montañas, ni de las variedades habituales de pájaros. (¡Menuda otra lata, por cierto, los pájaros! Para J todos eran pájaros y listo, y, como mucho, distinguía las palomas, las cigüeñas y las gaviotas. Para los demás, había docenas de nombres: alondras, gorriones, agateadores, golondrinas, mirlos, verderones, abubillas, lechuzas, mochuelos, búhos chicos...) En cambio, les explicaba, ellos, que vivían todo el año en el campo, seguro que desconocían los nombres de muchas de las cosas que hay en la ciudad.

–¿Te crees que no sabemos lo que es un semáforo?

Se reían. J intentaba explicarles que, de la misma manera que ellos sabían qué era un haya y qué era un olmo, él reconocía un Renault 12 y un Peugeot 205 con toda facilidad.

–¡Nosotros también, zopenco! ¿Tú qué te crees? Mira:

aquel auto que pasa ahora por la carretera, el azul. ¿De qué modelo es?

J miró el coche, que se alejaba hacia la curva del molino. Desde tan lejos, le era imposible reconocerlo: le recordó el coche de su tío, el Renault 5.

Si a él le era difícil adivinar su marca, aún tenía que serlo más para P y B.

–Es un Renault 5.

–¡Cebollino! –gritó P–. Es un Citroën LNA. ¡Ni árboles ni autos sabe distinguir este cabeza de chorlito!

–Déjalo. Es un capullín de Barcelona.

A J le gustaba estar solo. Pero estar solo todos los días de la semana era demasiado aburrido, y más de vacaciones. Durante un día o dos, podía aprovechar las posibilidades solitarias: jugar a pelota delante del chalé de los padres, jugar con el ordenador, leer historietas. Tarde o temprano, sin embargo, acababa acercándose lentamente hacia la plaza donde jugaba la chiquillería. Y, en un pueblo minúsculo como aquél, la chiquillería (como mínimo la chiquillería de su edad) eran, indefectiblemente, P y B. Claro que también estaban R, T y S, pero eran de ciudad: veraneaban allí, igual que él. Alguna noche, su madre, mientras le servía vichyssoise (¡menuda manía con la vichyssoise, por cierto, en verano!), le aconsejaba que se hiciese amigo de aquellos otros chicos veraneantes. J, sin embargo, los encontraba fatuos y blandengues. A veces, cuando veía cómo se comportaban, pensaba que, al fin y al cabo, B y P tenían razón cuando se pitorreaban de los de ciudad. Por eso le daba más rabia todo el asunto, porque por un lado tenían razón (los de ciudad eran unos capullines) y, por otro, no la tenían del todo: él por lo menos se sentía una excepción. No era un pedante que creyese que los de pueblo son todos unos retrasados mentales. Y tampoco era un blandengue, como los demás de ciudad, que al mínimo arañazo ya tenían miedo de desangrarse.

El domingo, mientras J mataba el tiempo leyendo un tebeo ante la casa de B (a ver si salía), se encontró con que quien salía era P, sonriendo desmesuradamente. Le pasó la mano por el hombro y bajó la voz:

–¿Me ayudarás mañana a rebañar las monedas? B está enfermo. Va para largo. Su madre dice que no se curó bien el resfriado y le han vuelto a meter en la cama. Yo podría bajar solo, ya lo sabes. Pero prefiero que me ayudes. Ahora, que sobre todo no le digas nada a B. Yo le he dicho que hasta el lunes que viene no bajaremos. Pero mañana bajamos tú y yo y promediamos. Y el otro lunes, si B ya está bueno y se nos suma, hacemos como si no hubiese pasado nada.

Aquello de aflojar lentamente la cuerda y, al mismo tiempo, alumbrar dentro del pozo costaba más trabajo de lo que había pensado. Además, le parecía que P era muy exigente, todo el rato requiriéndole un ritmo de descenso concreto: de aquí a aquí más lento, de aquí a aquí más rápido. Además, J no podía dejar de pensar que, como P sabía muy bien que él no tendría ganas de enredarse en ninguna pelea por las monedas que se habría guardado en el bolsillo, trataría de estafarle muchas más de las habituales dos o tres monedas de cinco duros. ¿Y si le daba una sorpresa y, por primera vez, el «de ciudad» se comportaba como ellos y le arrancaba, aunque fuese a puñetazos, las monedas que se hubiera guardado? Mientras más pensaba en ello, más se desazonaba y más se le encendía la sangre. Decidido: cuando llegase arriba, le exigiría que se vaciase los bolsillos. Con voz segura. Sobre todo, lo que importaba era que no le temblase la voz. Y, si se resistía, le hendiría la cabeza. (El verbo «hendir» lo había aprendido de ellos, precisamente, y le parecía de una sonoridad aristocrática.) Muy a lo lejos se oían los televisores: la sintonía de la serie del Oeste que ponían cada lunes a aquella hora.

–¡Amolla un poco más! –gritó P, desde dentro.

J soltó la cuerda más rápidamente. De golpe, hubo un ruido sordo: la cuerda, rapidísima, se destrenzó del todo. J oyó la caída del cuerpo en el agua: un chaf mortecino, en eco, y un grito. Luego, durante unos segundos, silencio. A continuación la voz de P, irritada, entre el chapoteo:

–¿Qué has hecho?

La voz de P se oía lejana, allá abajo, luchando por flotar en aquella piscina pequeña, profunda y redonda, de paredes de musgo.

–Yo, nada. Es la cuerda, que se ha roto.

–¡Corre! ¡Ve al bancal de abajo y tráeme la guasca que hay en el alpendre!

J se quedó quieto. Con la linterna iluminaba el interior del pozo: P nadaba con dificultad y luchaba por aferrarse a las paredes, pero el musgo hacía que los dedos le resbalasen. Lejanos, se oían los primeros tiros del telefilm.

–¡Vamos, ve! ¡Y deja de enfocarme los ojos con la linterna!

–¿Adónde dices que tengo que ir?

–Al bancal de abajo. En el alpendre hay una guasca. ¡Tráemela!

J apagó la linterna. Hecha la oscuridad, era como si P no estuviese allá abajo. Era como si no pasase absolutamente nada. J decidió darle otra oportunidad.

–¿Qué es lo que dices que tengo que traerte?

P no contestó. Aún se le oía, esforzándose por flotar. J dejó caer en el pozo el trozo de cuerda que le había quedado en las manos y que había estado apretando en el puño. Casi ni se oyó el ruido que hizo cuando chocó contra la superficie del agua.

Dio media vuelta oyendo cómo P le llamaba. Lentamente, fue hacia el pueblo. Mientras caminaba pensaba quién de los dos, B o él, mostraría más sorpresa cuando se enterasen de la noticia. Dejaría, eso sí, que fuese B quien dijese: «¡Qué hijo de puta! ¡Nos quiso estafar yendo a rebañar el dinero solo!» J llegó a casa a tiempo para ver cómo el cowboy bueno iniciaba la persecución de los indios malos que habían querido hacerle daño a la india buena. De cena volvió a haber vichyssoise.

# EL SECUESTRO

Borrell escribió la última palabra, puso el punto final, sacó la hoja de la máquina y la contempló de lejos, con el brazo estirado, como si fuese un dibujo. La releyó:

> Cae de hinojos lentamente: ya no atiende
> a la luz del farol que le obnubila;
> es el desasosiego, es la oscura sibila
> con que la oscuridad confundirle pretende.
> El nitrato, después, va llenando las salas.
> Él, leal, dobla el cuerpo. De repente una boca
> lo recoge. Le observan la corneja sin alas,
> una gallina ardiendo y, loca, alguna oca.

Añadió la hoja a las veintiuna precedentes, que estaban en una carpeta de tapas azules. En otra hoja tecleó el título del libro, *La cartera*, y el lema con el que se presentaba: «Aliquando bonus dormitat Homerus.» Tecleó este mismo lema en un sobre y en otra hoja. En este otro papel, sin embargo, añadió su nombre, las señas y el teléfono, y lo metió en el sobre. Le pasó la lengua y lo cerró.

En la copistería de la esquina hizo fotocopias del libro, por triplicado. En la papelería compró tapas de dosier. De vuelta a casa, guardó uno de los juegos de fotocopias en un cajón del escritorio, montó las tapas del original y de los otros dos juegos de fotocopias e hizo con ellos un paquete, en el que escribió las señas de una importante institución cultural y se apresuró a ir a correos. Aquel era el último día de admisión de originales para el premio de poesía más importante de la nación.

Borrell no se había imaginado nunca que los flashes de los fotógrafos y los micrófonos de los locutores pudiesen formar parte tan poco traumáticamente del entorno del mundo del poeta. Por eso le sorprendió no aturdirse en absoluto por el alud de periodistas que invadió la casa, de golpe y porrazo, hacia medianoche. Media hora antes, las llamadas del teléfono le habían despertado de un sueño donde imaginaba con números inmensos una progresión geométrica. Confiaba tan poco en la victoria que estaba durmiendo, absolutamente despreocupado del curso de las votaciones.

El boca a boca funcionó y la primera edición de *La cartera* se agotó casi antes de que apareciesen las críticas. Cuando éstas acabaron de salir (cosa extraña: todas laudatorias, menos una que le encontraba algunos problemas de consonancia), la editorial tuvo que apresurarse a llevar a la imprenta la tercera edición. Hacía décadas que la prensa no se había mostrado tan unánime a la hora de valorar un nuevo valor literario. «La poesía de Borrell», decía una gacetilla, «nos demuestra, aunque cueste reconocerlo, que hasta ahora no habíamos descubierto todas las caras de ese paralelepípedo enigmático y cambiante que puede ser, y es, la poesía.» «La calidad de este libro», decía otra, «hace que *La cartera* se convierta, apenas aparecido, en un hito no solamente de la poesía local, sino de la europea, anclada todavía, y desde hace décadas, entre la indecisión y el desconcierto.»

Borrell estaba contento. No por el éxito, sino porque el reconocimiento público le demostraba que no se había equivocado; que, tal como había creído siempre, sus poemas conectaban con la sensibilidad de la época. Con un arte sencillo y aparentemente tan alejado de los albores del siglo XXI, Borrell se convertía en «sacerdote de todas aquellas sensaciones imposibles de aferrar que agrietan el alma de sus coetáneos».

Para homenajearlo, y porque le querían, los amigos celebraron fiestas. Todos se sentían sinceramente satisfechos del éxito de Borrell, que la única exigencia que había mantenido siempre era que le dejasen escribir en paz. También valoraban en él otra cosa: a diferencia de la mayoría, nunca les había perseguido para leerles ningún poema, ni para largarles ningún seminario sobre lo que creía que era o tenía que ser la poesía. Sabían que había sudado bastante para llegar a destilar aquellos veintidós poemas que formaban *La cartera*, porque nunca se sentía lo bastante satisfecho. Nunca se había traicionado para conseguir el éxito, un éxito que le habría llegado mucho antes si hubiese cedido a las modas, si no hubiese defendido con convicción exenta de presunciones proféticas la visión que tenía de la poesía en este cambio de siglo.

El primero en organizar una fiesta fue Josep. La segunda la organizó Manel. Luego siguieron Andreu, Marta, Ignasi, Ramon, Maria, Teresa, Gerard. En la fiesta de Gerard, Borrell confesó que, si continuaban con tantas fiestas, pasarían semanas antes de que pudiese volver a escribir. Pero era lógico desfogar la alegría del triunfo. Luego organizaron fiestas Xesc, Rosa, Corina, Emili, Maria-Rosa, Toni, Anna, Núria, Arcadi, Arau, Josep-Maria, Tomàs, Sumpta, Albina, Miquel, Artur, la otra Anna y Pepa.

Una tarde, cuando hacía dos meses de la concesión del premio de poesía, Borrell (después de hablar por teléfono, primero con un locutor de radio que se había interesado por la opinión que tenía de la muerte de un importante poeta ya anciano, y, al acabar, con Anna, mosca porque hacía semanas que no la llamaba) se sentó al escritorio. Las manos se le fueron por los bordes. Desde el premio se había sentado allí pocas veces, y esto le pesaba porque, en cierta medida, aquel escritorio que le había visto trabajar durante años había sido un excelente amigo suyo. Volvió la cabeza; observó los libros sin leer que se acumulaban en el ángulo de la mesa donde, desde siempre, guardaba los que se proponía leer en un futuro inmediato, ángulo que habitualmente ocupaban pocos libros, porque, tal como iban llegando, iban saliendo, ya leídos. Mientras intentaba recordar si era exactamente la tercera o la cuarta vez que se sentaba allí en aquellos dos meses, volvió a sonar el teléfono. Era un periodista del tercer periódico (en difusión) de la ciudad. Mientras hablaba con él, Borrell pensaba que, de hecho, la mitad de aquellos últimos meses se la había pasado en aquella posición: pendiente del teléfono, concertando citas para que le entrevistasen, actividad en la que había invertido la otra mitad del tiempo. Borrell calculaba que no debía de quedar, en ningún rincón del país, ningún medio de comunicación (escrito, radiofónico o televisado) donde no hubiese aparecido, entrevistado por periodistas que, si eran de revistas o periódicos, el noventa por ciento de las veces traicionaban sus declaraciones, quizá no por mala fe, sino por falta de cuidado en reproducir los matices de las respuestas. Al otro lado del teléfono tenía ahora a uno de aquellos periodistas que, la noche de la concesión del premio, le habían visitado en casa. Pronto entendió que esta vez el hombre no quería ninguna entrevista, sino una colaboración. Una colaboración en forma de poema para el número del domingo siguiente. Borrell se excusó. Alegó que, en los últimos meses, apenas había sido capaz de esbozar unas pocas ideas y, además, ninguna de aquellas pocas ideas se había materializado en un poema. El periodista insistió: le daba igual que los poemas estuviesen en estado embrionario.

–Piense que se trata de un periódico. No hace falta la perfección que quizá sería lógico exigir si estuviésemos hablando de un libro. Además, ya tendrá tiempo para retocarlo cuanto quiera cuando tenga que publicarlo en una recopilación.

Borrell arguyó que no se trataba de perfección, sino de hacer bien las cosas. El periodista insistió: incluso, si quería, se podía explicar, en una nota al margen, que se trataba de unos «meros apuntes de poema», no de nada definitivo.

Cuando colgó el teléfono, Borrell se dio cuenta de que había acabado aceptando la propuesta. Corrigiendo la acción anterior, descolgó el auricular del teléfono (si no lo hacía, en las próximas tres horas podía recibir, muy fácilmente, entre veinte y treinta llamadas) y se esforzó en acabar un poema. Tenía que entregarlo aquella misma noche, porque tenía que salir en el suplemento del domingo, que se cerraba precisamente aquel día. Borrell no entendía cómo era que habían esperado al último día para pedirle una cosa que podían haber previsto como mínimo con días de antelación. Pero hacía semanas que se había ido acostumbrando a no sorprenderse de la falta de previsión de la gente con quien ahora le tocaba relacionarse.

Al atardecer dio el poema por más o menos hilvanado. Colgó el teléfono e inmediatamente sonó. Era el periodista que le había pedido el poema: que qué pasaba que comunicaba desde hacía horas, que si se había dado cuenta de la hora que era y que si pensaba llevarles el poema o no, porque tenían que cerrar.

En el trayecto hasta el periódico, Borrell releyó el poema y lo encontró flojo. Pensó en volver a casa y rehacerlo, pero (sólo de imaginarse la cara de indignación del periodista) decidió arrinconar la idea y entregarlo tal cual. Además, era un borrador, y así constaría, en letra pequeña, al lado.

Aquel mismo domingo (después de hablar con Emili, que le riñó porque no le llamaba nunca), un miembro del consejo de redacción de una importante revista cultural le pidió una colaboración. Preparaban un número sobre poesía nueva y, después del impacto que *La cartera* había tenido en el mundo cultural, era imprescindible que participase en él. Borrell le explicó lo mismo que le había explicado al periodista del periódico: que no había hecho nada nuevo, que sólo había tomado notas que ni siquiera benévolamente se podían considerar poemas. El de la revista cultural le dijo que cómo era, entonces, que aquel mismo día aparecía un poema suyo en el tercer periódico (en difusión) de la ciudad (por cierto: sin la nota que aclaraba que era un borrador; nota que, según el periodista, el compaginador había decidido no poner porque le estropeaba el diseño de la página). Y que si había publicado uno en el tercer periódico (en difusión) de la ciudad, con mayor motivo tenía que hacerlo en aquella revista que siempre se había distinguido no sólo por defender encarnizadamente una actitud progresista ante el hecho cultural, sino que al mismo tiempo había sido un bastión en las épocas negras de la dictadura. Borrell le dijo que le autorizaba a publicar lo que quisiese de su libro *La cartera*. El de la revista cultural se alarmó: con voz ofendida dejó bien claro que tenía que ser una cosa inédita.

–Pero es que no tengo nada definitivo escrito –dijo Borrell.

–¡Da igual! Cualquier cosa está bien.

Durante los quince días siguientes a la aparición del esbozo de poema en la revista cultural, además de las llamadas habituales Borrell recibió una media de dieciocho coma cuatro llamadas diarias en solicitud de colaboraciones para revistas de todas las medidas, periodicidades, sistemas de impresión y tendencias ideológicas o estéticas.

El decimosexto día, sin embargo, justo cuando acababa de colgar el teléfono (había estado hablando con Gerard, que le decía que había llegado a la conclusión de que los humos se le habían subido a la cabeza: si no, no veía cómo era que, de golpe, había dejado de llamar), le telefoneó el director del periódico más importante (en número de suscriptores) de la ciudad.

–Tranquilo, que no le quiero pedir ninguna colaboración poética –dijo de entrada, risueño.

El director del periódico le invitó a comer, para hablar más descansadamente. Fueron a un restaurante suntuoso.

El director, sobre todo, se maravillaba de que Borrell estuviese tan poco al corriente de los cotilleos del mundillo. A la hora del postre el director se destapó: efectivamente, no quería pedirle ninguna colaboración poética. Lo que quería era una colaboración periodística. Había pensado (y creía que bastante acertadamente) que sería una experiencia interesante para él escribir artículos. Cogido por sorpresa justo en el momento en que el director encargaba una botella de champán para celebrar su posible incorporación al periódico, Borrell no supo qué responder. No había escrito nunca otra cosa que poesía. El del periódico le aseguraba que su poesía funcionaba por una cosa: porque nunca le había dado la espalda a ninguna nueva posibilidad. Con una columna en un periódico podría expresar la opinión que le merecían los mundos cultural y político. Además, insistía, ¿no le seducía la desazón que representaba hacer los artículos con el mismo cuidado y condensación que había exigido a los poemas? Borrell trató de iniciar una defensa: no veía claro lo de tener que hacerlo con regularidad, una vez por semana.

–¿Una vez por semana? –dijo el director–. No, no. Será un artículo diario.

Escribía los artículos a primera hora de la tarde, después de comer. La experiencia le había aconsejado colocar todas las entrevistas por la mañana, porque así tenía las tardes libres para las demás obligaciones públicas. Escribir los artículos después de comer le resultaba enojoso, porque generalmente se sentía harto y ligeramente ebrio, y le apetecía mucho más dormir una siesta que tener que pensar sobre qué asunto escribiría el artículo que tendría que entregar aquella misma tarde, antes de ir al cóctel, recepción, presentación o inauguración donde se exigía su presencia, muy a menudo no sólo con la habitual tarjeta enviada por correo, sino con una llamada telefónica coercitiva del exhibidor, galerista, conferenciante o artista del caso. Le enojaba escribir los artículos con rapidez porque, como la mayoría de poetas, era enemigo de la improvisación. Los poemas de *La cartera* los había reescrito y reescrito durante años, y todavía los perfeccionó cuando revisó las galeradas. Ahora se encontraba teniendo que despachar los artículos en tres cuartos de hora escasos, sin tiempo suficiente para dejarlos madurar, para descubrirles, a base de relecturas, los errores, las imprecisiones, las opiniones demasiado exaltadas, los adjetivos sobrantes o las indirectas demasiado o demasiado poco crípticas.

Hacia la época en que *La cartera* llegó a la séptima edición, Borrell ya sabía que, en todos y cada uno de los cócteles, recepciones, presentaciones o inauguraciones a los que iba, invariablemente tenía que confraternizar con algún pintor. Los más modestos le pedían que les escribiese la presentación de la próxima exposición. Todos los demás le proponían, indefectiblemente, la creación de alguna obra conjunta.

–Creo que puede ser muy interesante crear, experimentar con la dialéctica entre nuestros dos lenguajes: el textual y el plástico –le dijo, una vez, un pintor bajito, que literalmente le obligó, a continuación, a ir a su estudio a contemplar su obra.

Luego vinieron los prólogos a libros de otros escritores, libros sobre los cuales tenía que opinar habiéndolos apenas leído en diagonal y deprisa y corriendo. A finales de enero, dieciocho comisiones de fiestas de dieciocho ciudades y pueblos diferentes (entre ellos la capital de la nación) le pidieron bandos de carnaval. A continuación tuvo que dar conferencias sobre temas que conocía al sesgo; y participó en mesas redondas sobre literatura y política, sobre poesía y métrica, sobre rima y realidad social, sobre estructura poética y estructura arquitectónica, sobre estética, sobre la poesía en el siglo de los viajes espaciales, sobre el compromiso del literato, sobre poesía y ecología, sobre poesía y elitismo, sobre literatura y libido. Disertó en institutos y universidades. Conoció a todos y cada uno de los profesores de literatura que había desperdigados por el país, y explicó (ante mocosos embobados que miraban alternativamente el reloj y el techo) qué entendía por creación, por poesía, en qué tipo de público pensaba o no pensaba a la hora de escribir, cómo se le ocurría un poema, y si era partidario o no del verso libre.

Medio año después de haber ganado el premio empezó a intentar hacer un hueco en sus ocupaciones (artículos, conferencias, mesas redondas, exposiciones, entrevistas) para reunirse, en comidas, con editores que le pedían nuevos libros. Hubo dos que coincidieron, por separado, en proponerle novelas.

–No es que no nos interese su poesía, al contrario; pero

una novela escrita por usted sería un éxito de ventas absoluto.

Otro le pidió una recopilación de cuentos, ahora que era un género revalorizado.

–Además, son más fáciles de hacer, menos complicados. No tienes que romperte la cabeza como con una novela, ¿a que no? Y los puedes hacer en un momento.

El director literario de la editorial más prestigiosa del país le sugirió que, ya que no tenía nada nuevo, revolviese los cajones e hiciese una selección de los poemas escritos antes de *La cartera.*

–Algo debe de tener por alguna parte. No me querrá hacer creer que *La cartera* era lo primero que escribía.

El director literario no acabó de entender las explicaciones de Borrell, según las cuales *La cartera* era una selección escrupulosa: de todos los poemas que había escrito, aquellos eran los únicos publicables. El director literario, disimulando la indignación, reclamó la cuenta y le preguntó a Borrell si le parecía bien que la comida la pagaran a escote.

Al día siguiente era un director de cine quien se sentaba frente a él y le solicitaba un guión.

–Considero que tu sensibilidad poética es muy cinematográfica.

Un peluquero de moda le propuso que pensase qué podían hacer en común. Los directores de teatro le mendigaban obras.

–Tu poesía es pura escena.

También llegaron los realizadores de televisión.

–Un poeta debe tener el valor de enfrentarse al medio de comunicación de masas por excelencia. La televisión es el futuro, la poesía está muerta: apesta. Negarse a aceptarlo no es más que cobardía.

En esos almuerzos y cenas de trabajo, Borrell tuvo que empezar a hacer nuevos huecos. Para conseguir más tiempo, organizó las comidas de manera que, a menudo, comía el primer plato con un editor, el segundo con un director de cine, a la hora del postre concedía una entrevista, y tomaba el café con un dibujante que quería guiones para historietas. Recibió propuestas para hacer colaboraciones en diversas emisoras de radio, pregones de fiestas mayores y traducciones.

–Un hombre con una sensibilidad literaria como la suya es ideal para traducir, sin traicionarla, la obra de otro escritor.

Un escultor le pidió que hicieran, juntos, una obra interrelacionada. Un bailarín innovador le explicó que había llegado a la conclusión de que, como los dos eran innovadores en sus respectivos ámbitos, convenía que hiciesen alguna cosa juntos.

–El vídeo, un terreno prácticamente virgen, donde la mayor parte de las cosas todavía están por descubrir, es ideal para un hombre como tú –le dijo uno que quería que le escribiera la idea para una cosa de videoarte.

Tres grupos musicales le exigieron guiones para videoclips. Cuatro grupos skinheads y un ex cantautor, letras para canciones. No hacía falta que se preocupase por las rimas ni por la métrica, le aseguraron los skinheads.

–Todo eso está pasado de moda, chato.

De todas las propuestas que le llovieron durante los meses siguientes no tuvo tiempo de acabar más que dos. Una era un guión para un videoclip, que el realizador modificó de arriba abajo porque le pareció demasiado literario. La otra era la adaptación teatral que le habían pedido de *Il materialismo storico e la filosofia di Benedetto Croce*, de Antonio Gramsci, de la que quedó tan insatisfecho que abandonó la sala del teatro, la noche del estreno, en el segundo acto, rojo de vergüenza. Aquella noche, cuando llegó a casa, miró, con el rabillo del ojo y con desconcierto, la pila de libros para leer, que se incrementaba día a día, sobre todo ahora que, además, las editoriales se los enviaban gratis, conscientes de que una referencia suya en el periódico donde colaboraba podía hacer que se vendieran por lo menos siete ejemplares más.

Cuando, un año después de la concesión del premio, la institución organizadora tuvo el honor de invitarlo a la cena de concesión de la edición siguiente, *La cartera* ya iba por la decimotercera reimpresión. A Borrell le parecía imposible que ya hubiese pasado un año. Ni siquiera podría haber imaginado, doce meses y un día antes, que su poesía sería, en tan poco tiempo, reconocida como una obra valiosa, etcétera.

En la siguiente cena de concesión de los premios hacía, obviamente, dos años de aquella su noche triunfal. El periodista que le había entrevistado por primera vez la misma noche en que ganó le saludó con afecto. Con el micro en la mano, le preguntó qué preparaba.

–Nada, de hecho. He tomado nota de algunas ideas, pero no...

–Ya hace dos años de *La cartera.*

–Sí. Ya hace dos años. Pero la poesía es una cosa lenta, que ha de madurar.

–Hay quien dice, sin embargo, que este silencio suyo demuestra que *La cartera* no fue más que un bluf.

Borrell se irritó.

–Muchos querrían que me diese prisa en publicar cualquier cosa, para así criticarme, luego, que haya publicado una obra no lo bastante bien acabada.

Un año después, cuando ya hacía tres de su triunfo, hubo tal escándalo por una supuesta compra del jurado que, durante la cena de concesión, Borrell pasó bastante inadvertido. Durante los años que siguieron, por la cabeza de Borrell apareció más de una vez la idea de que todo aquel desasosiego por pedirle cosas no era sino un complot para no dejarle escribir. Ni leer. La pila de libros pendientes de lectura había desbordado no solamente el ángulo que le estaba reservado, sino la propia mesa, las mesas próximas, el espacio de suelo entre todas ellas, y el pasillo.

Nueve años después, *La cartera* llegó a la decimosexta reimpresión y ya no pasó de ahí. Borrell, sin embargo, estaba presente en cada cena de concesión del premio, viendo cómo, bajo el impulso renovador de *La cartera*, nacía toda una nueva generación de poetas adolescentes que intentaban imitarle, generación que desapareció al cabo de unos años, empujada por el impulso furioso de una leva de poetas todavía más jóvenes que consideraban *La cartera* como una carcasa vacía e hipócrita, como una pura tomadura de pelo. La prueba era que no había escrito nada más. Para defenderlo, los que le querían recordaban que, por ejemplo, Juan Rulfo y J. D. Salinger eran autores importantes a pesar de haber producido una obra escasa.

Cerca de los setenta años, una enfermedad le tuvo tres meses en la cama y le obligó a cortar con los trabajos que todavía le pedían. Finalmente con tiempo para aburrirse, escribió un relato donde narraba su vida. Lo tituló *El secuestro*. La enfermera que lo cuidaba encontró el relato sobre la mesilla de noche y, medio para ver cuáles eran las manías de aquel abuelo, se lo guardó en el bolsillo y aquella misma noche se lo enseñó a un novio suyo, eterna joven promesa de la narrativa, el cual, sin ningún tipo de escrúpulo, lo retocó un poco (¡aquel estilo estaba tan pasado de moda!) y lo incluyó en una recopilación de cuentos que estaba a punto de publicar.

# La Casa de la Estilográfica

# HALITOSIS

Es un hombre delgado y con grandes entradas en el pelo. Estudió arquitectura, trabajó en un estudio de urbanismo y, hace siete años, formó, con dos arquitectos más, uno de los equipos más prestigiosos del momento. Le gustan las plantas, las novelas sórdidas y Liz Taylor cuando era joven. Tiene una mesa de billar en la sala que le sirve de comedor; en la pared, una foto de cuando recogió el primer premio del concurso internacional que se convocó para diseñar un pabellón deportivo en un pueblo próximo a Oslo; y un sombrero que nunca se pone. Y ahora, además, tiene un gran problema que sobresale en medio de todos los demás problemas de la vida: le huele la boca.

Pero no un olor digamos razonablemente soportable, de esos que se notan a un palmo de la cara de quien lo padece. No: el aliento le apesta de manera desagradabilísima, constante, y con una potencia tal que, los primeros días en que se le manifestó la enfermedad, a veinte metros de distancia todas las caras mostraban un rictus de asco.

La halitosis no se le manifestó gradualmente sino de repente, una mañana. El primer día pensó que la cosa era temporal: el estómago sucio, o la cena de la noche anterior (aquella crema de cabrales de las judías, quizá), pero la cosa persistió durante días, con la misma intensidad monstruosa que aquella mañana nefasta en que su mujer se levantó aterrada (tapándose la nariz con las manos), se vistió deprisa y corriendo, se fue de casa y no volvió nunca más.

Nadie podía soportar su presencia. No hace falta decir que el hombre trató de solucionar el problema por todos los medios. Probó todo tipo de sprays desodorantes bucales, tomó té de roca y visitó a dentistas y médicos, que le recibían con máscaras. A fuerza de inspecciones y chequeos, certificaron que el origen del hecho no era ni un estómago especialmente predispuesto a ensuciarse ni un problema de caries. La desesperación por el diagnóstico que le aseguraba que la cosa no tenía remedio le llevó a considerar, durante unos instantes, la posibilidad de quitarse la vida.

Ahora el hombre vive en un chalé con planta baja y un piso, bastante alejado del pueblo más próximo, un pueblo por cuya desaparición total el mundo no sufriría en absoluto. Piensa que es de agradecer que él no se note este olor que molesta a todo el mundo. Hace trabajos en casa: cose ojos de cristal en muñecas de fieltro. Se ha organizado para convivir con el problema. Cada miércoles al mediodía, una furgoneta aparca ante la casa. En cuanto la oye llegar, el hombre sube al piso y cierra firmemente la puerta (blindada) mientras por la ventana (de cristales dobles) observa los movimientos del transportista. El transportista es un hombre gordo a quien la empresa paga un plus especial que, evidentemente, descuenta de lo que le paga al hombre por el trabajo. Llega hasta la puerta, cargado con seis bolsas llenas de muñecas y una de ojos de cristal. Cada miércoles, a primera hora de la mañana, el hombre ha colocado junto a la puerta las siete bolsas que el transportista había dejado el miércoles anterior, pero ahora llenas de muñecas con los ojos cosidos. El transportista deja las siete nuevas bolsas (y el sobre con el dinero por el trabajo hecho), se lleva las siete bolsas de la semana anterior, las mete en la furgoneta y arranca rápidamente porque, aunque las puertas y las ventanas de la casa están bien cerradas, por las rendijas se cuela un poco la fetidez.

El hombre observa cómo la furgoneta se aleja. Al día siguiente, como cada jueves, vendrán de la tienda del pueblo a dejar, con un sistema similar, la comida, que encarga por teléfono. Mientras baja a buscar las siete nuevas bolsas y el sobre con el dinero, empuja con el pie motas de polvo y decide que aquella tarde pasará la escoba.

Como siempre cuando llega a casa, por la noche, el transportista le da un beso en la mejilla a su mujer, pone la tele y se sienta a la mesa, golpeando el cuchillo con los dedos, mientras la mujer le sirve cucharones de sopa. Este miércoles, sin embargo, por un momento la mujer deja de servir, se queda inmóvil con el cucharón alzado, acerca la nariz a la cara del transportista, la olfatea y le dice:

–Te huele la boca.

El hombre no le da ninguna importancia especial.

–Debe de ser el estómago.

Al día siguiente, el olor ya es tan insoportable que, bruscamente, la mujer coge a los hijos y desaparece de casa. Por la tarde, en el trabajo, incapaces de soportar aquel olor, recuperan las llaves de la camioneta y le despiden. Dos días más tarde, por un instante (el instante más lúcido de su vida) piensa que aquel hombre a quien repartía muñecas cada miércoles le ha contagiado la halitosis. Pero el sentido común se impone: él mismo rechaza la idea porque, como todo el mundo sabe, «la halitosis no se contagia», verdad que le ratifican todos los médicos que, convenientemente protegidos, aceptan visitarle.

El miércoles siguiente, cuando ve que el transportista es nuevo, el hombre delgado y con grandes entradas en el pelo se pregunta qué debe de haber pasado con el transportista gordo que venía siempre. Se había acostumbrado a él. Era una presencia casi familiar, la única presencia familiar en su vida aislada. Siente ganas de abrir la ventana y preguntárselo al nuevo. Pero sabe que, sólo con que abriese un poco, el hedor sería tan insoportable que el transportista tendría que huir, incapaz de resistirlo. Además, no es tan importante: seguro que ha habido un reajuste de turnos o de itinerarios, o, más sencillo, el transportista de siempre ha cambiado de empresa, o de trabajo.

El nuevo transportista es alto y joven. Se le nota bien aleccionado por la fábrica pero todavía poco diestro, y tímido. Debe de parecerle extraño el trabajo. Hay un momento en que se cruzan las miradas de los dos, y el transportista, como pillado en falta, se apresura: llega hasta la puerta, deja las siete nuevas bolsas (y el sobre con la paga), recoge las siete bolsas de la semana anterior y las mete en la furgoneta, mientras el hombre le mira desde detrás de la ventana, ignorando que, desde hace exactamente una semana, le ha dejado de oler la boca.

# CERDO HERVIDO CON SALSA DE RÁBANO

La llamada le ha desconcertado. Que, de golpe y porrazo, su primo haya decidido venir a vivir a la ciudad le sorprende desagradablemente. Acaba de colgar el teléfono y todavía mantiene la mano en el auricular. Que su primo haya alquilado habitación en un hotel hasta que encuentre sitio donde vivir indicaría que ve claro que entre los dos no hay posibilidad ni siquiera de un parentesco llevado caballerosamente si no fuese porque, a continuación de haber alquilado la habitación, le telefonea para que sea precisamente él, agente inmobiliario, quien le consiga la casa.

Unas horas más tarde, pues, el agente inmobiliario espera de un momento a otro la llegada de su primo. La oficina es sobria: suelo de madera, muebles metálicos, un archivador, una planta sobre el archivador, y las paredes pálidas y desnudas, salvo un plafón de corcho donde, aparte de algunas chinchetas, no hay clavada más que la foto de un edificio. Cuando suena el timbre, el agente inmobiliario se levanta pausadamente. A medio camino de la puerta, el timbre vuelve a sonar, impaciente. Esto irrita al agente inmobiliario. Abre la puerta. Los dos primos se miran. El forastero esboza una sonrisa. El agente inmobiliario, distante, le alarga la mano. Se la estrechan. El agente inmobiliario invita a su primo a pasar y sentarse y, cuando éste hace un intento de hablar de los años que hacía que no se veían, el agente inmobiliario le corta: le pregunta qué tipo de casa quiere. El primo explica que le interesaría un chalé. Vivir en un piso no se ha hecho para él, dice. El agente inmobiliario le enseña, pues, fotos de chalés: no sólo las que están en venta, sino algunas vendidas a gente importante (actores, aristócratas, grandes empresarios); subraya los nombres y los apellidos, como quien presenta un aval de calidad. El primo se enamora inmediatamente de uno de los chalés.

En el coche del primo (que lo tiene mal aparcado y, por tanto, prefiere moverlo a ir en el del vendedor) van hasta el chalé. Es espléndido: cuatro pisos suntuosos, un jardín enorme, con invernadero y piscina. El primo se entusiasma hasta tal punto que allí mismo firma los papeles y un cheque como paga y señal. La compañía inmobiliaria tiene por costumbre, en ventas de este grosor, invitar al posible comprador a cenar o a comer, para acabar de seducirlo, pero no acostumbra a hacerlo, por innecesario, una vez acordado el negocio. Sorprendido de haber llegado tan rápidamente a un acuerdo, el agente inmobiliario se siente inesperadamente generoso y piensa que tampoco hace falta ser tan duro. Se interesa por si el primo tiene que ir a cenar a algún sitio. Éste dice que no: es nuevo en la ciudad y, como todavía no conoce a nadie, no tiene compromisos. El agente inmobiliario le invita a cenar. El primo acepta gustoso, sorprendido por una amabilidad que pensaba que no llegaría nunca. Van a una brasserie. Comen cerdo hervido con salsa de rábano y beben cerveza. A la hora del postre fuman mientras saborean pasteles de chocolate. El agente inmobiliario pide la cuenta, pero el primo se la coge e insiste en pagar. De la cartera saca una ristra de tarjetas de crédito. El agente inmobiliario le ve pujante: por lo que parece, las cosas le han ido tan bien como se decía. Al acabar, y a propuesta del primo, deciden ir a un cine.

Ven una película policíaca, bastante mala, donde un marido engañado intenta cometer el crimen perfecto. A la salida, el primo explica que tanta fanfarronada sobre el crimen perfecto le ha parecido siempre una estupidez, y que está harto de películas y novelas sobre el asunto.

–Pero fíjate en que falla siempre una cosa: el autor del crimen no piensa nunca en la... –dice el agente inmobiliario, y se calla.

–¿No piensa nunca en qué? –dice el primo, ilusionado por la primera frase larga que, en toda la noche, ha oído de labios del pariente.

El agente inmobiliario no contesta. Le sorprende que se haya dedicado tanto tiempo a elucubrar sobre ello, sin pensar que hay una manera segura (aunque sacrificada) de conseguirlo. Esta brusca certidumbre le aturde. Propone ir a una coctelería. El primo acepta encantado. El agente inmobiliario no puede evitar sentir repugnancia por el interés del otro por volver a hacerse amigo suyo.

El agente inmobiliario le da vueltas al asunto. Es la primera vez, desde hace años, que una cosa le ilusiona. Mientras toma la primera copa, fantasea con la posibilidad de llevar la idea a la práctica. Deja de fantasear cuando entiende que, una vez entrevista esta grieta en el orden del mundo, no hay posibilidad de huir de ella. ¿Qué valor tendría, si no pasase del estadio de extravagancia ingeniosa?

Durante horas, el agente inmobiliario lleva al primo por todos los bares que frecuenta, y le presenta a todos y cada uno de los camareros. En el último de los bares, por una tontería el agente inmobiliario inicia una disputa con el primo, alza la voz y califica de estúpida la visión que tiene de una cuestión absolutamente prescindible. El primo se pica, irritado por la enemistad que, de repente, vuelve a demostrarle. Gritan y se insultan. Pagan y salen a la calle en plena disputa. A los diez metros, sin embargo, el agente inmobiliario reconoce no sólo haberse equivocado, sino también haberse comportado de manera grosera. Nuevamente serenados, el primo acompaña al agente inmobiliario a casa. Con gran alegría del primo (que ve una nueva posibilidad de olvidar rencores antiguos), el agente inmobiliario le invita a tomar la última copa, antes de volver al hotel.

Toman whisky en vasos largos. El agente inmobiliario enseña al primo los planos de la casa que siempre ha soñado con construirse y que, afirma, ahora ya no se construirá nunca.

–¿Por qué? –dice el primo, con los planos en la mano–. Constrúyela. Yo te dejo el dinero. Las cosas me van bien, ya lo sabes.

El agente inmobiliario vuelve a oscurecer la mirada.

–Ahora no tiene sentido. Era antes cuando soñaba con ella.

El primo agacha la cabeza y se calla. El agente inmobiliario le muestra algunos libros sobre la ciudad. El primo los hojea. De golpe, en un estante ve la foto de una mujer. La coge y la mira de cerca. El agente inmobiliario se indigna, se la quita y la vuelve a dejar en su sitio.

–Nunca me lo perdonarás –dice el primo.

–Pensé en matarte. –De golpe sonríe–. Pero no hay crimen perfecto: ya lo has visto hoy.

Los dos sonríen. De un cajón, el agente inmobiliario saca un estuche. Dentro, hay cinco pistolas (una de pedernal, dos de percusión, un revólver y una automática) que ha heredado de su padre. Le muestra, de las cinco, la automática. El primo palidece. El agente inmobiliario sonríe y le alarga el arma. Está descargada. Confuso, el primo coge la pistola por puro cumplimiento, la observa y, enseguida, la devuelve al estuche. Mira el reloj, se excusa y dice que se va. Como despedida, el agente inmobiliario le deja una guía de la ciudad, para que se acostumbre a ella.

Se estrechan la mano en el umbral de la puerta. Ya solo, el agente inmobiliario rompe algunos objetos de la casa: el espejo del trinchante, un jarrón mexicano y una cabeza de mujer que, pensándolo bien, nunca le ha gustado. Deja los objetos que el otro ha tocado (el vaso, los libros, los planos, la foto) donde están. Tira una silla, desgarra una cortina. Carga la pistola y la coloca apuntando hacia él, con los brazos estirados y con cuidado de no borrar, con las suyas, las huellas del otro. Se dispara un solo tiro, en el pecho. Cae de espaldas, a metro y medio de distancia de donde cae el arma.

Durante todo el juicio, el primo niega ser el autor del asesinato. Y cuando explica ante el juez la conversación de aquella noche sobre la posibilidad o imposibilidad del crimen perfecto, piensa que a él mismo le sería imposible considerar aquella conversación, breve y cortada, como indicativa de que el agente inmobiliario se ha suicidado sólo para inculparlo. Pese a todo, y sabiendo que no le ha de servir de nada, la explica. Igual que (sabiendo que la afirmación servirá sólo para que la acusación subraye que si ha dejado tantas pistas es para que todo el mundo piense, tal como él sugiere, que alguien que deja pistas tan claras no es el asesino) aduce que, si él hubiera matado a su primo, no habría dejado el arma en el lugar del crimen, ni pistas a mansalva.

Mientras el garrote le aprieta la garganta, piensa que lo que hacen con él es una injusticia, un crimen. Busca un adjetivo para calificar el sustantivo «crimen», un adjetivo que exprese la sensación de desamparo que siente; piensa en el adjetivo «absurdo», pero hay algo que le dice que aquello no es exactamente absurdo. Piensa que si, realmente, aquello no es absurdo del todo, quizá sea justo lo contrario (aunque, igualmente, no lo sea del todo): quizá sea «lógico», «perfecto», «matemático». Por un instante, le cuesta encontrar la diferencia entre antónimos como «lógico» y «paradójico». Piensa también que esta angustia por encontrar adjetivos no sabe exactamente si es un recurso para que los segundos corran más deprisa, y piensa al mismo tiempo que la dificultad que tiene para encontrar el adjetivo que busca y para conseguir definir la mezcla de rabia, tristeza e impotencia que le llena, es absolutamente explicable, dadas las circunstancias.

# NO ESTÉ TAN SEGURO

A las once de una mañana de septiembre, el señor A, jefe de personal, le llamó. I estaba despachando a un hombre que no acababa de decidir si la gabardina la quería gris o beige.

Una vez terminada la venta, I subió rápidamente. Como siempre, al lado de la máquina de café encontró a O charlando con una de las modistas. O le dijo a I que no corriese tanto, que era bueno hacer esperar a los patronos. I no supo qué responder, murmuró algo ininteligible y continuó subiendo escaleras. No sabía por qué le llamaba el jefe de personal y, como siempre que tenía que hablar con superiores, sentía un runrún en el estómago.

Llamó. Desde dentro, una voz le invitó a entrar. I abrió lentamente la puerta y se quedó junto a ella. El señor A levantó los ojos de un montón de papeles, sonrió y, con la mano, le indicó la silla que había al otro lado del escritorio.

–Tengo una noticia que creo que le alegrará –dijo.

Con una claridad absoluta, y aunque los labios del señor A ya habían dejado de moverse, I, además, oyó: «Se pondrá contento. Otros se pasan la vida pidiendo aumento de sueldo y éste lo ha conseguido enseguida. Los pusilánimes siempre salen adelante.» I oía claramente la voz del jefe de personal, y no le asustaba verle la boca inmóvil porque, desde hacía días, le pasaba a menudo: no le daba importancia: creía que era una fantasía, como si, ante cada cara que le miraba, jugase sin proponérselo a adivinar qué pensaba. I no sabía exactamente cuándo había empezado todo aquello. No hacía muchos años, siempre que iba en metro se distraía imaginando los pensamientos de la cara silenciosa que le tocaba en el asiento de enfrente. Que, últimamente, los pensamientos que leía en los cerebros de las personas concordasen siempre (salvo en casos de hipocresía socialmente convenida) con las palabras que decían a continuación, aún no había hecho que se diese cuenta de que ya no era él quien provocaba el juego, sino que, inevitablemente y sin proponérselo, oía los pensamientos de quien tenía ante él. Aquella misma mañana había oído cómo un cliente entraba a la tienda pensando pedir «los pantalones negros que hay en el escaparate de la derecha». Y, efectivamente, el cliente había pedido «los pantalones negros que hay en el escaparate de la derecha». La boca del señor A se había vuelto a abrir.

–Quiero que sepa que la empresa ha considerado conveniente subirle el sueldo.

I se quedó de una pieza. Había vuelto a ocurrir: sin que nada lo presagiase, había sabido que le iban a subir el sueldo. El señor A pensaba que I se había quedado mudo por la sorpresa que le había producido el aumento de sueldo, cuando, en realidad, el mutismo era resultado de haberlo sabido antes de que él se lo hubiese anunciado. «¿Por qué no dice nada este pazguato?», pensaba el señor A.

–Muchas gracias –dijo I.

–Hemos considerado que, una vez superadas las dificultades económicas que sufrió la empresa el año pasado, usted se merecía, por el interés demostrado en todo momento, que le subiésemos el sueldo, aunque fuese mínimamente. Y digo mínimamente porque, si bien las dificultades ya están superadas, la crisis todavía está ahí, y no se prevé que la podamos arrinconar, con el esfuerzo de todos, hasta dentro de unos años.

I puso cara de alegría, porque le parecía que era la cara que se esperaba que pusiese. No era hombre de muchas palabras y no sabía qué decir. Volvió a dar las gracias.

–Nada más, entonces. La empresa espera mucho de usted. Confiamos en que este aumento no sea sino un nuevo aliciente para que se aplique cada vez más en el trabajo de cada día. Usted es joven, y en esta empresa puede llegar lejos.

Al lado de la máquina de café, I volvió a encontrarse a O, esta vez solo. Antes de que intercambiasen alguna palabra, I ya había leído, como en una niebla, el pensamiento de O: «A ver si este pelota tiene alguna moneda.»

–¿Tienes alguna moneda para la máquina de café? –dijo O.

I se puso la mano derecha en las sienes y cerró los ojos. Claro que es perfectamente posible que alguien que está al lado de una máquina de café te pida una moneda para tomar uno. Pero, hacía un rato, en el despacho del señor A, ¿cómo había sido capaz de leer, antes de que el otro se lo dijese, que le habían aumentado el sueldo? Y, aquella mañana, ¿cómo había sabido precisamente que el cliente pediría los pantalones negros? I veía que no podía ser simplemente una cuestión de adivinanzas acertadas. No era posible que, en los cinco o seis días que hacía que aquello duraba, hubiese acertado el ciento por ciento. Aquellas voces neblinosas que oía no eran sino el eco de los pensamientos de los demás, que le rebotaban tranquilamente dentro del cráneo. No eran fruto de la intuición, ni conjeturas. Eran realmente los pensamientos de los demás. ¿Cómo era capaz de oír qué pensaban? ¿Era una especie de monstruo? Aquella extraña habilidad ¿no le acarrearía más molestias que ventajas? No poder desconocer nunca qué piensan los que te rodean... Como una confirmación, oyó nuevamente a O: «Le hablas y no te escucha. Sólo se trata con los patronos. ¿Qué nuevas horas extra sin cobrar le debe de haber ofrecido a A?» I levantó los ojos.

–¿Qué decías?

–Que si tienes alguna moneda para la máquina.

I se hurgó el bolsillo y no encontró ninguna.

–No –dijo.

«¿No? Seguro que la tiene y dice que no por roñoso», oyó I que pensaba O.

Tenía miedo. Lo que le había pasado con el cliente de los pantalones negros del escaparate de la derecha se convirtió en habitual. Antes de que los clientes pidiesen qué querían, I ya lo sabía. Sabía también qué pensaban todos sus compañeros, de él, de los demás, del trabajo, de los amigos, qué proyectos escondían. Fue descubriendo el tejido de odios, rencores, amores y malentendidos que había entre la gente que le rodeaba. Cuando el jefe de sección le llamaba desde el otro lado del mostrador, I acudía sabiendo qué le pediría. Alguna vez, anticipándose a la demanda del jefe de sección (y con gran asombro de éste), I acudía ya con la camisa, el talonario o la caja que el otro se proponía pedirle.

Como muchos fines de semana, el domingo por la tarde salió con E. Pero esta vez, después de ir al cine y pasear, I fue capaz, por primera vez, de actuar sin timidez ni miedo al rechazo, porque leía que los pensamientos de E estaban tan inflamados de deseo como los de él.

Empezó a usarlo. Después del domingo con E (y de otros domingos similares), un jueves de octubre supo leer qué había tras la sonrisa aparentemente protocolaria de una clienta, y no desaprovechó la oportunidad. Ni en aquella ocasión ni en todas las ocasiones parecidas que se presentaron mientras estuvo tras el mostrador.

A finales de octubre pidió hablar con el jefe de sección. Le denunció el truco ingenioso que la cajera había tramado para no contabilizar algunas de las ventas más sustanciosas y podérselas embolsar con total impunidad. Hacia Navidad hizo saber al jefe de personal que el jefe de sección filtraba información sobre la línea de diseño de la siguiente temporada otoño-invierno (y sobre los proveedores que les suministraban ropa) a una importante tienda de la competencia, nueva e interesada en hacerse un nombre copiándoles el estilo. En junio ya era jefe de sección, y controlaba a sus subordinados con una perfección absoluta. Sabía quién le odiaba, quién le menospreciaba, quién le valoraba. Descubría cuándo un dependiente se escaqueaba, quién había ido al lavabo justo para descansar un rato, quién tenía la intención de llevarse un abrigo a casa. Relegó a O al almacén, al lugar más bajo que encontró en él. Una sastra que I había despedido después de una semana de baja por falsa enfermedad le dijo, mientras recogía las cosas que le quedaban en la taquilla:

–Parece que nos lea el pensamiento.

Gracias a esta facultad desarrolló un astuto juego de ascensos y de arrinconamientos que le permitieron, en septiembre, ser él mismo el nuevo jefe de personal. La mañana del día en que había de tomar posesión del nuevo cargo, I se sentía especialmente feliz. Conocería finalmente al señor U, director de la empresa, a quien hasta entonces sólo había visto de lejos, un par de veces. Y luego conocería al consejo de administración. Nada podría detenerle, una vez conociera, uno por uno, a los miembros del consejo y supiera sus virtudes y sus miserias, todos y cada uno de sus secretos. Y con más razón todavía si se tenía en cuenta que tanto el director como el consejo de administración tenían que estarle agradecidos por haber sabido parar a tiempo el proyecto de desfalco que el señor A, jefe de personal, tenía entre manos.

–Con este nombramiento, señor I, no hago más que premiar la fidelidad que ha demostrado a esta empresa. Usted puede llegar muy lejos. Sólo hay que ver, si no, la carrera que ha hecho en esta casa, sobre todo en el último año.

I estaba ante el señor U. Ya no sentía con tanta fuerza aquel runrún en el estómago. Aun así, todavía le impresionaba encontrarse ante superiores. La prueba era que no conseguía oír los pensamientos de U. ¿O acaso aquel hombre no pensaba?

–Muchas gracias, señor U, pero creo que no incurro en falsa modestia si le digo que no he hecho sino cumplir con mi obligación –contestó I, contento de haber aprendido, en aquellos meses, a dar respuestas formularias. Se frotaba mentalmente las manos: le sería fácil acabar con aquel imbécil que tenía ante él y, al cabo de unos meses (un año a lo más), estar sentado al otro lado del escritorio.

–No esté tan seguro –dijo U, mirándole de hito en hito–. Le costará más de lo que se cree.

# ANÍS DEL MONO

El señor Nonell había comido en un restaurante con quien consideraba su mejor amigo. Habían celebrado que el señor Nonell cumplía setenta y tres años. Como hacía tiempo que no comía de manera opípara ni bebía, llegó a casa un poco alegre. A pesar de ello, abrió la puerta sin muchos problemas: durante todo el trayecto, desde que, poco después de salir del restaurante, se dio cuenta de que había bebido en exceso, se imaginaba, como en las películas, luchando por meter la llave en la cerradura. La euforia hacía que se sintiera en ese estado de espíritu que invita a tomar todavía otra copa. Por eso, fue a la habitación (dormitorio y estudio al mismo tiempo) y, del armarito de las bebidas, antiguamente bien surtido, sacó la botella de anís, la única que había desde que el médico le prohibió el alcohol.

La encontró vacía. Hacía tiempo que sospechaba que, de vez en cuando, Matilde echaba sus traguitos. Pero nunca había encontrado la botella vacía del todo; y esta vez, reflexionó, la había encontrado así porque, desde hacía semanas, por primera vez en décadas y no sin sufrimientos, el señor Nonell no había probado ni una gota de alcohol. Se montó la película rápidamente: Matilde había ido bebiendo un trago hoy, un trago otro día, en la creencia de que, entre cada dos de sus tragos, el señor Nonell también bebía: convencida de que cada vez rebajaba sólo un poco el nivel de la botella, al ignorar que el señor Nonell no bebía en absoluto, poco a poco había acabado sola con ella.

El señor Nonell nunca se había preocupado mucho por aquellos tragos de anís robados. Matilde estaba a su servicio desde hacía cuarenta y siete años y siempre había sido una sirvienta ideal. Aquel mediodía, sin embargo, el señor Nonell se sintió profundamente herido. Si había tenido la fuerza de voluntad de no beber ni una sola gota durante semanas, lo mínimo que podía pedir, un día que volvía a casa después de una gran comida y dispuesto a tomar una (una única) copa más, era precisamente eso: poderla tomar.

Hablarle cara a cara del asunto le parecía poco digno. Decidió pillarla. Aquella misma tarde fue al supermercado y compró una nueva botella de anís. En casa, se sirvió un vasito e hizo una marca disimulada en la etiqueta del cuello, para señalar el nivel y poder así certificar cuándo y cuánto bebía. A lo largo del día, siempre que Matilde trabajaba por la habitación (bien haciendo la cama, bien colocando los libros que él había consultado el día anterior), el señor Nonell no le quitaba el ojo de encima.

Pese a no haberla pillado, al día siguiente la botella había bajado de nivel. Pensó, en consecuencia, que quizá Matilde no se arriesgaba a hacer la sisa mientras él estaba despierto. Debía de hacerlo por la mañana, antes de las diez, que era cuando abría las cortinas de par en par para despertarle. Cada día, pues, el señor Nonell se levantaba antes que Matilde, y estaba al acecho, disimuladamente. No la veía nunca actuar. Sólo había dos posibilidades: o bien sin darse cuenta se volvía a dormir antes de que ella entrase para abrir las cortinas, o bien ella no echaba el trago a aquella hora. Y, en cambio, cada mañana, el nivel de anís había bajado un dedo. Esto le hizo suponer que quizá cometía la indignidad antes de irse a dormir, no cuando se levantaba.

Al cabo de tres semanas, el señor Nonell se sentía del todo burlado. Obsesionado, no se iba a la cama hasta que tenía la certidumbre de que Matilde hacía rato que estaba dormida. Se levantaba antes que ella, y se pasaba el día vigilando el armarito. Cuando Matilde se acercaba a él con la excusa (ahora ya le parecía muy claro que era una excusa) de quitarle el polvo, le tenía el ojo encima todo el rato. Y cuando ella chascaba la lengua (porque le parecía que la actitud y la cara tensa del señor Nonell denotaban chochez), él interpretaba este chasquido como una muestra de la molestia que le producía sentirse controlada y, en consecuencia, no poder darle un traguito a la botella más que a escondidas. De noche, el señor Nonell soñaba que, además de no poder beber, tenía que contemplar cómo el nivel de la botella disminuía constantemente, y la ira que esta burla le provocaba hacía que la úlcera se volviese grande, cada vez más grande, tan grande que al final ya era más grande que él mismo. Se moría sin aclarar el asunto y, desde el ataúd que habían colocado sobre la cama, rodeado de cirios, veía finalmente cómo, entre las sombras, Matilde se acercaba al armarito, sacaba la botella y daba un sorbo. La ira, en esta parte del sueño, no se la provocaba el hecho de haberse muerto sin pillarla, sino el de estar muerto y, por tanto, pese a haberla pillado, no poder decir ni hacer nada.

El señor Nonell empeoraba. Ahora ya se pasaba la mayor parte de las horas en la cama, incapaz de levantarse, y Matilde había tenido que añadir, a las labores de sirvienta, las de enfermera. El señor Nonell, sin embargo, no le quitaba el ojo al armarito y cuando, una vez al día, se levantaba con esfuerzo para comprobar el nivel del anís en la botella, veía que, indefectiblemente, éste había disminuido. El señor Nonell empezó a creer que, aunque le resultase difícil precisar cómo y por qué, había una relación directa entre el nivel de líquido de la botella y la vida que le quedaba. Cuando finalmente en la botella hubo apenas un dedo, el señor Nonell optó por una solución drástica: en un momento en que Matilde bajó al mercado, envenenó el anís. Se fue a dormir con una sonrisa no muy diferente de la que, al día siguiente, le descubrió en los labios Matilde cuando lo encontró muerto.

# LA CALIDAD Y LA CANTIDAD

JUNIO

Todo el mundo le llamaba Morell. Ya en la escuela era Morell para todo el mundo. En la universidad, cuando todos los demás compañeros de clase alcanzaban aquel grado de amistad que lleva a la gente a llamarse por el nombre, a él continuaban llamándole Morell. En las oficinas de la compañía naval donde ahora trabajaba, mientras los demás eran Josep, Joan o Maria, él era Morell. Incluso Babà le llamaba por el apellido, aunque fuese en esos momentos de mayor intimidad y arañazos en la espalda.

Nada más alejado de la realidad que pensar que fuese arisco ni que gastase humos de ningún tipo. Era todo lo contrario: simpático y amigable. Babà estaba encantada con él. Sobre todo porque, en los últimos cuatro años, había pasado por una ristra de novios depresivos, de los que se pasan todo el día buscando hombros donde llorar.

Aquella noche estaban en el pisito de Morell: una única sala grande (que hacía las veces de dormitorio, comedor y despacho), una cocina y un baño. Estaban sentados en la cama. En el suelo, una botella de champán y dos copas. Y sobre las sábanas, entre los dos, un castillo de cartas que Morell iba montando con eficiencia de profesional, para su sorpresa y para felicidad de Babà, que se reía del embelesamiento de Morell ante aquella habilidad recién descubierta. A punto de colocar la última carta del castillo, Babà se rió demasiado fuerte, hizo temblar el colchón, y el castillo se cayó al suelo. Morell simuló enfurecerse, y Babà se apresuró a fingir que le pedía perdón a base de marrullerías.

Cuando Babà fue hacia el lavabo, Morell se levantó también de la cama. Apiló un montón de postales que había en el estante, bajo la ventana. Y el cenicero lo colocó paralelo al borde. De manera metódica, Morell odiaba el desorden.

Para ventilar la habitación abrió las cortinas y la ventana. Fuera, la noche era absoluta: la negrura del cielo y la del edificio de enfrente eran una mancha sin solución de continuidad. A aquellas horas, quedaban sólo tres balcones iluminados. Uno tenía las cortinas echadas: el de aquella familia del primer piso, que se pasaba el día peleándose. Otro (el del ático) era demasiado alto para ver otra cosa que un chico que, de vez en cuando, salía a fumar un cigarrillo. El tercer balcón caía justo a la altura de la ventana de Morell. Era el de un apartamento que había estado vacío durante meses y donde, desde hacía cosa de tres semanas, vivía aquella chica que trabajaba en el mismo edificio que Babà, pero en otra empresa. La habían visto por la calle un día en que volvían del cine, y Babà y la chica se habían saludado con una sonrisa. Ahora estaba sentada en la butaca roja, como tantas veces, leyendo una revista.

En cuanto llegaba a casa, en un ritual ineludible Morell se duchaba. Era como si, con el agua, se escurriesen por el sumidero todas las tensiones del día. Luego se vestía con pantalones cortos y una camisa. Iba con los pies descalzos: le gustaba sentir el frío del mosaico en las plantas de los pies. Ahora bebía un vaso de agua fría, y veía la tele. Ponían un partido de balonmano. Luego la apagó y hojeó un libro de fotos de Terence Donovan. Cuando levantó los ojos y miró el reloj, eran las seis y media. Demasiado tarde para llamar a

Babà al trabajo y demasiado pronto para encontrarla en casa.

La encontró a las siete. Quedaron en verse. La chica iría a cenar a su casa. Cenaban y dormían en casa de Morell tres o cuatro veces a la semana. Nunca en casa de la chica, que vivía con tres amigas en un piso donde la densidad de habitantes era más grande y, por tanto, había un ambiente menos propenso a los pourparlers.

A las nueve llegó Babà. A las nueve y media habían acabado de poner la mesa y se sentaban a ella. Exactamente siete segundos más tarde (cuando Morell tenía la primera cucharada a medio camino entre el plato y la boca), Babà le pidió la pimienta. Morell tragó saliva y dejó la cuchara en el plato. Era un hábito de la chica: apenas sentados a la mesa recordar que quería alguna cosa que no estaba en la mesa. Morell estaba todavía, sin embargo, en esa fase amorosa en que todo se perdona. Se levantó y fue hacia la cocina. Cuando, al volver, pasó ante la ventana, miró hacia el edificio de enfrente y vio a la vecina, sentada, no en la butaca roja esta vez, sino sobre la cama, con un vaso en la mano.

Dos días más tarde, Morell estaba apoyado en la ventana, contemplando cómo se peleaba la familia del primer piso del edificio de enfrente. Sobre el fondo sonoro de los llantos de dos criaturas (que era lo único que le llegaba, lejano, a los oídos), el marido caminaba de un lado a otro de la habitación, moviendo los brazos con ira, mientras la mujer se dedicaba a tirar jarrones contra la pared, uno tras otro. Morell se preguntaba de dónde sacaba aquella mujer tantos jarrones. Hacía cosa de cinco minutos que la observaba y ya había roto un montón.

Al acabar, Morell miró hacia la habitación de la chica y, como en un sueño, le pareció verla desnuda, caminando de derecha a izquierda de la sala. No podía creer lo que veía. El contraste entre las habitaciones, donde las luces aún no estaban encendidas, y la calle, donde la claridad era considerable, hacía que los interiores fuesen neblinosos.

El sábado y el domingo, Morell y Babà fueron a la costa, a un apartamento de los padres de ella, aprovechando, precisamente, que no estaban. El lunes por la tarde, después de haber telefoneado a Babà, Morell se instaló en la ventana. Hacia las siete, la vecina llegó, dejó las cosas sobre la cama y desapareció hacia la derecha. Salió de allí con un vaso en la mano. Se sentó en la cama. Y, mientras se desnudaba, iba dando sorbos al vaso.

Morell se sintió culpable de violar su intimidad. Enseguida, sin embargo, razonó que no hacía nada punible: estaba en la ventana de su casa, mirando lo que tenía ante los ojos. Ningún tribunal, pensó, habría encontrado nada condenable. Todo el mundo tiene derecho a estar en su casa, tomando el fresco en una tarde de bochorno. Y, si acaso la vecina tenía algún problema con que la viesen, habría podido arreglarlo fácilmente: hubiera bastado con correr las cortinas. Entonces, Morell se fijó. El balcón de casa de la chica no tenía cortinas. Por lo que se veía, había arreglado la casa con el mínimo de muebles. Morell fijaba los ojos con fuerza, pero apenas podía distinguir los objetos.

Cosa de una hora más tarde, se fueron encendiendo las luces de los pisos. La chica se instaló en la butaca roja, con un libro en las manos. A Morell le hubiera gustado saber cuál. Justo en aquel momento sonó el timbre. Babà llegó, sudada y famélica.

–¿Qué hay de cena?

–¿De cena?

–Hemos quedado en cenar, rey.

–Enseguida me pongo.

–¿Cuál es el más potente de todos?

Finalmente, Morell se quedó con uno que servía para mirar las estrellas.

En casa, comprobó que, tal como le había dicho el dependiente, el montaje era facilísimo. Para entrenarse, dio un repaso a todos los balcones del edificio. En el segundo piso, en un balcón un niño jugaba con un cubo que tenía, serigrafiadas, cantidad de estrellas de mar.

Cuando, alrededor de las siete menos cuarto, la chica llegó a casa, Morell ya estaba con el ojo a punto. Pese a la oscuridad del interior de la sala, vio cómo dejaba una bolsa sobre la cama y se desnudaba. Luego fue hacia la puerta de la derecha, de donde salió con un vaso lleno de un líquido anaranjado en la mano, bebiendo lentamente. Aquella puerta, la de la derecha, debía de ser, entonces, la de la cocina. A continuación fue hacia la puerta de la izquierda. De donde, un cuarto de hora más tarde, salió en albornoz. Morell fue dibujando, mentalmente, el plano de la casa: a la izquierda, el lavabo; a la derecha, la cocina-comedor; y al fondo, después del pasillo y fuera de su visión, la puerta de entrada. Estaba fascinado: si con tan poca luz veía tan claramente lo que pasaba allí, cuando la calle se oscureciera e iluminasen el interior de las casas la visibilidad sería perfecta.

Efectivamente. Cuando, hacia las nueve de la noche, las luces de la habitación de la chica se encendieron, Morell quedó fascinado: la visión era perfecta. Veía cada detalle con claridad cinematográfica: hasta el brillo de la tela de la butaca roja. La cama y la mesilla de noche, que, colocados contra la pared del fondo, le parecían lejanos, quedaban ahora casi al alcance de la mano.

Hasta las doce y pico la chica no se metió en la cama. Antes apagó la luz de la habitación y encendió la de la mesilla. Leyó, durante una hora, un libro de tapas negras y letras blancas. Morell consiguió descifrar su título: *The Black Path of Fear*. Lo que no consiguió leer fue el nombre del autor, porque iba en un cuerpo de letra bastante más pequeño.

Cuando la chica apagó la última luz, Morell decidió dejarlo. Recogió el telescopio, lo guardó en el armario y se fue a dormir.

El problema era que no podía usar el trasto cuando Babà estaba en el piso. Para espaciar las visitas de la chica, empezó a alegar atascos de trabajo; para compensar, hablaba con ilusión de las vacaciones que se tomarían en septiembre, las primeras que Babà y él pasarían juntos.

Pronto, Morell se supo al dedillo los horarios de la vecina, hasta el punto de que no le hacía falta empezar a mirar antes de tiempo. Aquella noche, como casi siempre, llegó alrededor de las siete menos cuarto. Dejó la ropa sobre la cama. A continuación se duchó. Cuando salió del baño, recogió inmediatamente la ropa y se vistió con una camiseta y unos tejanos. Entró en la cocina y no salió hasta cerca de una hora más tarde. Alisó el cubrecama, ordenó la mesita, encendió las luces y se sentó en la butaca roja. Cinco minutos antes de las nueve, la chica se levantó de un salto, atravesó la habitación hacia el fondo, desapareció por el recodo del pasillo y volvió, instantes después, acompañada de un chico.

Morell se estremeció. Por una parte la situación se ponía más interesante que nunca, y por la otra veía claro que aquél era el momento de dejarlo correr, telefonear a Babà para salir a dar una vuelta y olvidarse de todo, en vez de quedarse allí, observando aquel teatro privado donde ahora, de momento y desde hacía rato, no había nadie. Porque los protagonistas debían de estar en la cocina, cenando. Morell se levantó y fue, él también, hacia la cocina.

No tardó nada en volver junto al telescopio. Todo continuaba igual: la pareja en la cocina y la habitación vacía. ¿Y si, llevados por algún tipo de exotismo, estaban ya en pleno éxtasis amoroso, en la misma cocina?

A las diez y siete minutos entraron en el dormitorio, riéndose y con una copa en la mano. La chica puso un disco y empezó a bailar al ritmo de una música que Morell no oía. Era frustrante ver cómo hablaban y no saber qué se decían. Le hubiera gustado saber leer los labios. Ahora el chico se había sumado al baile de la chica. Pronto, sin embargo, lo dejaron y fueron acercándose, lentamente y sonriéndose, a la cama.

Aquel chico visitaba a la vecina aproximadamente un par de veces a la semana. Alguna otra vez venía otro. Morell comprobó que no había manera de poder prever exactamente qué día irían. La primera semana, el habitual fue el lunes y el jueves; el otro, el viernes. La segunda, el habitual el martes y el sábado; el otro no fue. La tercera semana, el habitual el martes; el otro, el domingo. Aunque Babà estuviese en casa, Morell comprobaba a simple vista si la vecina dormía acompañada o no.

Una noche en que Morell había aplazado un encuentro con Babà con una excusa fútil, la vecina estaba en la barandilla del balcón, acompañada por el habitual. A ratos miraban el cielo, a ratos la calle. Dejando vagar la mirada, la vecina la fijó en la ventana de Morell un instante breve: apenas décimas de segundo. A Morell le bastó y sobró para asustarse. Quizá le había visto, a pesar del cuidado que había puesto en no encender ninguna luz. Pero, si hubiese sido así, pensaba mientras recogía el telescopio, no habría continuado como si nada con el novio. Aquella noche, Morell soñó que miraba por el telescopio y veía que el hombre que visitaba a la chica no era ni el habitual ni el otro, sino él mismo, que cuando la tenía delante, al alcance de la mano, la encontraba poco atractiva, con una piel excesivamente porosa, que olía a recién nacido.

Pronto, Morell empezó a hartarse de la historia. Volvió a invitar más a menudo a Babà a casa. Muchos días, cuando salía del trabajo, antes de ir hacia casa iba al cine y, luego, paseaba. A menudo, antes de subir al piso, pasaba por la charcutería de la esquina, y se entretenía mirando cervezas, licores, embutidos. No le gustaba nada cocinar. Por eso, las cenas frías eran habituales. Aquella noche llegó a casa a las ocho y cuarto. Dejó la comida sobre el mármol de la cocina. Babà no llegaría hasta las ocho y media. Empezó a preparar la cena; a las nueve ya estaba lista. Como aún faltaba media hora para que llegase Babà, puso un rato el telescopio.

Se quedó helado. Apuntando hacia él, en la habitación de la chica había un telescopio. Y la chica detrás, mirando. Morell sintió que las baldosas del suelo se hacían pedazos. Enseguida Babà llamaría a la puerta y se encontraría allí, expuesta a aquel telescopio que la observaba desde el balcón de enfrente. Morell no sabía qué hacer. ¿Cerrar las cortinas? Si cerraba las cortinas, era seguro que la chica se irritaría e instalaría otras en su casa, en justa venganza. Todo aquello se había convertido ya en un reto clarísimo. Tú me miras: yo te miro. Ella no había comprado un telescopio por pura casualidad. Era porque le había visto mirándola.

Estaba bien claro que tenía que corresponder a la curiosidad de la vecina igual que ella, voluntariamente o no, había correspondido a la suya. Mientras empezaba a valorar positivamente los términos de este pacto, se dio cuenta de que corría un peligro suplementario: si el telescopio de la chica era lo bastante potente (por el aspecto lo parecía) podría reconocer a Babà: las dos trabajaban en el mismo edificio. ¿No aprovecharía la vecina alguna oportunidad, algún encuentro en la puerta del ascensor, para explicarle las actividades de Morell? Después de unos segundos de reflexión,

Morell consideró el problema desde una nueva perspectiva, más tranquilizadora: como había instalado también un telescopio, la vecina ya no tenía más derecho a escarnecerle a él que él a escarnecerla a ella.

Morell plegó el telescopio y lo guardó en el armario. Y, lentamente, como si la lentitud fuese una demostración de serenidad, acabó de poner la mesa. No era exactamente desconcierto lo que sentía. Era una mezcla de sufrimiento y gusto.

Encontró a Babà más guapa que nunca. Después de cenar, mientras se metían en la cama, Babà le pidió que corriese las cortinas.

–Nos verán.

–¿Desde dónde? El edificio de enfrente está demasiado lejos para que nos vean. No cerremos. Hace calor y así entra un poco de aire.

Aquella noche, espoleado por la mirada intuida de la vecina, Morell actuó por encima de la media habitual. Cuando acabó, como el niño que muestra el dibujo que acaba de hacer, se acercó a la ventana y miró. Le pareció verla, junto al telescopio. (Pero con aquella oscuridad también le habría podido parecer que no estaba allí.) Estaba contento. Al día siguiente, no solamente la miraría, en la cama, sino que sabría que ella sería consciente de que la miraba.

A las siete, Morell se colocó ante el telescopio. La chica ya había llegado. La vio salir del baño, con el albornoz puesto. Cuando se lo quitó, tardó en vestirse, como si se mostrase. Y se vistió lentamente para que tuviese la oportunidad de comprobar todas y cada una de las fases de aquel striptease al revés, pensaba Morell. Luego, la chica se acercó al balcón con un vaso en la mano. Miró los coches que pasaban, un tendero que bajaba la puerta metálica, y a él, con una sonrisa.

A las nueve desapareció por el recodo del pasillo. Cuando volvió, no lo hizo con ninguno de los novios que Morell le conocía, sino con dos desconocidos, uno de los cuales acarreaba un montón de libros. Morell, creyendo por un momento que la cosa iba de reunión de trabajo o de estudio, se sintió decepcionado y estuvo a punto de desertar del telescopio. Afortunadamente no lo hizo: un cuarto de hora más tarde, los tres estaban en la cama, mientras Morell meditaba cómo conseguiría, al día siguiente, igualar como mínimo la jugada.

Proponerle a Babà meterse en la cama con él y con otro u otra le pareció del todo desmedido. Morell sabía que Babà debía de salir, más o menos de vez en cuando, con otros hombres, igual que él con otras mujeres (aunque, últimamente, con la manía del telescopio, no había dedicado ninguna atención a las novias menos usuales). Pero, en cualquiera de los casos, una propuesta así no le haría ninguna gracia a Babà. Sobre todo sin haberle explicado antes el porqué; y explicárselo, a estas alturas, le parecía imposible.

Se pasó la mañana seleccionando anuncios: «Señora recién casada, con problemas económicos. Recibo de 10 a 3 de la mañana. Teléfono...» «Particular. Soy joven, esbelta y muy atractiva. Teléfono...» «Muñeca catalana. Dulce. Hago de todo. Teléfono...» «Separada de 28 años busca acompañante para aprovechar las noches de verano. Teléfono...» «Anna. 19 años. Preciosa. No profesional. Te espera en su piso particular. Sólo señores solventes. Máxima discreción. Calle...» «Viuda casera. Teléfono...» «Mari y Pat. Completo: 3.000. Dúplex 6.000. Griego: 8.000. Abierto de 9 a 9. Sábados también. Teléfono...» Esto ya se acercaba bastante a lo que le interesaba. Dio un repaso a otros anuncios similares: «Dora y Lídia. Juntas: 5.000. Calle...» «Irene y Tània. Jovencísimas y con clase. Teléfono...» «Beda, negra, y Mari, blanca. Lo hacemos todo. Calle...» «¿Por qué no? Eva, 18 años, y Marisol, 23 años. Teléfono...» «Somos dos estudiantes, de 18 y 19 años. Máxima discreción. Calle...» Finalmente eligió el que le pareció más ajustado a lo que necesitaba: «Somos dos amigas. De 18 y 24 años. Control sanitario. ¿En nuestro apartamento o en el tuyo? También hotel. Teléfono...»

Marcó el número de teléfono y concertó cita para aquella noche, a las nueve y media. (Morell consideró que las nueve y media era una hora bastante discreta: la escalera no estaría llena de madres volviendo de buscar a los niños del colegio, como a las siete, ni despertaría sospechas, como a las doce.)

Las chicas eran más atractivas de lo que había imaginado. Las dos morenas. (Sin saber muy bien por qué, siempre había imaginado los dúplex de señoras formados por una rubia y una morena, aunque una de las dos fuese teñida.) La más alta (le dijo que se llamaba Mari) le pidió, mientras se repantigaba contra los cojines, que corriese las cortinas. Morell alegó calor y claustrofobia.

–¿Claustrofobia? –dijo la otra (que se llamaba Paqui), torciendo el gesto, como si no acabase de ver claro si la claustrofobia era una venérea–. Vete metiéndote en la cama con las cortinas abiertas y un día te encontrarás con un chantaje.

–Para que alguien te quiera hacer chantaje, hay que tener mucho dinero.

–Hablando de dinero, por cierto...

Morell pagó disimuladamente, tratando de ocultar, con el cuerpo, el intercambio de billetes. Antes de que se diese cuenta, las dos ya estaban en la cama, desnudas y esperándole. A Morell, aquel «venga, vamos» no le gustó. La vecina no lo encontraría excitante. Para compensar, puso especial cuidado.

Mientras esperaban el segundo round, Morell se lamentaba de que quizá la vecina deduciría que eran putas; no por la manera de vestir, ni por el maquillaje (muy discreto), sino por aquel excesivo ir al grano. Paqui le pidió bebida. Morell le sirvió un whisky. Mari fue al lavabo. Morell se quedó sentado en el borde de la cama mientras Paqui, con uñas larguísimas, le acariciaba el interior del muslo. Morell no se hacía a la idea. ¿Cómo podía estar en la cama, con dos señoras que, francamente, le interesaban más bien poco, sólo para que la vecina, ¡la vecina!, le viese? Fuera cual fuese el tipo de competición que, sin palabras, habían establecido, suponía que ya había llegado al límite. Se levantó de la cama y fue hacia la ventana. Todo estaba oscuro. Si incluso costaba distinguir a la chica y el telescopio, resultaba absolutamente imposible saber si ponía cara de satisfacción o no. De golpe, le pareció que la vecina se levantaba. Supo que, efectivamente, se había levantado porque la luz de la cocina proyectó, inmediatamente, un rectángulo de luz sobre la habitación. Justo en el centro destacaba el telescopio. Muy pronto, el rectángulo desapareció y la oscuridad todavía fue más absoluta.

–¿Qué miras tanto rato? –dijo Paqui, removiendo el hielo del vaso de whisky.

Morell se volvió. Paqui le lanzó un beso y, con la mano, le invitó a acercarse.

Se pasó toda la noche pensando que la vecina debía de haber intuido que las chicas estaban pagadas. Seguro que lo había considerado una estafa. Y aquella estafa, estaba convencido, debía de haberla irritado hasta el punto de que nunca más habría telescopio. Quizá aquella misma tarde (o aquella misma mañana, mientras él estuviese en la oficina) la chica haría colocar una cortina en el balcón.

Después del trabajo, Morell pasó por la charcutería. Junto a la puerta había una maquinita con tíquets con el número de tanda. Cogió uno: el 93. Lentamente, la tienda fue vaciándose, hasta que sólo quedó, delante de Morell, el 92: una chica que compraba jamón, morcón y vino. Cuando se volvió para irse (y mientras el dependiente gritaba: «¡Noventa y tres»!), Morell se quedó atónito. Y ella también. Desde que había empezado todo aquello, por primera vez se veían cara a cara y de cerca, no sólo ópticamente sino también físicamente. La chica le pareció bellísima, y mucho más joven de lo que recordaba. Si hubiese tenido coraje, habría hablado con ella. Pero que le sonriese le acabó de desarmar. Mientras la chica se iba, Morell oía cómo el dependiente cantaba, dos veces, su número de tanda.

Tal como había supuesto por la sonrisa de aquella tarde en la charcutería, la vecina no había instalado ninguna cortina. Aquella noche, sin embargo, en la cama de la chica no hubo invitado. ¿Era que daba por acabada la competición? No podía ser. Morell sentía que ahora tenía sobre los hombros la responsabilidad de apretar el tornillo un poco más.

Por la mañana se pasó horas dando vueltas a la idea. Al mediodía, mientras comían, habló de ello con Joan. Morell proponía telefonear a una novia que hacía tiempo que no veía, una chavalita de Reus muy aficionada a estos números. Si Joan traía a otra...

–No querrán.

–Intentémoslo.

Morell se pasó la tarde preparando el escenario. Y champán y marisco, no tanto porque creyese en las virtudes afrodisíacas de que tienen fama como porque, precisamente por esa fama, las chicas verían enseguida de qué iba la cosa y, llegado el momento, no se sorprenderían. Mientras ponía las copas pensó que sería horrible que precisamente aquella noche la chica tuviese visitas y no pudiese sacar el telescopio para mirarles.

No fue así. La vecina estuvo sola y con el telescopio

puesto. En el escenario, Joan, Marta (amiga suya), Alícia (antigua novia de Morell) y él. Los números les salieron peor de lo que Morell había soñado y mejor de lo que las circunstancias hacían suponer.

Como mínimo, el espectáculo había sido «sincero», pensaba Morell al día siguiente, mientras soportaba la efusión de Joan, decidido (después del éxito de la empresa, que consideraba total) a montar shows de aquéllos un día sí y el otro también. Morell, sin embargo, tenía la cabeza en otro sitio: una de aquellas noches, pensaba, la chica tendría, por lo menos, que igualarle la jugada. ¿O quizá había decidido rendirse? A media mañana, Morell (impaciente por ver si aquella misma noche la vecina subía la apuesta) telefoneó a Babà, para decirle que, contra lo que habían acordado hacía unos días, aquella noche no le iba bien que se vieran. Babà le tranquilizó: precisamente ella estaba a punto de telefonearle porque también tenía cosas que hacer.

Por la noche, Morell montó el telescopio en cuanto llegó a casa. Se pasó todo el rato fumando, sobre la cama, que todavía olía a la noche anterior. A las siete menos cuarto, como de costumbre, llegó la vecina. Antes de desnudarse, se dirigió al balcón y le miró, sonriente. Morell también sonrió.

Cerca de las diez, la chica fue hacia la puerta del piso. Volvió acompañada de Babà.

# EL PORQUÉ DE LAS COSAS

Sir, –Jean Giraudoux (in *Siegfried et le Limousin*, Chapter 2) raised the interesting question of how, sometimes, minor mysteries in one's life are suddenly if belatedly explained. He adds:

*Je ne désespère pas de voir se résoudre un jour, en Océanie ou à Mexico, quelques autres énigmes de mon passé; un noeud finit toujours par se défaire du simple dégoût d'être un noeud. La seule d'ailleurs qui me préoccupe vraiment est l'énigme Tornielli; cet ambassadeur en exercice, que je voyais pour la première fois à la distribution des prix du concours général, me fit signe d'aller à lui et me glissa dans la main un oeuf dur.*

My intensive research on the Tornielli Enigma has so far yielded only the information that Count Giuseppe Tornielli Brusati di Vergano (1836-1908) was Italian Ambassador in Paris from 1895 to 1908. The obvious unanswered questions are: was Giradoux actually handed a harboiled egg by the ambassador of a foreign Power? or did he play on the reader the French trick of dissociating «le narrateur» from «l'auteur»? If the former, did Giradoux die without elucidating the Tornielli Enigma? Or has someone else cleared it up?

I wonder if any of your readers knows the answers.

Marqués de Tamarón, carta al director publicada en el *Times Litterary Supplement* el 28 de enero de 1983

# LA HONESTIDAD

Empujando un carrito con una bandeja en la que hay un vaso de agua, un frasco de cápsulas, un termómetro y una carpeta, la enfermera entra en la habitación 93, dice «Buenas tardes» y se acerca a la cama del enfermo, que yace con los ojos cerrados. Lo mira sin excesivo interés, consulta el portapapeles que pende de los pies de la cama y donde están las indicaciones de lo que hay que hacer, saca una cápsula del frasco que lleva en el carrito y, mientras coge el vaso de agua, dice:

–Señor Rdz, es hora de la cápsula.

El señor Rdz no mueve ni un párpado. La enfermera le toca el brazo.

–Vamos, señor Rdz.

Con los presentimientos más negros, la enfermera coge la muñeca del enfermo para tomarle el pulso. No tiene. Está muerto.

Guarda la cápsula en el frasco, arrincona el carrito contra la pared y sale de la habitación. Corre hasta el mostrador de control de esa ala del hospital (la D) y le anuncia a la enfermera jefe que el paciente de la habitación 93 ha muerto.

La enfermera jefe mira el reloj. No le va nada bien que se le haya muerto un paciente en este momento. Le falta un cuarto de hora para irse, y hoy más que nunca le interesa salir puntual porque por fin ha conseguido que el novio de su mejor amiga le haya dicho que se vieran, con la excusa de hablar, justamente, de su amiga. Aunque ella sabe (precisamente por las confesiones de esa amiga suya) que es hombre que no se anda por las ramas, que hablar es lo que menos le interesa en el mundo, y que si la ha invitado a cenar en su casa es, sin la menor duda, para empalarla a los pocos minutos, encima de la mesa mismo, entre las velas y los platos de espaguetis, si es que, como casi siempre (lo sabe por su amiga), ha preparado espaguetis para cenar. Y lo espera con ansia. Por eso, si anuncia que el enfermo de la habitación 93 se ha muerto, lo quiera o no tendrá que quedarse un rato más, aunque ya haya llegado el turno siguiente, el que empieza justo dentro de un cuarto de hora. Las muertes traen papeleo. Son cosas que no se solucionan en un momento. Y eso significa llegar tarde a la cita. Claro que puede llamar al novio de su amiga, explicarle lo que le pasa y proponerle que se vean más tarde, u otro día. Pero la experiencia le ha enseñado que los aplazamientos de las primeras citas suelen ser fatídicos. Que cuando una cita se aplaza por un motivo, la vez siguiente se aplaza por otro. Y, hoy por una cosa y mañana por otra, el aplazamiento se vuelve definitivo. Además, ha sido un día terrible y tiene unas ganas locas de acabar, ir a casa de él y dejarse hacer.

Si se tuviesen más confianza, podría decirle (a la enfermera que ha encontrado al paciente muerto) que haga como que no se ha dado cuenta. Así lo descubriría una de las enfermeras del próximo turno, y de las complicaciones posteriores se encargaría la siguiente enfermera jefe. A los del próximo turno lo mismo les da. Apenas habrán comenzado a trabajar, y encontrar un muerto no les arruinará la jornada. De esta manera ella se libraría del asunto y llegaría puntual a su cita. Pero no tiene ninguna confianza en la enfermera. Es nueva y hasta existe el peligro de que sufra esa especie de devoción a la ética que a veces tienen los novatos. Además, puede que no la sufra pero se apunte el dato y un día, cuando le convenga, lo utilice en beneficio propio.

La enfermera jefe vuelve a mirar el reloj. Está cada vez más nerviosa. Las agujas avanzan inexorables hacia la hora de salida, hacia la cita que por nada del mundo quiere perderse. ¿Qué hacer? Tiene que decidirse rápido, porque la enfermera que ha encontrado al muerto empieza a mirarla con cara de no entender por qué se queda quieta, boquiabierta y sin decidirse. Le dice que ya se encargará ella y que siga con la ruta.

Tampoco puede pedirle el favor a la enfermera jefe del próximo turno. No porque la mujer tenga veleidades éticas sino porque, lamentablemente para la resolución del trago en que se encuentra, hay un odio mutuo que dura desde el día en que se conocieron.

Si no encuentra ninguna solución, ¿va a quedarse de brazos cruzados y renunciar a la cita? Por nada del mundo. Pero el desasosiego no la deja pensar con claridad. Cada vez lo ve todo más negro.

Justo en el peor momento, cuando la preocupación está a punto de impedirle encontrar una salida, ve la solución entrando por la puerta: el médico nuevo, que trabaja en el hospital desde hace poco y siempre le sonríe, con una sonrisa entre insinuante e interrogativa. Es la única posibilidad. Se acercará al médico joven, le contará que tiene un compromiso ineludible y le pedirá que le haga un favor: encargarse él del muerto. Por más que sepa que, a cambio del favor, las sonrisas insinuantes se convertirán en proposiciones concretas. Pero ¿le apetece acceder a las proposiciones concretas de ese médico? Nunca lo ha pensado en serio. En principio habría dicho que no. Pero, después de hacerse la composición de lugar y mirarlo una vez más, ¿por qué no? Además, si realmente no le apeteciera nada, hasta podría decirle que no. Un favor se hace a cambio de nada. Un favor que se paga ya no es un favor.

Pero cuanto más lo piensa menos le apetece decirle que no. De hecho, le apetece decirle que sí. Es más: tiene muchas ganas de que le haga proposiciones. Tantas ganas que cada vez piensa menos en el hombre con quien está citada más tarde y al cual se imagina empalándola sobre la mesa, entre los espaguetis.

Se le acerca, abre la boca y se esfuerza por no quedarse muda. Los labios del médico la trastornan. Son carnosos, tersos. Los mordería allí mismo. En vez de eso le pide el favor. El médico le sonríe, le dice que no se preocupe y que se vaya tranquila: él se encargará. La enfermera jefe se aleja por el pasillo y, antes de entrar en el vestuario, se vuelve por última vez para mirarlo y comprobar que, efectivamente, él también la ha estado mirando; la mira aún, se sonríen y ella entra en el vestuario. Se cambia deprisa: ¡ya pasan diez minutos de su hora de marcharse! Sale a la calle. Levanta un brazo para parar un taxi pero lo piensa mejor, lo baja y se queda plantada un instante. Después echa a andar, busca una cabina telefónica y, mientras llama al novio de la amiga para musitarle una excusa poco creíble, calcula cuánto tiempo tardará el médico nuevo en hacerle proposiciones, y cómo hará para incitarlo si ve que tarda mucho en hacérselas.

# EL AMOR

La archivera es una mujer alta, guapa, con rasgos faciales grandes y vivos. Es inteligente, divertida y tiene lo que la gente llama carácter. El futbolista es un hombre alto, guapo, con rasgos faciales grandes y vivos. Es inteligente, divertido y tiene lo que la gente llama carácter.

La archivera trata al futbolista con desdén. Se muestra seca, displicente. De tanto en tanto, cuando él la llama (siempre es él quien la llama; ella a él no lo llama nunca), aunque no tenga nada que hacer le dice que ese día no le va bien que se vean. Da a entender que tiene otros amantes, para que el futbolista no se crea con ningún derecho. Alguna vez ha cavilado (tampoco mucho, no fuera a darse cuenta de que se equivoca) y llegado a la conclusión de que lo trata con desdén porque en el fondo lo quiere mucho y teme que, si no lo tratara con desdén, caería en la trampa y se enamoraría de él tanto como él está enamorado de ella. Cada vez que la archivera decide que se acuesten, el futbolista se pone tan contento que le cuesta creerlo y llora de alegría, como con ninguna otra mujer. ¿Por qué? No lo sabe, pero cree que el desprecio con que lo trata la archivera no lo es todo. De ninguna manera es el factor decisivo. Sabe que en el fondo ella lo quiere, y sabe que si finge dureza es para no caer en la trampa, para no enamorarse de él tanto como él está enamorado de ella.

El futbolista querría que la archivera lo tratase sin desdén o, como mínimo, con un poco menos. Porque así vería, por un lado, que ésa no es la única forma de relación posible entre los dos y, por otro, que no debe tener ningún miedo de enamorarse de él. Porque él amaría la ternura de la archivera, esa ternura que ahora le da miedo mostrar.

A veces el futbolista sale con otras mujeres. Porque le parece que ha llegado al límite, porque decide que ya no soporta más que lo trate como un jarro, que casi no lo mire, que lo utilice de cepillo y después lo ignore.

Pero siempre vuelve. No es que las otras no le interesen lo suficiente. Todo lo contrario: son muchachas espléndidas, inteligentes, guapas y consideradas. Pero ninguna le da el placer que le da ella.

Un día (una tarde, mientras la archivera fuma y lo observa desvestirse), el futbolista se decide y le habla. Le dice que no debería ser tan seca, tan huraña, que él la quiere tanto que no debe tener miedo de mostrarse tal como es. Que no se aprovecharía de ninguna debilidad de ella. Que si fuese tierna (y él sabe que lo es, y que finge no serlo) la querría aún más. Airada, le dice que quién se ha creído que es para decirle lo que tiene que hacer y lo que no; le dice que se siente y lo abofetea. Esa tarde, el futbolista disfruta más que nunca.

Pero, otro día que se ven, inopinadamente ella no es tan malcarada como de costumbre. El futbolista se sorprende. A lo mejor lo ha pensado y, sin decirle nada, empieza a hacerle caso. Al día siguiente es incluso tierna. El futbolista se alegra mucho. Por fin ha entendido que no tenía por qué tener miedo. Que mostrarse tal como es no va a reportarle ningún mal. Están en la cama. El futbolista está tan emocionado que se conmueve con cada gesto, con cada caricia. En cada mimo encuentra un placer especial. Es tal la ternura que ni tiene ganas de follar: les basta con abrazarse y decirse que se quieren (ahora, ella se lo dice a cada momento).

La archivera no vuelve a tratarlo con desprecio nunca más. Está tan enamorada del futbolista que se lo dice por la mañana, por la tarde, por la noche. Le regala camisas, libros. Se le entrega siempre que él quiere. Es ella quien lo llama, cada vez más, para que se vean todos los días. Y una noche le propone que se vayan a vivir juntos.

El futbolista la observa fríamente, con la mirada vidriosa. Hasta no hace mucho hubiera dado el brazo derecho porque le propusiese lo que acaba de proponerle.

## VIDA MATRIMONIAL

A fin de firmar unos documentos, Zgdt y Bst (casados desde hace ocho años) tienen que ir a una ciudad lejana. Llegan a media tarde. Como no podrán resolver el asunto hasta el día siguiente, buscan un hotel donde pasar la noche. Les dan una habitación con dos camas individuales, dos mesillas de noche, una mesa para escribir (hay sobres y papel de carta con el membrete del hotel, en una carpeta), una silla y un minibar con un televisor encima. Cenan, pasean por la orilla del río y, cuando vuelven al hotel, cada uno se mete en su cama y coge un libro.

Pocos minutos más tarde oyen que en la habitación de al lado están follando. Oyen claramente el chirrido del somier, los gemidos de la mujer y, más bajo, los bufidos del hombre. Zgdt y Bst se miran, sonríen, hacen algún comentario chistoso, se desean buenas noches y apagan la luz. Zgdt, caliente por la follada que sigue oyendo a través de la pared, piensa en decirle algo a Bst. A lo mejor ella se ha puesto tan caliente como él. Podría acercársele, sentarse en la cama, bromear sobre los vecinos de habitación y, como quien no quiere la cosa, acariciarle primero el pelo y la cara y a continuación los pechos. Muy probablemente, Bst se apuntaría en seguida. Pero ¿y si no se apunta? ¿Y si le retira la mano y chasca la lengua o, peor todavía, le dice «No tengo ganas»? Hace años no habría dudado. Habría sabido, justo antes de apagar la luz, si Bst tenía ganas, si los gemidos de la habitación de al lado la habían encendido o no. Pero ahora, con tantos años de telarañas encima, nada está claro. Zgdt se vuelve de lado y se masturba procurando no hacer ruido.

Diez minutos después de que haya acabado, Bst le pregunta si está dormido. Zgdt le dice que todavía no. En la habitación de al lado ya no gimen; ahora se oye una conversación en voz baja y risas sofocadas. Bst se levanta y va a la cama de Zgdt. Aparta las sábanas, se tiende y empieza a acariciarle la espalda. La mano baja desde la espalda hasta las nalgas. Sin coraje para decirle que se acaba de masturbar, Zgdt le dice que no tiene ganas. Bst deja de acariciarlo, hay un silencio breve, larguísimo, y se vuelve a su cama. Él oye cómo aparta las sábanas, cómo se mete dentro, cómo se revuelve. A cada revuelta, a Zgdt se le multiplican los remordimientos por haberse masturbado sin haber intentado antes saber si Bst querría follar. Además, se siente culpable de no haberle dicho la verdad. ¿Tan poca confianza se tienen, tan extraños son ya el uno para el otro, que ni eso puede decirle? Precisamente para demostrar que no son del todo extraños, que aún hay una chispa de confianza, que quizá puede reavivar la hoguera, reúne coraje, se vuelve hacia ella y le confiesa que hace unos minutos se ha masturbado porque pensaba que ella no tendría ganas de follar. Bst no dice nada.

Minutos después, por los sonidos disimulados que le llegan, Zgdt supone que Bst se está masturbando. Zgdt siente una tristeza inmensa, piensa que la vida es grotesca e injusta y rompe a llorar. Llora contra la almohada, hundiendo la cara todo lo que puede. Las lágrimas son abundantes y calientes. Y cuando oye que Bst ahoga el gemido final contra el pulpejo de la mano, grita con un grito que es el grito que ella se muerde.

# LA SUMISIÓN

La mujer que ahora está tomando un helado de vainilla en la primera mesa de este café lo ha tenido siempre muy claro. Busca (y buscará hasta que lo encuentre) lo que ella llama un hombre de verdad, que esté por la labor, que no pierda el tiempo en detalles galantes, en gentilezas inútiles. Quiere un hombre que no preste atención a lo que ella pueda contarle, pongamos, en la mesa, mientras comen. No soporta a los hombres que intentan hacerse los comprensivos y, con cara de angelitos, le dicen que quieren compartir los problemas de ella. Quiere un hombre que no se preocupe por los sentimientos que ella pueda tener. Desde púber huyó de los pipiolos que se pasan el día hablándole de amor. ¡De amor! Quiere un hombre que nunca hable de amor, que no le diga nunca que la quiere. Le resulta ridículo, un hombre con los ojos enamorados y diciéndole: «Te quiero.» Ya se lo dirá ella (y se lo dirá a menudo, porque lo querrá de veras), y cuando se lo haya dicho recibirá complacida la mirada de compasión que él le dirigirá. Ésa es la clase de hombre que quiere. Un hombre que en la cama la use como le apetezca, sin preocuparse por lo que le apetezca a ella, porque el placer de ella será el que él obtenga. Nada la saca más de quicio que uno de esos hombres que, en un momento u otro de la cópula, se interesan por si ha llegado o no al orgasmo. Eso sí: tiene que ser un hombre inteligente, que tenga éxito y con una vida propia e intensa. Que no esté pendiente de ella. Que viaje, y que (no hace falta que lo haga muy a escondidas) tenga otras mujeres además de ella. A ella no le importa, porque ese hombre sabrá que, con un simple silbido, siempre la tendrá a sus pies para lo que quiera mandar. Porque quiere que la mande. Quiere un hombre que la meta en cintura, que la domine. Que (cuando le dé la gana) la manosee sin miramientos delante de todo el mundo. Y que, si por esas cosas de la vida ella tiene un acceso de pudor, le estampe una bofetada sin pensar si los están mirando o no. Quiere que también le pegue en casa, en parte porque le gusta (disfruta como una loca cuando le pegan) y en parte porque está convencida de que con toda esta oferta no podrá prescindir jamás de ella.

# EL CICLO MENSTRUAL

En tercero de biológicas, Grmpf está enamorada de Pti y Pti de Grmpf. Pero como Pti tiene un no sé qué entre tímido y orgulloso, no le dice nada a Grmpf y Grmpf termina por creer que en realidad no está enamorado de ella. Por eso, con gran esfuerzo, intenta quitárselo de la cabeza. Le cuesta Dios y ayuda, porque está muy enamorado, pero al fin consigue medio olvidarlo. Sobre todo desde que conoce a Xevi y se interesa por él. A Xevi la cosa no le viene nada mal, porque se habría agarrado a un clavo ardiendo: acaba de romper con Mari y se siente absolutamente solo. Con la aceleración propia de quien quiere enterrar el pasado lo antes posible, Xevi y Grmpf se casan en seguida. Cuando Pti se entera, se hunde por completo: de golpe comprende que estaba enamoradísimo de Grmpf. Espera a la puerta de la casa de ella y, cuando ve que Xevi se va, llama. Grmpf abre la puerta y se queda de piedra al ver a Pti con una rodilla en el suelo y declarándosele. Se le trastocan los sentimientos, está a punto de caer en la duda; pero es fuerte, inspira hondo y le dice que es demasiado tarde. Pti calla, se incorpora y se va, desesperado y para que ella no vea que está llorando. Mientras tanto, en el camino a la oficina, Xevi se ha encontrado con Mari. Ah, qué encuentro. Les basta mirarse a los ojos para darse cuenta de que romper fue un error. Se abrazan y se prometen amor eterno. Pero Mari sufre por Xevi: no puede acabar de creer que se haya dado cuenta tan rápido que es a ella a quien quiere y no a Grmpf. Xevi insiste en que sí, en que es a ella a quien quiere, y para demostrárselo vuelve a casa cuando calcula que Grmpf no está; hace la maleta y deja una nota donde le dice lo que pasa y le presenta excusas. Cuando Grmpf llega a casa, ve la nota y se desespera. Qué imbécil ha sido en no aceptar la propuesta de Pti. Abre una botella de vodka. Se la bebe entera. Eso le da valor. Llama a Pti, le dice que lo ha pensado mejor y que lo quiere.

Al otro extremo de la línea, silencio. Por fin, Pti se aclara la garganta y habla. Le explica que la declaración llega tarde porque, cuando ella le dijo que no, se quedó tan destrozado que inició de inmediato el proceso de denigración y, como es rápido, a estas horas de la noche ya ha destruido la buena opinión que tenía de ella y ha transformado por completo el amor que había sentido por ella hasta aquella misma tarde. Ahora lo único que siente es odio, un odio intenso que le permite despedirla sin contemplaciones y colgar. Con el auricular en la mano, Grmpf llora, y enseguida le viene fiebre: de golpe tiene treinta y nueve grados y dos décimas. Al día siguiente no va al trabajo. La misma tarde, precedido por un ramo de flores, aparece Toni, un compañero del despacho que ha venido a interesarse por su salud, por si necesita algo. Grmpf se da cuenta de que detrás de ese interés y de ese montón de flores hay una chispa de amor. Pero no es el momento. Ella, ahora, no puede pensar más que en Xevi, hasta que se cicatrice la herida.

La herida se cicatriza, Grmpf se repone del todo y Toni insiste: la saca a pasear, la lleva a cenar, van al cine. Él querría algo más, pero desde el principio ella deja claro que sólo serán buenos amigos. Toni se conforma con eso. Se conforma porque es comprensivo. Comprende que Grmpf todavía tiene los sentimientos en carne viva y que no es cosa de jugar. Todos los sábados, a la vuelta del cine o el restaurante, la deja en la puerta y se despiden con un beso en la mejilla.

Hasta que un día Toni conoce a Anni. Es lo que se llama amor a primera vista. Se enrollan inmediatamente y Toni deja de ver a Grmpf. Molesta, Grmpf decide que Toni ya no sale con ella porque lo único que quería era llevársela a la cama y como no se la llevaba ya no quiere salir con ella. Ahí está la prueba: como no es una mujer fácil, termina con la hipocresía de las cenas, las salidas al cine y esa frase que decía siempre: «No me importa. Entiendo que todavía estés dolida por lo de Xevi; no me molesta que no nos acostemos. De veras.» Hipócrita. Para vengarse, Grmpf se va a un bar y se acuesta con el primero que encuentra, un escocés llamado Eric, que acaba de llegar de Aberdeen y piensa estar aquí una semana para quitarse de la cabeza a una chica llamada Fiona.

# LA INOPIA

La profesora universitaria va a comer a casa del profesor universitario. Trabajaron juntos hará unos doce años y de vez en cuando (cada año o cada dos años) comen juntos y se cuentan cómo les ha ido desde la última vez que se vieron. Esta vez hace casi tres años que no se ven: desde antes de que ella se divorciase.

La profesora universitaria pasa todo el rato hablando únicamente de si la gente está buena o no. «¿A ti te parece que Kim Basinger está buena?», pregunta. «No me parece que Mickey Rourke esté bueno.» «Bruce Willis sí está bueno.» «En mi facultad hay un profesor que está buenísimo.» «¿Tú crees que Andreu está bueno?»

Es la caricatura en negativo de un determinado tipo de hombres, cuando hablan de mujeres. Pero con detalles que caen en el ridículo. Los hombres que ella inconscientemente caricaturiza nunca preguntarían si tal o cual mujer está buena. Lo sabrían desde el momento mismo de verlas, fuera en el cine, en una revista o en la facultad. Tampoco dirían siempre «está buena», como única frase del repertorio, y tendrían cincuenta frases más, desde poéticas a groseras, para describir todos y cada uno de los detalles anatómicos o el potencial lascivo que intuyen.

Después de años y años de estar absolutamente casada,

ahora (después del divorcio) ha descubierto el Mediterráneo. Pero tantos años de falta de práctica han hecho que olvidase cómo se nada, o que lo haga con tan poca destreza que no pueda adentrarse muchos metros en el mar.

No se está quieta en la silla. Enciende un cigarrillo tras otro y los aspira con intensidad. Lleva los labios pintados de rojo intenso. Antes de divorciarse no se los pintaba. No se ponía nada de maquillaje. Ahora, en cambio, lleva la cara como un cromo. Cuando sonríe (sonríe todo el rato), el maquillaje le hace un pliegue como de cartón en las comisuras de los labios. Y el pelo lo lleva cortado a la perfección, teñido de un castaño rojizo que en las canas se vuelve cobre grisáceo.

Mientras toman café, el profesor universitario la escucha y la observa. ¿Se estará reprochando todos los años perdidos en la fe monogámica? ¿Estará haciendo la lista de la cantidad de hombres que podría haberse tirado y no se ha tirado? ¿Será consciente de que, fiel a la fidelidad, se le ha aflojado la carne, le han salido arrugas y gente que hace diez años hubiera querido follar con ella ahora ni lo considera?

–¿Por qué me miras tan fijo? –dice ella de golpe–. ¿No te me querrás insinuar?

# LA FE

–Quizá es que no me quieres.

–Te quiero.

–¿Cómo lo sabes?

–No lo sé. Lo siento. Lo noto.

–¿Cómo puedes estar tan seguro de que lo que notas es que me quieres y no otra cosa?

–Te quiero porque eres diferente a todas las mujeres que he conocido en mi vida. Te quiero como nunca he querido a nadie, y como nunca podré querer. Te quiero más que a mí mismo. Por ti daría la vida, me dejaría despellejar vivo, permitiría que jugasen con mis ojos como si fuesen canicas. Que me tirasen a un mar de salfumán. Te quiero. Quiero cada pliegue de tu cuerpo. Me basta mirarte a los ojos para ser feliz. En tus pupilas me veo yo, pequeñito.

Ella mueve la cabeza inquieta.

–¿Lo dices de verdad? Oh, Raül, si supiese que me quieres de veras, que te puedo creer, que no te engañas sin saberlo y por lo tanto me engañas a mí... ¿De verdad me quieres?

–Sí. Te quiero como nadie ha sido capaz de querer nunca. Te querría aunque me rechazaras, aunque no quisieras ni verme. Te querría en silencio, a escondidas. Esperaría que salieses del trabajo nada más que para verte de lejos. ¿Cómo es posible que dudes de que te quiero?

–¿Cómo quieres que no dude? ¿Qué prueba tengo, real, de que me quieres? Tú dices que me quieres, sí. Pero son palabras, y las palabras son convenciones. Yo sé que te quiero mucho. Pero ¿cómo puedo tener la certeza de que tú me quieres a mí?

–Mirándome a los ojos. ¿No eres capaz de leer en ellos que te quiero de verdad? Mírame a los ojos. ¿Crees que podrían engañarte? Me decepcionas.

–¿Te decepciono? No será mucho lo que me quieres si te decepcionas por tan poco. ¿Y todavía me preguntas por qué dudo de tu amor?

El hombre la mira a los ojos y le coge las manos.

–Te quiero. ¿Me oyes bien? Te q u i e r o.

–Oh, «te quiero», «te quiero»... Es muy fácil decir «te quiero».

–¿Qué quieres que haga? ¿Que me mate para demostrártelo?

–No seas melodramático. No me gusta nada ese tono. Pierdes la paciencia enseguida. Si me quisieras de verdad no la perderías tan fácilmente.

–Yo no pierdo nada. Sólo te pregunto una cosa: ¿qué te demostraría que te quiero?

–No soy yo la que tiene que decirlo. Tiene que salir de ti. Las cosas no son tan fáciles como parecen. –Hace una pausa. Contempla a Raül y suspira–. Quizá sí tendría que creerte.

–¡Pues claro que tienes que creerme!

–Pero ¿por qué? ¿Qué me asegura que no me engañas o, incluso, que tú mismo estás convencido de que me quieres pero en el fondo del fondo, sin tú saberlo, no me quieres de verdad? Bien puede ser que te equivoques. No creo que obres de mala fe. Creo que cuando dices que me quieres es porque lo crees. Pero ¿y si te equivocas? ¿Y si lo que sientes por mí no es amor sino afecto, o algo parecido? ¿Cómo sabes que es amor de verdad?

–Me aturdes.

–Perdona.

–Yo lo único que sé es que te quiero y tú me desconciertas con preguntas. Me hartas.

–Quizá es que no me quieres.

## PIGMALIÓN

Es una adolescente tan bella que, en cuanto la conoce, Pigmalión quiere hacerle una escultura. La lleva al estudio y se pasa horas (dibujándola primero, pintándola después) antes de hacer la primera prueba en barro. Al contrario que en la película, la chica no es ignorante ni habla cheli. Cuando termina la escultura se han enamorado el uno del otro.

En la cama, Pigmalión descubre que es tan bella y educada como inexperta. Consciente de su papel en la historia, le enseña todo lo que sabe, sorprendido por la facilidad con que la chica aprende. Hasta que la convierte en la amante perfecta, consciente de serlo: la que siempre había soñado. Se amolda a cualquier juego a que él la someta, hasta que la ha sometido a todos los que conoce. Espoleado por la receptividad de la chica, hurga en el saco de las fantasías que nunca ha llevado a la práctica. Hasta que ya no es sólo él quien propone, sino que son los dos los que construyen un crescendo de excitaciones. Ahora la chica está a sus pies, con la boca abierta y los ojos encendidos. Con una cuchara, Pigmalión recoge la mezcla de semen y lágrimas que resbala por la cara de la chica y se la mete en la boca, alimentándola como a un bebé. Hechizado e inquieto, Pigmalión mira cómo la chica lame la cuchara. ¿Qué más puede hacerle? La chica le implora que le haga lo que quiera.

–Basta que me lo digas y me arrastraré por las calles; si quieres traeré hombres a casa, para que veas cómo me follan. Llámame «puta»; tú me has hecho así.

Es cierto. Sabe que, sólo con que se lo ordene, se arrastrará por las calles. Pero también sabe que, aunque no se lo ordene, lo hará igualmente. No hay más que mirarla. Cualquiera que la mire a los ojos verá un volcán de lascivia. Que no sólo no se negará nunca a nada, sino que aprovechará la primera posibilidad de traicionarlo para disfrutar del placer de engañar a quien ha sido su maestro. ¿Y si ya ha empezado a traicionarlo y, sabiendo que a él le gustaría saberlo y conocer todos los detalles, por pura perversión no se lo dice? Lo vuelve loco la posibilidad de que se la clave otro hombre sin estar él delante, y perdérselo. La mira con rabia y pasión. Tira la cuchara a un lado, se levanta; cuando la vuelve a mirar el corazón le late desmesuradamente. En un arrebato coge las cuatro cosas que la muchacha tiene en el estudio (un cepillo para el pelo, unos pendientes, un pintalabios, un libro), las mete en una bolsa, agarra a la chica por la muñeca, le incrusta la bolsa en el sobaco, abre la puerta, la echa y cierra de un portazo.

–¡Puta!

## LA INMOLACIÓN

Marido y mujer contemplan la silueta de la torre. La mujer se siente especialmente tierna y abraza al marido.

–Tenía muchas ganas de hacer este viaje.

Se besan. El marido acaricia el pelo de la mujer. Vuelven a mirar la torre.

–¿A qué hora tenemos que estar en Florencia? –dice la mujer.

–Por la noche. ¿Tienes hambre, ahora? ¿Cogemos el coche y vamos a comer a algún sitio cerca de aquí?

–Sí. Pero primero subamos a la torre.

–¿A la torre? Ni hablar.

–¿Cómo que no? A ver si hemos venido a Pisa y nos vamos a ir sin subir a la torre.

–Pues claro que no. Lo que es yo, no subo.

–¿Por qué no?

–No es segura. No me haría ninguna gracia que se cayera justo cuando subimos nosotros a hacer la visita turística.

–¿Cómo se va a caer? Hace siglos que se aguanta así. ¿No pensarás que se va a derrumbar precisamente cuando subimos nosotros?

–Hace siglos que está inclinada. Pero no es verdad que haga siglos que está tan inclinada. Lo está cada vez más. Y algún día se va a derrumbar. Todo el mundo dirá: «Ya ves, ha sido hoy, ¿quien iba a decirlo?» Pero yo no quiero estar dentro el día que pase.

–¿No ves que la han tenido cerrada durante años hasta que se han asegurado de que no pasaba nada, hasta que un comité de geólogos, arquitectos y no sé qué más ha decidido que no había peligro?

–Que la hayan tenido cerrada tantos años quiere decir, precisamente, que es peligrosa. Cuando se caiga dejará de haber peligro. Ya no podrá subir nadie. El problema es mientras no se cae. Además, lo único que han hecho es fajarla con unos anillos de acero, anclarla a una plataforma de cemento y ponerle un contrapeso de plomo. Y el hecho de que sólo pueda subir un número determinado y reducido de personas por turno confirma que no lo han solucionado.

–No. Lo que confirma es que han tomado las medidas de seguridad necesarias. Ahora ya no puede pasar nada.

–Al contrario. Ahora pueden pasar más cosas que antes. Antes, con el paso del tiempo, la torre se había ido estabilizando. Ahora, con tanto anillo de acero y tanto parche, lo único que han conseguido es quitarle incluso su relativa estabilidad. Ahora es cuando más se puede caer. En el momento menos pensado.

–Me dejas de piedra. ¿De verdad no quieres subir? ¿Hemos venido a Pisa y no vas a subir a la torre conmigo?

–Es un riesgo innecesario.

–Todo es un riesgo innecesario. Subir a un avión. Ir en coche. Fumar. Incluso quedarte en casa. Puede ser que la vecina de abajo no haya apagado bien el gas, que alguien encienda una cerilla y estalle todo el edificio.

–Eres una pelma.

–Yo subo. Si quieres, me esperas aquí.

El viento sopla de manera pavorosa. El pañuelo que la mujer lleva al cuello se le pega a la cara. Lo aparta con una mano; mira al marido con rictus ofendido. El marido comprende que negarse sería abrir la primera grieta en el muro que los une, un muro que ha ido construyendo a fuerza de años. Porque haría cualquier cosa porque el muro no se agrietase, acepta.

–Venga, vamos –dice.

La mujer sonríe, lo abraza por la cintura, van hacia la torre, empiezan a subir y no tiene tiempo ni de darse cuenta de esa prueba de amor.

# LA SENSATEZ

Cada vez que la mujer sensata se acuesta con alguien le cuenta al novio que lo ha hecho no por un ataque circunstancial de lubricidad, sino porque se ha enamorado. No es que tenga que sentirse culpable de nada (al respecto, la mujer y su novio tienen un pacto de lo más claro y elástico), pero si cuando se acuesta con alguien remarca que lo hace enamorada, es como si se sintiese más limpia. En cambio, cada vez que su novio se enrolla con alguien, la mujer considera que lo hace por pura lubricidad, y eso la irrita. No es que se ponga celosa. No. No es celosa en absoluto. Simplemente le molesta que su novio sea tan vulgar, tan carnal. El novio sí que se pone celoso cuando sabe que ella se acuesta con otro. Pero son celos comprensibles: porque ella se enamora. Y si la persona con la cual (más o menos elástico) tienes un pacto de convivencia se enamora de otro, es lógico tener celos.

¿Qué escala aplica la mujer para decidir que sus asuntos de cama son producto del amor y los del novio de la lujuria? El novio dice que una escala muy sencilla: que ella es ella misma (y por lo tanto se lo justifica todo) y él no sólo no es ella, sino que es hombre, con la carga histórica que eso comporta. La mujer lo niega, aunque los años le hayan enseñado que, efectivamente, en general hombres y mujeres se comportan de manera diferente. Pero no lo dice porque, aunque es una creencia sobre la cual tiene cada vez menos dudas, es generalizadora. Y siempre hay excepciones, aunque nunca se ha visto tan cerca de reconocer que la frase hecha que asegura que todos los hombres son iguales, aun siendo tópica (y por lo tanto repugnante) es, cuando menos parcialmente, cierta: quizá no todos, pero la inmensa mayoría de los hombres sí que son iguales. La mujer sensata sabe de qué habla: se ha enamorado de muchos, y todos, indefectiblemente y por mucho que lo adornen, en el fondo ligan con ella llevados por la lubricidad. Lubricidad a la cual ella cede a menudo porque (es forzoso reconocerlo) desde muy pequeña ha sido de naturaleza enamoradiza y el amor la embriaga de tal manera que, apenas un hombre le pasa el brazo por los hombros, le besa el lóbulo de la oreja y le pone la mano entre las piernas, por más que abra la boca para decir que no, nunca le sale el no y siempre dice que sí.

## LA DETERMINACIÓN

Por la tarde, la mujer fatal y el hombre irresistible se encuentran en un café de paredes color ocre. Se miran a los ojos; saben que esta vez será la última. Desde hace semanas, a uno y otra se les viene haciendo evidente la fragilidad del hilo que los ha unido desde hace más de tres años y que los hacía llamarse a todas horas, vivir el uno para el otro; una agitación tal que ni las tardes de domingo eran aburridas. Ahora el hilo está a punto de romperse. Ha llegado el momento de poner en duda el amor que se tienen y, en consecuencia, acabar.

Antes se veían casi todos los días, y cuando no se veían se llamaban por teléfono aunque fuera en mitad de un congreso en Nueva Escocia. En las últimas semanas apenas se han visto tres veces, y los encuentros no han sido alegres. Sin habérselo dicho, los dos saben que el encuentro de hoy es para despedirse irremisiblemente. Han llegado a tal grado de compenetración que a ninguno de los dos le hace falta explicitar que se aburren porque los dos se percatan simultáneamente. Se cogen de la mano y recuerdan (cada cual para sí, en silencio) la perfección fornicatoria a que han llegado últimamente: ellos mismos se maravillan. No es extraño que, al lado de semejantes acrobacias, el resto de sus vidas les parezca insípido. Toman el café, se dicen adiós y se va cada uno por su lado. Ella se ha citado a cenar con un hombre; él se ha citado a cenar con una mujer.

Después del postre, la mujer fatal tarda una hora y media en irse a la cama con el hombre con el que se ha citado. El hombre irresistible tarda tres en irse a la cama con su acompañante. Ambos se descubren haciéndolo con tanta torpeza que se emocionan. ¡Qué pasividad! ¡Qué impericia! ¡Cuánta ansiedad! ¡Cuánta impaciencia! Les queda por recorrer un camino muy largo antes de llegar con los nuevos amantes a la perfección a la cual han dicho adiós esta tarde, con un café.

# LA ADMIRACIÓN

Boquiabierta, la chica escucha cómo el novelista críptico lee un capítulo de su última novela. Cuando termina, mientras la gente aplaude, ella aprovecha para situarse en una posición estratégica y, cuando el novelista sale de la sala, charlando con éste y aquél y estrechando alguna mano, lo aborda. Le dice que está muy interesada en lo que hace y que, si fuese posible, le gustaría conocerlo más a fondo. La chica es bonita, y al novelista le gustan las chicas bonitas. La mira, la chica le sostiene la mirada y le sonríe. El novelista acepta; se deshace de los organizadores y van a cenar a un restaurante.

Es un restaurante sencillo, porque el novelista, aunque es muy bueno (o precisamente porque lo es) no tiene suficiente éxito económico como para permitirse restaurantes de lujo. Eso a ella le da lo mismo. Está (se da cuenta mientras lo mira a los ojos) absolutamente enamorada. Él charla y charla sin parar, y a ella le gusta lo que le cuenta. Se ríe mucho y salen del restaurante abrazados. Van a casa de él, que vive en un último piso sin ascensor («¡Como en las películas!», se entusiasma ella) y allí pasan la noche. Al día siguiente vuelven a verse.

Terminan por vivir juntos. Al cabo de cuatro meses, ella queda embarazada. Tienen una niña. El piso se les hace no sólo pequeño, sino demasiado incómodo para criar un hijo.

Una noche, el novelista críptico toma una decisión: debe aumentar los ingresos como sea. Las novelas crípticas a duras penas dan nada. Y la suma de lo que cobra él por hacer reseñas de ajedrez en el diario y de lo que cobra ella como dependienta en una perfumería es una miseria.

Por suerte, un amigo (que hace años publicó un par de libros de poesía y ahora es montador de spots) le encuentra un puesto en una agencia de publicidad. Entra como redactor de textos. Ingenio no le ha faltado nunca, y escribir sabe de sobra. Tanto que los directivos lo valoran enseguida. Las cosas mejoran, económica y profesionalmente.

Al fin pueden cambiar de piso. Ella vuelve a quedar embarazada. De tanto en tanto él recuerda la época en que escribía novelas crípticas. Es una época cada vez más lejana. Es una etapa concluida, y en ocasiones le parece imposible haberse dedicado nunca a la novela críptica. No volvería a eso por nada del mundo. Ahora la literatura se le antoja apolillada, un arte de siglos pretéritos. El futuro, el presente, no están en los libros, que ya no lee nadie, sino en los diarios, en la televisión, en la radio. Y la publicidad, porque se prostituye conscientemente, es el arte más excelso de todos. Y en ese arte excelso él está triunfando. Hasta el punto de que tres años después ya tiene agencia propia, y cada día llega a casa totalmente agotado, con el tiempo justo de darles un beso a las nenas antes de tumbarse en el sofá, resoplar y contarle a su mujer, a ritmo de ametralladora, los mil tráfagos del día.

La mujer lo mira con lástima. Sabe que él no echa en falta la época en que escribía novelas crípticas. Sabe que cada día lucha de sol a sol por sacar la casa adelante, que lo hace con alegría y que, además, ha tenido éxito, y eso le satisface. Seguro que él no entendería que ella sintiera lástima, pero es lo que siente. Por eso, cuando se acuestan y él se duerme enseguida, ella sigue con la luz encendida, leyendo una novela. Es una novela enrevesada (es la nueva tendencia; las novelas crípticas ya no se llevan) que ha salido hace dos semanas y que sólo en estas dos semanas se ha convertido en un éxito, un gran éxito dentro del mundo residual de la literatura. Le resulta apasionante, tanto que no piensa perderse la conferencia que mañana por la tarde dará el novelista en un prestigioso centro cultural de la ciudad.

## ¿POR QUÉ LAS AGUJAS DE LOS RELOJES GIRAN EN EL SENTIDO DE LAS AGUJAS DE LOS RELOJES?

El hombre azul está en el café, moviendo la cucharilla dentro de una taza de poleo. Se le acerca un hombre magenta, de aspecto desazonado.

–Tengo que hablar con usted. ¿Puedo sentarme?

–Siéntese.

–No sé por dónde empezar.

–Por el principio.

–El mes pasado seduje a su mujer.

–¿A mi mujer?

–Sí.

El hombre azul tarda cuatro segundos en contestar.

–¿Por qué viene a contármelo?

–Porque desde entonces no vivo.

–¿Por qué? ¿La quiere tanto que quiere vivir con ella? ¿Ella no lo quiere y eso lo desazona?

–No.

–¿Acaso es el remordimiento?

–No. Lo que pasa es que no me deja vivir. Me llama día y noche. Y si no contesto viene a casa. Y si no estoy me busca por todas partes. Me viene a ver al trabajo, dice que no puede vivir sin mí.

–¿Y?

–He perdido la tranquilidad. Desde que la conocí no he podido quitármela de encima un solo día. ¿Usted no ha notado nada?

–¿Cuándo la conoció?

–Hace un mes y medio. Usted estaba en Roma.

En efecto, hace un mes y medio el hombre azul estuvo en Roma.

–¿Usted cómo sabe que yo estaba en Roma?

–¿No me cree? Me lo dijo ella, cuando la conocí. La conocí en un cursillo de informática.

En efecto, aprovechando que el hombre azul estaba en Roma, la mujer hizo un curso de informática.

–Bueno, ¿y qué quiere?

–Que me ayude a zafarme. No es que su mujer no me guste. Es extraordinaria, inteligente, sensual. ¿Qué voy a decirle? Pero...

–Es muy absorbente.

–¿Verdad que sí? –dice, contento, el hombre magenta al ver que el hombre azul lo comprende.

–Tiene ganas de quitársela de encima.

–Francamente, sí.

–No lo deja en paz ni un momento, ¿no? Si lo ve solo, fumando, tomando el fresco, leyendo el diario, estudiando, mirando el programa de televisión que más le gusta, el que sea, inmediatamente se le echa encima y empieza a hacerle carantoñas.

–Además, si no estás absolutamente pendiente de ella cree que molesta y se pone de esa manera que se pone. Por eso, aunque sé que no tengo ningún derecho, quiero pedirle un favor: hable con ella, móntele una escena de celos, amenácela. Lo que sea. Cualquier cosa con tal de que no nos veamos más.

–¿De veras se la quiere quitar de encima?

–Sí, por favor.

–Nada más fácil. Haga como yo. Deje de rehuirla, no se

esconda, sea amable, tierno considerado. Hágale más caso que ella a usted. Llámela, dígale que la quiere como no ha querido nunca. Prométale que le dedicará la vida entera. Cásense.

# LOS CELOS

Tamar pasa una vez más la lengua y, muy lentamente, levanta los ojos hasta encontrar los de Onán.

–Me gusta mucho tu polla.

Está extenuada. Cierra los ojos. Al cabo de un rato se ha dormido, con la cabeza sobre el pubis del hombre, que no para de pensar en ello. «Me gusta mucho tu polla.» «Me gusta mucho tu polla...» ¿Por qué siempre le dice lo mismo? Desde que se conocieron, ¿cuántas veces se lo ha dicho mientras descansan? Innumerables. En cambio, nunca le ha dicho que le gusta su brazo derecho, o los omóplatos. Siempre lo mismo: la polla. A veces, Tamar la sostiene en la palma de la mano y la frase es diferente:

–Tienes una polla preciosa.

Ahora ella duerme y el hombre se ha vuelto de lado. Para hacerlo ha tenido que apartarle la cabeza. Dormitando y todo, todavía se aferra a ella. Qué manía con la polla. ¿Es que, de él, sólo le gusta la polla? Y él, ¿no le gusta? Eso no lo dice nunca. Al principio le había hecho gracia esa dedicación. Era tierna y excitante. Como cuando él le decía: «Me gusta mucho estar dentro de tu coño.» Pero poco a poco la cosa fue cobrando un cariz obsesivo. Es cierto que su polla le gusta mucho. Se lo nota en los ojos, en cómo la observa, en el ritmo de las frases, en la manera de enfatizar la palabra «mucho»: «muuucho».

A la mañana siguiente lo despierta la boca de Tamar, acariciándosela. Onán se aparta, como herido.

–¿Qué haces?

–Me gusta mucho.

–¿Te gusta mucho?

–Sí. –Hay un instante de pausa–. Me gusta mucho tu polla.

Otra vez lo mismo.

–Si no tuviera polla, ¿me querrías igual?

Lo mira de reojo.

–¿Qué te pasa?

–¿Qué quieres que me pase? No haces otra cosa que hablarme de la polla.

–De *tu* polla.

–Nunca me dices si yo te gusto.

De un golpe seco, le retira la mano. Tamar se levanta. Está preciosa e indignada.

–Te has vuelto loco.

–Loco no. Pero yo también existo. –Y adrede, para que suene ridículo, agrega en tono agudo–: ¿No te parece?

Tamar se apresura a vestirse. Cierra de un portazo. Los pasos de la mujer resuenan escaleras abajo, cada vez más lejos. Onán se sienta en la cama, se pone la mano derecha debajo del miembro, fláccido, lo levanta un poco y lo contempla, entre exasperado y curioso.

# CON EL CORAZÓN EN LA MANO

Se comprometen por fin de año, justo a medianoche, mientras en la ciudad estallan los castillos de fuego y la gente se abraza: en las casas, en las calles, en las salas de fiesta. Para los dos se acaba la época de amistad y comienza el noviazgo que los ha de llevar al matrimonio. ¿Cuándo van a casarse? Lo decidirán más adelante; ahora la emoción es demasiado fuerte. Se miran uno en los ojos del otro y se juran amor y fidelidad eternos. Deciden librarse de los líos más o menos amorosos que cada uno tenía hasta ahora. Se prometen también ser completamente sinceros el uno con el otro; no mentirse nunca.

–Seremos completamente sinceros el uno con el otro. No nos mentiremos nunca, bajo ningún concepto ni con ninguna excusa.

–Una sola mentira sería la muerte de nuestro amor.

Estas promesas los emocionan todavía más. A las dos de la mañana se duermen en el sofá, cansados, uno en brazos del otro.

Se levantan al mediodía, con resaca. Se duchan, se visten, salen a la calle con gafas de sol.

–¿Vamos a comer? –dice él.

–Sí. Por mí poca cosa. Con un par de tapas me basta. Pero tú debes de tener mucha hambre.

Él está a punto de decir que no, que cualquier cosa le va bien, pero recuerda la promesa.

–Sí. Tengo hambre. Pero me conformo con unas tapas. Tú comes un par y yo como más.

–No. Tú debes de querer sentarte a una mesa. ¿No prefieres que vayamos a un restaurante?

Han prometido ser completamente sinceros uno con otro. Por tanto no puede decirle lo que le habría dicho: que ya le va bien tomar unas tapas en un bar. Ahora tiene que reconocer que realmente prefiere ir a un restaurante y sentarse a una mesa.

–Pues vamos –dice ella–. ¿Vamos a aquel restaurante japonés donde fuimos hace una semana y que te gustó tanto?

La semana pasada todavía no se habían prometido ser completamente sinceros el uno con el otro. Además, él nunca dijo que le hubiese gustado el restaurante japonés. Lo recuerda con claridad: a preguntas de ella, había dicho que el restaurante le había parecido bien, fórmula que no expresaba el entusiasmo que ahora ella pone en su boca.

–Te dije que me había parecido bien, no que me hubiese gustado.

–Es decir: no te gustó.

Tiene que confesárselo:

–Odio la comida japonesa.

Ella lo mira a los ojos, ceñuda:

–Sabes que a mí me gusta mucho.

–Lo sé.

Duda si la promesa lo exige o no, pero como prefiere traicionarla por exceso que por defecto declara el resto de lo que piensa: que precisamente una de las cosas que le disgustan de ella (y que tiene que ver con cierta actitud que ella considera esnob pero que en el fondo no es más que chabacana) es su afición a ir siempre a esos restaurantes que sustituyen la buena cocina por las relaciones públicas. Ella le dice que es un imbécil. Él se ve obligado a decirle que no se siente nada imbécil y que está convencido de que, si hubiese que demostrar quién posee un cerebro más potente, el de ella no saldría ganador. Estas palabras terminan de ofender a la muchacha, que lo abofetea, iracunda, mientras vuelve a decirle que es un imbécil, un imbécil crónico, que lo será toda la vida y que no quiere volver a verlo nunca más, propuesta con la que él está inmediatamente de acuerdo.

# LA INESTABILIDAD

Harto de que le arrancaran una y otra vez la radio del coche, el señor Trujillo se hizo instalar una que se podía sacar y poner. Así no se la robarían nunca más.

Salió del taller de reparaciones al volante del coche y escuchando una emisora. Era una buena radio. Cuando llegase a casa y dejase el coche en el aparcamiento comunitario, siempre sacaría la radio, se la metería bajo el brazo y subiría a casa. Lo mismo haría cuando fuese a la oficina. El caso es, por tanto, que llevaría la radio bajo el brazo muy poco tiempo. Del aparcamiento comunitario a su piso y del aparcamiento de la oficina a la oficina: en ambos casos viajes en ascensor, cortos. Por eso no le preocupaba mucho tener que llevarla bajo el brazo. Si hubiese tenido que llevarla por la calle lo habría pensado mejor. Siempre había despreciado a los que van a todas partes con la radio del coche bajo el brazo. Le daba rabia verlos en las barras de los bares con el aparato al lado de la copa. O en las tiendas, arrastrándolo de un mostrador a otro, sin perderlo de vista un instante aunque el dependiente le pusiera encima quince camisas.

Por eso, una semana y media más tarde se detuvo de golpe en medio de la calle y se miró el sobaco. ¿Qué hacía él con la radio bajo el brazo? ¿Cómo era posible que no se hubiese dado cuenta hasta haberse alejado quince metros del coche? Había ido de compras al centro de la ciudad y, luego de dar vueltas y vueltas durante un rato exasperante sin encontrar dónde aparcar, cuando al fin había encontrado un sitio, había sacado la radio de manera mecánica. La tensión acumulada por la dificultad de encontrar dónde aparcar le había llevado a que el cerebro, autónomo, considerase (por un instante) que esa reticencia suya a andar por la calle con la radio bajo el brazo era una tontería sin importancia. Por eso no se había percatado hasta quince metros más allá. Se sentía ridículo. Volvió atrás, abrió el coche, se sentó con la radio en las manos. ¿Dónde podía dejarla? ¿Debajo del asiento? Tal vez el posible ladrón la viese por la ventanilla de atrás. ¿En la guantera? Echó una mirada a la calle para ver si había alguien observándolo. Nadie. Abrió la guantera, metió la radio dentro y la cerró de nuevo. Bajó del coche. Se aseguró de que la puerta estaba bien cerrada y fue a la primera tienda. Compró un par de zapatos verdes.

Cuando, tres cuartos de hora después, volvió cargado de bolsas se encontró con que le habían roto el cristal de la ventanilla izquierda y le habían robado la radio.

Al día siguiente regresó al taller de reparaciones. Hizo que le volviesen a poner el cristal de la ventanilla y otra radio. Por la tarde pasó a recoger el coche y volvió a casa con dudas. ¿Qué haría de ahora en adelante? Si sólo se trataba de ir a casa o a la oficina, no había problema: llevaría la radio puesta y, al llegar, la sacaría para subirla a casa o a la oficina. Pero si iba a cualquier otro lado (de compras, al restaurante) no la dejaría en el coche, porque si la dejaba se la robarían.

Por eso, a la noche siguiente se encontró circulando en coche sin radio. Cosa que odiaba. Le gustaba mucho oír música mientras conducía. Además, ¿para qué se había hecho poner una radio si a fin de cuentas tenía que dejarla en casa? Decidió que, mientras no resolviese el dilema, dejaría el coche en el aparcamiento y circularía en taxi.

Precisamente en un taxi, cinco días más tarde, llegó a la

conclusión de que era idiota gastarse una fortuna en taxis mientras el coche se quedaba en el aparcamiento, acumulando polvo. Pensó en venderlo. Pero enseguida descartó la idea: sólo era fruto de su indignación y, por tanto, desmesurada. Tenía que haber una solución que quizá la angustia le impedía encontrar. Por el momento haría una cosa: como le reventaba tomar taxis teniendo el coche en el aparcamiento (para no tener que coger el coche sin la radio, ni con la radio si luego tenía que llevarla encima), se quedaría en casa, sin salir. Además, en caso de necesidad imperiosa, le quedaba la posibilidad de ir a pie al bar, a la tienda o al restaurante donde fuera que quisiese ir. Pero esto le limitaba mucho el campo de acción. A menos que aceptase tardar tres horas para ir a un lugar y tres horas para volver.

Al octavo día de quedarse en casa todas las noches, aburriéndose, sacó el televisor del cuarto de los trastos, donde lo había dejado unas semanas antes, cuando había empezado a salir con aquella chica que consideraba que no ver la tele volvía a estar bien. Le quitó el polvo. Lo enchufó. Daban una película con Jean-Louis Trintignant. Al cuarto de hora la pantalla se puso magenta. Apagó el televisor. Lo desenchufó, volvió a dejarlo en el cuarto de los trastos. Cogió la americana, salió a la calle, caminó hasta un bazar que había tres calles más allá, compró un televisor (de pantalla rectangular, enorme), volvió a casa acompañado del instalador, lo conectó (el televisor) y buscó el canal donde daban la película de Jean-Louis Trintignant.

Cuando terminó la película pasaron un telefilm cuyo protagonista era el hijo de un policía que, sin que el padre se diera cuenta, lo ayudaba a resolver los casos. Después las noticias. Después un concurso de adivinar palabras. Para participar, previamente había que enviar una etiqueta de una conocida marca de conservas vegetales en un sobre con el nombre, la dirección y el teléfono. De una pila sacaban un sobre. Si era el tuyo, te telefoneaban y tenías que responder (en directo) a una pregunta sencillita. Si acertabas podías participar en el juego y tratar de adivinar, letra a letra, qué palabra formaban los cuadrados en blanco que había en un plafón. Cada cuadrado, una letra y una foto. Las fotos: de diversas cantidades de dinero, de un apartamento en la costa, de un lote de electrodomésticos, de un templo de Bangkok, de una cámara de vídeo, de una bicicleta, de un coche y de una playa caribeña. Cada una indicaba el premio obtenido. Cuanto más sencilla la letra, más bajo el premio. Cuanto menos habitual, un premio más grande. Si el concursante optaba por vocales o consonantes fáciles, poca cosa sacaría. Si para conseguir premios altos decía letras poco habituales, probablemente no las acertaría y se quedaría sin completar la palabra, lo cual le impediría conseguir todos los premios posibles.

Al día siguiente compró un frasco de conservas vegetales de la marca requerida, recortó la etiqueta y la envió. Una semana más tarde vio cómo elegían su carta. Enseguida le telefonearon. Le hicieron la pregunta sencillita. ¿De cuál de los siguientes productos la marca patrocinadora no hacía conservas: de guisantes, de judías verdes, de atún o de zanahorias? Respondió correctamente: de atún. Pasaron al plafón con la palabra misteriosa. El señor Trujillo fue diciendo letras. Completó la palabra: «inestabilidad». En las aes había fajos de veinticinco mil pesetas. En las íes fajos de cincuenta mil. En las des fajos de cien mil. En la te un fajo de ciento veinticinco mil. En la ese un televisor con teletexto y en la ene un apartamento en la costa.

El apartamento estaba en una casa de tres pisos, con jardín comunitario. El vecino del piso de abajo era un holandés calvo que se pasaba el día cuidando las flores, uno de esos jubilados nórdicos que deciden pasar sus últimos años de vida en un país cálido y barato, donde el dinero de la jubilación se alarga con facilidad. Los vecinos del piso de arriba eran una pareja. A menudo se los encontraba en la escalera, o los oía moverse por el piso. Llegaban los sábados por la mañana y se iban los domingos por la tarde. El señor Trujillo iba todos los fines de semana. Salía de la ciudad el viernes por la tarde (con el coche y la radio encendida) y volvía el domingo, cuando oscurecía.

Un sábado los vecinos de arriba lo invitaron a cenar. Aceptó. Ella se llamaba Raquel. Él, Bplzznt. Cenaron aguacates con gambas y salsa rosa y rosbif con salsa marrón. Bebieron dos botellas de vino. Pusieron música. El matrimonio bailó. Después, mientras Bplzznt preparaba unos whiskies, Raquel, riéndose, obligó al señor Trujillo a que bailase con ella. La cercanía de la mujer lo excitó. Acabada la canción, se sentó en el sofá. La pareja también se sentó. Le contaron de qué trabajaban, cuánto hacía que estaban casados. Querían tener muchos niños. El señor Trujillo se fue a la una de la madrugada. Se durmió oyendo cómo la pareja charlaba durante un buen rato.

Al día siguiente al mediodía llamaron a la puerta. Eran Raquel y Bplzznt, que se iban a la playa. Lo invitaron a unírseles. Como no tenía nada que hacer, aceptó. Fueron a una cala que conocían Raquel y Bplzznt, escondida y con tres rocas grandes en el agua, equidistantes. En la cala no había nadie más. Se tumbaron en las toallas. La pareja fue a bañarse. Se alejaron hasta una de las rocas, unos cien metros mar adentro. El señor Trujillo se adormiló. Lo despertaron unos gritos. Se levantó. A pocos metros de la roca, Raquel agitaba los brazos pidiendo auxilio. El señor Trujillo se tiró al agua. No era muy buen nadador. Cuando llegó se sentía agotado, pero se unió a los esfuerzos de Raquel para encontrar a Bplzznt. Infructuosos. De vuelta en la playa, Raquel le contó entre sollozos que Bplzznt había empezado a nadar hacia otra roca y a medio camino había empezado a pedir ayuda. Seguramente un calambre.

La policía encontró el cadáver unas horas más tarde. Lo enterraron dos días después. Durante tres fines de semana la mujer no fue al apartamento. Al cuarto sí. Cuando oyó pasos en el piso de arriba, el señor Trujillo subió. La mujer se le echó a los brazos y estalló en llanto. La cercanía de la mujer lo excitaba. De las caricias en el pelo para consolarla pasó a los besos. Se sentaron en el sofá cogidos de las manos. De vez en cuando, ahora uno ahora otro soltaba una de las manos, cogía el pañuelo y se secaba las lágrimas. Aquella misma noche decidieron casarse. Se casaron el viernes siguiente. Una vez casados, decidieron vender uno de los dos apartamentos. Se deshicieron del apartamento del señor Trujillo, porque si se deshacían del de Raquel para ocupar el del señor Trujillo podía pasarles que los nuevos vecinos de arriba fuesen ruidosos. Con el dinero que obtuvieron acondicionaron el piso que el señor Trujillo tenía en la ciudad. Dos años más tarde tuvieron un niño. Le pusieron Bplzznt, en recuerdo del marido muerto. Al cabo de un año tuvieron una niña. ¡La parejita! Le pusieron Clara, que era el nombre de la madre del señor Trujillo. El tercer hijo (dos años después) también fue niña. Le pusieron Chachachá.

Todas las mañanas de días laborables, antes de ir a la oficina, el señor Trujillo coge la cartera y al niño con una mano y a las niñas con la otra y los lleva a la escuela. Ahora Bplzznt ya tiene seis años, Clara cinco y Chachachá tres. Primero deja al niño en primero. Después a la niña mayor en el parvulario y a la pequeña en la guardería. A continuación, el señor Trujillo baja la escalera, saluda a algún padre o alguna madre que se encuentra por el camino, le hace cosquillas en la cabeza a algún niño conocido y se va hacia el aparcamiento. Se sienta en el coche y saca la radio de la cartera: se la ha comprado, la cartera, para poder llevar la radio escondida cuando lleva a los niños al colegio. Encaja la radio en su lugar, la enciende, sintoniza una emisora, se cubre la cara con las dos manos y, con todas las fuerzas de que es capaz, intenta llorar, pero nunca lo consigue.

## SAN VALENTÍN

El hombre que no se enamora nunca sale del museo y se sienta en un banco de la plaza que hay enfrente. En el museo, mirando un dibujo de Manolo Hugué ha conocido a una mujer de ojos limpios, profundos y con un punto de malicia, y ha pensado que de esa mujer quizás sí podría enamorarse. También ha pensado que no son sólo los ojos limpios y el punto de malicia lo que le gusta de ella. Es también la forma de hablar. En todo el rato que han estado hablando, en el museo, no ha dicho una sola obviedad ni ha recitado ningún dogma aprendido de memoria. Por eso, después de que se despidieran la ha seguido, a distancia, hasta que la ha visto entrar en un portal; ahora está esperando.

De niño, el hombre que no se enamora nunca había intuido que encontrar a la mujer soñada no iba a ser cosa fácil. Ya de bebé miraba con deseo las piernas con calcetines blancos de la canguro, y en su interior algo le decía que el camino sería agreste. Sobre todo porque no tenía una idea clara de cómo tenía que ser la mujer soñada, ni si (en realidad) habría una. No tenía preferencias. No la imaginaba ni alta ni baja, ni rubia ni morena. Tampoco suspiraba porque fuese especialmente inteligente, ni boba, como quieren algunos. A los cinco años se enamoró de la hija de los de la papelería de cerca de su casa, donde compraba los lápices, las gomas, las plumas, las plumillas, la tinta y los cuadernos de espiral. Como es evidente, no le dijo nada. Fue un amor secreto que le hacía pasar las noches en vela, revolviéndose en la cama y con la imagen de la chica de la papelería en la retina: aquellos ojos limpios, con un punto de malicia. Todavía hoy, cuando piensa en la mujer de quien podría enamorarse, piensa en aquellos ojos limpios y con un punto de malicia. Un día, no obstante, los de la papelería la vendieron, se fueron de la ciudad y nunca más supo nada de ellos. La añoraba. Al extremo de lamentar más no saber nada de ella que tenerla delante y no atreverse a declarársele. No se volvió a enamorar hasta los ocho años. Él lo ignoraba, pero iba a ser la última vez que se enamorase. Se enamoró de una amiga de su hermana mayor, que a menudo iba a su casa a jugar. Se sentía culpable de haberse enamorado: le parecía una traición a la chica de la papelería. La amiga de su hermana debía de andar por los doce y él, un niño de ocho, no tenía ninguna posibilidad. A lo mejor cuando fuera mayor y las distancias que ahora parecían abismales se relativizaran... Después, los años han pasado a cien por hora, cada vez más deprisa. Ahora ya tiene diecinueve. Desde hace un año es mayor de edad. Un año más y tendrá veinte. ¡Veinte! Jamás habría pensado que iba a llegar, él, que entre los doce y los catorce había hecho una mística del hecho de morir antes de los veinte: en accidente de coche o de moto, o cuando menos suicidándose. La duda es: ¿no se volverá a enamorar nunca más? Hace ya dos lustros que no se enamora de nadie y empieza a echar de menos las noches en blanco, dando vueltas en la cama con el recuerdo de la amada en la retina. Tal vez hacerse adulto sea precisamente eso. En definitiva, cavila, enamorarse es una muestra de inmadurez, una señal de que uno no es lo bastante independiente. Lo que no entiende es cómo echa de menos algo racionalmente tan nefasto. ¿Cómo es que se siente vacío? ¿Por qué no se ha enamorado de Marta, esa chica que conoció en la clase de dibujo? Virtudes no le faltan. Tampoco defectos. Son defectos perdonables. Como todos los defectos: al fin y al cabo todos los defectos se pueden perdonar. Es lo que pensó cuando decidió romper con ella. Pero ¿por qué perdonar los de Marta y no los de cualquier otra? Si tiene que querer a alguien, si querer es realmente lo que supone, no pueden irritarlo defectos nimios. Y los defectos de Marta lo irritan. Es arrogante y obsesiva. Claro que es cálida, comprensiva, acogedora. Pero también Neus es cálida, comprensiva y acogedora. En cambio Neus tiene el inconveniente de ser demasiado banal, de no haber tenido nunca un solo pensamiento original. Este inconveniente lo completa con el de (por inseguridad) mostrarse agresiva. Con ese tipo de agresividad típica de los que frecuentan discotecas y, en poco tiempo y con la música a todo volumen, tienen que demostrar que son *interesantes*. La imagen de *interesantes* la construyen a fuerza de frases cortantes, prefabricadas, siempre a punto para ser colocadas en donde sea. ¿Y Tessa? Tessa es inteligente, ingeniosa, divertida. Y se compenetran. Les basta mirarse de una punta a otra de una mesa de restaurante para saber, sin decirse nada, por el brillo de los ojos, qué piensan, de quién se burlan. Además, en la cama se entienden de maravilla. Pero en cambio es una niña malcriada, que se pone de morros cuando se le niega un capricho. Además, es perezosa y se pasa el día tumbada en el sofá, fumando lánguidamente un cigarrillo que no se acaba nunca. Todo lo contrario de Anna, que siempre está haciendo algo. Es una dinamo que contagia ganas de vivir. Pero ¿cuál es el defecto de Anna? Que es posesiva como ninguna mujer que haya conocido, que los meses que han salido lo ha controlado día y noche, y que siempre ponía en duda que él la quisiera tanto como ella a él. Y es verdad. Porque él no ha conseguido quererla por más que lo ha intentado. La aprecia, le gusta. Pero quererla, quererla... Y no es que busque ideales inalcanzables. No es tan imbécil como para creer que encontrará a alguien sin defectos. Si de veras se quiere a alguien, los defectos se guardan en un cajón y no se echan en cara a cada momento. Ha intentado quererla. Lo mismo que ha intentado querer a Tessa, Neus y Marta. Daría la vida por enamorarse de cualquiera de ellas. Porque de cualquiera de ellas valdría la pena enamorarse; si no fuera porque, por más que lo intenta, no lo consigue. ¿Por qué no puede ser como todo el mundo? Sefa (otra chica digna de despertar el amor de cualquiera con dos dedos de frente) le dice que seguro que es un trauma de infancia. Que es como es porque ni su madre ni su padre debieron de demostrarle suficiente amor. Otra opinión original es la de Cuqui, que el último día, antes del adiós final, le dijo que lo que le pasa es que no puede querer a nadie porque sólo se quiere a sí mismo. Porque es un egoísta indigno del amor de las mujeres que se enamoran de él. Ah, ¡qué gran conclusión, si fuese cierta! Y ésa es otra: muchas mujeres se enamoran de él. No acaba de entenderlo. ¿Por qué todas se enamoran con esa pasión desmesurada? ¿Por qué él es incapaz de enamorarse, en justa correspondencia, de ninguna de ellas?

Mientras medita esto, el hombre que no se enamora nunca ve que la chica que ha conocido en el museo sale del portal y dobla por una calle. Él se levanta de un salto. La sigue. Poco a poco va acortando la distancia. Cuanto más la mira caminar delante de él, más le gusta, y por lo que ha notado en el museo, él a ella no le disgusta. ¿Y si esta vez fuese de verdad? Está justo detrás de ella; la tiene al alcance de la mano. Bastaría con tocarle el hombro para que se volviese.

El hombre que durante la infancia había tenido cierta fe religiosa no es perezoso. Le cuesta poco despegarse de las sábanas, desperezarse, dar un salto y salir corriendo por el pasillo, hacia el lavabo, levantando exageradamente las rodillas, como los futbolistas cuando se entrenan. Se afeita. El olor del aftershave le reafirma la fe en la vida. Se viste, cierra la puerta de su casa, entra en el ascensor silbando, sale en la planta baja, por la calle esquiva a la gente y entra en una estación de metro que está a dos pasos. Mete la tarjeta en una de las bocas del cancelador, la recoge en la otra boca, pasa por el torniquete; mientras baja las escaleras oye que el metro arranca y un río de gente inunda las escaleras de subida: tanto las mecánicas como las fijas. Aprovecha para, en el andén, mirar los carteles de cine. Llega un nuevo metro. Se abren las puertas, entra, se coge a la barra y observa la cara de un hombre con los párpados hinchados y cerrados. Desvía la mirada y la fija en un niño que lo mira a él, muy serio.

El hombre que en la infancia había tenido cierta fe religiosa sonríe al niño. El niño le saca la lengua. El hombre, que además de una cierta fe religiosa durante la infancia había tenido interés por las matemáticas, se ríe. Aparece el revisor pidiendo los billetes. El hombre que en la infancia se había interesado por las matemáticas se asombra de que todavía haya revisores. Hacía años que no veía ninguno. Lo piensa mientras se revuelve los bolsillos, buscando la tarjeta que ha marcado. No la encuentra. Ni en el bolsillo interior de la americana (que es donde debería estar) ni en los exteriores, ni en los del pantalón. No está en ninguna parte; el revisor se impacienta.

El hombre que en la infancia se había interesado tanto por las matemáticas como por la religión saca la cartera del bolsillo y la abre, si bien no recuerda haber guardado la tarjeta allí. En efecto, no está. Debe de haberla perdido. Eso es lo que le dice al revisor: «La debo de haber perdido.» El revisor lo multa. El hombre que, además de interesarse por la religión y las matemáticas, en la infancia había tenido problemas de inadaptación, paga la multa, sale a la calle, sube a la oficina. Se quita la americana, se sienta ante el escritorio pensando aún en el revisor y en la nostalgia (agradable) que le ha causado comprobar que todavía los hay. Mira la pila de carpetas que se amontonan delante de él. Abre la primera y se aplica al trabajo.

Ocho horas más tarde levanta la cabeza, se despega de la silla, se pone la americana, sale a la calle y vuelve al metro. Llega a su casa; su hijo menor sale a recibirlo llorando. Se le abraza a la cintura. El perro se ha muerto; al niño las lágrimas le inundan las mejillas. El hombre que en la infancia tuvo ciertos problemas de inadaptación se agacha, abraza al hijo y trata de consolarlo. Le dice que el perro era muy viejo, que comprarán otro, tan bonito como el que se ha muerto. Cuando su hija llega de clase de inglés, procura darle la noticia de la manera más delicada posible. Cuando los dos se han acostado y él y su mujer se sientan en el sofá, frente a la tele, coge la mano de la mujer y le dice que es con estas pequeñas desgracias como los niños se van haciendo adultos.

La mujer se bebe una ginebra doble. El hombre que, además de ciertos problemas de inadaptación, de joven tuvo una cazadora de piel que todavía recuerda, cuando ve a su mujer bebiéndose una ginebra doble le dan ganas de salir a tomar una copa. Le propone llamar a la canguro y salir los dos. La mujer vuelve a llenar el vaso de ginebra y le dice que vaya él; ella no tiene ganas de salir.

Así pues, sale. Va al bar de siempre. Está dos horas, bebiendo, hablando, flirteando. Se marcha cuando cierran. Una mujer conocida sale al mismo tiempo que él. El hombre que había tenido una cazadora que todavía recuerda le pregunta si quiere que la lleve. Ella le dice que no porque ha traído el coche. Cada cual se sube al suyo y arrancan. Un par de calles más allá se encuentran ante un semáforo en rojo, uno al lado del otro. Se miran por la ventanilla. Sonríen. El semáforo se pone verde. Vuelven a avanzar. En cada semáforo en rojo vuelven a encontrarse y se sonríen.

El hombre que de joven había tenido una cazadora que todavía recuerda mira a la mujer con falsos ojos enamorados. Es una técnica que, dice, le da buenos resultados. Pero en uno de los semáforos en rojo se distrae al mirarla, no frena a tiempo y choca con el coche de delante, cuyo conductor se baja indignado, agitando los brazos. El hombre que de joven, además de haber tenido una cazadora que todavía recuerda, en el último año de bachillerato fue a Mallorca en viaje de fin de curso, también se baja del coche, con una sonrisa conciliadora en los labios, mientras ve cómo la mujer se aleja, riéndose y diciéndole adiós con la mano.

El golpe ha sido flojo. Los coches están un poco abollados y nada más. Habría podido ser peor. Llenan el informe para la aseguradora e intercambian nombres y teléfonos. Al día siguiente, el hombre que en el último año del bachillerato había ido a Mallorca en viaje de fin de curso se apresura a llevar el coche al taller. Sólo falta una semana para las vacaciones y tiene que tenerlo a punto. Le dicen que lo pase a recoger dentro de dos días. Dos días más tarde llama al mecánico: a ver si lo tiene a punto. El mecánico le dice que tiene que hablar con él personalmente. Que pase por allí. Pasa: el taller se ha incendiado y los tres coches que había dentro se han quemado. Uno de los tres era el suyo.

Sale del taller perplejo. Piensa en alquilar un coche para irse de vacaciones. Pero su mujer no está de acuerdo: cree que ha sido un mal presagio. El corazón le dice que si alquilan un coche tendrán un accidente mortal. Pero también le dice que de igual manera lo tendrán si viajan en avión, en tren o en autobús. El hombre que fue de viaje de fin de curso a Mallorca cree relativamente en las sensaciones premonitorias de su mujer, pero no tiene ganas de discutir. Deciden que ese año no irán de vacaciones para evitar que las premoniciones se cumplan. Un mes entero encerrados en el piso, sin ir a ninguna parte y con los dos niños, les provoca claustrofobia; las tensiones que hay entre los dos desde hace tiempo estallan. De repente todo es fastidioso; discuten por minucias. La ira se apodera de ellos. Un día la mujer levanta la mano y abofetea al hombre. El hombre le devuelve la bofetada. De inmediato se apaciguan. Coinciden en que así no pueden continuar. Deciden separarse.

Se separan a comienzos de otoño. Él hace las maletas y se va a un piso (pequeño) que ha alquilado. Lo amuebla enseguida. Pide un crédito para el sofá, el televisor, el vídeo, la nevera, las mesas, las sillas, las camas. Está contento: el coche (le han dicho que probablemente los de la aseguradora no lo considerarán siniestro total y se lo podrán arreglar) se lo ha quedado él. El hombre que, además de haber ido en viaje de fin de curso del último año de bachillerato a Mallorca, de adolescente se probaba los sostenes de su madre frente al espejo del armario, no hace más que pensar en lo acertado de su decisión de separarse. Lo maravilla que (pese a todas las evidencias en contra) persevere a lo largo de los siglos la funesta costumbre de aparejarse y convivir.

Todo esto lo piensa mientras sube las escaleras de unos grandes almacenes adonde ha ido a comprarse ropa. En la sección de camisas conoce a una chica francamente atractiva. Se sienten de inmediato atraídos el uno por el otro. Tres horas más tarde, en una cafetería de la Diagonal, el hombre que de adolescente se probaba los sostenes de su madre le propone ir a su casa (la de él). Van. La chica se ofrece a preparar ella misma los whiskies. Follan. Terminan enseguida. Al hombre le parece que no ha sido un polvo especialmente maravilloso. Pero ya se sabe que con frecuencia los primeros no son muy logrados; por eso hay que dejar la puerta abierta a la esperanza. Se duerme. Cuando al día siguiente se despierta, a media mañana, la casa está vacía: se han llevado (no ha podido llevárselos ella sola), el dinero, las tarjetas de crédito, el televisor, el vídeo, el sofá, las sillas, las mesas, la nevera y hasta las botellas de whisky.

Una semana más tarde, mientras se ducha, se descubre en el glande un grano enorme, de un blanco amarillento. Va al médico, que le receta abstinencia durante un tiempo prudencial que oscilará entre cuatro meses y un año, unas inyecciones y una pomada. Está en casa, en el cuarto de baño, poniéndose la pomada; suena el teléfono. Llaman de la aseguradora del coche: hechas las evaluaciones necesarias, han decidido que el siniestro ha sido total y por tal motivo le darán el ochenta por ciento del valor venal, una miseria que da como entrada de un coche de segunda mano, que acabará de pagar con letras mensuales, durante tres años, y con el cual dos días después tendrá un accidente en la autopista. Lo ingresan en el hospital, lo operan de inmediato, le amputan el brazo derecho. El hombre que, además de probarse ante el espejo del armario los sostenes de su madre, tuvo su primera novia a los quince años, vende el coche a un precio ridículo para obtener el dinero necesario para ponerse una prótesis. Una vez vendido el coche y hechas las pruebas pertinentes, el dinero que ha sacado apenas le sirve para pagar las pruebas necesarias para decidir qué brazo ortopédico le conviene, brazo que queda, pues, fuera de su alcance económico.

A partir de ese momento los hechos se precipitan. Cuando vuelve al trabajo se encuentra con un reajuste de plantilla, provocado por la crisis económica que se viene arrastrando desde hace años pero que desde hace uno se manifiesta cada vez más claramente. Lo despiden; le aseguran que el despido nada tiene que ver con la pérdida del brazo, pero hasta él (que daría el otro brazo porque fuese verdad) se da cuenta de que no lo dicen muy convencidos. El hombre que tuvo su primera novia a los quince años intenta apreciar la cara buena de la situación: durante unos meses cobrará el paro. No se alegra porque va a poder gandulear. Se alegra porque así tendrá el tiempo necesario para intentar rehacer su vida.

Llama a su mujer. Ahora que tiene tiempo libre querría ver más a sus hijos (la niña y el pequeño), a los que francamente no ha dedicado todo el tiempo que hubiera sido deseable. Los telefonea, se pone su hija, que le dice que no quiere verlo nunca más, que lo repudia. El hombre que tuvo su primera novia a los quince años y cobró su primer sueldo a los dieciséis cuelga el teléfono: por la mejilla le resbala una lágrima. El hombre mira por la ventana: hay un grupo de policías cargando contra un grupo de manifestantes.

La segunda vez que va a cobrar el paro le dicen que el paro se ha acabado. La situación económica y política no permite la beneficencia pública. El hombre que cobró su primer sueldo a los dieciséis años se encuentra con que no puede pagar el alquiler del piso y tiene que abandonarlo. Vive de lo que le da la gente en el metro. Elige siempre los vagones más llenos. Entra y, con dignidad, se quita la boina (se ha procurado una; es imprescindible) y recita: «Señoras y señores, perdonen que les moleste un instante. Soy manco, padre de familia, con mujer y dos hijos: una niña y un niño pequeño. Acabo de salir de la cárcel y apelo a su caridad para no tener que robar de nuevo. Si es triste verse obligado a pedir, más lo es tener que robar lo que los demás han ganado con el duro trabajo diario. Lo que sea me va bien, gracias.» Alarga la boina y va pasando por delante de los pasajeros. Hasta que un día encuentra uno que, conmovido, le habla de una asociación de inválidos que se dedica a vender una lotería. Él es uno de los principales impulsores y hará las gestiones necesarias para que lo admitan. Esto pasa por la mañana. Por la tarde ya lo han admitido.

Al hombre que cobró su primer sueldo a los dieciséis años le asignan un puestecito en una calle, cerca de un chaflán, por donde pasan muchos coches y poca gente. Por eso se las ingenia para (a la manera de ciertos restaurantes de comida rápida, que sirven a los clientes sin que tengan que bajar del coche) orientar el puestecito hacia los conductores y venderles los cupones sin que tengan que bajar del coche. Los automovilistas paran junto a la acera y, al volante, compran el cupón. Es un éxito total. Él se pone justo al borde de la acera, entre dos contenedores de basura, con los cupones prendidos a la camisa con pinzas de tender. Los coches pasan casi rozándole. Algunos se paran. Hay quien se queja porque el lugar donde está hace que los coches se paren en un carril donde no está permitido pararse. Pero como al poco tiempo racionan la gasolina, pronto empiezan a circular muchos menos coches y los que circulan no tienen ganas de complicarse la vida.

Pronto no circula ninguno; sólo tanques. El hombre que, además de haber tenido su primera novia a los quince años y cobrado su primer sueldo a los dieciséis, no acabó un máster de empresariales sigue con el puestecito, esperanzado, hasta que un tanque conducido por un soldado bromista se lo aplasta. Ahora sí que el hombre que no acabó un máster se indigna, pero la sensatez lo lleva a decidirse por el disimulo cuando se entera (por una mujer que pasa corriendo, pegada a la pared) que a las ocho y media de la mañana ha estallado la guerra. ¡La guerra!

Como es manco no lo reclutan. Eso sí: vive en la indigencia, se alimenta de los restos comestibles que encuentra en los contenedores de basura de los barrios altos (si tiene la suerte de que antes no haya pasado otro en su misma situación) y duerme en las bocas de metro. En el metro, ahora es inútil pedir limosna porque todo el mundo está igual y nadie da nada. Los meses pasan como si fueran años y un día (casi como para dar la razón a quienes dicen que el momento más oscuro siempre precede al alba) termina la guerra. Como siempre, ganan los otros, que evidentemente ocupan el país e imponen costumbres nuevas. El hombre que no terminó un máster de empresariales y, además, durante tres años jugó regularmente a fútbol sala con sus compañeros de trabajo, se alegra. La guerra ha terminado y, haya ganado quien haya ganado, es la mejor noticia posible.

Sin embargo, muchos de sus conciudadanos no piensan como él. Antes, dicen, al menos tenían la esperanza de que un día se acabaría la guerra. Ahora, como ya ha acabado, no les queda ni siquiera esa esperanza. La desesperación es tan grande que abundan los suicidios. De las azoteas y de los balcones de las casas se lanzan hombres a la calle, vestidos y con sombrero. Bajo las ruedas de los trenes y de los tranvías se tiran las madres con las hijas cogidas de la mano. Los viejos eligen el gas. Los tímidos se atan al cuello una piedra grande y se arrojan al mar. Los estudiantes de bachillerato meten los dedos en los enchufes, intentando electrocutarse. El hombre que durante tres años jugó regularmente con los compañeros de trabajo sufre cada vez que tropieza con un suicida o ve que se abre un balcón y alguien se tira. Si pudiese correr y salvarlos... Pero los cuerpos caen a gran velocidad y cuando él llega ya se han reventado en el suelo. Si pudiese decirles que es cuestión de no descorazonarse, de no dejarse vencer por la adversidad... Si se hace frente al infortunio, el viento siempre sopla a favor.

Por eso, cuando el hombre, que además de haber jugado regularmente a fútbol sala durante tres años con sus compañeros de trabajo siempre se saltaba las páginas de economía de los diarios, se ve ante la posibilidad de salvar a un suicida no lo duda ni un segundo. Como docenas de veces antes, oye los gritos de la gente cuando alguien se tira o está a punto de tirarse por la ventana. Pero esta vez la ventana no está lejos, sino en el mismo edificio junto al cual él guarda sus pertenencias en una caja de cartón. Alza los ojos al cielo y ve a una mujer que abandona el antepecho de una ventana del piso veintisiete. Sin pensarlo un instante, calcula la vertical de caída y se pone debajo, con los brazos (el brazo izquierdo y el muñón del derecho, en realidad) abiertos para recogerla. Del impacto, el hombre que siempre se saltaba las páginas de economía de los diarios queda aplastado en el suelo como un chicle sanguinolento. La mujer, que contra su voluntad se ha salvado, lo maldice y, loca de rabia y frustración, salta sobre el cadáver, y eso hace que el alma inmortal del hombre que, además de saltarse las páginas de economía de los diarios, antes de casarse todas las semanas se gastaba dos o tres mil pesetas en lotería se apresure a abandonar el cuerpo mortal y se eleve, atraviese la capa de cirrocúmulos que cubre la ciudad, atraviese la estratosfera, la ionosfera y la exosfera, llegue al espacio exterior, salga del sistema solar, de la galaxia y, unos cuantos años luz más allá, se pare y, mientras esquiva meteoritos, busque infructuosamente un lugar donde reposar.

# ENTRE LAS DOCE Y LA UNA

El hombre da una calada y descuelga el auricular.

–¿Dígame?

–Hola. –Es una voz de mujer–. Soy yo.

El hombre endereza el espinazo. Aplasta el cigarrillo contra el cenicero que hay al lado del teléfono. Habla en voz baja:

–Te he dicho mil veces que no me llames nunca a casa.

–Es que...

–Siempre te he dicho que me llames al despacho.

–¿Puedes hablar?

–Claro que no. Ya te imaginarás.

–¿Dónde está... ella?

–En el dormitorio.

–¿Nos..., te oye?

–No. Pero puede entrar en cualquier momento.

–Perdóname. Lo siento. Pero es que necesitaba llamarte ahora. No podía esperar hasta mañana, en el trabajo.

Hay una pausa. Es el hombre quien la rompe.

–¿Por qué?

–Porque esta situación me hace sufrir mucho.

–¿Qué situación?

–La nuestra. ¿Cuál va a ser?

–Pero... A ver si nos entendemos...

–¡No! No. No digas nada. No hace falta. –Intenta ser irónica y no lo consigue–. Podría oírte.

–Ahora no me oye. Escucha...

–Creo que ha llegado el momento de tomar una decisión.

–¿Qué decisión?

–¿No te la imaginas?

–No tengo ganas de jugar a las adivinanzas, Maria.

–Tengo que elegir. Entre tú y él.

–¿Y?

–Y como tú no me puedes dar todo lo que quiero... No nos engañemos: para ti yo nunca seré nada más que... –Respira hondo. A lo lejos se oye una ambulancia–. No quieres dejarla, ¿verdad? No sé ni por qué te lo pregunto. Ya conozco la respuesta.

–¿Qué es todo ese ruido?

–Te llamo desde una cabina.

–Hemos hablado de esto mil veces. Siempre he sido sincero contigo. Nunca te he escondido cómo estaban las cosas. Tú y yo nos caemos bien, ¿no? Pues...

–Pero yo estoy muy colgada de ti. Tú ya sé que no lo estás nada de mí.

–Siempre te he dicho que no quiero hacerte ningún daño. Nunca te he prometido nada. ¿Alguna vez te he prometido algo?

–No.

–Tienes que ser tú quien decida qué debemos hacer.

–Sí.

–¿Te he dicho o no te he dicho siempre que tienes que ser tú quien decida qué debemos hacer?

–Sí. Por eso te llamo. Porque ya he tomado una decisión.

–Siempre he jugado limpio contigo. –Se detiene–. ¿Qué decisión has tomado?

–He decidido... dejar de verte.

La mujer lo dice y se echa a llorar. Llora durante un buen rato. Poco a poco los sollozos disminuyen. El hombre aprovecha para hablar.

–Lo siento. Pero si realmente esto es lo que...

La mujer lo interrumpe:

–¿Pero no entiendes que no quiero dejaaar de veerteee?

Cuando el hombre deja de oír el llanto, habla:

–Maria...

–No. –Se suena–. Prefiero que no digas nada.

De golpe el hombre sube el tono de voz.

–Hombre, yo más bien elegiría un coche que te asegurase mejor rendimiento.

–¿Qué?

–Sobre todo si tienes que hacer tantos kilómetros. –Se para un momento–. Sí. –Hace otra pausa–. Sí, ya lo entiendo. Yo, claro, en eso no sé qué aconsejarte. Pero me parece que lo que te convendría sería un coche con mucha más..., con mucha más... –Simula buscar la palabra–. Sí, de acuerdo. Pero consume demasiada gasolina.

–¿No puedes hablar?

–No, claro.

–¿La tienes cerca?

–Sí.

–¿Enfrente?

–Sí. Pero este modelo no tiene tanta diferencia de precio con los japoneses. Y los japoneses...

–Tú con tu mujer enfrente y yo aquí, sin saber qué hacer. –Cada vez más indignada–. Sin decidirme de una vez a acabar con esta desazón.

–Lo ideal son cuatro puertas. Para vosotros, cuatro puertas.

–¿Ves como no hay otra solución? Así no podemos seguir. No podemos tener ni una conversación civilizada.

–Pero ése gasta unos seis litros y medio.

–Tú hablando de coches, de litros de gasolina, de si cuatro puertas, y yo sin decidirme siquiera a colgar.

–Un momento. –El hombre ha tapado el auricular con la mano. La mujer oye un diálogo amortiguado–. Dice que... –Vuelve a tapar el auricular con la mano. Vuelve a retirar la mano–. Dile a Lluïsa, de parte de Anna, que el pastel le ha quedado perfecto.

–¿Con quién cree que hablas?

–En fin, ya nos veremos.

–¿Quieres que cuelgue o...? Pero antes de colgar dime si mañana nos veremos.

–Sí.

–No tengo remedio. Llamo para decirte que hemos terminado y acabo preguntándote si mañana... ¿Quedamos donde siempre?

–Sí.

–¿A la hora de siempre?

–Exacto.

–Y –ahora habla con voz melosa– ¿haremos como siempre? Te imagino de rodillas, delante de mí, subiéndome la falda... ¿Me lamerás? ¿Me morderás? ¿Me harás mucho daño?

–Síí. –De golpe vuelve a hablar bajo–. ¡Hostia, Maria! Por poco se da cuenta. Ahora está en la cocina, pero en cualquier momento puede volver. ¿Y si me hubiese pedido el auricular para hablar contigo?

–¿Y por qué tendría que querer hablar conmigo?

–No quiero decir contigo, quiero decir con quien cree que hablaba yo.

–No hay quien te entienda. Y no hay quien me entienda a mí. No me entiendo ni yo misma. Estoy que me reconcomo, decido terminar y basta que oiga tu voz para que se me esfumen todas las decisiones. Me gustaría mucho estar ahora contigo. Ven. ¿No puedes? Claro que no. No pasa nada. Es cuando no puedo escucharte cuando me angustio. ¿Me quieres?

–Claro que sí.

–Más vale que cuelgue. Adiós.

–¿Dónde estás?

–En un bar; ya te lo he dicho.

–No. Me has dicho que estabas en una cabina.

–Y si sabías que estaba en una cabina, ¿para qué me lo vuelves a preguntar?

–Pero no estás en una cabina sino en un bar. Eso es al menos lo que dices ahora.

–Un bar, una cabina: lo mismo da.

–Oh, «lo mismo da», «lo mismo da»...

–Oye: ¡basta!

–Y ahora ¿qué piensas hacer?

–¿Ahora? ¿Quieres decir con lo nuestro?

–No. Quiero decir ahora mismo. ¿Piensas ir al cine? ¿Ya has comido? ¿Tienes que ir a clase de actuación?

–Oye: cuelgo.

–Espera un momento.

–Es que...

–A veces, Maria, pienso que sólo con que quisiéramos, sólo con que nos lo propusiésemos de verdad, podríamos conseguir que todo fuese de otra manera, sin tantas tensiones.

–Vale, pues sí.

–¿Sí qué?

–Sí.

–¿Qué te pasa? ¿No puedes hablar? ¿Hay alguien y por eso no puedes hablar?

–Mm... Sí.

–Has quedado con él en un bar y ya ha llegado. O estaba contigo y ahora se ha acercado al teléfono. ¿Sí o no? ¿O qué?

–Ya te devolveré el libro. Quédate tranquila.

–Ahora me tratas en femenino.

–Bueno, hasta luego. Llámame. Y recuérdame que te devuelva el libro.

–Ah, no. ¡Ahora no cuelgues! Tú me has hecho soportar la angustia de escucharte sin poder contestar más que estupideces y ahora...

–Ése no lo conozco. ¿Qué título dices que tiene?

–Perfecto. Lo estás haciendo muy bien. Ahora dirás el título del libro. ¿O no?

–Ya...

–Muy bien ese «ya». Da verosimilitud, hace real el diálogo con esa chica con la que se supone que hablas.

–¿*El amor por la tarde*, dices que se titula?

–¿Qué es ese título: una invitación?

–Pero mucho mejor que *El amor por la tarde* era *Las cien cruces*. Vaya, al menos para mí.

–Ése, ¿ves?, no lo he leído. ¿También es una novela?

–¿*Las cien cruces* aburrida?

De repente el hombre vuelve a hablar con voz grave.

–Hombre, ya te lo he dicho. Consume menos gasolina que el otro.

–Pero la protagonista de *El amor por la tarde* es más verosímil.

–¿Y cómo es que una empresa como la Peugeot no tiene previsto un caso así?

–Pero eso pasaba en *Ahora estamos los dos igual*. ¿Me equivoco?

–En absoluto.

–¿Y entonces?

–Nada.

Hay una pausa breve.

–¿Ves como no hay nada que hacer? Ahora ya puedo hablar de nuevo. –Vuelve a haber una pausa–. ¿No dices nada? ¿Se te acabó la charla o quieres dejar el ramo del automóvil y pasar a otro?

–Yo también vuelvo a estar solo.

–Pues adiós.

–Tienes razón. Más vale que nos digamos adiós.

–Antes tengo que decirte algo.

–Di.

–Estoy embarazada. –Él no responde–. ¿Me oyes? Estoy embarazada. De ti.

–¿Cómo que de mí? ¿Cómo sabes que es de mí?

–¡Porque desde la última regla sólo he estado contigo, imbécil!

–¿Y ese novio que te puede dar todo lo que yo no puedo darte? ¿Es que no...? Perdona. ¿Qué piensas hacer?

–¿Cómo que qué pienso hacer? ¿Es que tú no tienes nada que decir?

–¿Yo? No.

–Por fin. Por fin veo bien claro cómo eres. Por fin me doy cuenta de que, si alguna vez me encontrase en esa situación, te desentenderías totalmente.

–¿Qué quiere decir «si alguna vez me encontrase»?

–Quiere decir que, evidentemente, no estoy embarazada. ¿Te crees que soy tonta? Se me ha ocurrido de golpe, para ver cómo reaccionarías en una situación así. ¿Acaso crees que si de veras hubiese estado embarazada te habría pedido opinión sobre lo que tenía o no tenía que hacer?

La voz de él suena irritada:

–¡Oye, Maria...!

La mujer lo desafía:

–¿Qué? ¿Qué tengo que oír?

–¡Sabes que no tolero que me hables en ese tono, ni que me torees!

–¿Ah, no?

–Te partiré la cara.

–¿Ah, sí?

–Te hincharé los morros a puñetazos.

–Sí...

–Hasta que chilles.

–Sí...

–Te ataré a las patas de la cama.

–Sí, sí...

–Te escupiré en la boca...

–¡Sí!

–Y te daré de bofetadas hasta que sangres.

–¡Sí! ¡Sí!

–Y te obligaré a...

–¿A qué? ¿A qué?

–Te obligaré...

–¿A qué?

–Te llenaré la boca. Y te obligaré a tragártelo todo: no dejarás caer ni una gota.

–Ni una.

La mujer respira agitadamente. El hombre está excitado.

–¡Ni una, he dicho! Lámete esa que te resbala por el labio de abajo.

–«Guarra», dime «guarra».

–Guarra. Arrodíllate y abre la boca.

La mujer resopla.

–Basta. Tengo que decírtelo pase lo que pase. No tiene sentido hacerlo durar más. –Calla un momento, como para tomar impulso–. Escúchame: no soy Maria.

–¿Qué quiere decir que no eres Maria?

–Que no soy Maria: eso quiere decir. Maria está... Maria me ha pedido que te llamara y que te hablase como si fuera ella.

–Me estás tomando el pelo.

–Ha tenido que irse. Y quería que...

–¿Irse adónde?

–Fuera de la ciudad. Quería que creyeras que estaba aquí y no... Es que... No puedo seguir fingiendo. Mira: Maria y yo nos conocemos de las clases de actuación. Yo también estudio en el instituto del teatro. Me ha pedido que te llamara y me lo montase de manera que nos peleásemos. Porque mañana teníais que veros y ella todavía no habrá vuelto. ¿Me oyes?

–¿Dónde está?

–Se ha ido una semana. Con un novio.

–¿Con quién?

–Con Jaume.

–¿Con Jaume?

–Sí.

–¿Con qué Jaume?

–Jaume Ibarra.

–Oye, pero si Jaume Ibarra soy yo. ¿Con quién creías que estabas hablando? ¿A qué número has llamado?

–¿Tú eres Jaume?

–Sí.

–Hostia.

–¿Con quién pensabas que estabas hablando?

–Con Joan.

–¿Con Joan? O sea que Maria y Joan...

–Ahora me doy cuenta: he confundido los números.

–¿Y cómo es que tienes mi número de teléfono?

–Es que Maria me apuntó los dos, uno justo encima del otro, y me he equivocado: he marcado uno en vez del otro.

–¿Por qué te apuntó mi número si a mí no tenías que llamarme? ¿O también me tenías que llamar? Pero si has dicho que pensabas que se había ido conmigo...

–Si te lo explicase no me creerías.

–Dime una cosa, ee... ¿Cómo te llamas?

–Carme.

–Carme, dime una...

La mujer lo interrumpe.

–Un momento. ¿De verdad eres Jaume? Pero si Jaume no vive con nadie. ¡El que vive con su mujer es Joan! ¿Por qué me has dicho que tenías a tu mujer enfrente?

–Tú tampoco eres la verdad personificada.

–Si te creías que estabas hablando con Maria, ¿por qué querías hacerme creer que vivías con una mujer?

–Es que con Maria a veces (últimamente no mucho, por cierto, pero a veces) hacemos cosas así. Como juego.

–No me lo había dicho nunca.

–¿Por qué te lo iba a decir? ¿Es que os lo contáis todo?

–Casi.

–¿Ah, sí? ¿Y qué te dice de mí?

–Uf.

–¿Qué quiere decir ese «uf»?

–Quiere decir que lo interesante me lo cuenta todo.

–¿Con pelos y señales?

–Con pelos, señales y lo que haga falta.

–¿Dónde estás?

–En un bar, ya te lo he dicho.

–También me has dicho que estabas en una cabina.

–¡Y dale con la cabina!

–¿Qué haces ahora?

–Ya me lo has preguntado antes.

–Cuando eras Maria. Ahora que eres Carme, puede que tengas que hacer otra cosa. Además, cuando eras Maria tampoco me has contestado la pregunta. –El hombre se muerde un labio–. ¿Por qué no nos vemos?

–¿Cuándo?

–¿Hoy?

–Tendrá que ser por la noche. Por la tarde tengo clase.

–Por la noche, pues.

–¿Dónde?

–¿En el bar del Ritz?

–De acuerdo.

–¿A las ocho?

–A las ocho salgo de clase. Quedamos a las ocho y media.

–¿Cómo te reconoceré?

–Llevaré una chaqueta de piel, la que le regalaste un mes antes... Llevaré la chaqueta de piel.

–Un mes antes ¿de qué? –La mujer calla–. La chaqueta: se la regalé un mes antes ¿de qué?

–Jaume, tengo que decírtelo. Si no, voy a reventar.

–Dímelo pues.

–Maria está muerta. La chaqueta se la regalaste un mes antes de que se muriese. Mira... Escucha... No tendría que... Ella... Yo sabía cómo os queríais. Y cuando se murió decidí, decidimos, toda la clase...

–Me parece una broma de muy mal gusto.

–Encontrémonos y hablemos. A las ocho y media, ¿vale? O si quieres me salto la clase.

–La vi la semana pasada.

–Hace cinco meses que está muerta.

–Estos últimos cinco meses la he visto muchas veces. La semana pasada estuve con ella. Y estaba bien viva, guapísima. No era ningún fantasma.

–Hace cinco meses que sales con una Maria que no es Maria.

–Y según tú, ¿quién ha hecho de Maria todo este tiempo?

–Yo.

–Me habría dado cuenta.

–Te estoy diciendo la verdad.

–Si fuese verdad, ¿por qué habrías decidido que mañana no querías venir a la cita?

–Estoy harta de hacer de Maria.

–Sin embargo ahora has aceptado que nos veamos.

–Porque ahora voy haciendo de Carme, no de Maria. Jaume, por favor, te lo explicaré después.

–¿Y cómo te has dado cuenta de que yo no era Joan sino Jaume?

–¿Te crees que no sabía a quién llamaba? Claro que eres Jaume. Te conozco perfectamente. Te he tenido de novio durante cinco meses. Y cinco meses dan para mucho. Incluso para saber que... –la voz de la mujer se quiebra–, que me he enamorado de ti como una imbécil. Y quiero acabar con esta farsa.

–No creo nada de todo esto. ¿Cómo habrías podido hacer, todas las veces que nos hemos visto (que tú dices que nos hemos visto), para que no notase que no eras Maria?

–Piensa que estudio teatro.

–¡Por mucho teatro que estudies! ¿Cómo quieres hacerme creer que no me habría dado cuenta de la diferencia? Lo único que me faltaría es que me salieras con el cuento de la hermana gem... Oye, pero Maria tiene, tenía, una hermana gemela.

–Soy yo.

–No la he visto nunca.

–Ya lo creo que la has visto. Quiero decir: ¡ya lo creo que me has visto! Desde hace cinco meses, un par de veces por semana. Algunas semanas una sola vez: justamente de eso tendríamos que hablar. Porque yo te quiero ver más a menudo. ¿Quedamos como hemos quedado? ¿A las ocho y media?

–¿De verdad te llamas Carme?

–A las ocho y media, ¿de acuerdo?

–Sí.

–Te quiero mucho. Si alguna vez dejara de quererte me moriría.

Dorotea está sentada ante el tocador. Se pasa el cepillo por el pelo, lentamente, mientras observa por el espejo cómo Tintín se quita el jersey con desgana, cómo lo tira al sofá con desgana, cómo con desgana se pasa la mano por la barba, a contrapelo, y cómo se va hacia la ducha. Dorotea se levanta, se quita la bata, la deja sobre el taburete, se mete en la cama y escucha correr el agua. Considera la posibilidad de coger el libro que estuvo leyendo ayer y leer un rato ahora, pero en realidad no tiene ganas. Es mejor dejarlo donde estaba, encima de la mesilla, y esperar que su marido salga de la ducha. Tintín y ella podrían hablar un rato. Cuando Tintín vuelve, todavía secándose, Dorotea lo ve tan cansado que piensa que no le apetecerá nada charlar un rato. Le pregunta si está cansado. Tintín dice que sí, se mete en la cama, dice buenas noches, apaga la luz y, siete segundos después (mientras Dorotea lo contempla, dudando entre apagar también la luz o, volviendo a la idea anterior, leer un rato), deja escapar el primer ronquido.

Hace tiempo que no es como al principio. ¿Cuánto hace que no follan? Dorotea se estira la piel del brazo. Está floja. Se acaricia los pechos. Le cuelgan. Nunca han sido unos grandes pechos, pero al menos antes eran firmes. Quizás es por eso. Su amiga Carlota dice que estas cosas suelen pasar. Aparta la sábana, se levanta, apaga la luz de la mesilla y va a la sala. Enciende un cigarrillo y, mientras suelta circunferencias de humo por la boca (lo aprendió de su primer novio, a los diecisiete años), se mira en el cristal del balcón, que le refleja la imagen en pijama. Se pasa la mano por la cara. Nunca se ha considerado guapa. Esos labios delgados... Esas cejas demasiado espesas... Esa nariz puntiaguda... ¿Cómo quiere que Tintín la desee? Mientras se es joven, la suavidad de la piel, el calor de la carne, compensan la discreción de la cara. Cuando se pasa de los cuarenta la cosa cambia.

Por eso decide ir a la esthéticienne. Va al día siguiente. Se hace arreglar las cejas. Se pasa la mañana entera y sale encantada. Se mira en el cristal del escaparate de una zapatería. En cuanto la ve, su amiga Carlota se lo dice: con las cejas menos espesas y, sobre todo, separadas, la cara le gana mucho. Llega a su casa con una mezcla de ilusión y miedo. Ilusión de que Tintín la vea, la encuentre bellísima y vuelvan a estar igual de enamorados que al comienzo. Y miedo de que la vea, el cambio no le guste y la repudie por frívola, por banal. O, peor todavía, que se ría.

Pero Tintín vuelve a casa y ni se da cuenta.

Una semana más tarde Dorotea va a ver a un cirujano estético. Le dice que no le gustan los labios que tiene: delgados, fríos, sin gracia. Se hace inyectar silicona. Le quedan unos labios gruesos, sensuales, ávidos. Carlota le dice que es un cambio excepcional y le pregunta si piensa hacerse algún otro. Pese a la aprobación de la amiga, la experiencia del día de las cejas hace que Dorotea vuelva a su casa sin grandes esperanzas. Se equivoca: esta vez Tintín lo nota enseguida. Después de meses, copulan.

Confortada por el éxito, Dorotea vuelve a ver al cirujano. Se hace implantar cojines de silicona en los pechos. Le quedan preciosos. Erguidos, tensos, de un tamaño ideal. Esta vez Carlota pone mala cara. Le pregunta si está segura de no estar yendo demasiado lejos, si, en cierta medida, con todo eso no está dejando de ser ella misma para convertirse en una mujer de plástico, como las que salen en las películas y las revistas que compran los hombres. ¿Sigue siendo ella misma a pesar de las cejas, los labios hinchados y los pechos con silicona? ¿No tiene la sensación de haberse vuelto un poco androide?

Dorotea se ofende. Desde luego que es ella misma. ¿Quién, si no? Decide que a lo mejor lo que pasa es que Carlota empieza a envidiarle las mejoras. Dorotea vuelve a ver al cirujano. A estas alturas de la relación profesional ya existe lo que podríamos llamar confianza. Por eso es el propio cirujano quien le dice que el paso siguiente ha de ser la nariz. Dorotea piensa si esa manera de decirle que tiene una nariz horrorosa no tendría que molestarla; pero recapacita: ofenderse es una tontería. El médico tiene razón; ella lo sabe, y sabe que si se lo dice es por su bien (el de ella). Se acorta la nariz. La naricita respingona vuelve a excitar la lubricidad de Tintín de una forma salvaje.

Pero justo después de la cópula la mira con desconfianza:

–¿Para quién te arreglas tanto? ¿Para complacer a quién te has hecho arreglar los labios, los pechos, la nariz? Dorotea, no me engañes.

Dorotea apoya la cabeza en el bíceps marital. No se arregla para nadie, le dice. Sólo para él, aunque le parezca mentira. Y una vez que lo ha dicho empieza a fantasear. Tal vez ahora, con esa cara nueva y esos pechos turgentes, obnubilará a todos los hombres que quiera. Pero ¿es eso lo que quiere?

No es eso lo que quiere. Lo que quiere es complacer cada vez más a su marido. Por eso, acto seguido se hace un lifting. Y luego un cambio de caderas. Se lo ha recomendado el cirujano. Es una técnica nueva, inimaginable hasta hace pocos años, que permite cambiarle las anchísimas caderas de antes por unas nuevas, hechas de una materia medio orgánica. De este modo se olvidará para siempre de celulitis y liposucciones. Antes, sin embargo, se hace cambiar las piernas (le ponen unas esbeltísimas), los brazos, las arterias, el cuello. Que todos estos cambios son un éxito se lo confirma el hecho de que un día, mientras ella sale de la clínica, ve que Carlota entra, se dirige a la recepción y pide hora. ¡Pese a todas sus prevenciones ha acabado yendo al cirujano! A estas alturas, Dorotea ha cambiado tanto que se permite el lujo de observar a Carlota sin que la reconozca.

Al día siguiente Dorotea vuelve a la clínica. Para dar esbeltez a los pómulos le cambian el cráneo, debido a lo cual durante unos días se siente rara. Sobre todo por el pequeño circuito integrado que, implantado entre los dos hemisferios cerebrales, le permite hacer escáners de lo que la rodea, ver en la oscuridad, analizar como con rayos X el interior de las personas. Cuando le quitan las vendas da una vuelta por el pasillo. Médicos, pacientes y visitantes la repasan de arriba abajo. Si supiesen que las piernas son prefabricadas, las caderas de una materia medio orgánica y las cejas y los pómulos modificados, si supiesen que hasta tiene implantado en el cerebro un pequeño circuito integrado gracias al cual puede leer en las pantallitas que son sus ojos las obscenidades que piensan cuando la ven. Tampoco lo sabe Tintín; por eso, cuando esa noche la visita en la clínica (más tarde de lo que le había dicho) y para justificar la tardanza da una excusa banal, en las pantallitas que son sus ojos Dorotea descubre que a Tintín le ha costado mucho decidirse pero que, finalmente, esa noche (de ahí el retraso) le ha dicho a Carlota que no se verán más. Dorotea abraza a su marido y llora de alegría.

# EL JURAMENTO HIPOCRÁTICO

Al hombre sin entrañas le ha costado mucho hacer beber sin medida a su amigo y, con la excusa de dejarlo durmiendo en su casa, acceder a escuchar las quejas de su mujer, harta de un marido bebedor. El hombre sin entrañas las escucha, las comprende y a continuación invita a la mujer a una copa que se convierte en una serie. Hasta que, después de haberla hecho beber sin medida, están en la cama; ella diciendo que quiere irse. Es entonces cuando, de pronto, al hombre sin entrañas le estalla el hígado: en diez mil trocitos que salpican la pared, el techo, las sábanas y la mujer ebria a la que está a punto de forzar y que se resiste a medias y repite: «¿Por qué me haces esto? ¿Por qué me lo haces?» Ni se ha dado cuenta de que al hombre le ha estallado el hígado y ella tiene el cuerpo cubierto de trozos. Horrorizado, el hombre sin entrañas se levanta con miedo a caerse. Va al cuarto de baño. En el espejo contempla el agujero que tiene ahora a la derecha del cuerpo, bajo el costillar. Donde había estado el hígado hay un boquete enorme y oscuro. Ha llegado, pues, el momento que año tras año (desde los dieciséis, exactamente) le han anunciado profetas en bata de médico. Por fin se cumplen los vaticinios y las décadas consagradas al alcohol producen el mal devastador que se les atribuye.

La muerte, pues, es inminente. En cualquier momento

perderá el conocimiento y se desplomará. Nadie puede sobrevivir mucho tiempo con semejante agujero en el flanco. De hecho, lo extraño es que aún no se haya desplomado. ¿Cómo es que sigue vivo? ¿Cómo es que sigue razonando? ¿Cómo es que el resto de su cuerpo funciona sin resentirse, como si no hubiera pasado nada? Acaba de perder uno de los órganos indispensables y está vivo, en el cuarto de baño y atónito. Tal vez porque, aun siendo un órgano indispensable, no es el más indispensable de todos. Digámoslo claro: no es el corazón lo que le ha estallado. Seguro que si hubiese sido el corazón ya estaría muerto hace rato. Es evidente que hay órganos indispensables y órganos indispensables pero no del todo, dado lo cual dejan, en la práctica, de ser indispensables. Es evidente que en el grupo de indispensables no del todo indispensables entra el hígado, ese hígado que ha pasado a formar parte de la decoración del dormitorio. Desde donde le llegan los delirios de borracha de la mujer, que ya no le pregunta por qué se lo hace sino: «¿Dónde estás? ¿Por qué me has dejado sola?»

Vuelve al lado de ella. Si tiene que morir, nada mejor que morir en plan violento. En cuanto se pone manos a la obra, la mujer vuelve a preguntar una y otra vez: «¿Por qué me lo haces?» Una vez satisfecho, el hombre sin entrañas va al cuarto de baño, orina largamente, se felicita por el estado óptimo de sus riñones (siempre ha estado orgulloso de ellos), se lava la cara, vuelve al dormitorio, agarra a la mujer por el cogote, la levanta, la sienta en la butaca, cambia las sábanas salpicadas de hígado por unas limpias y se acuesta. Al cabo de un rato, la mujer se levanta de la butaca y va hasta la cama, a tientas porque no puede ni abrir los ojos. Se acuesta junto al hombre y le pregunta si es Frederic.

Al día siguiente, el hombre sin entrañas se levanta con la cabeza despejadísima. ¿Y la resaca que debería tener? Se acuerda del estallido del hígado y ni siquiera tiene tiempo de suponer que ha sido un sueño porque enseguida comprueba que no: mete la mano en el boquete que tiene en el costado derecho. Es ancho, cosa de un palmo, sanguinolento pero no tanto como la noche anterior. Puede tocar perfectamente las costillas inferiores. Se seca la mano en la colcha y se da cuenta de que a su lado duerme la mujer. Vuelve a forzarla. Esta vez ella le pide: «No me lo hagas más. Por favor, no me lo hagas más.»

El hombre sin entrañas se ducha, se viste y le dice a la mujer que se vista. Mientras bajan la escalera, la mujer vomita dos veces. En cambio el hombre sin entrañas está fresco. La mete en el coche; por si lo ha olvidado le recuerda el estado en que el día anterior le llegó el marido a casa y la deja cerca de una boca de metro. Después va a una librería a hojear libros sobre enfermedades hepáticas.

Llega al bar más temprano que de costumbre. Pide la primera copa temiendo que se le salga por el agujero. No se le sale. El boquete ha cicatrizado de una forma repugnante pero rápida. Cuando empiezan a llegar los amigos, el hombre sin entrañas hace horas que está bebiendo. Durante toda la noche bebe cuanto se le antoja y no tiene ninguna de las sensaciones desagradables que se tienen cuando se bebe sin medida. Y al día siguiente, ni pizca de resaca.

Bebe todo lo que quiere, siempre, y no nota ningún efecto negativo. Ha llegado a la conclusión de que el hígado es una especie de alienígena instalado en el cuerpo de los humanos. Muy al contrario de lo que dicen (que el alcohol, su exceso, es el culpable de los males del hígado), es el hígado el culpable de los males del bebedor. Y el único camino sensato es incrementar el consumo de alcohol al máximo, no prestar atención a las advertencias de los profetas médicos y esperar con anhelo el estallido. El estallido del hígado es un escalón más, natural y lógico, del proceso humano, lo mismo que la caída de los dientes de leche, las primeras poluciones nocturnas, la descalcificación de los huesos o la menopausia. Lo que ocurre es que, por lo general, la gente, atemorizada por los consejos de los médicos, un día se para, deja de beber o reduce la dosis. He aquí el error: porque bebiendo menos se detiene el proceso hacia el estallido deseable y se malvive entre sufrimientos y mala conciencia. Que el estallido es cosa normal lo demuestra el hecho de que el boquete se haya cicatrizado de forma espontánea, sin el menor problema. Todo lo contrario de lo que le habría pasado si el hígado se lo hubiera arrancado un médico en una operación quirúrgica, artificial.

Noche a noche el hombre sin entrañas ve caer a sus amigos, uno tras otro, ebrios. Siempre llega un día en que, abrumados por las molestias, van al médico e indefectiblemente siguen sus consejos. Víctimas de sus hígados, moderan el consumo de alcohol. Una noche, el hombre sin entrañas les aconseja que beban mucho más, cada vez más, hasta que el hígado les estalle. Si lo consiguen, el alcohol ya nunca será un problema. Es algo que saben todos los médicos, pero se han confabulado para no decirlo jamás. Los amigos no le creen, beben un poco más y, ebrios, se van a sus casas, arrastrándose. Nunca vuelve a darles un consejo. Cuando mueren de cirrosis o de hepatitis por no haber sido capaces de deshacerse de sus hígados, él les lleva coronas de flores, acompaña a las viudas al funeral y después, con la excusa de ahogar la pena, las hace beber sin medida.

# LA MICOLOGÍA

Al romper el alba el buscador de setas sale de su casa con un bastón y una cesta. Toma la carretera y, un rato más tarde, un camino, hasta que llega a un pinar. De tanto en tanto se para. Aparta con el bastón la capa de pinocha seca y descubre níscalos. Se agacha, los recoge y los mete en la cesta. Más allá encuentra lactarios. Sigue andando y, en un encinar, encuentra rebozuelos, oronjas y agáricos.

Con la cesta llena, empieza a desandar el camino. De golpe ve el sombrero redondeado, escarlata y jaspeado de blanco, de la amanita muscaria. Para que nadie la coja le da un puntapié. En medio de la nube de polvo que la seta forma en el aire al desintegrarse, plop, aparece un gnomo con barretina verde, barba blanca y botas puntiagudas con cascabeles, flotando a medio metro del suelo.

–Buenos días, buen hombre. Soy el gnomo de la suerte que nace de algunas amanitas cuando se desintegran. Eres un hombre afortunado. Sólo en una de cada cien mil amanitas hay un gnomo de la suerte. Formula un deseo y te lo concederé.

El buscador de setas lo mira despavorido.

–Eso sólo pasa en los cuentos.

–No –responde el gnomo–. También pasa en la realidad. Anda, formula un deseo y te lo concederé.

–No me lo puedo creer.

–Te lo creerás. Formula un deseo y verás como, pidas lo que pidas, aunque parezca inmenso o inalcanzable, te lo concederé.

–¿Cómo puedo pedirte algo si no consigo creer que haya gnomos que puedan concederme cualquier cosa que les pida?

–Tienes ante ti a un hombrecito de barba blanca, con barretina verde y botas con cascabeles en las puntas, flotando a medio metro del suelo, ¿y no te lo crees? Venga, formula un deseo.

Nunca se habría imaginado en una situación así. ¿Qué pedir? ¿Riquezas? ¿Mujeres? ¿Salud? ¿Felicidad? El gnomo le lee el pensamiento.

–Pide cosas tangibles. Nada de abstracciones. Si quieres riquezas, pide tal cantidad de oro, o un palacio, o una empresa de tales y cuales características. Si quieres mujeres, di cuáles en concreto. Si luego lo que pides te hace realmente feliz, es cosa tuya.

El buscador de setas duda. ¿Cosas tangibles? ¿Un Range Rover? ¿Una mansión? ¿Un yate? ¿Una compañía aérea? ¿Kelly McGillis? ¿Debora Caprioglio? ¿El trono de un país de los Balcanes? El gnomo pone cara de impaciencia.

–No puedo esperar eternamente. Antes no te lo he dicho porque pensaba que no tardarías tanto, pero tenías cinco minutos para decidirte. Ya han pasado tres.

Así pues, sólo le quedan dos. El buscador de setas empieza a inquietarse. Debe decidir qué quiere y debe decidirlo enseguida.

–Quiero...

Ha dicho «quiero» sin haber decidido aún qué va a pedir, sólo para que el gnomo no se exaspere.

–¿Qué quieres? Di.

–Es que elegir así, a toda prisa, es una barbaridad. En una ocasión como ésta, tal vez única en la vida, hace falta tiempo para decidirse. No se puede pedir lo primero que a uno le pase por la cabeza.

–Te queda un minuto y medio.

Quizás, más que cosas, lo mejor sería pedir dinero: una cifra concreta. Mil billones de pesetas, por ejemplo. Con mil billones de pesetas podría tenerlo todo. ¿Y por qué no diez mil, o cien mil billones? O un trillón. No se decide por ninguna cifra porque, de hecho, en una situación como ésta, tan cargada de magia, pedir dinero le parece vulgar, poco sutil, nada ingenioso.

–Un minuto.

La rapidez con que pasa el tiempo le impide razonar fríamente. Es injusto. ¿Y si pidiera el poder?

–Treinta y tres segundos.

Cuanto más lo apremia el tiempo más le cuesta decidirse.

–Quince segundos.

¿El trillón, entonces? ¿O un millón de trillones? ¿Y un trillón de trillones?

–Cuatro segundos.

Renuncia definitivamente al dinero. Un deseo tan excepcional como éste debe ser más sofisticado, más inteligente.

–Dos segundos. Di.

–Quiero otro gnomo como tú.

Se acaba el tiempo. El gnomo se esfuma en el aire y de inmediato, plop, en el lugar exacto que ocupaba aparece otro gnomo, igualito al anterior. Por un momento el buscador de setas duda de si es o no el mismo gnomo de antes, pero no debe de serlo porque repite la misma cantinela que el otro y si fuese el mismo, piensa, se la ahorraría:

–Buenos días, buen hombre. Soy el gnomo de la suerte que nace de algunas amanitas cuando se desintegran. Eres un hombre afortunado. Sólo en una de cada cien mil amanitas hay un gnomo de la suerte. Formula un deseo y te lo concederé.

Han empezado a pasar los cinco nuevos minutos para decidir qué quiere. Sabe que si no le alcanzan le queda la posibilidad de pedir un nuevo gnomo igual a éste, pero eso no lo libra de la angustia.

# EL SAPO

De color azul, el príncipe sólo lleva los pantalones, ajustados, que le marcan las nalgas, unas nalgas pequeñas y duras que hacen que las muchachas y los pederastas se vuelvan a mirarlo y se muerdan el labio inferior. También lleva un jubón de colorines, una capa corta y roja, una gorra ancha, gris y con una pluma verde, y botas de media caña por encima de los pantalones azules y ajustados.

Le gusta pasear a caballo. A menudo monta cuando nace el día, después de haber desayunado, y se pierde por los bosques, que son todos de coníferas, densos y húmedos y con brumas bajas. Muy de vez en cuando, en el centro de una explanada, en la cumbre de una colina o junto a un abeto cien veces más alto que él, el príncipe detiene el caballo, que relincha, y se pone a meditar.

¿Qué medita el príncipe? Medita qué hará en el futuro, cuando herede el reino, cómo gobernará, qué innovaciones introducirá y qué mujer elegirá para que se siente a su lado, en el trono. El trono de ese reino es de dos plazas, tapizado de terciopelo granate, muy parecido a un sofá o una chaise longue. No es que le haga falta casarse para heredar el reino. Su abuelo, por ejemplo, lo heredó soltero, y soltero siguió los primeros ocho años de reinado, hasta que conoció a una princesa digna y equilibrada, la abuela del príncipe. No le hace falta, pues, pero prefiere dejar la cuestión resuelta para, desde el momento en que lo coronen rey, poder dedicarse por entero a gobernar el país.

Pero eso de encontrar una mujer suficientemente digna y equilibrada pinta muy difícil. El príncipe sale poco. Sus amigos, príncipes como él, salen todas las noches, de taberna en taberna y de fiesta en fiesta, hasta las tantas, a veces sin ocultar la condición principesca y a veces disfrazados de plebeyos. En las fiestas y las tabernas se hartan de conocer a princesas y plebeyas. Todos los mediodías, después de levantarse, los príncipes se encuentran para tomar el aperitivo, con los ojos enrojecidos escondidos tras gafas de sol y la cabeza como una losa. Comentan con pelos y señales a cuál o cuáles se han tirado la noche anterior, y cómo se las han tirado. Siempre llegan a una misma conclusión: princesas o plebeyas, tanto da; son todas unas marranas. Tal concesión al igualitarismo es tan insólita como, con grandes carcajadas, celebrada por todos. Menos por el príncipe de los pantalones azules. El príncipe lamenta no sólo que comparen frívolamente a princesas con plebeyas, sino que dictaminen que no hay mujer que no sea una marrana.

Por eso no sale nunca con los demás príncipes, que para convencerlo le dicen que una noche vaya con ellos. Si accediese comprobaría que las cosas son tal como dicen. Él se niega. No se niega porque no les crea. Se niega porque le da miedo acompañarlos y descubrir que, efectivamente, tienen razón. Y está convencido de que, si no desfallece, encontrará a la princesa pura que busca desde la pubertad. En cambio, si llegara a la convicción de que, aristócratas o plebeyas, todas son iguales, ya no podría encontrarla nunca.

Nunca ha confesado a nadie cómo espera encontrar a su princesa ideal. Porque sabe que se reirían. La encontrará encantada: en forma de sapo. Está convencido. Precisamente por eso será diferente de todas las demás, porque se habrá mantenido alejada de la banalidad y la degradación de los humanos. Lo ha leído en los cuentos, desde muy pequeño, y, aunque ya entonces los otros príncipes (los mismos que ahora se encuentran todos los mediodías para tomar el aperitivo) se burlaban de esas historias, él creía en ellas con convicción. Convicción que el curso de los años ha ido reforzándole con un hecho curioso y sintomático: nunca ha logrado ver un solo sapo. Desde niño los ha buscado con ardor. Sabe cómo son por los dibujos y las fotos de los libros de ciencias naturales, pero nunca ha encontrado ninguno.

Por eso, la mañana que, tras horas de galopar, se detiene a orillas de una poza para que el caballo abreve y ve un sapo sobre una roca cubierta de musgo (un sapo brillante, gordo, entre verdoso y morado), echa pie a tierra con el corazón latiéndole a cien. Por fin ha encontrado un sapo, cara a cara, en directo. El sapo lo saluda:

–Croac.

Es un bicho aún más asqueroso de lo que se había imaginado por los dibujos y las fotos de los libros. Pero ni por un instante duda de que es a ese bicho al que debe darle un beso. Después de años de búsqueda es el primer sapo que consigue ver, y por eso sabe que no es un sapo y nada más sino una princesa encantada, no echada a perder por la vida mundana. Ata las riendas del caballo a un chopo y avanza con miedo. Miedo de la decepción que tendrá si, a despecho de su convicción, resulta que el sapo no es sino un sapo, da un salto y se mete en la poza. Se arrodilla junto a la roca.

–Croac –hace el animal por segunda vez.

El príncipe inclina el cuerpo y adelanta la cara. El sapo está justo frente a él. La papada se le hincha y deshincha sin cesar. Ahora que lo ve tan de cerca siente que lo invade el asco; pero no tarda en reponerse y acerca los labios al morro del anfibio.

–Mua.

En menos de una milésima de segundo, con un ruido ensordecedor, el sapo se convierte en un prisma de cien mil colores, que multiplica infinitamente las caras, hasta que todas las caras y colores se convierten en una muchacha preciosa de cabellos de oro. Y una corona encima que demuestra la nobleza de su linaje. Por fin el príncipe ha encontrado a la mujer que siempre ha buscado, esa con la que compartirá el trono y la vida.

–Por fin has llegado –le dice ella–. Si supieras cómo he esperado al príncipe que debía librarme del hechizo.

–Lo comprendo. Te he buscado siempre, desde que era niño. Y siempre he sabido que te encontraría.

Se miran a los ojos, se cogen las manos. Es para siempre, y los dos son conscientes de ello.

–Era como si este momento no fuera a llegar nunca –dice ella.

–Pues ya ha llegado.

–Sí.

–Qué bien, ¿no?

–¿Estás contento?

–Sí. ¿Y tú?

–Yo también.

El príncipe mira el reloj. ¿Qué más debe decirle? ¿De qué deben hablar? ¿Debe invitarla enseguida a su casa o se lo tomará a mal? En realidad no hay ninguna prisa. Tienen toda la vida por delante.

–En fin...

–Sí.

–Ya ves...

–Tanto esperar y de repente, plaf, ya está.

–Sí, ya está.

# LA BELLA DURMIENTE

En medio de un claro, el caballero ve el cuerpo de la muchacha, que duerme sobre una litera hecha con ramas de roble y rodeada de flores de todos los colores. Desmonta rápidamente y se arrodilla a su lado. Le coge una mano. Está fría. Tiene el rostro blanco como el de una muerta. Y los labios finos y morados. Consciente de su papel en la historia, el caballero la besa con dulzura. De inmediato la muchacha abre los ojos, unos ojos grandes, almendrados y oscuros, y lo mira: con una mirada de sorpresa que enseguida (una vez ha cavilado quién es y dónde está y por qué está allí y quién será ese hombre que tiene al lado y que, supone, acaba de besarla) se tiñe de ternura. Los labios van perdiendo el tono morado y, una vez recobrado el rojo de la vida, se abren en una sonrisa. Tiene unos dientes bellísimos. El caballero no lamenta nada tener que casarse con ella, como estipula la tradición. Es más: ya se ve casado, siempre junto a ella, compartiéndolo todo, teniendo un primer hijo, luego una nena y por fin otro niño. Vivirán una vida feliz y envejecerán juntos.

Las mejillas de la muchacha han perdido la blancura de la muerte y ya son rosadas, sensuales, para morderlas. Él se incorpora y le alarga las manos, las dos, para que se coja a ellas y pueda levantarse. Y entonces, mientras (sin dejar de mirarlo a los ojos, enamorada) la muchacha (débil por todo el tiempo que ha pasado acostada) se incorpora gracias a la fuerza de los brazos masculinos, el caballero se da cuenta de que (unos veinte o treinta metros más allá, mucho antes de que el claro dé paso al bosque) hay otra muchacha dormida, tan bella como la que acaba de despertar, igualmente acostada en una litera de ramas de roble y rodeada de flores de todos los colores.

# LA MONARQUÍA

Todo gracias a aquel zapato que perdió cuando tuvo que irse del baile a toda prisa porque a las doce se acababa el hechizo, el vestido retornaba a la condición de harapos, la carroza dejaba de ser carroza y volvía a ser calabaza, los caballos ratones, etcétera. Siempre la ha maravillado que sólo a ella el zapato le calzase a la perfección, porque su pie (un 36) no es en absoluto inusual y otras chicas de la población deben de tener la misma talla. Todavía recuerda la expresión de asombro de sus dos hermanastras cuando vieron que era ella la que se casaba con el príncipe y (unos años después, cuando murieron los reyes) se convertía en la nueva reina.

El rey ha sido un marido atento y fogoso. Ha sido una vida de ensueño hasta el día que ha descubierto una mancha de carmín en la camisa real. El suelo se le ha hundido bajo los pies. ¡Qué desazón! ¿Cómo ha de reaccionar, ella, que siempre ha actuado honestamente, sin malicia, que es la virtud en persona?

Que el rey tiene una amante es seguro. Una mancha de carmín en la camisa siempre ha sido prueba clara de adulterio. ¿Quién será la amante de su marido? ¿Debe decirle que lo ha descubierto o bien disimular, como sabe que es tradición entre las reinas, en casos así, para no poner en peligro la institución monárquica? ¿Y por qué el rey se ha buscado una amante? ¿Acaso ella no lo satisface suficientemente? ¿Quizás porque se niega a prácticas que considera perversas (sodomía y lluvia dorada, básicamente) su marido las busca fuera de casa?

Decide callar. También calla el día que el rey no llega a la alcoba real hasta las ocho de la mañana, con ojeras de un palmo y oliendo a mujer. (¿Dónde se encuentran? ¿En un hotel, en casa de ella, en el mismo palacio? Hay tantas habitaciones en este palacio, que fácilmente podría permitirse tener a la amante en cualquiera de las dependencias que ella desconoce.) Tampoco dice nada cuando los contactos carnales que antes establecían con regularidad de metrónomo (noche sí, noche no) se van espaciando hasta que un día se percata de que, desde la última vez, han pasado más de dos meses.

En la habitación real, llora cada noche en silencio; porque ahora el rey ya no se acuesta nunca con ella. La soledad la reseca. Mil veces hubiera preferido no ir nunca a aquel baile, o que el zapato hubiese calzado en el pie de cualquier otra muchacha antes que en el suyo. Así, cumplida la misión, el enviado del príncipe no hubiera llegado nunca a su casa. Y en caso de que hubiera llegado, mil veces hubiera preferido incluso que alguna de sus hermanas calzara el 36 en vez del 40 y 41, números demasiado grandes para una muchacha. Así el enviado no habría hecho la pregunta que ahora, destrozada por la infidelidad del marido, le parece fatídica: si además de la madrastra y las dos hermanastras había en la casa alguna otra muchacha.

¿De qué le sirve ser reina si no tiene el amor del rey? Lo daría todo por ser la mujer con la cual el rey copula extraconyugalmente. Mil veces preferiría protagonizar las noches de amor adúltero del monarca que yacer en el vacío del lecho conyugal. Antes querida que reina.

La antigua cenicienta decide avenirse a la tradición y no decirle al rey lo que ha descubierto. Actuará de forma sibilina. La noche siguiente, cuando tras la cena el rey se despide educadamente, ella lo sigue de forma disimulada. Lo sigue por pasillos que desconoce, por ignoradas alas del palacio, hacia estancias cuya existencia ni siquiera imaginaba. El rey la precede con una antorcha. Finalmente se encierra en una habitación y ella se queda en el pasillo, a oscuras. Pronto oye voces. La de su marido, sin duda. Y la risa gallinácea de una mujer. Pero superpuesta a esa risa oye también la de otra mujer. ¿Está con dos? Poco a poco, procurando no hacer ruido, entreabre la puerta. Se echa en el suelo para que no la vean desde la cama; mete medio cuerpo en la habitación. La luz de los candelabros proyecta en las paredes las sombras de tres cuerpos que se acoplan. Le gustaría levantarse para ver quién está en la cama, porque las risas y los susurros no le permiten identificar a las mujeres. Desde donde está, echada en el suelo, no puede ver casi nada más; sólo, a los pies de la cama, tirados de cualquier manera, los zapatos de su marido y dos pares de zapatos de mujer, de tacón altísimo, unos negros del 40 y otros rojos del 41.

# LA FAUNA

El gato persigue al ratón por toda la casa y cae, una tras otra, en las trampas que él mismo le pone al roedor. Cae dentro del bote de brea, resbala en la piel de plátano y va a parar a la picadora de carne, que lo hace trizas. Cuando todavía no se ha recuperado, toca el pomo de la puerta sin saber que el ratón lo ha conectado a la corriente eléctrica: se le erizan todos los pelos, pasa del negro al blanco, al amarillo, al violeta, los ojos se le salen de las órbitas y dan dieciocho vueltas, la lengua se le dobla y desdobla en zigzag, se desploma chamuscado y se convierte en un montón de polvo negro humeante. Hasta que llega la señora con una escoba y una pala, lo recoge y lo echa al cubo de la basura.

Pero enseguida vuelve a estar al acecho. ¡Ah! Qué no daría por desembarazarse de ese ratón miserable que no debería despertar la simpatía de nadie. ¿Por qué nunca gana él? ¿Por qué quien se salva es siempre el animalejo pequeño? El gato sabe, además, que los ratones despiertan el asco de una buena parte de la humanidad. De todas las peripecias de la guerra, la que muchos hombres recuerdan con más espanto (más que las bombas, más que las balas dumdum, más que las noches sin dormir, más que los días sin comer y las travesías sin zapatos, con los pies envueltos en trapos) son las ratas. ¿Por qué entonces determinados humanos se olvidan de ese asco y se ponen de parte del ratón? ¿Sólo porque es el animal más pequeño?

El gato vuelve a la carga. Una vez más jura que esta vez el ratón no se escapará. Incendia la casa. Se quema todo pero el ratón se salva. Y cuando vuelve del trabajo, el dueño persigue al gato a escobazos. El gato no desiste. Vuelve a perseguir al ratón. Finalmente lo atrapa, lo mete en una mezcladora de cemento y, cuando está a punto de ponerla en marcha, aparece el perro. Por una ley tan incomprensible como atávica, el perro siempre es amigo del ratón. Este perro lleva en la mano un mazo desmesurado. Lo descarga en la cabeza del gato, que queda plano como una hoja de papel.

Pero enseguida se rehace, recibe un paquete por correo y sonríe. Llena de pólvora la madriguera del ratón y le prende fuego. Estalla todo justo a tiempo de que el gato se dé cuenta de que el ratón no estaba dentro, de que está observándolo desde la puerta de la casa con una risa repugnante. Siempre lo mismo.

Hasta que un día sorprendente, muchos episodios más tarde, el gato triunfa.

Después de una persecución por el pasillo de la casa (una persecución como tantas otras), el gato atrapa al ratón. Sin embargo, ha ocurrido tantas veces... Tantas veces el gato ha tenido al ratón en el puño, como ahora, y se le ha escapado, que ni el mismo gato se cree del todo que esta vez vaya de veras. Ensarta al ratón con un tenedor de tres puntas, y de cada una de las tres heridas brota un chorro de sangre. El gato enciende el fuego. Pone encima una sartén. Vierte aceite. Cuando el aceite está hirviendo, pone en él al ratón, que se fríe poco a poco, entre chillidos tan frenéticos que el propio gato tiene que taparse los oídos con dos tapones de corcho. Entonces empieza a darse cuenta de que esta vez pasa algo raro. Esta vez va de veras. El cuerpo del ratón se acartona, cada vez más negro y humeante. El ratón mira al gato con unos ojos que éste no olvidará nunca y se muere. El gato sigue friendo el cadáver. Después saca la sartén y lo quema directamente en las llamas, hasta que no es sino un pellejo negro y arrugado. Lo saca del fuego, lo mira de cerca, lo toca con los dedos; se le deshace en diez mil motas carbonizadas que el viento, arremolinado, dispersa hacia los cuatro puntos cardinales. Por un instante se siente inmensamente feliz.

## LA FUERZA DE VOLUNTAD

El hombre porfiado sabe que se trata simplemente de tener (y mantener durante el tiempo necesario) la firme voluntad de lograrlo. No hay más que eso, ni enigmas de ninguna clase. Se arrodilla, inclina el torso hasta que la cara le queda a un palmo de la piedra (una piedra un pelín alargada, redondeada, decididamente gris) y vocaliza con claridad:

–Pa.

Durante un rato mira la piedra fijamente, clavando los ojos en cada irregularidad, intentando captarla completamente, establecer una comunicación absoluta, hasta que la piedra se convierta en una prolongación de él mismo a un palmo de distancia. Es mediodía; la brisa compensa el esplendor del sol. Vuelve a abrir los labios con parsimonia.

–Pa.

Ha elegido «pa» porque siempre ha oído que es lo primero que dicen los niños, la eclosión con que sorprenden a los padres, la sílaba más fácil para arrancar a hablar.

–Pa.

La piedra continúa en silencio. El hombre porfiado sonríe. No se rinde fácilmente a las adversidades. Ha tomado la decisión de enseñar a hablar a la piedra sabiendo que no será tarea fácil. Sabe que, durante siglos, los hombres han menospreciado las posibilidades verbales del reino mineral y, por ello, tal vez sea ésta la primera vez en muchos años que un hombre sobrio se encuentra frente a frente con una piedra, tratando de hacerla hablar. Si a esto añadimos la tradicional desidia del alumnado, la dificultad de la empresa es patente.

–Pa –insiste el hombre porfiado.

La piedra calla. El hombre echa un instante la cabeza hacia atrás para, de inmediato, adelantarla de nuevo hasta plantar la cara a unos centímetros de la piedra:

–Pa pa pa pa pa pa. ¡Pa!

Ninguna respuesta. El hombre vuelve a sonreír, se acaricia la barbilla, yergue el torso, se pone en pie, saca del bolsillo un paquete de cigarrillos y enciende uno. Fuma observando la piedra. ¿Cómo tiene que establecer el contacto? ¿Cómo debe comunicarse? Con los dedos dispara el cigarrillo contra un árbol y (como un luchador sobre el contrincante) se abalanza sobre la piedra gritando:

–¡¡¡PAAA!!!

La aparente indiferencia del mineral lo enternece. Lo acaricia con las puntas de los dedos. Ahora le habla con voz seductora:

–Piedra. Hola, piedra. ¿Piedra? Pie dra. P i e d r a. Piedra...

No deja de acariciarla. Alterna la lentitud con la rapidez. Ora la acaricia suavemente, ora con frenesí.

–Venga, di: pa.

La piedra no dice nada. El hombre porfiado le da un beso.

–Sé que puedes, no sé si escucharme, pero sí entenderme. ¿Me entiendes? ¿Me captas? Sé que puedes decirlo. Sé que puedes decir «pa». Sé que puedes hablar, aunque sólo sea un poco. Sé también que para ti  es difícil, porque quizá nunca nadie te ha dicho nada ni te ha pedido que le hablaras y, si uno no está acostumbrado, al principio estas cosas cuestan. De todo eso soy consciente. Por eso soy comprensivo; no te pido nada que no puedas hacer con un poco de esfuerzo. Ahora lo repetiré otra vez. Y a continuación tú lo repetirás conmigo. ¿De acuerdo? Venga, vamos. No es fácil, pero tampoco imposible. Anda, di: pa. Pa. Pa.

Pone la oreja contra la superficie de la piedra, a ver si los esfuerzos de ésta se traducen aunque sólo sea en un susurro. Pero no: silencio. El silencio más absoluto. El hombre porfiado inspira profundamente y vuelve a la carga. Ofrece a la piedra nuevos argumentos, le explica por qué debe de costarle tanto hablar y cómo tiene que hacer para conseguirlo. Cuando anochece, la coge con las manos y le quita la tierra que le ha quedado adherida a la parte inferior. Se lleva la piedra a casa. La pone sobre la mesa del comedor, se asegura de que esté cómoda. La deja descansar toda la noche. A la mañana siguiente le da los buenos días, la limpia con cuidado bajo el chorro del grifo, con agua tibia: ni demasiado fría ni demasiado caliente. Luego la saca al balcón. Desde el balcón se ve todo el valle, con los dispersos chalés de los veraneantes, una punta del lago y, a lo lejos, las luces de la autopista. Deja la piedra sobre la mesa y se sienta en una silla.

–Anda, di: pa.

Tres días más tarde, el hombre porfiado finge mosquearse:

–Muy bien. No hables si no quieres. ¿Te crees que no advierto tu desprecio tácito? Para transmitir desdén no es preciso decir nada. Lo único que te digo es esto: de mí no se burla nadie.

El hombre porfiado agarra la piedra con la mano derecha, la aprieta (tanto que la cara acaba por ponérsele roja) y finalmente la tira con fuerza. En el cielo, la piedra describe un arco: por encima del valle, de los chalés y de las piscinas de los veraneantes, por encima del hombre que maneja la cortadora de césped, por encima de la carretera en obras, por encima de la autopista bastante vacía de coches, por encima de la zona de desarrollo industrial, por encima del campo de fútbol donde un equipo vestido con camiseta verde y pantalones blancos empata con otro vestido con camiseta amarilla y pantalones azules, por encima de los edificios de la ciudad provinciana; hasta que cae en el centro de una plaza, a los pies de unos turistas alemanes que están fotografiando la catedral con tanta atención que no advierten la caída de la piedra, que choca contra los adoquines y, rompiéndose, deja escapar un sonido seco bastante parecido a «¡pa!».

## LA FISONOMÍA

El intelectualista es incapaz de recordar ninguna cara. Por la calle, cuando se encuentra con alguien que lo saluda, nunca sabe quién es ni de qué lo conoce. Tal vez alguna cara le suena, pero no es capaz de adjudicarle ningún nombre ni de acertar de dónde la conoce. Tan experto se ha hecho en evitar los trances difíciles que esa mala memoria comporta inevitablemente, que (para que no descubran que no los conoce) saluda a todos los que lo saludan. Con total impasibilidad, con tanta naturalidad que nadie advierte que en realidad no lo reconoce. Hasta es capaz de mantener conversaciones sobre temas generales (y no tan generales) y, cuando por fin se despiden, con palmaditas en la espalda o apretones de mano, el desconocido se va persuadido de que ni por un instante ha dudado de quién era. Sobre todo es preciso demostrar desde el principio una gran alegría. Que ni por un segundo al otro lo asalte la duda. Lo primero que hace, cuando se ve reconocido, es exclamar bien fuerte: «¿Qué tal? ¿Cómo va eso?» Nada más pernicioso que poner cara de desconcierto o saludar en voz baja, porque el desconocido lo miraría con recelo y formularía la pregunta fatídica: «No te acuerdas de mí, ¿verdad?» Pregunta ante la cual es inútil mentir, porque significa que es evidentísimo que el interrogado no tiene la menor idea de quién es el que tiene delante.

Nunca ha recordado una cara. Ni de pequeño. En el colegio deducía quién era el maestro porque era más alto y gordo que el resto de los que ocupaban la clase. Y a los compañeros de clase, como eran todos bajitos (más o menos de la misma estatura que él), no los identificaba. Cada uno con una cara diferente; ¿cómo querían que se acordara de todas y supiese cuál era de cada uno? En casa, por suerte, sabía quién era su padre porque era el alto y grande de la familia. Y, aunque se afeitase todos los días, se le notaba la barba, sobre todo cuando le daba un beso. En cambio su madre no tenía barba, y su piel era muy suave. Generalmente llevaba falda, lo cual facilitaba aún más el reconocimiento. Tal vez por eso, cuando la mujer se ponía pantalones él se desconcertaba momentáneamente, hasta que se fijaba en las manos esbeltas, en la suavidad de las mejillas. A su hermano lo identificaba fácilmente: era el otro niño, el otro bajito de la casa. De haber habido más adultos o más hermanos habrían empezado los problemas. Y lo mismo le pasaba cada mañana, cuando se enfrentaba con el espejo y se encontraba una cara que no reconocía. Evidentemente era la suya, pero si la hubiese visto entre cinco caras más no habría sabido reconocerla.

Por eso se queda helado el día que, al entrar en la estación de metro de al lado de su casa, ve que sale una mujer y la reconoce. No se conocen de nada, ni han cruzado nunca una sola palabra, pero recuerda con precisión que la vio, apenas un instante, hace treinta y ocho años, la mañana que fue a recoger el diploma de licenciado. Ella salía de secretaría, vestida con una rebeca azul, una blusa blanca y una falda gris.

Por primera vez en la vida ha reconocido una cara, una cara que sólo vio una vez hace muchos años. Eso lo admira. (¿Debería habérselo pensado dos veces? ¿Debería haber dado media vuelta para seguir a la mujer y contarle que la ha recordado de años atrás, de un día que ella salía de la secretaría de la facultad? Habría sido absurdo. Lo más probable es que la mujer se lo hubiera tomado como una argucia barata para intentar una aproximación y no le hubiese hecho caso.) No se hace a la idea: la única cara que ha reconocido hasta ahora, a lo largo de su vida, es justamente la de una mujer que sólo vio una vez hace treinta y ocho años. Deduce que eso debería hacerle suponer algo sobre su personalidad, sobre su manera de ser, sobre los motivos de la falta de facultades fisonómicas que lo ha acompañado a lo largo de su vida. Está convencido de que precisamente en este enigma debe radicar la clave que da sentido a su vida, una vida de éxito pero marcada de forma irreversible por la incapacidad de recordar ningún rostro. En modo alguno puede deberse al azar que la única vez que ha vuelto a ver a esa mujer no haya tenido el menor problema para recordarla e identificarla de inmediato. Sin embargo, por más vueltas que le da no logra descubrir ninguna clave. Pasan los días, las semanas, los años. Durante el resto de su vida sigue sin recordar ningún rostro. A menudo medita sobre eso. Esa mujer es la demostración de que él es capaz de recordar una cara: a ella sí supo reconocerla la vez que la vio saliendo de la estación de metro, piensa siempre, esperanzado; sin saber que vive desde siempre en su misma calle (exactamente a dos casas de su casa) y la ha visto cientos de veces, antes y después de aquel día en que la reconoció en el metro.

# LA DIVINA PROVIDENCIA

El erudito que, de manera paciente y ordenada, ha dedicado cincuenta de sus sesenta y ocho años de vida a escribir la Gran Obra (de la que hasta el momento tiene a punto setenta y dos volúmenes) se da cuenta, una mañana, de que la tinta de las letras de las primeras páginas del primer volumen está empezando a desaparecer. El negro pierde intensidad y se vuelve grisáceo. Como ha adquirido la costumbre de repasar a menudo todos los volúmenes escritos hasta el momento, cuando se percata de la desgracia sólo se han estropeado las dos primeras páginas, las primeras que escribió, hace cincuenta años. Y además, en la segunda página las letras de las líneas inferiores todavía son un poco legibles. Se apresura a rehacer una por una las letras borradas. Con tinta china y paciencia sigue el trazo hasta rehacer palabras, líneas y párrafos. Pero cuando termina advierte que ahora también han desaparecido las palabras de las últimas líneas de la página 2 y toda la página 3 (que cuando inició la reparación estaban unas en buen estado y otras en estado relativamente bueno). Esto le confirma que la enfermedad es progresiva.

Hace cincuenta años, cuando decidió consagrar su vida a escribir la Gran Obra, el erudito ya era consciente de que debería prescindir de toda actividad que le robase aunque sólo fuera un poco de tiempo, de que debía vivir célibe y sin televisor. La Gran Obra sería realmente tan Grande que no podría perder ni un minuto en nada de lo que pudiera privarse. Y de hecho se podía privar de todo menos de la Gran Obra. Por eso mismo decidió no perder ni un minuto buscando editor. El futuro se lo encontraría. Tan seguro estaba de la validez de lo que se había propuesto, que sabía que, indefectiblemente, cuando alguien descubriese los volúmenes mecanografiados de la Gran Obra, inéditos, uno al lado de otro en los estantes del pasillo de su casa, el primer editor que se enterase (fuese quien fuese) enseguida se daría cuenta de la importancia de lo que tenía ante sí. Pero si ahora se le borran las letras, ¿qué va a quedar de la Gran Obra?

La degradación no para. En cuanto ha rehecho las tres primeras páginas, descubre que también desaparecen las letras de las páginas 4, 5 y 6. Cuando ha rehecho las de las páginas 4, 5 y 6, se encuentra con que se han borrado completamente las de las 7, 8, 9 y 10. Rehechas la 7, la 8, la 9 y la 10, ve que se le han borrado desde la 11 hasta la 27.

No puede perder tiempo intentando averiguar por qué se borran las letras. Se apresura a rehacer el primer volumen (los primeros volúmenes: pronto observa que la degradación afecta asimismo a los volúmenes segundo y tercero) y advierte que el tiempo que dedica a esto le impide continuar la redacción de los últimos volúmenes. Y sin el colofón que debe dar sentido magnífico a los volúmenes ya escritos, los cincuenta años de dedicación no habrán servido de nada. Los volúmenes iniciales no son sino el andamiaje, necesario para situar las cosas en su lugar pero no esencial, sobre el cual ahora debe construir las propuestas auténticamente innovadoras: las de los últimos volúmenes. Sin éstas, la Gran Obra no lo será nunca. De ahí la duda: ¿no es preferible quizás dejar que los primeros volúmenes se vayan borrando y no perder tiempo en rehacerlos? ¿No es mejor aplicarse a luchar contra el tiempo y acabar de una vez los últimos volúmenes (¿cuántos faltan exactamente: seis, siete?) para culminar así la Gran Obra, aun a riesgo de que algunos de los primeros volúmenes se borren para siempre? De los setenta y dos que ha escrito hasta ahora, bien puede aceptar la pérdida de los siete u ocho primeros, que, aunque le permitieron tomar impulso, no aportan nada esencialmente nuevo. Sin embargo, he aquí otra duda: cuando haya puesto el punto final, ¿se habrán borrado solamente los siete u ocho primeros volúmenes? Decidido a no perder ni un minuto, se sumerge en el trabajo. Muy pronto se detiene. ¿Cómo no se ha dado cuenta hasta ahora de que, si él muere y ese alguien que debe descubrir la Gran Obra y presentársela a un editor tarda demasiado en descubrirla, los volúmenes estropeados no serán sólo siete u ocho sino todos? ¿Qué hacer, entonces: interrumpirse y empezar a buscar editor ahora mismo para evitar ese peligro, por mucho que sin los volúmenes finales resulte imposible demostrarle que lo que se trae entre manos es de auténtica importancia? Pero, si dedica el esfuerzo y el tiempo a buscar editor, no podrá dedicar el tiempo necesario a rehacer los volúmenes a medida que se vayan estropeando ni podrá dedicarse a escribir los volúmenes finales. ¿Qué debe hacer? Se angustia. ¿Es posible que toda una vida de trabajo haya sido en vano? Lo es. ¿De qué han servido tantos esfuerzos, la dedicación exclusiva, el celibato, los sacrificios? Le parece una burla gigantesca. Siente nacer el odio dentro de él: odio a sí mismo por haber malgastado la vida. Y no poder recuperar el tiempo perdido no le da tanto pánico como la certeza de que a estas alturas no estará a tiempo de saber cómo aprovechar el que le queda.

# EL CUENTO

A media tarde el hombre se sienta ante su escritorio, coge una hoja de papel en blanco, la pone en la máquina y empieza a escribir. La frase inicial le sale enseguida. La segunda también. Entre la segunda y la tercera hay unos segundos de duda.

Llena una página, saca la hoja del carro de la máquina y la deja a un lado, con la cara en blanco hacia arriba. A esta primera hoja agrega otra, y luego otra. De vez en cuando relee lo que ha escrito, tacha palabras, cambia el orden dentro de las frases, elimina párrafos, tira hojas enteras a la papelera. De golpe retira la máquina, coge la pila de hojas escritas, la vuelve del derecho y con un bolígrafo tacha, cambia, añade, suprime. Coloca la pila de hojas corregidas a la derecha, vuelve a acercarse la máquina y reescribe la historia de principio a fin. Una vez ha acabado, vuelve a corregirla a mano y a reescribirla a máquina. Ya entrada la noche la relee por enésima vez. Es un cuento. Le gusta mucho. Tanto, que llora de alegría. Es feliz. Tal vez sea el mejor cuento que ha escrito nunca. Le parece casi perfecto. Casi, porque le falta el título. Cuando encuentre el título adecuado será un cuento inmejorable. Medita qué título ponerle. Se le ocurre uno. Lo escribe en una hoja, a ver qué le parece. No acaba de funcionar. Bien mirado, no funciona en absoluto. Lo tacha. Piensa otro. Cuando lo relee también lo tacha.

Todos los títulos que se le ocurren le destrozan el cuento: o son obvios o hacen caer la historia en un surrealismo que rompe la sencillez. O bien son insensateces que lo echan a perder. Por un momento piensa en ponerle *Sin título,* pero eso lo estropea todavía más. Piensa también en la posibilidad de realmente no ponerle título, y dejar en blanco el espacio que se le reserva. Pero esta solución es la peor de todas: tal vez haya algún cuento que no necesite título, pero no es éste; éste necesita uno muy preciso: el título que, de cuento casi perfecto, lo convertiría en un cuento perfecto del todo: el mejor que haya escrito nunca.

Al amanecer se da por vencido: no hay ningún título suficientemente perfecto para ese cuento tan perfecto que ningún título es lo bastante bueno para él, lo cual impide que sea perfecto del todo. Resignado (y sabiendo que no puede hacer otra cosa), coge las hojas donde ha escrito el cuento, las rompe por la mitad y rompe esta mitad por la mitad; y así sucesivamente hasta hacerlo añicos.

# GUADALAJARA

Ils commencèrent lentement, puis allèrent plus vite.

GUSTAVE FLAUBERT, *Madame Bovary*

1

# VIDA FAMILIAR

Armand entró en el taller corriendo, haciendo el motor con la boca y pisando las virutas que había por el suelo de manera que se quebraran cuanto más ruidosamente mejor. Dio dos vueltas al banco de carpintero, observó en la pared los serruchos, las gubias, las cárceles, los cepillos, todas las herramientas perfectamente ordenadas, cada una en el lugar que le correspondía (marcado por la silueta pertinente, pintada con un trazo más o menos chapucero), y enfiló el pasillo, al fondo del cual empezaba la vivienda propiamente dicha. El tío Reguard tenía el taller en la parte de atrás de la casa y, aunque los mayores siempre entraban por delante, Armand prefería entrar por el taller. Le fascinaba que el tío tuviese el lugar de trabajo justo detrás de la vivienda. Él, en cambio, vivía en un piso y el taller de carpintero de su padre estaba en una planta baja, a cuatro manzanas de su casa. A los demás primos les pasaba lo mismo. De toda la familia, sólo el tío Reguard tenía juntos la vivienda y el taller; una habitación pequeña servía de separación y al mismo tiempo de cuarto de los trastos. Viniendo del taller, inmediatamente después estaba la sala, con la gran mesa, la lámpara de araña, los sillones, los pasillos y las puertas de las habitaciones.

Cuando Armand llegó a la sala ya estaba allí todo el mundo, besándose, riendo, hablando en voz cada vez más alta, para hacerse oír: su padre, su madre, los primos, el tío, las tías, los otros tíos y aquellos primos más lejanos, que de hecho no eran primos y si los llamaba así era porque pertenecían a ramas de la familia tan alejadas que no sabía en qué categoría exacta clasificarlos.

Comieron, un banquete que duró horas, y a continuación empezó la sobremesa, con el humo de los puros invadiéndolo todo. Las botellas de champán vacías iban acumulándose en la habitación, entre la vivienda y el taller, las tías no paraban de cortar pasteles y los primos mayores ponían discos. El aire era espeso y sabía a chocolate. Los primos pequeños (Armand, Guinovarda, Gisela, Guitard, Llopard...) pidieron permiso para levantarse de la mesa y corrieron hacia la habitación de Eginard, a jugar con las casitas de madera, con tejado y puertas, y ventanas pintadas de todos los colores. Con la puerta de la habitación entreabierta, Armand podía contemplar, en el ángulo del pasillo, el arpa. Era un arpa que el tío Reguard había construido treinta años atrás, y uno de los orgullos de la familia, porque (decía siempre el padre de Armand) emparentaba el trabajo de carpintero con el de luthier. Desde que tenía memoria, Armand había visto el arpa en casa del tío Reguard, siempre en el mismo sitio: en el rincón que formaba el pasillo al girar. Le parecía más bonita que todas las demás arpas fotografiadas o dibujadas que guardaba en casa, en una carpeta azul, recortadas de revistas: un arpa en manos de un dios mitológico, un arpa sumeria acabada en una cabeza de animal que no sabía identificar, un escudo de Irlanda, dos arpas noruegas (una acabada en una cabeza de dragón y la otra en una cabeza de mujer con los ojos vendados), y un arpa hecha de una rama de árbol, con Harpo Marx tocándola.

El primo Reguard entró en la habitación lloroso y sonriente, rodeado y celebrado por los adultos. En la mano derecha llevaba un helado de chocolate y menta; la izquierda la llevaba envuelta en una venda. Era una escena que Armand había visto, repetida, en cada uno de aquellos encuentros en que la familia se reunía, ya fuese en su casa, en casa de los primos primos, o de los otros primos más distantes, algunos de los cuales vivían incluso en otras ciudades. Siempre aparecía un niño con la mano izquierda vendada. La venda envolvía, sobre todo, la zona del dedo anular. Armand sabía que el dedo ya no estaba debajo de la venda, y que, cuando la venda cayese, no habría allí más que un muñón minúsculo y perfectamente cicatrizado. Una vez más, Armand repasó las manos de sus familiares. Como venía comprobando desde hacía tiempo, a todos los mayores de nueve años les faltaba el anular de la mano izquierda.

Armand tenía siete años cuando por primera vez fue consciente de que no era casual que siempre, en cada fiesta, uno de los niños acabase con el anular izquierdo cortado. Hasta entonces no se había fijado mucho. Sí: veía que los niños mayores perdían el dedo, pero eso era precisamente lo normal. Siempre lo había visto así. Le parecía sinónimo de vida adulta. Todos los familiares adultos perdían el dedo, por un motivo que se le escapaba y que no le preocupaba lo más mínimo; había tantas cosas que se le escapaban, que sabía que no entendería hasta que fuese mayor, que no se preocupaba por aquella fruslería, sin importancia comparada con otras cuestiones que aquellos días le preocupaban más: el espíritu de sacrificio de los perros San Bernardo, el origen de la existencia o el fuera de juego posicional. Tal como él lo veía, para pasar a ser adolescente y abandonar el mundo de los niños pequeños tenías que perder el anular de la mano izquierda. Le parecía tan comprensible, normal y deseable como perder los dientes de leche.

Cuando había empezado a ir a la escuela le había sorprendido ver que muchos adultos continuaban, de mayores, teniendo, con toda normalidad, cinco dedos en cada mano.

Lo encontraba sorprendente, extraño y un tanto desagradable, y se enorgulleció de formar parte de una familia lógica. Con el paso de los meses y la convivencia con otros niños, empezó a pensar que quizá algún hecho casual hacía que todos los miembros de la familia tuviesen accidentes en la mano izquierda y que esos accidentes provocasen, siempre, la pérdida del anular. El compañero de pupitre le explicó que perder dedos era típico de carpinteros. El carpintero que había cerca de su casa (contaba) tenía tres dedos cortados. Su madre le había dicho que a muchos carpinteros les pasa lo mismo porque, tarde o temprano, la hoja de la sierra circular se les lleva algún dedo. Armand sabía que en su familia no era exactamente así. Eran carpinteros, pero los dedos no se los cortaba la sierra circular ni era un hecho accidental. A los nueve años, los niños aún no eran carpinteros y ni siquiera sabían si de mayores lo serían; aunque desde tiempo inmemorial todos los miembros de la familia manifestaban una preferencia innegable por aquella profesión y, salvo casos excepcionales, acababan trabajando de carpinteros.

Armand pasó noches rumiando el asunto. ¿Había alguna consigna gremial que les obligase a cortarse aquel dedo? Llegó a una conclusión que no sabía cómo confirmar: les cortaban aquel primer dedo para que se fuesen acostumbrando. Perder aquel primer dedo les hacía perder el miedo a perder otros. Hacía que se diesen cuenta de que no era tan grave; les infundía coraje y les ayudaba a enfrentarse al oficio con valor. Una cosa lo llevaba de cabeza: había conocido al padre de un compañero de escuela, de otra clase, que también era carpintero, y (se fijaba cada vez que iba a buscar al hijo a la salida de la escuela) no tenía ningún dedo cortado.

Como los mayores no lo convertían en una tragedia y en el momento de la pérdida del dedo parecían especialmente felices (sobre todo los padres del niño a quien se le amputaba), Armand no lo encontraba nada trágico. Hasta aquella tarde de hacía dos años, cuando por primera vez fue consciente de que, cualquier día del año en que cumplían nueve, todos los miembros de la familia perdían el dedo, y de que él también pasaría por ello; aquella tarde sintió miedo. Estaba en la habitación con sus primos, jugando con las casitas de madera. Eginard, Gisela y Gimfreu ya tenían el dedo cortado. Llopart y él conservaban los cinco dedos y eso aún les hacía niños. En un momento en que Eginard se levantó del juego, Armand se le acercó, tragó saliva y le preguntó qué era todo aquello de los dedos. Llopart, Gisela y Gimfreu volvieron la cabeza, un instante; de inmediato continuaron entrando y saliendo de las casitas. Quizá para ganar tiempo y rumiar una respuesta, Eginard se hizo repetir la pregunta. Armand se la amplió: que qué pasaba con los dedos; al pequeño Reguard se lo habían cortado hoy; y a todos les cortaban el dedo, tarde o temprano, cuando cumplían nueve años. Llopart los miraba sin entender nada. Eginard se levantó, acarició la cabeza de Armand y, delicadamente, le arrastró fuera de la habitación. Armand insistía: ¿cómo era que a todos los miembros de la familia les faltaba el mismo dedo de la mano izquierda y a los que no eran de la familia no? Armand observaba el dedo de Eginard, cortado a ras del metacarpo. Era una cicatriz limpia, hecha con perfección.

¿Y por qué el anular de la mano izquierda y no el meñique de la derecha o cualquiera de los índices? ¿Respondía a una necesidad higiénica cuyo motivo, olvidado con el paso de los siglos, le resultaba ahora incomprensible? Que era una costumbre ancestral era evidente, pero ¿cuál había sido su origen? ¿Hacía muchos siglos que se practicaba? ¿O se trataba sólo de décadas? El día en que finalmente cumplió nueve años, su padre le descubrió llorando, en la cama.

–No quiero que me corten el dedo.

–Qué cosas dices.

–Quiero ser normal, como los demás niños de la escuela.

–Ser normal no es tener un dedo más o menos.

Le secó las lágrimas, le explicó que la normalidad es un valor cultural y por tanto relativo; que hay quien se corta el pelo al cero y quien se lo deja largo, que hay quien se deja barba y bigote, quien sólo bigote, quien sólo barba y quien se lo afeita todo; que hay pueblos donde se depilan los hombres y las mujeres, y otros pueblos donde sólo se depilan las mujeres. Nos cortamos las uñas y precisamente eso nos diferencia de las bestias y los pueblos primitivos, que las llevan larguísimas. Armand no estaba de acuerdo con esas comparaciones: el pelo o las uñas vuelven a crecer y los dedos no. El sol entraba por la ventana; padre e hijo miraban las rayas cálidas que marcaba en el suelo.

–No tienes que tomar ninguna decisión inmediata.

–Ya la he tomado y no quiero.

–¿Por qué?

–Porque no se puede tocar el arpa con un dedo cortado.

A él mismo le sorprendió la respuesta. Había dicho las palabras sin pensar. Pero, aunque ni él lo supiese ni nunca antes lo hubiese pensado, de cara a los demás, de cara a su padre, muy bien podía ser que realmente quisiese ser arpista, y se aferró a ello. Hacía meses había visto por televisión un reportaje con Nicanor Zabaleta tocando el arpa, y estaba bien claro que necesitaba todos los dedos. Un arpista los necesita todos. Su padre lo miraba con cara seria. Nunca antes lo había visto tan serio.

–Si te gusta la música, hay instrumentos muy diversos. No necesariamente tiene que ser el arpa.

–A mí me gusta el arpa.

–Estás obsesionado, y es por el arpa del tío. Pero el mundo de los instrumentos no se acaba con el arpa. Piensa que hay muchos otros: el timbal..., el bombo..., los platillos..., la pandereta..., el bongó..., el triángulo... –Armand lo miraba sin demasiado apasionamiento–. Quizá las maracas te parecerán poca cosa, pero ¿y la batería? La batería es un instrumento realmente complejo: bombo, tambor, timbal de suelo, platillos, plato grande. ¿Y qué me dices del vibráfono?

Armand pasó los meses siguientes desazonado. Desde siempre, en la familia circulaba la creencia (dicha siempre en tono de broma) de que, un día, a un niño le cortarían el dedo y, con el paso de los meses, le volvería a crecer. Algunos decían que sería una señal que indicaría alguna cosa, pero no acababan nunca de ponerse de acuerdo sobre qué cosa en concreto. Otros decían que, efectivamente, a un niño le volvería a crecer el dedo cortado pero que no sería señal de nada. A Armand aquella historia le planteaba una nueva duda: ¿y si se oponía a que le cortasen el dedo y precisamente él era el elegido a quien, una vez cortado, tenía que crecerle? ¡Qué situación más absurda! Oponiéndose a ello impedía la posible realización de aquel milagro.

Vivía obsesionado por los dedos. Se daba cuenta de que algunas personas llevaban el anillo en el dedo anular de la mano izquierda. En la familia, como no había anular, llevaban siempre el anillo en el dedo meñique y, en las bodas, se reproducía siempre la cara de circunstancias del cura, cuando llegaba el momento en que el novio y la novia tenían que ponerse el anillo. Una vez, Armand vio por la calle a un desconocido con el anular de la mano izquierda cortado y pasó días investigando si se trataba de un pariente lejano, tan lejano que ni le conocía. ¿Acaso otras familias seguían también aquella costumbre? U otras parecidas: amputarse otros dedos, u otras partes del cuerpo para... ¿Para qué? ¿Qué sentido tenía? Y con los anulares cortados, ¿qué hacían? ¿Los enterraban? Armand los imaginaba enterrándolos verticalmente, como brotes de espárragos, en pequeños cementerios de dedos. Quizá los incineraban.

Poco a poco fue observando a sus padres, y al resto de parientes, con una mirada nueva. ¿Qué especie de tradición macabra era aquélla, y cómo eran capaces de consentir en ella, sin ningún tipo de conmiseración? Como no se fiaba de ellos, dormía con la mano izquierda bajo la almohada y, encima, la cabeza. Había calculado que era de todas todas imposible que, para cortarle el dedo, le levantasen la cabeza, apartasen la almohada y le cogiesen la mano sin que se despertase. A veces soñaba que, a pesar de estas precauciones, sus padres (con cara beatífica) conseguían alzarle la cabeza y la almohada, sacarle la mano y, de un golpe seco con un cuchillo de carnicero, cortarle el dedo.

Cuando supo que el domingo siguiente habría un nuevo encuentro familiar le entró el pánico. Por primera vez él era uno de los candidatos a perder el dedo. De todos los primos, él y Guitard eran los que tenían más probabilidades. Los dos habían llegado a los nueve años. Él hacía tres meses; Guitard hacía siete. Si la cosa funcionaba por orden de antigüedad, entonces le tocaba a Guitard. Pero las amputaciones no siempre se hacían por orden de antigüedad, por lo que muy bien podía ser que le tocase a él.

Llegó el domingo y no les cortaron ningún dedo, ni al uno ni al otro, sino a Teodard, un primo que aún no había cumplido nueve años (le faltaba un mes) y a quien, en principio, no tenía que tocarle. Guitard estaba furioso. Era a él a quien tenían que habérselo cortado y no a aquel primo. Le explicaron que lo habían adelantado por un motivo comprensible: la madre de Teodard estaba embarazada y querían liquidar aquel asunto rápidamente para, cuando naciese el nuevo hijo, no tener que pensar en la amputación del dedo del hermano mayor. Armand estaba fascinado por la indignación de Guitard. Le preguntó si no le importaba que le cortasen el dedo. ¿Cómo iba a importarle? Al contrario, no sólo no veía ningún problema en ello sino que se sorprendía de la pregunta de Armand.

–No te cortan el cuello. Sólo un dedo, y no el más importante.

Guitard ardía en deseos de ser mayor. Por eso, en el siguiente encuentro familiar, blandiendo orgulloso la mano vendada corrió hacia la habitación donde el resto de niños jugaba con trenes en miniatura.

Cuando nació el nuevo primo (de nombre le pusieron Abelard) todo fue un alboroto, comentarios a media voz y silencios súbitos cada vez que un niño entraba en una habitación. Evidentemente, este secretismo despertó el interés de Armand. Pero hasta tres días más tarde no supo que Abelard había nacido con seis dedos en la mano izquierda.

Toda la familia estaba alarmada. ¿Qué tendrían que hacer cuando Abelard llegase a los nueve años? Si le cortaban un dedo tendría diez, no nueve como los demás. Según unos, ello podía ser considerado un agravio comparativo y por eso había que cortarle dos, para igualarlo al resto de los familiares. Pero a otros les parecía excesivo cortarle dos dedos si al resto de los familiares les cortaban sólo uno. Tenían que cortarle uno, solamente. Eso era lo que se había hecho siempre y no había ningún motivo para alterar la costumbre. Las discusiones se fueron bifurcando, alargando, reconduciendo. Finalmente se llegó a la conclusión, del todo obvia, de que aquél era un caso excepcional y de que, como tal, había que encontrarle una solución excepcional. Además, no hacía falta darse prisa. Faltaban años para que Abelard llegase a los nueve, que sería cuando habría que tomar la decisión.

Esta conclusión tranquilizadora se vino abajo, sin embargo, pocas semanas después, cuando nació la prima Gerarda: también con un dedo de más, y también en la mano izquierda. El caso dejaba, pues, de ser excepcional y aparecían las primeras dudas serias. Aplazar la decisión hasta que Abelard y Gerarda cumpliesen nueve años ya no tenía sentido. Un tío estenotipista y aficionado al jazz francés osó preguntar para qué servía continuar con aquella tradición absurda. Era la provocación que hacía falta. La familia reaccionó sin fisuras. No se podía poner en cuestión una herencia inmemorial sólo porque dos niños, por pura casualidad, habían nacido con seis dedos en la mano. Al disidente se le hizo ver que aquella pregunta suya era innecesaria e inconveniente y, con autoridad y decisión, se fijó la fecha para la siguiente reunión: un mes más tarde, a principios de diciembre.

Al cabo de una semana, sin embargo, llegó la noticia de que, en Barbastro, había nacido el tercer primo (más o menos lejano) con seis dedos. De golpe quedó claro que era del todo improcedente hablar de casualidades y que aplazar nueve años la decisión no resolvía nada. Algunos miembros de la familia alegaban que no había que alarmarse: que el hecho de que en la familia apareciesen niños con manos de seis dedos era producto de una evolución lógica. El propio tío Reguard aventuraba que tantos siglos (había quien hablaba de milenios) cortando el anular izquierdo daba finalmente como resultado una mutación que, para compensar el dedo que tenían que perder a los nueve años, hacía que naciesen con un dedo de más. Esta opinión fue considerada absurda por otros miembros de la familia, que se negaban a creer que pudiese haber mutaciones tan considerables en periodos de tiempo tan cortos como siglos o milenios. De hecho, daba lo mismo quién tenía razón. Por primera vez había en la familia una escisión profunda, capaz de romper su cohesión. A un lado, los que consideraban que a los niños que en la mano izquierda tenían seis dedos había que cortarles dos (el anular, como siempre, y ese nuevo dedo intermedio entre el anular y el corazón y que no tiene nombre) y que no hacía falta esperar a los nueve años sino que tenía que hacerse de manera inmediata, como muestra de fuerza que ahogase las disidencias. Al otro lado, los que consideraban que, si la tradición marcaba cortar un dedo, por muchas modificaciones anatómicas que se produjesen ellos tenían que continuar, fieles a la tradición, cortando un único dedo. En lo más áspero del debate apareció una tercera opinión, en principio minoritaria, formada por el tío estenotipista y dos cuñadas, que denunciaban la costumbre como un acto bárbaro.

Que fuesen las cuñadas las que lo denunciasen era especialmente grave porque, desde siempre, los miembros políticos de la familia habían sido los más fervorosos defensores de la costumbre, después de haberse convencido de ella durante el noviazgo. Precisamente, uno de los momentos culminantes de los noviazgos (y motivo de broma habitual en las reuniones familiares) era cuando, si las relaciones iban en camino de consolidarse definitivamente, el miembro de la familia se dirigía al futuro cónyuge para anunciarle que, antes de que el compromiso matrimonial fuese firme, tenía que contarle una cosa. Una cosa que, con toda seguridad, en principio le parecería extraña pero que en el fondo no lo era, y de cuya comprensión dependía el futuro de los dos como matrimonio. Y entonces lo contaba: «Llegados a los nueve años, a los niños de la familia les cortamos el dedo anular de la mano izquierda.»

La noticia era siempre acogida primero con reticencia (como si se tratase de una broma) y a continuación (cuando veían que no se trataba de ninguna broma) con horror. Las objeciones eran siempre las mismas: «¿Cómo es posible una costumbre tan bárbara en este siglo?», «¿Qué sentido tiene?», «¡A nuestros hijos no se lo harás!». Entonces empezaba el trabajo de convencimiento, las horas de conversación, de argumentaciones. Días y días matizando, aclarando, puntualizando, hasta que el futuro cónyuge acababa entendiéndolo. A partir de ese momento se convertían en los más ardientes defensores de la medida y (aunque, en principio, nadie se lo pedía) ofrecían sus propios anulares para, así, formar parte de la familia de manera plena. Eran también los primeros en reclamar, cuando el hijo llegaba a los nueve años, que se cumpliese inmediatamente el ritual, punto por punto, y los primeros que se ofrecían voluntarios para inmovilizar la mano del niño.

Por eso era grave que el revisionismo viniera de aquella fracción de la familia, la de los conversos, aparentemente los más aferrados a la costumbre. Pero esta consideración dejó poco a poco de tener importancia; pronto ya no hubo distinciones y al bloque inicial formado por el estenotipista y las dos cuñadas se sumaba todo el mundo. Nació un cuarto primo con seis dedos. Todo estaba ya en crisis: se producían los primeros distanciamientos y el encuentro que tenía que celebrarse a primeros de diciembre quedó pospuesto sine die. «Hasta que se tome una decisión definitiva.» Pero muchos intuían que aquella declaración era una fórmula para salir del paso y que nunca habría ninguna otra decisión definitiva, excepto aquélla, que aparentemente no lo era.

A Armand le compraron un arpa. Lo matricularon en un cursillo de música y arpa, cada martes y jueves, después de clase. Practicaba el fin de semana, con asiduidad y convicción no siempre recompensadas por los resultados. A medida que fue quedando claro que aquella costumbre familiar de cortar dedos había pasado a la historia, la obsesión de Armand por tocar el arpa fue languideciendo poco a poco y, al curso siguiente, el arpa se quedó en un rincón, acumulando polvo hasta que, años más tarde, Elisard, uno de los primos con seis dedos, se interesó por ella. Cada vez que había una comida en casa de Armand (ahora apenas se juntaban siete u ocho familiares, cuando antes siempre eran más de veinte), Elisard se instalaba en la habitación de Armand a jugar con el arpa. A cada encuentro la tocaba mejor. Hasta que al final ya tocaba piezas de Halffter, de Milhaud y de Ginastera, y (para complacer a la familia) canciones paraguayas, y una mexicana que repetía sin parar, cada vez con más brío. Los padres de Armand propusieron regalarle el arpa. Armand se lo tomó como una indirecta (como un reproche por, después de haber defendido con tanta vehemencia su vocación de arpista, estar ahora tan poco interesado en ella); para no darles el gusto, les dijo que le daba lo mismo lo que hiciesen con el arpa. Los padres decidieron que se la regalarían a Elisard la próxima vez que fuera.

Pero Elisard ya no volvió más a casa de Armand. De manera acelerada, sin el elemento cohesionador que suponía la ceremonia, poco a poco los encuentros familiares se fueron espaciando aún más; a los pocos que organizaban cada vez iba menos gente y, pronto, todo el mundo tenía una excusa para no ir: en invierno, que tenían que ir a esquiar; en verano, que tenían que ir a la playa; y, en cualquier estación, un compromiso imposible de cancelar. Al cabo de pocos años, los encuentros familiares eran ya historia y hasta los parientes más próximos se habían convertido en extraños con los que hablaban una vez al año como mucho y por teléfono.

Elisard era el único familiar de quien todo el mundo continuó teniendo constantemente noticia, porque con los años (hay quien dice que su peculiaridad anatómica tuvo que ver con ello) se convirtió en un arpista excepcional, que restituyó al instrumento el prestigio y la categoría perdidas por el uso simple que se había hecho de él durante las décadas anteriores. Armand era de otra opinión. Le consideraba un niño prodigio que tuvo unos años estelares pero que, a medida que se había ido haciendo mayor, se había convertido en una figura patética: él, el arpa y aquellas melodías amaneradas. Ahora, apoyado en la barra del bar, Armand ve una vez más a Elisard en la tele que hay al lado de las hileras de botellas. Vuelve la cabeza, resopla de manera ostentosa, dice pestes de él en voz alta y aboga por la conveniencia de reinstaurar la vieja costumbre de cortar los dedos anulares, empezando por el del prestigioso arpista. Los otros que están en la barra ni lo miran. Como no lo escuchan les cuenta la historia de la familia. Dos que por fin lo atienden lo toman por loco o borracho, o las dos cosas a la vez. Sólo una chica lo observa con cierto interés y, cuando acaba de hablar, se le acerca. Es guapa, con una sonrisa brillante y un mechón de pelo castaño que le tapa media cara, al estilo de los que llevan algunas mujeres para disimular un ojo de cristal.

2

# A LAS PUERTAS DE TROYA

El caballo de madera queda definitivamente acabado, limpio y barnizado, a primera hora de la mañana. Ha sido un trabajo duro, que ha ocupado a docenas de soldados dirigidos por tres maestros carpinteros. Se yergue, majestuoso e inmóvil, justo en el centro de la playa. Lo ponen a secar durante todo el día. Por la noche, cuidando de que no los vean desde la muralla, los guerreros elegidos suben por una escalera de cáñamo, uno detrás de otro, rápidamente y sin hacer ruido. Van armados, con una pequeña bolsa anudada al cinturón, con carne en salmuera para recuperar fuerzas por la mañana y una porción de agua para calmar la sed. Después de que el último guerrero haya subido, recogen la escalera y cierran la puerta de manera que desde fuera no se note.

Se sientan todos con orden y paciencia, muy apretados, llenando la panza de la bestia. El olor de barniz no ha desaparecido del todo y los embriaga. Duermen con la desazón que da la certeza de la victoria inminente. Tal como habían quedado, cuando llega la mañana los del campamento recogen las cosas, prenden fuego a las tiendas y suben a las naves, fingiendo que dan la guerra por perdida y que se retiran definitivamente. Los guerreros elegidos contemplan estos movimientos por los resquicios que hay entre los tablones del caballo. Cuando las naves aqueas desaparecen en el horizonte, vuelven los ojos hacia las puertas de la ciudad. Pronto se abrirán, los troyanos saldrán, tomarán el caballo como un botín de guerra y lo entrarán en la ciudad. Los guerreros aqueos aprovechan la espera para comer la carne que llevan.

Lentamente pasan las horas y de la ciudad no sale nadie. Al primero que se extraña, Ulises le ordena guardar silencio. Nadie abrirá la boca y todos harán el mínimo ruido posible. Si algún troyano saliese y oyese que dentro del caballo hay hombres que hablan, toda la argucia se vendría abajo.

A primera hora de la tarde se acaba el agua que les quedaba. Bajo aquel sol implacable, la panza del caballo es un horno. Por la noche duermen sin frío. Son tantos y están tan apretados que no les hace falta ninguna manta. El problema son las micciones. Han pasado allí todo el día y la noche anterior y, disimuladamente e incapaces de aguantarse más, algunos deciden orinar por los rincones. Pero las necesidades de Anticlo no son menores sino mayores. Ulises le ordena aguantárselas. Anticlo dice que no puede (el vientre se le retuerce, se ve incapaz de resistir ni un instante más), pierde los nervios y se queja de que los troyanos ya tendrían que haberse llevado el caballo. No tenían que estar tantas horas allá dentro. Dice todo esto gritando; para hacerle callar, Ulises lo estrangula.

Con la llegada del alba renacen las esperanzas. Hoy sí que vendrán los troyanos, tomarán finalmente el caballo y lo llevarán dentro. Es lógico que ayer no lo hiciesen, porque aún no se fiaban. Hoy debe de parecerles del todo evidente que los aqueos se han ido de verdad. Se lo confirma el hecho de que, a media mañana, oyen música que les llega de la ciudad, unos cánticos extraños pero innegablemente alegres. Deben de celebrar la victoria. Por la tarde, los troyanos abren finalmente las puertas de la ciudad. Los aqueos se alegran y observan (excitados, e inmóviles para no hacer ningún ruido) cómo un grupo de troyanos sale de la ciudad y se acerca al caballo. Los aqueos aguantan la respiración. Los troyanos rodean la bestia de madera y la contemplan con curiosidad. Hablan entre ellos, pero los aqueos, aunque aguzan el oído, no entienden qué dicen. Les llega un rumor de palabras mezcladas con el sonido de las olas. Ahora finalmente cogerán el caballo y lo llevarán dentro. Pero en vez de eso deshacen el camino, vuelven a la ciudad y cierran las puertas.

A los guerreros aqueos aquella noche les es más difícil dormir. El hambre y la sed se generalizan. No les queda agua ni comida, ni tienen posibilidades de conseguirlas, y esto hace que haya disputas frecuentes, que Ulises corta de raíz: no quiere oír ni una palabra. Ni un ronquido. Cualquier ruido podría alertar sobre la trampa a los troyanos. Llega el alba. Pasa el día sin que nadie venga a buscarlos. Ulises disimula su nerviosismo. El resto de los guerreros no. Tienen hambre y, cada vez que alguien se queja de que aquello no funciona como debería, Ulises amenaza con estrangular a quien no se calle.

Dos días más tarde, dos de ellos proponen salir, sea como sea y aunque hacerlo descubra la trampa a los troyanos. Es evidente, dicen, que la argucia no ha funcionado, y es de cretinos continuar adelante con un proyecto que no funciona. Ulises sofoca el intento de motín tal como había amenazado: estrangulándolos también, igual que a Anticlo. Como hace días que no comen, los guerreros devoran los dos cadáveres. Hay un soldado, de estómago demasiado delicado, que vomita al primer bocado. Para no deshidratarse, todos deciden beberse la propia orina.

Al mal olor de orines y excrementos se suma ahora la fetidez del primer cadáver (el de Anticlo, que empieza a descomponerse con aquel bochorno) y de las entrañas de los otros dos. Uno de los guerreros propone deshacerse de ellos abriendo un instante la puerta y tirándolos. Ulises se exaspera. ¿Cómo se les puede ocurrir una idea así? ¿Cómo podrían tirarlos fuera sin despertar las sospechas de los troyanos? Dejar a los pies del caballo los tres cadáveres (dos de ellos reducidos sólo a un montón de huesos y vísceras) sería descubrir claramente la trampa. Otro sugiere que podrían deshacerse de ellos de noche: bajarlos por la escalera y tirarlos al mar. Otro opina que lo más grave no es convivir con la fetidez de los cadáveres y de los excrementos, sino la incertidumbre del futuro. Todos estos días, las naves aqueas deben de haber ido enviando exploradores para ver si el caballo de madera, tal como habían previsto, estaba ya dentro de Troya. No aguantarán muchos días más escondidas antes de dar la argucia por fracasada y volver a casa, aceptando definitivamente la derrota. Eso si no lo han hecho ya. Ulises se arroja sobre el cobarde, pero ni él mismo tiene ya fuerzas e, incapaces de pelearse con un mínimo de energía, los dos caen sobre los demás guerreros, que se apartan, cada vez más delgados y sin ánimos. Algunos yacen tan inmóviles que se hace difícil saber si aún están vivos. El mismo Ulises se siente desfallecer, pero no se lo puede permitir. Los troyanos, repite cada vez con menos convicción, saldrán en cualquier momento y se llevarán el caballo. Sólo es cuestión de esperar. Cuando eso ocurra, ellos (los mejores guerreros, elegidos entre la flor y nata de la juventud aquea) esperarán a que llegue la noche, saldrán cuando todo el mundo duerma, saquearán la ciudad y abatirán las puertas. Por los resquicios entre los tablones, observa con avidez las murallas de la ciudad; y se tapa las orejas para no oír los gemidos agónicos de sus guerreros.

# LAS LIBERTADES HELVÉTICAS

Una vez más, el hijo le pide al padre que le vuelva a contar la historia de siempre: exactamente cómo el abuelo le puso la manzana en la cabeza, y cómo él fue capaz de acceder a ello sin temblar de miedo, y si es verdad que no lo tenía en absoluto. Gualterio Tell ha oído muchas veces la misma petición de labios de su hijo. Cuando era niño y el abuelo aún vivía, era el mismo abuelo Guillermo quien se la contaba. Le contaba que, un día, fue a Aldorf con su hijo, Gualterio, que en la plaza mayor se encontraron con que el gobernador austríaco, Gessler de Brunock, había decretado que todos los que pasasen por allí tenían que inclinarse reverencialmente ante una estaca en la que había colocado una de sus gorras (como símbolo de sí mismo y de la gran Austria), que se negó a hacerlo, que los detuvieron, que Gessler de Brunock ordenó colgarle, que Gualterio alabó la habilidad de su padre con la ballesta y que Gessler de Brunock tuvo una idea: para demostrar aquella habilidad pondría una manzana en la cabeza del niño y Guillermo Tell tendría que hacer diana a ochenta pasos de distancia. Si acertaba, salvaría la vida. Si no acertaba, moriría.

De niño, el nieto se maravillaba tanto de la habilidad del abuelo como del valor del padre por haberse sometido de buen grado a la prueba. Por eso, cada vez que le contaba la historia, preguntaba si (aunque sólo fuera durante una milésima de segundo) había tenido miedo de que la flecha saliese unas pulgadas demasiado baja y se le clavase en la frente. Se imaginaba la punta hundiéndose en la carne, partiéndole el cráneo, y de inmediato la cortina de sangre empapándole los ojos. Nunca imaginaba otras posibilidades de error: que la flecha fuese demasiado alta y se clavase en el árbol, unas pulgadas por encima de la manzana. O que saliese por la derecha o por la izquierda y ni siquiera acertase en el tronco y se perdiese más allá. De todas las posibilidades de error, la que le parecía más probable era la primera: por miedo a tocar la frente del hijo, Guillermo Tell habría tendido a alzar inconscientemente el punto de mira. Aunque también cabía la posibilidad de que, para corregir esa tendencia que le podía hacer fallar, se obligase a bajarlo ligeramente.

En una situación parecida, el hijo de Gualterio Tell habría dudado si ofrecerse voluntario. No por falta de confianza en el padre, sino porque nadie, ni el mejor ballestero, puede estar seguro de dar en el blanco con toda aquella presión ambiental. Gualterio Tell le repetía que no había tenido miedo en ningún momento. ¿Cómo dudar de su padre, el hombre que, precisamente por aquella proeza, acabó convirtiéndose en el héroe nacional? Gualterio Tell acariciaba la cabeza de su hijo y callaba que, con el paso de los años, aquel hecho heroico acabó siendo un trastorno. No en aquel momento, cuando era un niño. Por eso no miente cuando dice que ni durante una milésima de segundo dudó de que su padre haría diana. Fue después, al crecer, cuando fue reflexionando, haciéndose las mismas preguntas que su hijo le hacía ahora. En el momento de los hechos él era demasiado pequeño para darse cuenta del peligro real de aquel reto, pero su padre no era ningún niño. ¿Cómo había podido poner en peligro su vida sin estremecerse? ¡Ni siquiera un ligero temblor del pulso! Y aquello, que en el fondo debía querer decir que estaba seguro de dar en el blanco, a él acabó pareciéndole una muestra de despreocupación. Si hubiese temblado, aunque fuese ligerísimamente, habría querido decir que, aunque fuese ligerísimamente, estaba preocupado por si no daba en el blanco y, en consecuencia, por él. A base de darle vueltas llegó a la conclusión de que en el fondo le quería bien poco. Claro que era el mejor ballestero, pero no habría hecho falta más que un error de pulgadas y la flecha, en vez de la manzana, le habría partido la cabeza. Con el paso de los años y la toma de conciencia, Gualterio Tell se fue volviendo huraño. La imagen de la flecha acercándosele velozmente se le aparecía cada noche en sueños. Él estaba contra el tronco del árbol, con la cabeza bien derecha e inmóvil, para que la manzana (una camuesa, que desprendía un olor que embriagaba) no se cayese. Delante de él, un grupo numeroso de personas: Gessler de Brunock, unos cuantos soldados y, en el centro, su padre, apuntándole con la ballesta. De golpe (una y otra vez, incansablemente), la flecha que sale disparada (primero pequeña y lejana y enseguida, ya, enorme), casi peinándolo, el scrmppf de la manzana que se rasga y el scmmppm cuando se clava en el tronco del árbol. Pero, de vez en cuando, en el sueño la flecha no hacía diana en la manzana sino en él. Gualterio se despertaba, erguía el torso y chillaba de terror. Su madre corría a consolarle. «Ha sido una pesadilla, Gualterio, vuelve a dormir.» Mientras su madre lo abrazaba, Gualterio oía los ronquidos de su padre en el dormitorio matrimonial.

De joven, durante unos años Gualterio Tell formó parte de un grupo anarquista que luchaba por la abolición del estado suizo. Leían a Bakunin, editaban una revista clandestina, cantaban canciones de países en vías de desarrollo (sobre todo latinoamericanas) y, ebrios de cerveza, pintaban aes rodeadas de un círculo en las paredes de Friburgo, donde estudiaba filología romanche y formaba parte del equipo olímpico de ballesta. Años después se licenció, volvió a casa, se dedicó a vivir de la renta familiar, y acabó del todo dedicado a sus auténticas grandes aficiones: la ballesta y la cerveza. Se casó con la novia que tenía desde primer curso. Tuvieron un hijo. Por voluntad de la mujer (profunda admiradora del suegro) al niño le pusieron Guillermo; decidieron educarlo con directrices pedagógicas no violentas.

El pequeño Guillermo admiraba al padre y al abuelo, y cuando pedía que se lo volvieran a contar (cómo el abuelo le puso la manzana en la cabeza, exactamente, y cómo él fue capaz de acceder sin temblar de miedo, y si es verdad que no lo tenía en absoluto), lo hacía ilusionado de verdad. Sentía una admiración profunda y limpia por sus progenitores. Pero el paso de los años y la natural rebeldía hacia la figura paterna hacen que ahora, de adolescente, con voz de falsete (para burlarse de él) le pida: «Papá, vuélveme a contar cómo fue, exactamente, que el abuelo te puso la manzana en la cabeza. ¿Cómo fuiste capaz de dejarte? ¿De verdad no tenías ningún miedo?» Las palabras son casi las mismas. Pero ahora el tono es burlón, y lo gasta sobre todo delante de los compañeros de escuela para que (además de admirarle por el hecho de ser nieto de Guillermo Tell e hijo del niño que no tuvo miedo de que lo utilizasen de blanco) lo admiren porque no los idolatra. Para él, aquellas figuras heroicas no son más que un padre y un abuelo, como cualquier padre y abuelo de cualquier amigo. De ahí el falsete que ahora le pone: «Papá, vuélveme a contar cómo fue, exactamente, que el abuelo te puso la manzana en la cabeza. ¿Cómo fuiste capaz de dejarte? ¿De verdad no tenías ningún miedo?»

Gualterio Tell se acaba la cerveza, coge la ballesta y sale al jardín a practicar. Es un buen ballestero. Ha vivido siempre a la sombra de la fama de su padre; pero, llegado a los cuarenta, puede decir, sin caer en la presunción, que es incluso mejor que él a la misma edad. Si ahora pudiesen competir uno al lado del otro, le ganaría. Por eso le molesta ligeramente la broma continuada de su hijo. No tanto el hecho de que le reproche haber confiado en su padre (podría ser incluso una expresión de envidia) como la duda: en una situación parecida, su hijo ¿confiaría en él como él confió en su padre? Hoy, entre jarra y jarra de cerveza, vuelve a oír la broma filial: «Papá, vuélveme a contar cómo fue, exactamente, que el abuelo te puso la manzana en la cabeza. ¿Cómo fuiste capaz de dejarte? ¿De verdad no tenías ningún miedo?»

Gualterio lo observa durante largo rato y le pregunta si quiere probarlo. Para saber cómo son exactamente las cosas, dice, no hay nada como pasar por ellas, eso que llaman experiencia. Por lo que te cuentan puedes hacerte una idea aproximada de las cosas; pero nunca sabes cómo son de verdad hasta que pasas por ellas. Si se pone la manzana en la cabeza, él disparará la ballesta. No debe tener miedo: sabe que es tan bueno como el abuelo.

El hijo pone cara de sorpresa; sonríe. El padre insiste: sin ninguna razón aún tiene más mérito. Mientras habla, camina a grandes pasos, alrededor del hijo. Hacerlo delante del gobernador austríaco, dice, tenía un contenido heroico, y el riesgo, por tanto, no era del todo limpio, porque a la larga toda heroicidad tiene premio. En cambio, entre ellos dos solos, en el jardín, no hay ninguna heroicidad en perspectiva. Sólo se trata de una cuestión de confianza. De si la tiene o no. Le pondrá la manzana en la cabeza, él se apoyará en aquel árbol y se estará quieto.

Desde este punto de vista, el joven Guillermo Tell está claramente de acuerdo con su padre: aceptar el reto es más (si no heroico) meritorio. Por innecesario. Porque, de hecho, si lo acepta es sólo para demostrarle que todas aquellas bromas que le hace a menudo no son más que eso, bromas, y que si continúa haciéndoselas, sabiendo que en el fondo le hieren, es para sentirse más adulto, más distanciado de él y de su mundo de héroes de la patria. Pero, en el fondo del fondo, ¿no desea él también formar parte de ese mundo de héroes? Aceptar la propuesta paterna es aún más intrépido. De una tacada los sobrepasa a los dos, porque su valor es anónimo y no busca recompensa. Aceptar el reto lo convertirá instantáneamente en adulto. Corre hacia la cocina, coge una manzana, vuelve al jardín, busca un árbol a ochenta pasos, se apoya contra el tronco y se coloca la manzana en la cabeza mientras su padre tensa la ballesta.

# GREGOR

Cuando, una mañana, el escarabajo salió del estado ninfal se encontró convertido en un chico gordo. Yacía sobre la espalda sorprendentemente blanda y desprotegida y, si levantaba un poco la cabeza, se veía la barriga, pálida e inflada. El número de extremidades se había reducido de manera drástica y las pocas que sentía (cuatro, contaría más tarde) eran dolorosamente carnosas, y tan gruesas y pesadas que moverlas le resultaba imposible.

¿Qué le había pasado? Ahora, la habitación le parecía pequeñísima, y menos intenso el olor de moho que percibía antes. En la pared había soportes para colgar la escoba y la fregona. En un rincón, dos cubos. Contra otra pared, una estantería con bolsas, cajas, botes, un aspirador y, apoyada, la tabla de planchar. Qué pequeñas le parecían ahora todas aquellas cosas que, antes, apenas podía abarcar en su totalidad. Movió la cabeza. Intentó volverse hacia la derecha, pero aquel cuerpo gigantesco pesaba demasiado y no podía. Lo intentó una segunda vez; y otra. Al final tuvo que reposar, agotado.

Volvió a abrir los ojos con desazón. ¿Y su familia? Movió la cabeza a la izquierda y los vio, a una distancia inconcreta, inmóviles, observándolo asustados y con miedo. Le sabía mal que sintiesen miedo; si hubiese podido les habría pedido disculpas por aquel mal trago que les hacía pasar. Cada nuevo intento de moverse para ir hacia ellos resultaba grotesco. Intentar arrastrarse de espaldas le era especialmente difícil. El instinto le decía que quizá si se volvía hasta quedar boca abajo los movimientos le resultarían más fáciles, aunque con sólo cuatro extremidades (y tan poco ágiles) no sabía cómo se las arreglaría para desplazarse. Por fortuna, no oía ningún ruido que le indujese a pensar que había humanos en la casa. La habitación tenía una puerta y una ventana. Oía cómo repicaban las gotas de lluvia contra el alféizar de cinc de la ventana. Dudó si ir primero hacia la puerta o hacia la ventana y decidió finalmente ir hacia la ventana porque desde allí vería dónde estaba exactamente, aunque no sabía con seguridad para qué iba a servirle ver dónde estaba exactamente. Con toda la fuerza de que era capaz, hizo un intento de volverse. Fuerza tenía, pero era evidente que no sabía cómo dominarla y que cada uno de sus movimientos era descoyuntado e inconexo, sin relación con los demás. Cuando aprendiese a usar las extremidades, las cosas mejorarían tan notablemente que podría irse con los suyos. De golpe se dio cuenta de que pensaba, y esa evidencia hizo que se preguntase si antes también pensaba. Él habría dicho que sí, pero comparado con su pensamiento de ahora, el anterior era muy débil.

Muchos intentos más tarde consiguió hacer pasar el brazo derecho por encima del tronco; así, inclinó el peso a la izquierda y, con un esfuerzo final, volvió el cuerpo, que cayó pesadamente boca abajo. Su familia se dio prisa en apartarse; se quedaron parados a una cierta distancia, por miedo a que si hacía otro movimiento brusco los aplastase. Sintió pena por ellos, depositó la mejilla izquierda en el suelo y se quedó inmóvil. Los familiares se le acercaron a milímetros de los ojos. Veía sus antenas moviéndose, sus mandíbulas cerradas en un rictus de desconcierto. Tuvo miedo de perderlos. ¿Y si le rechazaban? Como si hubiera oído lo que pensaba, con las antenas su madre le acarició las pestañas. Claro, pensó él, de mí es lo que debe encontrar más parecido. Conmovido (una lágrima le resbaló por la mejilla hasta formar un charco alrededor de las patas de su hermana), quiso responder a la caricia, intentó mover el brazo derecho, lo alzó e, incapaz de controlarlo una vez alzado, lo dejó caer pesadamente, lo que provocó la desbandada de los familiares, que buscaron protección detrás de un bote de suavizante. Su padre asomaba la cabeza, con prevención. Seguro que entendían que no les quería hacer ningún daño, y entendían también que todos aquellos movimientos peligrosos eran producto de la impericia para dominar aquel cuerpo de monstruo. Lo confirmó cuando se le volvieron a acercar. ¡Qué pequeños los veía! Pequeños y (le costaba trabajo aceptarlo) distantes, como si sus vidas estuviesen a punto de bifurcarse de manera irreversible. Hubiera querido decirles que no le dejasen, que no se fuesen hasta que él pudiese acompañarlos, pero no sabía cómo hacerlo. Hubiera querido poderles acariciar las antenas sin que la caricia los destrozase, pero, como se había visto, sus torpes movimientos comportaban un riesgo evidente. Boca abajo, inició el recorrido hacia la ventana. Poco a poco, ayudándose con las extremidades se arrastró por la habitación (la familia permaneció al acecho) hasta llegar a la ventana. Pero la ventana estaba muy arriba, y no sabía cómo trepar hasta allí. Añoró su cuerpo de antes, pequeño, ágil, duro y lleno de patas, que le habría permitido desplazarse con facilidad y velocidad, y volvió a resbalarle una lágrima, esta vez de impotencia.

Con el paso de los minutos fue aprendiendo a mover las extremidades, a coordinarlas, a aplicar la fuerza justa en cada brazo. Aprendió a mover los dedos, y se aferró con ellos al alféizar de la ventana. Un rato después, finalmente consiguió levantar el tronco. Aquello le pareció un triunfo. Ahora estaba sentado, con las piernas dobladas y el hombro izquierdo apoyado en el trozo de pared que había bajo la ventana. La familia lo contemplaba desde un rincón, con una mezcla de admiración y pánico. Se puso finalmente de rodillas y, con las manos en el alféizar para no caerse, miró por la ventana. Al otro lado de la calle se recortaba nítidamente un sector del edificio de enfrente, un edificio muy largo, de color oscuro, con ventanas simétricas que cortaban la monotonía de la fachada. La lluvia no había cesado, pero caía ya en goterones aislados, que se veían llegar distintamente al suelo. Con un esfuerzo final consiguió alzarse y ponerse de pie. Aquella verticalidad le maravillaba y le incomodaba. Se sintió mareado, se tuvo que apoyar en la pared para no caerse, pronto las piernas le flaquearon y, con suavidad, se fue agachando hasta quedar nuevamente de rodillas. De rodillas avanzó hacia la puerta. Estaba entreabierta. Para abrirla, con el brazo le dio un golpe, con tanta fuerza (le costaba calcular la estrictamente necesaria para cada gesto) que la lanzó contra la pared, rebotó y casi volvió a cerrarse. Repitió el gesto, esta vez menos bruscamente. Una vez hubo conseguido que la puerta se quedase abierta, siempre de rodillas salió al pasillo.

¿Habría humanos en algún rincón de la casa? Ahora, sin embargo (supuso), si se encontraba con ellos no le harían daño: tenía su mismo aspecto. Esta idea le fascinó. ¡Ya no tendría que huir de ellos por miedo a que le aplastasen! Era el primer aspecto positivo de aquella transformación. Sólo le veía una pega: querrían hablarle y no sabría cómo contestar. En el pasillo, ayudándose con los dos brazos se volvió a poner de pie. Esta vez no se mareaba tanto. Poco a poco (ahora las piernas aguantaban mejor su peso) caminó por el pasillo, cada vez con más desenvoltura. Al final del pasillo había una puerta. La abrió. Allí estaba el baño. El váter, el bidé, la bañera, dos pilas y un espejo encima de las dos. No se había visto nunca, pero inmediatamente supo que era él, desnudo, gordo y blando. Por la altura a que le llegaba la cara, en el espejo, dedujo que no era ningún adulto. ¿Era un niño? ¿Un adolescente? Verse desnudo le desconcertaba, no entendía por qué, porque nunca le había molestado ir desnudo. ¿Era la deformidad de su cuerpo, todos aquellos kilos y kilos de carne, y aquella cara pulposa y con acné? ¿Quién era? ¿A qué se dedicaba? Caminó por la casa, cada vez con más estabilidad. Abrió la habitación de al lado del cuarto de baño. Había unos patines junto a la cama. Y cantidad de banderines por las paredes. Había también un escritorio, libretas, libros. Y una estantería con tebeos, una pelota de fútbol y fotos. Una foto de él (se reconoció inmediatamente, igual que se había visto en el lavabo: gordo, con acné y vestido de jugador de fútbol sala, de color azul, con una raya blanca en cada manga). En el armario encontró ropa. Buscó unos calzoncillos, una camiseta, un polo, unos pantalones de chándal, calcetines, unas bambas. Se vistió.

En la puerta del piso, observó por la mirilla. Fuera había un rellano, y tres puertas más de pisos. Volvió a la sala, pasó el dedo por los lomos de los pocos libros que había en las estanterías. Acarició una jarra de porcelana. Apretó el botón de la radio. La música era estridente y la letra le resultaba incomprensible:

> ... colomitos inolvidables,
> inolvidables como las tardes
> en que la lluvia desde la loma
> no nos dejaba ir a Zapooopan...

Volvió a apretar el botón. Silencio. Se sentó en el sofá. Cogió el mando. Conectó la tele. Fue cambiando de canal, subió los colores hasta el límite, subió el volumen al máximo. Lo bajó al mínimo. Era fácil. En el sofá había un libro abierto. Lo cogió convencido de que no entendería nada y, sin embargo, en cuanto posó en él los ojos leyó sin demasiados problemas: «Me he mudado. Antes vivía en el hotel Duke, en una esquina de la plaza Washington. Mi familia ha vivido allí durante generaciones, y cuando digo generaciones quiero decir como mínimo doscientas o trescientas generaciones.» Lo cerró y, justo cuando lo dejaba donde estaba, recordó que lo había encontrado abierto y no cerrado. Lo volvió a coger y, mientras buscaba la página por donde estaba abierto, oyó ruido de llaves en la cerradura. Eran un hombre y una mujer, claramente adultos, éstos sí. El hombre dijo: «Hola.» La mujer se le acercó, le dio un beso en la mejilla, lo miró de arriba abajo y le preguntó: «¿Cómo es que te has puesto los pantalones del revés?» Él se miró los pantalones del chándal. ¿Cómo podría haber sabido que estaban del revés? Encogió los hombros. «¿Ya has hecho los deberes?», dijo el hombre. ¡Oh, no, deberes! Imaginó (como si recordase) un antes en que no había deberes ni pantalones del revés. «¡Date prisa!» Volvía a ser la mujer. Se levantó con pereza. Antes de ir a la habitación a hacerlos pasó por la cocina, abrió la nevera, sacó un bote de Diet Pepsi y, luchando por abrirlo (era torpe con las manos, todavía), vertió la mitad por el suelo. Antes de que le riñesen, fue al cuarto de los trastos y, mientras descolgaba la fregona, vio, arrimados a la pared, tres escarabajos que, después de un instante de inmovilidad, intentaron huir. Con un cierto asco les puso encima el pie derecho e hizo presión hasta que notó cómo se chafaban.

## HAMBRE Y SED DE JUSTICIA

El hecho de haber nacido en una familia aristocrática no impide que Robin Hood odie profundamente la desigualdad social. Desde pequeño le ha indignado contemplar cómo, mientras que los ricos nadan en el exceso, los pobres malviven en la miseria. Este contraste, que deja indiferente al resto de sus familiares, a Robin Hood le subleva.

Convencido de que la autoridad está siempre de parte de los poderosos, como no sabe estar cruzado de brazos y asistir impasible a aquel espectáculo degradante, un día decide ponerle remedio. Selecciona la familia más rica de todas las familias ricas del condado. Para llevar a cabo el plan que rumia no le hace falta ni espiar sus horarios. Los conoce tan bien a todos ellos que sabe cada uno de sus movimientos habituales, qué hacen, dónde y cuándo, y en qué momento puede pillarlos desprevenidos. Fija, pues, un día para la acción. Pero tiene que vestirse aposta. No puede ir con sus ropas habituales, porque lo reconocerían. Del baúl que hay en el desván, elige un antifaz de seda negra y un sombrero de cazador, con pluma gris y esbelta, que le trajo el tío Richard de un viaje al Tirol. Coge el arco, el carcaj y las flechas y monta en su mejor caballo.

Desde lejos ve las ventanas del castillo iluminadas y rebosantes de música. Tal como había previsto, están en plena fiesta. Perfecto. Así los cogerá a todos juntos y el botín será grande, porque al de los ricos elegidos se añadirá el de los invitados. Irrumpe en la sala sin importarle que las herraduras del caballo ensucien las alfombras granate. Allí está la crème de la crème: no sólo los anfitriones (los ricos más ricos, dueños del castillo, principal objetivo de su incursión), sino también sus amigos: marqueses, condes, duques, quizá no tan ricos, pero en cualquier caso desmesuradamente ricos para la media estadística de la población.

La cosecha es excepcional. Robin Hood les roba las diademas (de plata, de oro, de plata con incrustaciones de pedrería), los anillos (ninguno sencillo: todos gruesos como eslabones de cadenas), los pendientes (algunos largos y cargados hasta los hombros), los nomeolvides (uno de platino), los pasadores (de calidad mucho más variada). En un saco mete todo el dinero que llevan encima, monedas y billetes mezclados, y hace que los propietarios de la casa (los ricos más ricos del condado) abran la caja de caudales y vacíen su contenido. En el mismo saco mete los candelabros y los cubiertos de plata. En una bolsa de terciopelo azul mete toda la comida que encuentra en la despensa. (¡Hay tantas delicias que los necesitados no prueban nunca!) Después, sin que ninguno de los presentes le haya reconocido, al galope desaparece en la noche. Los ricos más ricos y sus amigos aristócratas, excitados por el hecho (que rompe la monotonía en que viven), deciden que, al día siguiente, enviarán pajes a los amigos que aquella noche no estaban con ellos para contarles la noticia: que un enmascarado ha ido y les ha robado joyas, objetos de valor y dinero. Para poder darles las explicaciones con todo detalle los invitarán a casa y organizarán una bacanal.

Robin Hood galopa bosque a través, de oeste a este, con un destino claro. Durante dos semanas ha seleccionado, de entre todos los habitantes de Sherwood, a los más pobres. Son una familia que vive en una cabaña mísera, junto a un vertedero incontrolado. Desde lejos, la familia mísera ve llegar a Robin Hood y se esconde. Siempre que alguien se ha acercado allí ha sido para quitarles lo poco que tienen. A veces ladrones con antifaz y camiseta de rayas horizontales, a veces recaudadores de impuestos con corbata y americana a cuadros, a veces los señores, necesitados de carne fresca para alguna fiesta. Robin Hood llama a la puerta y les pide que le abran: viene en son de paz. Los pobres no contestan. Robin Hood insiste: «¡Abrid, que os traigo lo que he robado a los ricos!» No le hacen caso. Se ve obligado a abatir la puerta. En un rincón de la única pieza del cuchitril (vestíbulo, comedor, cocina y dormitorio, todo junto), los pobres, apiñados, tiemblan e imploran piedad. Robin Hood les explica que de él no deben tener miedo y les repite que viene a darles lo que ha robado a los ricos. Exactamente ésta es la idea, insiste: robar a los ricos para dárselo a los pobres. Se lo repite varias veces, porque a la primera no lo entienden. Se miran los unos a los otros y lo miran a él, recelosos. Robin Hood se lo vuelve a explicar, una vez más. Se enorgullece de este su sentido particular de la justicia. Como dicen algunos, se toma «la justicia por su mano». Pero, ¡atención!, no lo hace en beneficio propio sino para hacer el bien a los demás. Roba a los ricos (eso es, evidentemente, un delito, porque el hecho de que alguien sea rico no da a nadie carta blanca para atentar contra el derecho inalienable a la propiedad privada, como mínimo en una economía de mercado), pero no lo hace para quedárselo, como habría hecho un ladrón vulgar y corriente, sino para dárselo a los necesitados; él no toca ni un céntimo. Roba para dárselo a los pobres, y éste es un acto de generosidad que, está convencido, le perdona, a los ojos de Dios, el delito previo. ¿El fin justifica los medios? Para Robin Hood, sí, sin ningún tipo de dudas. Por eso se enfrenta al chérif, a las autoridades, a los propietarios de tierras, eclesiásticos o no. También por eso procura tratar a las mujeres, a los pobres y a la gente humilde con una cortesía especial.

Pero los frutos del robo desaparecen pronto. Una familia pobre y numerosa como la elegida, con hambre atrasada de siglos, dilapida con facilidad la comida, el dinero, las monedas, los candelabros, los pendientes, los cubiertos de plata vendidos a un precio indigno en el mercado negro. Los pobres continúan siendo pobres, y los ricos no han tardado mucho en comprar nuevos candelabros, nuevos cubiertos de plata, nuevos pendientes, nuevos anillos. Quizá los pobres han apaciguado un poco el hambre y los ricos han perdido cuatro cuartos, pero la diferencia sigue siendo abismal.

Robin Hood vuelve a buscar el antifaz de seda negra y el sombrero con pluma. Monta a caballo; por caminos tortuosos que surcan el bosque como un laberinto llega nuevamente al castillo de los ricos más ricos, que, esta vez, están en pleno baile de las debutantes. Los ricos se sorprenden. «¿Otra vez?» No lo encuentran tan excitante como la primera. Incluso hay uno que se queja: «A ver si esto se va a convertir en costumbre.» Robin Hood les quita los pendientes (de esmeraldas, de perlas), las diademas (una es griega, de Empúries, heredada de madre a hija a través de los siglos), los anillos (de rubíes, simplemente de oro, de lapislázuli), las pulseras, los broches (hay uno de marfil, que Robin Hood encuentra bellísimo) y un collarcito de perlas. Una mujer se lamenta porque los pendientes que Robin Hood le quita sin piedad los había comprado para reemplazar los que le había robado la otra vez. Le sabe mal sobre todo porque le ha costado encontrar unos iguales. Intenta convencerle de que sus motivos para pedir clemencia son del todo justificados: si ahora se los vuelve a robar ya no encontrará otros pendientes iguales, porque éstos eran los últimos que quedaban. Como si nada, Robin Hood se los arranca sin contemplaciones y los mete en el saco, con todo el resto. Esta vez no hay candelabros. Robin Hood se sorprende y pregunta cómo es eso. No han tenido tiempo de ir a comprarlos todavía, se excusa el dueño de la casa. Así pues, para compensar les roba los juegos de cama, el cuadro de Poussin *La bacanal*, que tienen en la pared de la sala de estar, y una cómoda estilo Ricardo II. Cuando el saco está lleno, Robin Hood atraviesa el bosque en dirección este y llega a casa de los pobres, que le reciben con lágrimas en los ojos y los brazos abiertos. «Ya era hora», dice el padre, «estábamos a punto de desfallecer.»

La vez siguiente Robin Hood encuentra a los ricos aún menos predispuestos a aceptarle de buen grado. Hay quejas mientras mete en el saco dinero (joyas sólo las llevaba una mujer desprevenida: un pasador de plata con dos rubíes), las alfombras (tres persas y una del Turkmenistán), una vitrina y dos camas. Incluso hay un duque que intenta oponer resistencia. De una patada, Robin Hood lo deja fuera de combate. El resto de los presentes chillan. Robin Hood espolea el caballo y desaparece en el bosque. Los pobres le reciben con gran alegría, aunque, cuando ven qué les trae, hay uno que medio se queja porque el botín es más discreto que las otras dos veces.

Aparte de la sed de justicia, una de las virtudes de Robin Hood es la perseverancia. Repite las incursiones de manera metódica. En el curso de las mismas se lleva la vajilla, los cojines, los sofás, las mesas, los sillones. Se lleva los libros, las estanterías, el paragüero, una armadura (entera: con el yelmo, la visera, el barbote, la gola, la gorguera, las hombreras, el peto, la armadura de pecho, los guardabrazos, los codales, el faldar, los guanteletes, la cota de mallas, los quijotes, las rodilleras, las grebas, los escarpes, el escudo redondo y la espada). Descuelga de la pared y se lleva un escudo rectangular cuadrilongo de tipo francés, de azur con un árbol de oro con dos leones al natural empinados en el tronco; la bordura de oro con siete sautores de gules colocados dos, dos, tres; timbrado por un casco cerrado y puesto de frente con los lambrequines de azur y plata; por cimera, un gallardete de gules saliendo del casco. Se lleva las camas que quedan, el tresillo, los fogones. Desmonta los armarios, coge los escritorios, los aparadores, las consolas, las literas, las vitrinas, las papeleras, las lámparas de pie, los pufs, los juguetes de los niños, las pilas, los toalleros, los fregaderos, las bañeras, los bidés, las básculas, los botiquines, las cortinas de la ducha, las barras de las cortinas de la ducha, las antorchas, las teas, los taburetes, los estores, las botellas (de whisky, de coñac, de vino), las chimeneas.

Hasta que un día, mucho tiempo después, los ricos, vestidos con harapos, se arrodillan delante de Robin Hood y se dirigen a él con voz implorante:

–Señor Robin Hood, no dudamos de vuestra bondad, de vuestro espíritu noble y de vuestra legendaria generosidad. Sabemos que lo habéis hecho con buena intención, para hacer justicia entre los hombres y compensar las desigualdades sociales que el derecho sucesorio perpetúa. Pero daos cuenta de que las cosas ya no son como antes, de que nada nos queda sino estas cuatro paredes. Tenemos que dormir en el suelo, porque hasta las camas os habéis llevado. No tenemos sábanas para abrigarnos, ni cazuelas donde calentar agua con que engañar el hambre. Señor Hood, ¿qué más queréis quitarnos? No podéis quitarnos nada más: no nos quedan sino las paredes, porque hasta las tejas nos habéis quitado.

Robin Hood se queda boquiabierto. No le hace falta más que un vistazo a lo que en un tiempo no muy lejano fue un castillo espléndido para comprobar que lo que dicen es verdad. Las paredes están desnudas, las habitaciones vacías y los antiguos ricos duermen en los rincones, protegiéndose de la lluvia que entra por lo que antes habían sido tejados. Los ricos, por tanto, propiamente ya no lo son. Es del todo evidente que son más pobres que los antiguos pobres, que se han convertido ahora en más ricos que ellos, en parte por las riquezas que Robin Hood les ha dado y en parte por una hábil política de inversiones que las ha multiplicado. Pero Robin Hood, generoso, obsesivo y tenaz, ha continuado robando a los ricos ahora francamente pobres para dárselo a los pobres ya francamente ricos. Su actitud generosa ha trastocado las cosas hasta tal punto que ahora (de golpe le resulta evidente) los ricos viven en la miseria y los pobres nadan en la abundancia y el despilfarro, y han convertido la antigua barraca en un conjunto de chalés con piscina, sauna y las últimas novedades en domótica. Hace años que en el castillo ya no se celebran fiestas, y en cambio en la urbanización de los antiguos pobres cada semana hay, si no bacanales, barbacoas. ¿Cómo no se ha dado cuenta antes? Mira con nuevos ojos a los ricos que hasta entonces había contemplado como explotadores, y paralelamente imagina el libertinaje económico a que ahora se entregan los que hasta hace pocos segundos ha considerado pobres. La ira se apodera de él. Desde pequeño le ha indignado contemplar cómo, mientras los ricos nadan en el exceso, los pobres malviven en la miseria. Se coloca bien el antifaz de seda negra, se ajusta el sombrero de cazador, con pluma gris y esbelta, que le trajo el tío Richard de un viaje al Tirol. Tensa las riendas del caballo, lo encara hacia el este y, con las mismas riendas, azota el lomo de la bestia.

3

# EL DÍA DE CADA DÍA

Desde hace una hora el mentiroso compulsivo está en la terraza, dejándose calentar por el sol. Es una sensación agradable después de un invierno frío, pero llega un momento en que tanto sol le marea, se cubre los ojos con la mano, se levanta de la hamaca, entra en casa, se pone la camisa y la americana y sale a la calle. Mientras atraviesa la explanada, contempla el automóvil abandonado desde hace dos años al lado del campo de fútbol, ya sin ruedas ni puertas. ¿Por qué no se lo llevan de una vez y lo convierten en chatarra? Una urraca vuela junto al cementerio. Gira a la izquierda y toma la calle larga y en pendiente.

Pasa por delante del bar que hay a media calle; a punto de dejarlo atrás, se para. Duda un momento si entrar o no y finalmente se decide: empuja la puerta y deja caer un «Buenos días» genérico, que sirve tanto para el dueño como para los que juegan al dominó en una mesa. Se apoya en la barra y pide una cerveza. El camarero se la sirve e, inevitablemente, le pregunta cómo va todo. El mentiroso le contesta que bien y da un gran trago de cerveza. El bigote se le queda blanco. Por la radio, ligeramente mal sintonizada, se oye una melodía vibrante, punteada de expresiones que habitualmente se suelen usar para manifestar dolor. Durante un rato observa la partida de dominó. Uno de los que juegan le pregunta si quiere sumarse a la siguiente; él niega con la mano. Se da la vuelta, bebe otro trago y contempla la ensaladilla rusa, tras el cristal protector. El color entre dorado y amarronado de la mayonesa le quita las ganas de pedir una ración. El dueño, que ha visto que la miraba, le pregunta si quiere. El mentiroso le dice que no porque, si toma algo, después no cena y su mujer le riñe. El dueño sonríe porque ésa es una broma habitual: el mentiroso no tiene mujer ni vive con nadie, y siempre pone la excusa de la mujer imaginaria; por ejemplo, cuando quiere irse y los demás insisten en que tome una copa más, o cuando le dicen que el domingo vaya con ellos a jugar a fútbol y a él no le apetece. A veces lo adorna con hijos: una niña, que según el día oscila entre los tres y los siete años, y un niño, que primero no existía y ahora es incluso mayor que la niña. El dueño friega un vaso bajo el chorro del agua y está a punto de, como es ritual, cumplimentar la broma del mentiroso sobre la supuesta mujer diciéndole que qué mujer si no tiene; pero, antes de que abra la boca, el mentiroso le pregunta, a él pero con voz lo bastante alta como para que todo el mundo le oiga, si ya ha visto el circo que están montando en la explanada. El dueño seca el vaso. Nadie contesta. El mentiroso se vuelve hacia los que juegan e insiste: ya están montando la carpa; hay dos camiones y un remolque enorme, como una jaula. Uno de los que juegan alza una ceja, lo mira y le dice que sí, seguro. El mentiroso finge indignación: ¿qué quiere decir con eso de sí, seguro? ¿Que no es verdad? Jura que en la explanada están montando un circo. Ha visto, en el suelo, las letras hechas con bombillas que pronto lucirán sobre la carpa: CIRCO RUSO. La carpa, dice ahora, ya está casi montada. Hay cuatro camiones. No, cuatro no: cinco. Y seis jaulas: con leones y tigres. Y tres elefantes, grandes como casas. Los que jugaban al dominó han acabado la partida y le miran embelesados: ¿cómo es posible que otra vez intente hacerles creer una mentira? ¿Cómo podrían, por muy buena voluntad que pusiesen, creer a aquel hombre que miente siempre, que miente incluso cuando no tiene necesidad ni hacerlo le reporta ningún beneficio? Ni por un momento la incredulidad cede ni cederá a la duda, pero, como pasa cada vez, el mentiroso habla con tanta vehemencia y hasta tal punto se inflama que, también como siempre, empiezan no a creerle sino a no poder evitar sentirse fascinados por el enardecimiento con que cuenta y hace evolucionar la mentira: los elefantes, por ejemplo, pronto son doce en vez de tres; la carpa ya no es simple sino triple; y los camiones, aparcados los unos al lado de los otros, en hileras densas, enseguida ocupan el espacio de un campo de fútbol. Escuchando lo que dice, uno de los hombres que jugaba al dominó (han acabado la partida y no han empezado ninguna otra) siente que los ojos le hacen chiribitas. Hace más de treinta años que ningún circo se acerca al pueblo, y es seguro que, tal como van las cosas, nunca ningún otro circo volverá a plantar la carpa en la explanada. Ninguno de ellos los echa de menos (el mentiroso tampoco, aunque llegado el caso aseguraría lo contrario) y, si alguna vez volviese un circo, no se interesarían nada por él: el circo es cosa de otros tiempos, y ya en aquellos otros tiempos no les interesaba nada. Ese desinterés por el circo, sin embargo, no impide que todos escuchen con ilusión cómo despliega los toldos, cómo monta carpas sobre carpas ya montadas, cómo hace que redoblen los tambores y cómo multiplica los trapecistas con una convicción admirable, tanto más cuanto que ni remotamente se le ocurre la posibilidad de que ninguno de los que le escuchan le crea, ni mucho menos de que, a fuerza de insistir en ello, él mismo acabe creyéndoselo. Sólo uno (que está un poco sordo) pregunta con voz innecesariamente alta si alguien juega una nueva partida. Pero no le contesta nadie: ya otro ha propuesto ir inmediatamente a la explanada. No necesita animar al resto. Se arengan los unos a los otros, se ponen abrigos y bufandas y ya están en la calle, caminando al lado del mentiroso, que habla de una pirámide de treinta y seis equilibristas montados en ocho monociclos y de un caballo funambulista. El último en salir es el dueño del bar, que se pone la chaqueta, despacha al que está un poco sordo, cierra la puerta con llave y echa a correr hasta que se suma al grupo de hombres que se apresuran calle abajo.

# LA VIDA ES TAN CORTA

El hombre corre hacia el tercer ascensor, que ya ha empezado a cerrarse; consigue meter el pie derecho por el medio palmo que aún queda abierto y, de esta manera, hacer que las dos hojas de la puerta automática se abran inmediatamente. Entra y saluda («Buenos días») a la mujer que hay dentro: bellísima, de cabellera en cascada y labios color de castaña. El hombre (cohibido porque le ha parecido ver una chispa de censura en los ojos de la mujer, por haber hecho que el ascensor se volviese a abrir y haber parado así el inicio de la ascensión) se sitúa contra una de las paredes, observa la placa de los botones, ve que el 9 está encendido, da un paso adelante, aprieta el 12, que se enciende, y vuelve a situarse contra la pared. La puerta tarda en cerrarse; él procura no observar demasiado descaradamente a la mujer. Pero no puede evitar hacerlo con el rabillo del ojo. Los ojos, la barbilla, las piernas... La puerta se cierra, el ascensor empieza a subir. En el indicador se van encendiendo los números: 1, 2... En el hilo musical suena una melodía esterilizada. El hombre mira el reloj que lleva en la muñeca. Se ha parado hace rato. Lo sacude como si sacudiéndolo fuese a devolverle la vida, pero eso pasaba con los relojes de cuerda, no con los de pilas. Es un ascensor lento, y esa lentitud contribuye a confirmar la impresión de seguridad que causan las paredes y las puertas, gruesas y sigilosas. La limpieza de la cabina también tiene que ver con esa impresión de seguridad. Un ascensor sucio da la sensación de dejado y, por tanto, de inseguro. Éste no: éste es nuevo, limpio. En el indicador se ha encendido ya el 5 y ahora le toca el turno al 6. Cuando se enciende el 6, el ascensor se para, las puertas se abren y un viejo con gafas y sombrero pequeño adelanta la cara.

–¿Bajan?

El hombre dice que no. El viejo frunce el ceño y desaparece hacia la derecha con el índice extendido y la intención clara de llamar al segundo ascensor sin saber que está estropeado y lo están reparando en la planta baja. La puerta se vuelve a cerrar. Un instante, la mujer mira al hombre y las miradas de los dos se entrecruzan. Él sonríe. Ella aparta la mirada. En el indicador, ven cómo se enciende el 7 y después el 8. Es justo entre el octavo y el noveno (en el indicador aún está encendido el 8, y el 9 está apagado) cuando el ascensor se para. El hombre mira alternativamente a la mujer, el tablero con botones y la puerta («¡Ya estamos!»). La mujer le mira a él, el tablero de botones y la puerta. La mujer es la primera en expresar el desconcierto («¿Y ahora qué?»), y el hombre el primero en intentar hacer como si no pasara nada («Sobre todo, no tenemos que perder la calma»). La mujer aprieta el botón del 9, el botón del 12, la planta baja, y cuando ninguno de esos botones responde, le pregunta al hombre si le parece que pulse el botón de alarma, marcado con una campana. El hombre está de acuerdo. Aprietan, pues, el botón de alarma, cuyo timbre resuena claro, inmediato, como si estuviese justo más allá de las paredes del ascensor. ¿Dónde debe de estar, por cierto? ¿En la planta baja? ¿En la garita del conserje? ¿Habrá más de uno? De vez en cuando dejan de apretar el timbre y aguzan el oído, a ver si oyen algo, alguien que ya les haya oído y empiece las operaciones de salvamento o, como mínimo, se acerque a donde están y, a gritos, intente calmarlos. Pero no se oye nada, excepto el hilo musical, que continúa, impasible, desgranando una canción tras otra.

Minutos más tarde, la mujer se presenta («Ya que, según parece, tendremos que convivir un tiempo...»), el hombre también se presenta e, intentando añadir un toque de humor a la situación, le pregunta si sufre de claustrofobia. La mujer sonríe. No sufre de claustrofobia. Él tampoco («Podemos considerarnos afortunados. Si uno de los dos la sufriese sería horroroso para ambos»). Ella sonríe aún, y a él aquella sonrisa le parece esperanzadora. Es evidente que, encerrados como están dentro de un ascensor parado entre dos pisos, en el transcurso de los minutos que hace que están allí dentro cada uno de ellos ha pensado, aunque sea por un momento, en toda la mitología digamos popular que rodea esta situación (dos personas encerradas en un ascensor que se ha parado entre dos pisos), paralela a la de los chistes con un hombre y una mujer en una isla desierta, absolutamente solos y apartados del mundo por quién sabe cuánto tiempo. Él reconoce que, evidentemente, se siente atraído por ella, pero ella ¿se siente atraída por él?

La mujer le pregunta si era importante o urgente lo que le ha llevado a ese edificio de oficinas esa mañana. Él le dice que relativamente importante («Cuestiones de trabajo») y que es curioso que ahora que están allí dentro (ya hace tres cuartos de hora) nada es, de hecho, importante. Ella encuentra sugerente que cosas tan urgentes como las que la han llevado a aquel edificio puedan, de repente, dejar de serlo por un imprevisto como ése. Hace una hora, le explica, iba con el tiempo cronometrado, y no se podía permitir perder ni un segundo. Ahora, de golpe, ya puede dar el día por perdido. Como mínimo, la mañana. ¿Tardarán mucho en sacarlos de ahí dentro? El hombre se atreve a decirle que sí que debía ir con prisa, porque, cuando él ha puesto el pie entre las hojas de la puerta corredera, le ha parecido que la mirada de ella era censora. La mujer sonríe y le reconoce que no soporta a las personas que, cuando las puertas de un ascensor empiezan a cerrarse, colocan el pie en medio sin pensar que, para los que están dentro (que quieren empezar a subir o a bajar cuanto más rápido mejor, y que de hecho ya han empezado el proceso de subir o bajar y por tanto tienen todo el derecho a ello), el gesto es del todo desconsiderado. El hombre está a punto de decir que, como mínimo, haber colocado el pie en la puerta ha tenido una cosa buena: haberse conocido. Pero afortunadamente consigue tragarse la cursilada antes de decirla. Ella menciona una película de Woody Allen en que un ascensor tiene un papel central. Hay también una de Brian de Palma, con aquella tan guapa que era su mujer, ¿cómo se llamaba? Él le cuenta que una vez leyó una novela con un ascensor que atravesaba la terraza y salía volando por los cielos.

El ascensor, explica ella, es el medio de transporte más importante de las últimas décadas, y aun así mucha gente no lo considera un medio de transporte. La relación de los ascensores con la altura que han ido adquiriendo los edificios es sugestiva. No es tanto que los edificios hayan instalado ascensores porque se han hecho cada vez más altos, sino que se han hecho cada vez más altos porque los ascensores cada vez han sido más eficientes y seguros. Se quita los zapatos de tacón alto y los deja, bien alineados, en un rincón, bajo la placa de los botones. De vez en cuando, uno de los dos aprieta el timbre de alarma durante unos cuantos minutos. Cuando uno se cansa de hacerlo le releva el otro, pero finalmente los dos se hartan y se sientan en el suelo, juntos («En algún momento tienen que venir a sacarnos. No nos dejarán aquí para siempre», «Quizá acabemos como los náufragos, devorándonos el uno al otro para sobrevivir»). La mujer piensa que es interesante que se hayan sentado juntos.

Hay un momento en la espera en que pierden la noción del tiempo. «No mires el reloj», dice uno de los dos. Les resulta relativamente fácil contar, segundo a segundo, hasta treinta, y componer el medio minuto. Les resulta más difícil contar, segundo a segundo, hasta cinco minutos o media hora. Si contasen, segundo a segundo, durante horas, el error se acentuaría.

Más tarde se duermen. Se despiertan al mismo tiempo («¿No has oído un ruido?»), medio abrazados, una de las dos cabezas en el hombro del otro, tan cerca los ojos de los dos que es inevitable que, cuando uno musita una frase ininteligible, el otro abra la boca para decir «¿Qué?», y los labios de uno avancen lentamente hacia los labios del otro, aunque, de repente, detienen el gesto (a seis milímetros del objetivo) porque, justo en ese momento, el ascensor arranca, acelera rápidamente, se detiene y (finalmente a sacudidas) llega a la planta baja, donde les esperan el conserje y uno de los técnicos de reparaciones («¿Están bien?»). El hombre y la mujer se miran. Tendrían que decirse alguna cosa, quedar... Pero a ella le parece que él, aunque la mira, no es lo bastante rápido en proponerlo y a él le parece que ella, aunque lo mira, va directa hacia el ascensor del fondo y aprieta el botón, nada interesada, se diría. ¿Acabada la situación en el ascensor, se acabó todo? El hombre se dirige, pues, hacia la calle, cavilando que no tendría que haberse ido de allí sin quedar con ella, darse el teléfono como mínimo. Justo en el momento en que pisa la calle, se pregunta qué hace allí, saliendo, si tenía que ir al piso 12. Da media vuelta, pues, abre la puerta del edificio, atraviesa el hall, y esquiva al técnico y al conserje que contemplan cómo, subido al techo del nuevo ascensor estropeado y con una linterna enorme en la mano, otro técnico revisa los cables de tracción y de control, y las guías. El hombre corre hacia el cuarto ascensor, que ya ha empezado a cerrarse; consigue meter el pie derecho por el medio palmo que aún queda abierto y, de esta manera, hacer que las dos hojas de la puerta automática se abran inmediatamente.

# EL PODER DE LA PALABRA

El hombre que está en la barra del restaurante, esperando que le preparen una mesa, habla solo. De pequeño había oído miles de veces que, refiriéndose a alguien que hablaba solo, decían que estaba loco: «Habla solo. Está loco.» Ahora le parece claro que era mentira. Él mismo es consciente de que hablar solo no le impide sentirse del todo cuerdo. Habla en voz baja. Musita frases, una conversación animada y apasionante con otro, o con diversos otros, invisibles todos, que son él mismo. Lo hace ahora que está en la barra del bar, y también lo hace cuando conduce el coche, y en casa, y en la oficina. Habla solo incluso cuando está con alguien. A veces este alguien, cuando oye que musita, cree que le ha dicho alguna cosa y le pregunta qué. Él dice que nada, porque de hecho no dice nada (él mismo no sabe qué dice exactamente; más bien es el rumor lo que le interesa, el efecto sonoro, el blablablá, la apariencia de conversación), y lo que dice no se lo dice a aquel que le pregunta sino a este otro (o a estos otros) con quienes charla. No sabe cuándo empezó a hablar solo y le sería difícil establecer una frontera entre el antes, cuando aún hablaba sólo con otros, y el después. A veces piensa que, de una manera o de otra, siempre ha hablado solo, y que lo único que ha hecho es irse despreocupando cada vez más y, por tanto, haciéndolo libremente, sin pensar en ello, no dándose cuenta y, en cualquier caso, no reprimiéndose. Según como se mire, se dice él mismo a veces, estas conversaciones no son más que la prolongación de aquellas conversaciones imaginarias que mantenía, de pequeño, con aquel amigo inventado (cuyo nombre curiosamente no recuerda) con quien cada noche, cuando se metía en la cama, vivía aventuras llenas de palmeras y de lianas. Las conversaciones con estos otros inexistentes son tan interesantes como las que mantiene, cuando no le queda más remedio, con personas. ¿De qué habla como si se dirigiese al vaso? De nada en especial y de cualquier cosa. Puede hablar de tenis y de las perspectivas de la vida. Puede divagar, creerse que llega a un punto de disquisición especialmente elevado o a la futilidad. Muy a menudo le pasa eso: hace rato que habla solo y se da cuenta de que todo lo que le dice a ese otro él con quien habla es de una futilidad absoluta. Entonces, para no callar, cambia de tema.

En cambio, el hombre que se sienta en aquella mesa del restaurante, rodeado de gente que conversa animadamente, no dice nada. Hace años que se mantiene impertérritamente en silencio. La opinión de los demás sobre ese silencio suyo es, a estas alturas, comprensiva. Todos respetan que, en silencio, contemple cómo ellos hablan, discuten y matizan todo lo que pueda ser susceptible de matiz. Que el hombre que calla considera banales los hechos que discuten y matizan no lo saben, precisamente porque calla, pero lo intuyen. En general, intuyen también que no tiene ninguna animadversión especial contra ellos, y que esa consideración suya de banal no es peyorativa sino más bien agnóstica. Agnóstica en relación a los demás y a sí mismo. No está en contra de lo que hablan; pasa de ello. Él mismo se siente absolutamente banal y prescindible, y precisamente por eso se calla. Mal podría, por tanto, juzgar peyorativamente a los demás, por banales, si él mismo cae en la banalidad. Empezó a callar un día en que, en medio de una conversación que acabó derivando en una disquisición sobre el grado de influencia del fandango en el origen del huapango, se encontró sin saber qué decir. No sabía nada, ni sobre el fandango ni sobre el huapango; eran asuntos que nunca le habían interesado y, en consecuencia, no tenía absolutamente nada que decir. ¿Qué tendría que hacer para meter baza y participar en la conversación, tal como se esperaba de él? ¿Inventar una opinión y defenderla? En vez de eso, por primera vez en la vida prefirió callar. Hasta entonces había participado, incluso con interés no fingido y con vehemencia, en todo tipo de conversaciones y discusiones. Pese a la cara de sorpresa de los demás, encontró que no hacía ningún daño a nadie no diciendo nada. Y tampoco era una posición tan desagradable no decir nada. Los demás tampoco se mostraban exageradamente hostiles. Acostumbrado a sostener puntos de vista absolutamente improvisados, de golpe le parecía una liberación insospechada permitirse el lujo de callar y no decir nada. Veía cómo los demás continuaban discutiendo agitadamente que si tal cosa o que si tal otra, y que de vez en cuando le miraban esperando a ver si cambiaba de actitud y aportaba su opinión. Tampoco es que su opinión les interesase demasiado. Les era necesaria sólo como parte del ritual de aquellas noches de conversaciones. La prueba es que podía contestar cualquier cosa de manera protocolaria, con cuatro palabras previsibles. ¡Lo encontraban del todo natural! Porque no esperaban de él ninguna respuesta realmente sincera o meditada: con la más absolutamente formularia les bastaba y les sobraba. Su silencio de ahora, en cambio, ponía en entredicho las ganas de hablar de los demás, y eso era lo que realmente les molestaba, más que el mismo silencio. Él continuaba callado, y cada segundo que continuaba sin decir nada encontraba más placer en ello. Al final, un rato y algunas caras de extrañeza más tarde, alguien se dirigió a él y le preguntó si no tenía nada que decir. El hombre dijo que no con la cabeza, un movimiento ligero. Los demás continuaron hablando, considerando que un día silencioso lo tiene todo el mundo. Al día siguiente, sin embargo, tampoco abrió la boca en ninguna conversación. Desde entonces no dice nada, nunca, en ninguna parte. Sabe que hay gente que lo considera una muestra de esnobismo, de que se le han subido los humos, de que es un insociable. Él no lo considera así. No tiene absolutamente nada interesante que decir; por eso no dice nada y escucha cómo los otros hablan animadamente.

Como, por ejemplo, ese que, al otro extremo de la mesa, habla por los codos. Es el más hablador de todos los que se sientan allí, el que no deja hablar a los demás, el que se apresura a hablar antes que nadie, para que no digan antes que él los tópicos que hay que decir sobre el asunto del que se hable en ese momento preciso. Porque los temas de conversación varían, se esfuman, se reconvierten en otros temas de conversación, a una velocidad pavorosa. De todo tiene una opinión, y por nada del mundo permitiría que, sobre el asunto que sea, le pillasen sin una opinión sólidamente formada. Sabe (o finge que sabe) de economía y de pintura, de ganadería y de baloncesto. No hay ningún asunto del que no sea capaz de decir cuatro cosas contundentes, a veces incluso brillantes. Teniendo en cuenta que la cantidad de temas sobre los que se ve obligado a emitir su opinión es considerable, las cuatro cosas tienen que ser, en general, intercambiables, polivalentes, lo bastante ambiguas como para que sirvan tanto para un asunto como para otro, y para diversos asuntos a la vez. Sería inhumano pretender que tuviese una opinión original y diferente sobre cada uno. Es fácil comprender que, porque tienen que adaptarse a todas las posibilidades, la agudeza y la sutileza de esas cuatro cosas tienen que ser necesariamente escasas. El mundo está lleno de conversaciones en las que el hombre que habla por los codos tiene que decir la suya. Siempre tiene que estar al acecho, a punto para cualquier posibilidad de decir lo que sea. Por eso, de vez en cuando, observa con una mezcla de intriga y conmiseración al hombre que, al otro extremo de la mesa, calla. ¿Cómo es posible llevar esa existencia casi vegetal, ver pasar la vida por delante sin decir constantemente la suya? ¡Con la de cosas que hay por decir! No puede evitar, además, pensar que si calla es por hacerse el interesante, para demostrar hasta qué punto menosprecia a los que le rodean. En cambio, al hombre que habla solo mientras se sienta a la mesa que ya le han preparado no lo mira con conmiseración sino con una mezcla de envidia (por la autosuficiencia que demuestra) y respeto, como un modelo de perfección.

# LA LITERATURA

Teclea la última frase con una mezcla de excitación y desconcierto. Es la primera de sus novelas en la que hay, al final, una muerte. El hecho es notable porque, precisamente, la ausencia de muertos en sus libros había sido una constante deliberada, un rechazo de la solución fácil en que caen tantos escritores cuando no saben cómo elevar el tono dramático. Ahora, por primera vez y empujado por la lógica de la narración, se ha visto obligado a alterar esa constante y matar al protagonista. Arranca la hoja de la máquina, la coloca detrás de todas las demás y relee el principio de la novela: «Aquel mediodía, mientras ponía la mesa, el hombre tumbó el salero sin querer y la sal cayó sobre el mantel. Eso le aterró.»

El escritor tiene un contrato con una editorial para escribir una novela al año. Hace diecisiete años que lo firmó y, metódicamente, cada mes de enero entrega la nueva novela al editor. Ha publicado, pues, dieciséis novelas. Escribir una novela no le parece nada especialmente difícil y se burla por sistema de los escritores que tardan diez años en acabar una. A veces queda más satisfecho de ellas; a veces menos. A veces la historia le sale fluida, se apasiona con ella, la escribe casi de un tirón y la corrige con placer. Otras veces la historia es forzada, la escribe como si fuese un castigo (porque, por contrato, tiene que acabarla sea como sea antes de que pase el año) y la corrige poco y sin ganas. Da igual: nadie se queja cuando le sale floja. La exigencia de calidad en su país es mínima, algo tan sabido que incluso sus mismos habitantes se burlan. La constancia, pues, le permite vivir, precariamente pero sin tenerse que levantar a las ocho de la mañana. Lo único que le ruega a ese Dios en quien no cree es no tener nunca un bloqueo ante la página en blanco. No se lo podría permitir.

El día de la presentación del libro, el editor le da una buena noticia: tienen que reeditar su primera novela en una colección nueva; si quiere, como hay que componerla entera, puede releerla e introducirle cambios si cree que los necesita. La relee. Ha escrito tantas novelas que había olvidado el argumento exacto de aquella primera, y sólo recordaba de ella, de manera brumosa, algunos personajes. Sabía que trataba sobre un escritor que escribe una novela, tiene un cierto éxito y eso le permite publicar una segunda al año siguiente y una tercera al otro. Pero cuando la lee de cabo a rabo se queda asustado. El argumento y los personajes presagian detalles concretos y exactos de su vida, sucedidos meses o años después de la publicación. Al cabo de dieciséis años, puede identificar exactamente a aquel personaje secundario del que se enamoraba la mujer del protagonista. Porque, poco después de haber publicado aquella primera novela, conoció a un personaje igual, y la mujer que se enamoró de él fue la suya. Y la lucha del protagonista contra la presión ambiental es la lucha que él mismo tuvo que mantener contra la presión ambiental que recibió a partir de aquel primer éxito.

Picado por la curiosidad, lee sus demás novelas, una tras otra, por orden de redacción y publicación. Las predicciones se repiten. Reconoce en ellas personas, sensaciones, alegrías, fracasos, redactados siempre con meses de antelación. Ve su vida entera predicha, libro a libro. Presagió los hechos, las circunstancias, las mujeres, los dramas, las alegrías. La omnipotencia del personaje de *Verde jara* presagia su omnipotencia, poco más tarde. La angustia del protagonista de *Pura tierra mojada* es el anuncio de la que él sufrió poco después. Y la conciencia del fracaso del músico de *Todo el fuego de su gran sol* es la suya, al cabo de unos meses. También reconoce en ellas a personas concretas. La mujer de *Potros en la estacada* es Lluïsa, a quien conoció justo el día en que presentaba el libro. Teresa sale retratada, con precisión fotográfica, en *El alma*, pero en el momento de escribirla ni la conocía. Sistemáticamente, ha previsto y escrito lo que había de pasarle meses más tarde.

Cuando finalmente le llega el turno al último libro, aquel que acaba de publicar hace unos días, que el protagonista muera lo asusta. Deja el libro encima del escritorio, va a la cocina, busca un bote de estofado precocinado, lo abre, lo vacía en un recipiente y lo coloca en el microondas. En el libro no sabe reconocer ni personajes ni hechos. Por un lado, es evidente que aún no han pasado suficientes meses para que lo que ahí está escrito se haga realidad. Pero, por otro lado, que no reconozca absolutamente nada le hace concebir esperanzas: si también ha de ser una predicción, alguno de los hechos narrados ya se tendría que haber producido. Que no sea así puede indicar que quizá con aquella novela no pasará lo mismo que con las demás. Al fin y al cabo, ninguna ley certifica que la norma tenga que cumplirse eternamente. Piensa todo eso mientras pone la mesa; se da cuenta e intenta evitar lo inevitable.

4

## LA FUERZA CENTRÍPETA

Desde primera hora de la mañana el hombre intenta sin éxito salir del piso; cada vez que abre la puerta le pasa lo mismo: no encuentra el rellano sino, nuevamente, el recibidor del piso que en aquel preciso momento trata de abandonar. Lo ha intentado docenas de veces; lo intenta una más: abre la puerta para salir, fuera todo está oscuro, camina dos pasos, palpa la pared buscando el interruptor de la luz de la escalera, que está junto al ascensor. No lo encuentra. En cambio, encuentra allí el perchero. Y, debajo, el paragüero. Vuelve a estar, pues, en el recibidor del que acaba de salir. Alarga la mano hacia donde, en el recibidor, está el interruptor, lo encuentra, lo aprieta y ve que vuelve a estar de espaldas a la puerta de salida. Da media vuelta y se encara otra vez con la puerta. La abre del todo y mira fuera. La oscuridad es densa y la única claridad está en el suelo: la que llega precisamente de su recibidor por la puerta entreabierta, demasiado poca claridad para determinar si, más allá del umbral, está el rellano que había habido siempre, de medidas generosas, como todos los de edificios antiguos. Podría volver a intentar salir pero no le serviría de nada. Desde primera hora de la mañana lo intenta, una y otra vez, sin éxito. Cierra la puerta y se apoya en ella.

Va hacia el comedor y, por la ventana, mira la calle.

Unas cuantas personas van hacia un lado, unas cuantas más van hacia el otro. Intenta no ponerse nervioso. Tiene que salir de casa sea como sea. Descuelga el teléfono, marca un número y llama a una amiga. Es una amiga a la que conoce desde hace poco y con la que no ha llegado aún a ninguna intimidad, cosa que lamenta. ¿Por qué no ha llegado a esa intimidad deseada? ¿Por timidez? ¿Por falta de la oportunidad necesaria? Se le ocurre que quizá es justamente porque no ha llegado aún a ninguna intimidad con ella por lo que es a ella a quien le pide este favor: que venga enseguida a su casa. La amiga le pregunta por qué. Él pone voz grave y, sin explicarle exactamente qué le pasa (le da miedo que si se lo explica no le crea o le tome por loco y no vaya), le dice que se encuentra en una situación insólita (no grave pero sí insólita), tan insólita que si se la explica por teléfono no le creerá o le tomará por loco; necesita que le ayude. Ella guarda silencio durante unos segundos y finalmente le dice que pasará por allí a las tres, cuando salga del trabajo.

El hombre pasa las dos horas que faltan hasta las tres mirando la puerta y fumando un cigarrillo tras otro, hasta que llena de colillas un puchero. Efectivamente, cuando pasan tres minutos de las tres la amiga llega. En pocas palabras, el hombre le explica la situación tan bien como puede y, sin dejarle tiempo para sorprenderse, le dice qué van a hacer:

–Haremos lo siguiente: saldremos juntos de este piso. Si salgo solo no puedo nunca llegar al rellano. En vez de rellano me vuelvo a encontrar el recibidor de este piso, otra vez.

¿Qué le hace pensar que saliendo con ella todo cambiará?, le pregunta la mujer. Él no contesta la pregunta, la coge del brazo, van hasta la puerta, ella inspira profundamente, hace girar el pomo, abre la puerta y salen; efectivamente, tal como había previsto llegan al rellano. El hombre respira aliviado. Ella le mira burlona. Él aprieta el botón del ascensor. Ella le dice que no hace falta que apriete porque el ascensor no funciona: ha tenido que subir a pie. Bajan las escaleras.

En la planta baja, en la puerta del ascensor hay un cartel: NO FUNCIONA.

Pasean, miran escaparates y las hileras de bombillas que adornan las calles, formando estrellas, abetos, campanas. Ella compra dos regalos de Reyes. Un camión y un camión-cementera, los dos de plástico, enormes, para sus dos sobrinos. Acompañados de los regalos, cenan juntos, toman un té en una cafetería y, finalmente, ella mira el reloj y le dice que se tiene que ir. Él le coge la mano derecha con su izquierda.

–Ven a casa –le propone–, no me dejes solo; si me dejas solo volverá a pasar.

La mujer ríe y reconoce que es una argucia que nadie ha puesto en práctica con ella nunca antes, pero no lo bastante ingeniosa como para conseguir que vaya a su casa a pasar la noche. Han hablado de eso muchas veces. Sabe que él quiere irse a la cama con ella, pero a ella de momento le parece bien tal como están las cosas. Entiende que él se frustre, porque sabe que, de ordinario, los hombres tienen tendencia a no aceptar la posibilidad de una amistad simple, sin sexo, con una mujer. Él encuentra barata toda aquella disertación y, picado, decide que, al fin y al cabo, mejor que se vaya. Se dan besos en la mejilla; ella desaparece por la boca del metro. El hombre reemprende el camino. Le da pereza (no es miedo: es pereza) volver a casa porque sabe que, en cuanto vuelva, no podrá salir. Opta, pues, por retardar el regreso. Cerca de donde está hay una coctelería que le gusta especialmente, con el suelo y el techo de madera, y vitrinas con botellas que cubren del todo las paredes. Va hacia allí. De lejos ve la luz alargada que ilumina la placa dorada con el nombre. Empuja la puerta gruesa y pesada, aparta la cortina de terciopelo rojo y, ¡plop!, entra en el recibidor de casa. Da media vuelta y vuelve a abrir la puerta: cada paso que da para salir es un paso que da para entrar. Vuelve a dar media vuelta, vuelve a abrir la puerta, vuelve a salir y, por tanto, a entrar. Otra vez lo mismo.

Decide probarlo por la ventana. Le acerca un taburete, se sube a él, abre la ventana, se agacha, sale fuera. El alféizar es estrecho. En la calle, los coches, pequeños. Efectivamente, por la ventana ha conseguido salir de casa, y ahora mantiene precariamente el equilibrio. Hace frío. Se está allí un rato, calibrando qué hacer. Tampoco es que tenga que hacer nada especial. Allí fuera se está bien. Si no hiciese tanto viento, aún se estaría mejor: estar fuera quiere decir, al menos, haber salido de dentro. Para no quedarse quieto, camina poco a poco por el saliente, de espaldas a la pared y de cara al vacío, hasta que llega a la altura de la ventana del piso de al lado. Dentro, la vecina ayuda al hijo a hacer los deberes. Siempre le ha enternecido ver escenas cotidianas a través de las ventanas. Cuando pasea por la calle siempre está al acecho de algún interior de los pisos más bajos. Una lámpara en el techo del comedor y dos cabezas en una mesa, un trozo de estantería, un cuadro, alguien que se sienta en un sillón. Ni siquiera toma en consideración la posibilidad de llamar a la ventana de la vecina. Sabe que, si llamase, la mujer chillaría, sorprendida y atemorizada, aunque, cuando le reconociese, le abriera la ventana. La mujer le dejaría entrar, seguro; no se le ocurre la posibilidad contraria: le conoce, sabe que es el vecino, no hay motivo para que no piense que si está en el alféizar de la ventana es por un motivo lo bastante justificado. Además, es una cotilla que por nada del mundo se dejaría perder una posibilidad como aquélla. Pero ¿qué sacaría en limpio? Cuando hubiese entrado y decidiese salir del piso de la vecina, si ella no le acompañaba, justo al salir entraría en su piso sin que le hiciese falta ni siquiera atravesar el rellano: en cuanto abriera la puerta de este piso abriría la del suyo, y volvería a estar igual. Opta por volver atrás. Deshace el camino por el saliente, tan despacio como lo ha hecho. Pronto está cerca de su ventana. A punto de darse la vuelta para entrar, se da cuenta de que en la calle hay un grupo de personas, pequeñísimas, que le miran y le señalan. Se alarma. Que le miren así y le señalen sólo puede querer decir una cosa: ¡que piensan que quiere suicidarse! O que intenta forzar la ventana de algún piso, para robar en él. Es un razonamiento lógico. ¿Qué motivos puede tener alguien para pasearse por el saliente de una casa? O robar o suicidarse. O hacer fotos. Podría ser un detective que quisiese hacer fotos del cónyuge de su cliente, in fraganti con la amante. Se queda un rato más, observándolos. Lo encuentra divertido. Cada vez hay más personas mirándole. Le emociona que piensen que quiere suicidarse, o robar. Pronto el tráfico queda colapsado. Los coches hacen sonar los cláxones, llegan policías municipales, le miran un instante y, de inmediato, a golpe de silbato intentan poner orden. La muchedumbre aumenta. Poco después, haciendo sonar la sirena y con la luz de destello a toda velocidad llega un camión de bomberos. Bajan siete hombres. Entre los siete tensan una lona de salvamento para que se tire. El hombre se alarma aún más (¡es verdad que creen que intenta suicidarse!), se da la vuelta definitivamente, se agacha, entra por la ventana y vuelve al piso. Cierra la ventana y respira profundamente. Tuerce la cabeza y vuelve a mirar hacia la calle. La multitud todavía está allí. Se sirve un vaso de agua. Se sienta en el sofá. Suda. Enciende la tele.

Pocos minutos más tarde llaman a la puerta. Se levanta del sofá. Va a abrir. Son dos bomberos, uno de ellos extremadamente gordo, cosa que hace que el otro, por comparación, parezca delgado pese a no serlo. Resoplan. El extremadamente gordo se seca el sudor de la frente con un pañuelo, lo pliega, resopla una vez más y dice, como si riñese al inquilino:

–El ascensor está estropeado.

El otro bombero avanza un paso.

–Buenas noches. ¿Octavo segunda? –El hombre asiente–. Tenemos que hacer un informe de justificación de desplazamiento. Hace un rato había una persona en la ventana, a punto de saltar. ¿Quién era?

–No. No estaba a punto de saltar. Se lo explicaré.

Ahora que están los bomberos, está el rellano. Siempre pasa lo mismo: si hay alguien con él, el rellano está; si es él solo el que quiere salir, el rellano no está y, en su lugar, encuentra su mismo recibidor. Al otro lado del rellano está la puerta del piso de la vecina (que se ocupa de poner derechos unos cuadros que tiene en el recibidor), entreabierta justo unos centímetros para poder mirar y escuchar mejor. El hombre invita a los bomberos a pasar dentro y, mientras cierra la puerta, ve cómo la vecina la cierra también. ¿Y si ahora, con los bomberos dentro, saliese del piso? ¿Volvería a entrar o finalmente encontraría el rellano? Para comprobarlo, se excusa, deja a los bomberos en la sala de estar, va al recibidor, abre la puerta y, efectivamente, tal como sale entra otra vez en el recibidor y cierra la puerta con un golpe seco. Pero en este nuevo recibidor los bomberos no están. Saca la cabeza por la puerta que da al comedor: tampoco están. Abre el mueble bar y se prepara una copa; se sienta y vuelve a mirar la tele.

Veinte minutos más tarde, llaman a la puerta. Son tres bomberos más.

–Buenas noches. Perdone que le molestemos. Dos compañeros nuestros han subido a este piso, hace rato, a rellenar un informe y no han vuelto a bajar.

–Hace rato que se han ido de aquí.

–Les esperábamos abajo y no han vuelto. –El bombero que habla, de bigote exageradamente grande, despliega una carpeta para hacer, él también, un informe.

El hombre los invita a pasar y ve la puerta de la vecina entreabierta. A medida que van entrando, los bomberos se quitan los cascos. ¿Los de antes también lo han hecho? No se ha fijado. El de bigote exageradamente grande le pregunta si eran dos los bomberos que le han visitado. El hombre asiente. Le piden que se los describa. El hombre no sabe muy bien cómo describirlos. Apenas se ha fijado.

–Es una pregunta formularia. Tenemos que saber si la

descripción física de las personas que le han visitado coincide con la de nuestros compañeros.

Con la puerta entreabierta, el hombre ve que la vecina aún le mira desde la suya, haciendo ahora como que limpia la mirilla dorada. Con una señal de la mano, el hombre le pide que no cierre. Se dirige a los bomberos:

–Permítanme un momento; enseguida vuelvo.

Sale del piso, cierra suavemente la puerta y, protegido (intuye) por la mirada de la vecina, que impide que el rellano se transforme en recibidor, lo atraviesa. La vecina abre la puerta. El hombre le pregunta si le permitiría hacer una comprobación. La mujer le invita a entrar. Entra. ¿Le dejaría salir un instante por la ventana? La vecina, ilusionadísima, le dice que lo que quiera.

–Veo que tiene un montón de bomberos en casa –le anuncia mientras le trae una escalerilla de tres peldaños. El hijo de la vecina deja inmediatamente de hacer los deberes, muerde el lápiz y les observa. El hombre sonríe, asiente con la cabeza y sale por la ventana. Arrimado al muro, camina por el saliente poco a poco, hasta la ventana de su casa. En la calle, la muchedumbre vuelve a señalarle. Cerca de la ventana de su piso, adelanta la cabeza, mira dentro y ve a los bomberos con los cascos en la mano, mirándose los unos a los otros y mirando, de vez en cuando, hacia la puerta, a ver si vuelve. En la calle, la muchedumbre, que desde su última aparición había ido disminuyendo, vuelve a crecer. La vecina saca la cabeza por la ventana. El hombre vuelve lentamente hacia atrás.

–Todo correcto.

Se agacha. Salta hacia dentro, da las gracias a la mujer, van hacia el recibidor. En el rellano (la cosa se confirma: siempre que está con alguien, el rellano no se convierte en recibidor), vuelve a darle las gracias y, antes de que cierre la puerta, en vez de entrar en su piso, baja las escaleras corriendo. Llega a la planta baja, sale a la calle. Sopla un viento frío que arremolina las hojas de periódico, que vuelan a ras de suelo hasta estamparse en los bancos, las papeleras y las piernas de los peatones. Llega hasta la muchedumbre que mira hacia su piso. Se suma a ella.

Media hora más tarde, los bomberos que han subido no han bajado aún. Uno de los dos bomberos que quedan en el camión sube a buscarles. Pasan los minutos. La luz intermitente gira en silencio, encima del camión. El bombero que se ha quedado solo parece cansado. Le gustaría estar en casa. Hoy, de cena, hay verdura y pescado rebozado. Se pondría las zapatillas y el jersey granate, y después de cenar discutiría con su mujer qué podrían hacer para distraerse. Diez minutos más tarde, los tres bomberos que han subido a buscar a los dos primeros aparecen en la puerta del edificio, acompañados por el bombero que ha subido en último lugar. De los dos primeros, sin embargo, ni rastro. Antes de que lleguen al camión, por miedo a que le reconozcan el hombre se aleja discretamente y con una sensación de culpabilidad que encuentra del todo injustificada.

El bombero extremadamente gordo cierra el libro, resopla, deja el libro sobre la mesa baja que hay delante del sofá y apoya los pies en ella. El por comparación delgado vuelve a arreglar las flores de un jarrón que hay sobre el mueble bar. Se aleja un par de pasos, las contempla, vuelve a acercarse y a arreglarlas.

–Este tipo no vuelve. Yo me largaría.

–No hay prisa. Como mínimo descansemos. Prefiero estar aquí que volver al cuartel para salir corriendo otra vez cinco minutos después. Prepárame otro whisky.

–Si tomamos más se notará.

–¿Y qué? Debe de hacer más de tres cuartos de hora que ha desaparecido. Que nos invite a whisky. Es lo mínimo que puede hacer. Voy a la cocina a buscar más hielo.

El bombero extremadamente gordo se levanta y va hacia la cocina.

–De verdad que tendríamos que ir bajando. Me da igual dónde se haya metido –dice el delgado–. Hacemos el informe y bajamos.

–Cuanto más esperemos, más probabilidades hay de que hayan arreglado el ascensor. Esto es un octavo, más principal. –El gordo vuelve de la cocina con dos vasos llenos de hielo. El delgado está a punto de insinuar que definitivamente tendrían que bajar, cuando, por la ventana, ve cómo el camión de bomberos arranca y empieza a maniobrar.

–¡Se van!

El gordo corre hacia la ventana. Los dos observan cómo, en efecto, con la luz de destello girando sin parar, el camión enfila calle abajo. La muchedumbre que miraba hacia arriba empieza a dispersarse. Los dos bomberos cogen los cascos deprisa y corriendo y salen del piso. Aprietan el botón del ascensor por si, durante aquel tiempo, lo hubiesen reparado. Comprueban que no y empiezan a bajar las escaleras.

Cuando llevan cinco minutos bajando, el por comparación delgado se fija en la placa de la pared: apenas están en el sexto piso. Se paran. No puede ser. Con el tiempo que llevan bajando escaleras, hace rato que deberían estar en la planta baja. Como mínimo han bajado catorce o quince pisos ¿y todavía están en el sexto? Bajan un piso más: la placa dice QUINTO. Pero, debajo del quinto, el piso no tiene placa. Continúan bajando: uno, dos, tres, cuatro pisos más. En ninguno de ellos hay placa. Es decir: está la marca de las placas, un rectángulo más claro que el resto de la pared y los agujeros de los tacos donde debían de estar fijadas. En el piso siguiente vuelve a haber placa: CUARTO. El piso debajo del cuarto vuelve a no tenerla. Debajo de éste, otro piso sin placa. Y otro. Debajo de este otro, vuelve a haber placa: CUARTO, nuevamente. Continúan bajando. Durante un rato, a cada piso que bajan se repite la misma placa: CUARTO. Descansan un momento. El extremadamente gordo propone llamar a una de las puertas y pedir permiso para telefonear al cuartel. El por comparación delgado señala las placas con un gesto teatral que intenta insinuar la inutilidad del esfuerzo. Pero el otro no entiende su gesto.

En cada rellano hay dos puertas. Aguzan el oído hacia la más cercana. La que tiene un 2 encima: el cuarto segunda. Pero no oyen nada. Corren hacia el cuarto primera. Oyen un televisor. Se miran. Sin necesidad de decírselo, los dos piensan que es ridículo que dos bomberos llamen a una puerta pidiendo permiso para telefonear a los bomberos para que vengan a sacarlos. Bajan un piso más. Vuelve a ser el cuarto. Aguzan el oído hacia la puerta que está más cerca. En ese cuarto segunda se oyen risas de diversas voces. ¿Una familia reunida? ¿Una fiesta? En el cuarto primera oyen el ruido de una máquina de escribir. ¿Quién escribirá a máquina, en estos tiempos? Bajan un piso más. Es un rellano sin placa. En la segunda puerta se oye una pelea conyugal. Cuanto más rato pasa, más desconcertados se sienten los bomberos. El camión no tendría que haberse ido sin ellos. Tendrían que haber subido a buscarlos. Cuando lleguen al cuartel, ¿qué excusa les darán por haberlos abandonado? ¿Que como tardaban en bajar se han ido y listo? En un piso lejano se oye a alguien que toca el piano. Los dos coinciden en imaginarse a una mujer. Toca de manera torpe una melodía alegre: la, la, la, do, mi, mi, re, do, re, do, si bemol, re, do, do, do... Intentan identificarla sin éxito.

El bombero extremadamente gordo baja las escaleras seguido por el por comparación delgado. Puestos a llamar a una puerta, deciden hacerlo a la de la pianista. Aguzando el oído intentan deducir de qué piso exactamente sale la música de piano. Cada vez la oyen más nítida. Hasta que llegan ante una puerta, de detrás de la cual llega la música. No sólo se oye con toda claridad sino que, además, algunas corcheas se escapan por debajo de la puerta. El bombero extremadamente gordo mira al delgado, que asiente, y llama. El piano continúa sonando. El bombero vuelve a llamar, con más insistencia. Ahora el piano se calla. ¿Se oyen pasos? Los dos están en la puerta, aguzando el oído. Si el piano se ha callado es que los han oído. Pero nadie se acerca a abrir. Vuelven a llamar. De repente se abre la puerta. Por el espacio que la cadena de seguridad deja abierto, saca la cabeza una mujer de mediana edad que los mira del casco a las botas. ¿La pianista, quizá? Los dos la habían imaginado bastante más joven. Los bomberos la saludan y le explican que tendrían que llamar al cuartel para que viniesen a recogerlos. La mujer los vuelve a mirar, esta vez de las botas al casco. Se sienten ridículos. La mujer cierra la puerta un instante, quita la cadena de seguridad, vuelve a abrir, ya de par en par, y los invita a entrar. Entran. La mujer cierra la puerta y les señala el teléfono. El bombero más delgado coge el auricular, se lo acerca a la oreja y marca.

–Comunican –dice el bombero más delgado al bombero más gordo, pero también a la pianista. Es evidente que en efecto se trata de la pianista: está el piano, enorme, ocupando casi toda la sala–. ¿Cómo es posible que el teléfono de los bomberos comunique?

La pianista los mira, con la mosca tras la oreja, abrazándose a sí misma y frotándose los brazos de frío. El bombero delgado le explica:

–Si le dijera qué nos ha pasado, no me creería.

El bombero gordo duda de que el bombero delgado haya marcado el número correcto. Coge el auricular y marca él. Efectivamente, comunican. Cuelga. Mira al otro bombero. La pianista los mira, alternativamente, primero a uno y luego al otro. De repente, se oye un chillido en la escalera.

El chillido se repite. Se oye una puerta que se abre, otro chillido, más fuerte y más claro, y otras puertas que se abren. La pianista va hacia la puerta y la abre. En el rellano de arriba, una vecina, con bata de boatiné, cuenta, entrecortada por los sollozos, que acaba de encontrar al marido, muerto, en el vestíbulo. Han forzado la puerta del piso y lo han matado.

La pianista se vuelve hacia los bomberos con mirada interrogadora. Antes de que les haga ninguna pregunta, al unísono los dos niegan con la cabeza y de palabra:

–No tenemos nada que ver.

La pianista abre de par en par la boca (una boca enorme, con los labios sin pintar, llena de dientes y con las amígdalas bien visibles) y chilla. Los vecinos asoman la cabeza por el hueco de la escalera. Son centenares, bajan inmediatamente y rodean a los bomberos sospechosos, que se defienden repitiendo, una y otra vez, que no tienen nada que ver.

–¡Qué vergüenza para el cuerpo de bomberos! –dice el vecino que ha llamado ya a la policía. En cuestión de segundos se oyen las sirenas y, poco después, maldiciendo el ascensor que no funciona, llegan dos policías, esposan a los bomberos y se los llevan escaleras abajo, hasta la planta baja, hasta la calle, hasta el furgón policial. Aparte de la comprensible irritación que les produce que los tomen por asesinos, los bomberos (erróneamente convencidos de que se aclarará su inocencia) se sienten aliviados cuando llegan, efectivamente, a la planta baja.

La vecina que vestía bata de boatiné lleva ahora un vestido negro y se sienta ante el ataúd que acoge los restos de su marido. De vez en cuando se lleva el pañuelo a los ojos y se seca una lágrima. La acompañan los parientes: el cuñado (el hermano del marido), las dos hermanas, el hijo y la novia del hijo. A poca distancia, los vecinos, entre los cuales ocupa un lugar preferente la pianista, a quien (como mínimo ella así lo cree) el hecho de haber detenido a los bomberos en su casa le otorga un cierto derecho, una especie de superioridad sobre los demás vecinos e incluso sobre algunos de los parientes, especialmente los más distantes. La viuda, sin embargo, es lógicamente el centro de atención y, de manera metódica, recibe abrazos de cada uno de los presentes.

Cuando llegan los empleados de la empresa funeraria, todos los circunstantes dejan un espacio libre alrededor del ataúd, retirándose hacia las paredes. Cuando los empleados lo cierran, la viuda se echa a llorar con más intensidad: nunca más volverá a ver a su marido, ni vivo ni cadáver. El hijo la abraza, los empleados de la funeraria sellan el ataúd y, en medio del crescendo de llanto, se lo cargan a hombros. Coincidiendo con la salida del ataúd por la puerta del piso, la viuda sube aún más el volumen de su llanto. Todos están ya en la escalera. Una de las hermanas de la viuda cierra la puerta y guarda la llave en el monedero. Los de la funeraria enfilan las escaleras y empiezan a bajar el ataúd, poco a poco. Son muchos escalones y el proceso para no tumbarlo es lento y enojoso. Pero finalmente llegan a la planta baja, abren la puerta de la calle y salen. El aire es fresco y ventoso. Delante de la puerta los espera el coche fúnebre, cargado de coronas de flores. Hay tantas que algunas se han quedado en el suelo porque no había manera de colocarlas todas sin que sobresaliesen hasta el punto de infringir el código de circulación. Con un último esfuerzo, los empleados meten el ataúd dentro. Los de la funeraria se sacuden las americanas y entran en el coche. Los parientes se distribuyen en los otros dos coches, impecablemente limpios para la ocasión. La pianista sube al tercer coche. Es la única persona admitida que no es pariente, está francamente orgullosa de ello y observa, con una media sonrisa de desdén, al resto de los vecinos que se quedan en la puerta de la casa. Algunas mujeres llevan pañuelos en la mano y se limpian las lágrimas y los mocos.

Para llegar a la autopista que tiene que llevarlos al cementerio tienen que atravesar la ciudad. Van en caravana: el primero de los tres coches es el fúnebre. Justo detrás van los otros dos, en estricta fila india. Respetan escrupulosamente los semáforos y circulan a poca velocidad. Toman la gran vía que tiene que llevarlos a la avenida que conduce a la autopista. Hay bastante tráfico e, inevitablemente, algunos de los pasajeros de los coches que pasan por su lado se vuelven para mirarlos. Si son niños, abren las bocas con miedo. Muchos, es la primera vez que ven un coche de muertos y miran el ataúd con pánico: ahí dentro hay un muerto. Finalmente llegan a la avenida. Aquí el tráfico es mucho más fluido y, cuanto más avanzan, menos coches hay. Circulan así durante unos minutos hasta que, de repente, unas obras los obligan a desviarse. El conductor del coche fúnebre sigue los letreros que señalan la ruta de desviación, hasta que, poco a poco, cada vez hay menos letreros; al final desaparecen. El conductor se ve obligado a usar la intuición. Toma con decisión una calle pero se encuentra con que no tiene salida. Tendría que dar marcha atrás, pero los dos coches que le siguen van demasiado pegados a él y no puede recular. Baja del coche, les pide que den marcha atrás para tomar una de las calles laterales que acaban de dejar e intentar así volver a la avenida que les tenía que llevar a la autopista, o como mínimo a los letreros indicadores. Dan marcha atrás: primero el último coche, después el segundo y finalmente el coche fúnebre, que, una vez salido del atasco, acelera de manera ostentosa, hecho que provoca una impresión negativa tanto en los parientes como en la pianista. Los otros dos coches, sin embargo, le siguen inmediatamente, haciendo chirriar los neumáticos. Están en una zona de la ciudad llena de almacenes. Son manzanas y manzanas de naves industriales con camiones enormes aparcados. Las calles tienen nombres desconocidos para la mayoría de los ciudadanos, ellos incluidos.

Que no haya tráfico no les sirve de ayuda. Muy al contrario: si lo hubiese, si circulase gente por las calles, podrían preguntar a alguien la manera de salir de allí. De golpe se ven obligados a girar hacia la derecha y van a parar delante de la playa, paralela a la cual hay una calle. Por pura lógica habría que tomarla hacia la izquierda, pero cuando el conductor del coche fúnebre pone el intermitente para indicar el giro que piensa hacer, el conductor del coche que le sigue inmediatamente toca el claxon. Baja el cristal de la ventanilla y le dice que por aquel lado no hay salida. Tendrían que girar hacia la derecha o bien volver atrás, por la calle por donde venían ahora. Aunque sea contra dirección, es la única manera de volver a la zona donde hay letreros indicadores. El conductor del coche fúnebre reconoce que no sabe dónde están, pero deduce que, como el cementerio metropolitano está más o menos hacia el norte, más allá del primer cinturón de ciudades dormitorio, tendrían que tomar la calle en dirección norte: es decir, hacia la izquierda. Los pocos ocupantes de los tres coches que a estas alturas no han salido a dar su opinión, salen finalmente; cierran las puertas con golpes secos. El hijo, la novia del hijo, el cuñado, el padre, el suegro, la suegra y la pianista tienen ideas claras sobre qué hay que hacer; aunque las de los unos no coinciden con las de los otros. La viuda vuelve a llorar. Finalmente optan por hacer caso de la propuesta del conductor del coche fúnebre, más que nada porque le consideran un experto: de los tres que conducen es el único que lo hace profesionalmente. Vuelven a los coches. Arrancan. Como él quería, giran hacia la izquierda de la calle paralela a la playa. Continúan así quizá un kilómetro o dos, hasta que la calle se acaba justo contra la fachada de un club de natación. La única salida asfaltada es hacia la izquierda, una calle todavía más estrecha que aquella de la que vienen. Le siguen. Pronto aquella calle estrecha se integra en toda una cuadrícula de calles igualmente estrechas pero habitadas. Son casas sencillas, de un siglo atrás, con planta baja y un único piso con balcón y persiana de madera verde. Todas pintadas de blanco. En la planta baja, las puertas son de madera y cristal. Por ellas se ve a la gente que hay dentro: un hombre mira la tele, una chica estudia, un hombre repara una radio, una chica cose a máquina. En la calle, los niños juegan al balón. El conductor del coche fúnebre se para, baja y se dirige a dos mujeres que están en la puerta de su casa, sentadas en sillas y cosiendo. Les pregunta qué calle tienen que tomar para salir de allí y llegar a la autopista. Las mujeres levantan los brazos con el índice extendido, señalando la calle por la que vienen. El conductor les dice que precisamente vienen de allí y que por ahí no han sabido encontrar el camino. Los parientes del difunto vuelven a salir de los coches. El hijo del difunto propone volver a atravesar la ciudad, salir por el sur y, por la otra autopista, la que circunvala la ciudad, llegar al norte, al pueblo donde está el cementerio. El hermano del difunto no está de acuerdo con él. Están al norte de la ciudad. Es absurdo volverla a atravesar para, simplemente, rodearla y volver cerca de donde ahora están. Lo que tienen que hacer es no ponerse nerviosos y buscar la avenida que conduce a la autopista. Tiene que estar allí mismo, muy cerca: alguna calle tiene que llevar hasta ella, por fuerza. El conductor vuelve a entrar en el coche fúnebre, los otros le imitan, van hasta la calle siguiente, la toman hacia la izquierda, y la siguiente también hacia la izquierda, intentando encontrar aquella calle más amplia que iba a desembocar en el club de natación y en la playa. Pero no hay manera de llegar y se encuentran, de pronto, en una plaza cuadrada. Es una plaza que lleva el nombre de un general de hace un par de siglos, con un gran árbol de tronco retorcido en el centro, encima del cual dos niños juegan a hacer caer al otro, y a la que no va a parar ninguna calle a excepción de esa de la cual vienen.

5

ESTRATEGIAS

1

En cuanto el examinador abre la puerta, el examinando de piel especialmente pálida entra en el aula escabulléndose entre la nube de examinandos que se atascan en la puerta. Camina con agilidad; se sienta en el primer pupitre vacío que encuentra. Los pupitres son de formica verde claro, con los bordes de madera. En la superficie hay garabatos hechos con bolígrafo e incisiones con navaja, dos de las cuales son obscenas. El ruido (que forman los chirridos de pupitres y sillas, y los comentarios) aumenta a medida que entran más examinandos; el examinador les pide que por favor (es un «por favor» lento e imperativo) se sienten sin hacer ruido. Los examinandos le hacen caso fugazmente: el ruido mengua durante unos segundos pero pronto vuelve a la intensidad anterior. El examinador les da ahora la espalda: borra de la pizarra algunas frases de la clase anterior, se da la vuelta (el ruido mengua nuevamente) y, cuando todos están en su sitio, baja de la tarima, va hacia la puerta del aula, la cierra, se sacude la tiza que el borrador le ha dejado en las manos (gesto que apaga los últimos murmullos), y pronuncia dos apellidos. Dos de los examinandos se levantan de los pupitres y van hacia él. A cada uno le da un montón de pliegos de hojas grapadas; empiezan a repartirlos. A medida que avanzan dejando un pliego en cada pupitre, los alumnos fuerzan la vista para intentar leer las preguntas, escritas con letra muy pequeña, pero ninguno hace ni el intento de acercarse el pliego o levantar discretamente la primera hoja. No los tocan hasta que, una vez repartidos todos, el examinador anuncia que pueden empezar. Al unísono, casi cincuenta hojas resuenan en la sala. El examinando de piel especialmente pálida inspira profundamente, coge su pliego, se lo acerca hasta tenerlo justo delante y, con calma, empieza a leer. Se ha pasado el fin de semana con los codos en la mesa y, ahora que finalmente el examen ha empezado, se siente entre el desfallecimiento y el desinterés. Se ha pasado semanas preparando este examen del que, una vez más, depende su continuidad. Años atrás hubiera dicho que era un examen crucial, pero con el tiempo ha aprendido que todos los exámenes son cruciales, hasta el punto de que un examen que no fuese crucial no le parecería, no sería, un auténtico examen. Acaba de leer las cinco preguntas y respira tranquilo. De las cinco, se sabe cuatro a la perfección. Por tanto, ya puede considerarse aprobado, como mínimo. De golpe se fija en que hace rato que tamborilea en el pupitre con los dedos de la mano derecha: tatatatatta tatatatatta tatatatatta... Vuelve los ojos hacia los demás examinandos y ve que todos están inquietos. La mayoría escriben deprisa; como si se les fuera a acabar el tiempo, llenan una hoja tras otra, con cara impávida. Hay dos de ellos que piensan intensamente. Se nota porque miran hacia el techo, con la frente arrugada; uno de ellos muerde, además, la punta del bolígrafo. Otro ha bajado la cabeza para esconderse de la vista del examinador y dirigirse al del pupitre de al lado: mueve los labios vocalizando lentamente una palabra, pero el del pupitre de al lado no le entiende; le responde tapando el labio superior con el inferior y alzando los hombros. El que vocaliza en silencio repite la palabra una y otra vez. Continúan así hasta que el examinador empieza a pasearse por los pasillos que las tres hileras de pupitres dejan entre sí. El que se agachaba se yergue con una seriedad exagerada y delatora. Como si a él también le pudiesen pillar en falta, el examinando de piel especialmente pálida se yergue también y decide empezar de una vez. Saca el capuchón del bolígrafo y escribe el nombre. Empieza a contestar la primera pregunta, con letra clara y equilibrada, una palabra tras otra, en líneas compactas y rectas. Cuando acaba la primera pregunta empieza con la segunda. Pero al cabo de unas cuantas líneas se siente desfallecer nuevamente y deja de escribir. Está cansado. Estos últimos días de estudio intenso no le pueden haber cansado tanto; tal vez lo que le agota es ya la serie de exámenes que ha tenido que ir superando desde la infancia, uno tras otro. Si como mínimo divisase el final... Pero después de este examen habrá otro y, después, otro. Sabe que prepararse requiere esfuerzo, que de hecho nunca se sabe suficiente, ni se demuestra suficiente cuánto se sabe, sea suficiente o no. Esta convicción, sin embargo, no le impide preguntarse si alguna vez habrá un último examen. Continúa escribiendo sin ganas. Sabe que aprobará, como siempre. Porque todo el mundo aprueba siempre. No porque los examinadores sean bondadosos. Son severos, y pese a ello no conoce (ni nadie que él conozca ha conocido nunca) a nadie que haya suspendido. Todo el mundo aprueba siempre: porque todo el mundo se prepara a conciencia. Que todo el mundo haya aprobado siempre convierte en curioso este pánico a suspender. ¿Alguien ha suspendido nunca? ¿Y por qué examinarse, si todo el mundo aprueba siempre? ¿Sólo porque si dejase de haber exámenes la gente dejaría de prepararse con la eficacia con que se prepara actualmente?

Vuelve a rondarle la cabeza la pregunta que le acompaña desde hace unos cuantos exámenes: ¿y si decidiera suspender aposta? Cada vez está más convencido de que no le pasaría nada especialmente grave. Volver a aprobar tan sólo le servirá para, mañana mismo, tener que volver a empezar: arrinconar los libros que ha estudiado ahora, abrir otros nuevos, memorizar miles de páginas. Tiene las paredes de casa llenas de libros. Primero los ponía en estanterías. Cuando ya no quedó pared para poner más, empezó a acumularlos sobre las mesas, bajo la cama, encima de la cama. Ahora hay libros por todas partes. Deshacerse de los más antiguos para dejar espacio a los nuevos sería un error, porque a menudo los nuevos exámenes hacen referencia a explicaciones que sólo puede encontrar en libros estudiados muchos años antes, de pequeño, cuando se preparaba para los primeros. Hace cuatro o cinco exámenes se dio cuenta de que el primer examen de todos no lo recordaba; en el primer examen que recuerda, ya había habido uno o dos anteriores.

¿Por qué continúa examinándose? De hecho, ¿para qué le sirve y para qué le servirá? ¿No sería mejor dejarlo ya, inmediatamente? Igual que no recuerda los primeros exámenes, ha olvidado también el objetivo final que debe de haber más allá del de convertirse, momentáneamente, en examinador. Sabe que los examinadores (que han tenido que superar la serie de exámenes por la que él pasa ahora) se examinan a su vez, pero no sabe para qué. ¿Para convertirse (¿momentáneamente también?) en examinadores de los examinadores? Ni siquiera es seguro que convirtiéndose en examinador lo sepa. Igual que tampoco sabía, cuando empezó de pequeño, que el primer objetivo (ése al que cree acercarse) es convertirse en examinador. Empezó, cree recordar, porque sus padres (como absolutamente todos los padres) querían que estudiase. Pero los padres murieron hace años, en un accidente de avioneta, una tarde, mientras él se examinaba. Intenta recomponer los jirones de infancia y de adolescencia que recuerda. ¿En algún momento le ha interesado algo de lo que ha estudiado?

Le aburre aprobar otra vez. Hace lustros que se examina y aprueba siempre, indefectiblemente. ¿Qué necesidad tiene de demostrarle al examinador que es capaz de responder cuatro de las cinco preguntas? Y el examinador, ¿cuántos exámenes más que él ha tenido que superar para serlo? Por el hecho de que hay examinadores habría que deducir que efectivamente hay un último examen. ¿Pero realmente es así? ¿O quizá las cosas son más complicadas (o más simples) de lo que imagina? ¿Está él cerca de ese último examen o aún le faltan años? ¿Por qué piensa, cada vez con más convicción, que la única manera de romper la cadena es plantándole cara? Y la única manera que se le ocurre de plantar cara a este continuo de aprobados es suspender. Desde hace algunos exámenes sospecha que muchos de los que se examinan con él, en esa misma aula, tienen o han tenido alguna vez la idea que le ronda por la cabeza últimamente: responder de manera incorrecta. Es imposible que sea él el único que encuentre estúpido aprobar (¿eternamente?) un examen tras otro. Al principio le tiembla el pulso, pero pronto cobra confianza: una por una, responde a las preguntas, con letra clara y equilibrada, una palabra tras otra, en líneas compactas y rectas y, de manera deliberada, mal. Cuando acabe se levantará del pupitre, entregará el pliego al examinador y (eso es lo que él cree) suspenderá.

## 2

Independientemente de la hora en que finalmente se meta en la cama, la noche antes de la jornada electoral el candidato pone a punto un despertador como mínimo, y dos o más si tiene el sueño pesado o si tiene miedo de que el despertador habitual falle precisamente aquel día. El candidato tiene que estar seguro de despertarse lo bastante temprano, aunque de hecho se haya acabado la campaña electoral y en teoría pueda permitirse descansar después de semanas de ir de mitin en mitin y de no dormir más de dos o tres horas cada noche. Tiene que levantarse pronto porque sabe que, en la recta final, pocas cosas dan una peor impresión que un candidato que llega tarde al colegio electoral, con aspecto desaliñado o somnoliento. Un candidato que se presenta a votar a las doce del mediodía es un inconsciente a quien los electores tildan de perezoso: se le pegan las sábanas incluso el día en que se juega su futuro inmediato y, supuestamente, el de la ciudad. La reflexión es clara: si ahora que no es alcalde ya se deja llevar por la pereza, ¿qué no hará cuando lo sea?

Todo esto no tendría mayor importancia si la pereza se viese a posteriori: esta noche, o mañana, o una vez hubiese pasado la jornada electoral. Pero los reportajes con los candidatos votando en los respectivos colegios electorales saldrán en los noticiarios televisivos del mediodía. Y al mediodía aún faltarán horas para que se cierren los colegios, cosa que de hecho convierte estos reportajes en el último acto de propaganda de la campaña, aunque oficialmente no sea así. La ley establece que la propaganda se acabó en la medianoche de anteayer. Pero muchos posibles votantes (los que siempre lo dejan todo para el último momento: los que compran la cena en el supermercado cuando están a punto de cerrar las puertas, los que llegan al cine cuando la película ya ha empezado) verán estos reportajes al mediodía, y el comportamiento del candidato mientras emite el voto puede hacer que finalmente se decida a levantarse del sofá e ir a votar. E incluso (y esto es para él lo más importante) votarlo a él. Por eso es capital su actitud a la llegada al colegio electoral, durante los apretones de manos con los miembros de la mesa, durante la votación y durante la posterior salida a la calle. Una cara seria e impecable puede resultar positiva para aquellos indecisos que consideran que durante la campaña el candidato ha gastado un tono bromista y prepotente. Pero esta actitud seria ¿no dará pie para que otros, de esta seriedad súbita, infieran miedo a un posible fracaso, inferencia que frenaría la intención de votarlo? Y, al contrario, una actitud frívola y chistosa, que podría resultar positiva de cara a los que le han encontrado demasiado frío durante la campaña, ¿no será contraproducente si coligen de ella la soberbia de quien ya está convencido de la victoria? Nada más inoportuno que llegar al colegio silbando. Malo si lloras y malo si ríes; y si no lloras ni ríes, malo también.

Para compensar el vía crucis hacia el consistorio, el candidato tiene una ventaja final: es el ciudadano que, en teoría, menos dudas debe tener a la hora de depositar el voto. Incluso sus parientes y colaboradores podrían (por cansancio conyugal, por envidia, por intrigas internas) votar a otro: para putearlo o para, en lo más íntimo, sentirse aún bachilleres gamberretes. Pero él no puede dudar. Es ley no escrita. La posibilidad de saltársela hierve desde hace un rato en el cerebro del candidato mientras, efectivamente, llega al colegio electoral, baja del coche, sonríe a los flashes de los fotógrafos, entra en la sala de votaciones y avanza entre la masa de electores. ¿Y si no se votase a sí mismo? Dicen que, si de verdad es honesto y cree en el programa que presenta, todo candidato tiene la obligación de votarse a sí mismo. Si piensa en ello con calma, sin embargo, ese voto a uno mismo, ¿no es en cierta medida un sortilegio, un ritual de magia propiciatoria? Recuerda la primera vez que pudo votar (mucho antes de que acabase dedicándose a la política), la emoción que le colmaba, las dudas sobre a quién votar y a quién no, los análisis exhaustivos de los programas electorales de cada uno de los candidatos, la fe. Coge una papeleta de cada partido, entra en la cabina electoral y corre la cortina. Los periodistas sonríen y piensan que es una broma. Precisamente a él no le hace falta coger una papeleta de cada partido ni esconderse en la cabina para decidir el voto. Todo el mundo sabe qué votará y no tiene que mantener ningún secreto.

Solo, en la cabina, el candidato repasa las papeletas y piensa que quizá se podría formular la propuesta contraria: que un candidato tan seguro de su honestidad y del valor del programa que presenta en ningún momento tiene que sentirse preso en las garras de la superstición. Muy al contrario: seguro de sí mismo y de sus argumentos, puede permitirse regalar su voto al rival porque sus argumentos son tan evidentemente acertados que tienen que apasionar a la mayoría e inclinarla hacia él. Malo si la victoria tiene que depender de su misérrimo voto. Cierra el sobre, descorre la cortina, sale de la cabina con la sonrisa en los labios y blandiendo el sobre con el voto dentro. ¿Ha habido, en la historia de la humanidad, algún otro candidato que (por un acceso de sinceridad, o de esquizofrenia) amparado en el sobre cerrado haya votado alguna vez a su rival?

## 3

Se alza el telón. La escena representa un comedor. Las paredes están empapeladas con flores azules y verdes. En el centro, una gran mesa de madera rojiza, sobre la que hay un jarrón con flores y un montón de partituras (que el público, que las contempla desde la platea, ve sólo como una pila de papeles). A la derecha, un aparador; a la izquierda, una chimenea con un tronco de plástico que figura que arde. Sobre la chimenea, un cuadro de una mujer fea con diadema. Entra el actor con pasos firmes y avanza hacia la mesa, pero a mitad de camino se para. Como si hubiese cambiado de opinión, chasca la lengua y vuelve atrás, pero nuevamente se para, vuelve a chascarla y va de nuevo hacia la mesa. Intenta así transmitir la idea de aturdimiento, de indecisión, de graves preocupaciones. Pone la mano derecha en la mesa y, finalmente, después de esperar los segundos reglamentarios, empieza a decir el monólogo. Lo dice sin prisa, con voz vacía y clara y un ritmo emocionado. Es un monólogo largo, que el autor escribió para que el personaje reflexionase sobre lo inhóspita que es la existencia, la vida dudosa que ha llevado hasta entonces y la amargura de darse cuenta tanto de los errores cometidos como del tiempo malogrado. Todas estas consideraciones hacen que, inevitablemente, cada día, el actor (mientras continúa diciendo el papel) piense que, en efecto, es amargo darse cuenta de los errores y (mientras enumera los del personaje) repase paralelamente los que él ha cometido a lo largo de la vida, el último de los cuales es, precisamente, este papel en una obra de teatro que cada vez le resulta más penosa. No le es fácil, pese a ser un actor experimentado, mantener el hilo de lo que narra y, a la vez, permitirse divagar. De hecho, tendría que concentrarse exclusivamente en lo que dice y dejar las meditaciones para más tarde. Pero le resulta imposible. Cada vez se aburre más, cada vez soporta menos la obra; nunca un papel se le había hecho tan pesado. De nada le sirve la aceptación del público. Él sabe que la obra es un bluf. Al principio, no sólo no lo sabía sino que creía en ella con convicción. ¡Estaba encantado con el papel! Recuerda el día en que se lo propusieron, la tarde en que leyó la obra, toda de un tirón, la llamada al director aquella misma noche, aceptando entusiasmado. Pero ahora a cada representación se da cuenta de que detrás de las palabras brillantes apenas hay nada. Por mucho que los críticos la hayan analizado del derecho y del revés y (con rara unanimidad) todo hayan sido alabanzas, por mucho que el público llene cada día la sala y haya habido una avalancha de propuestas para llevarla al extranjero, la obra se le desinfla en las manos. Nadie la conoce como él. Sin contar los ensayos (que duraron meses), la ha representado novecientas veintitrés veces. La de hoy es la representación novecientas veinticuatro. Y con novecientas veinticuatro representaciones se sabe todo de una obra. Se sabe que, si fuese buena, habría llegado a esa cifra sin ningún problema: a la novecientas veinticuatro o a la quince mil setecientas trece, y cada día habría ido descubriendo en ella vetas nuevas. Con las obras malas, en cambio, cada representación es una grieta. Después de novecientas veinticuatro representaciones, las grietas ganan y la obra se viene abajo. Da lo mismo que, salvo él, nadie se dé cuenta de ello. Como estos que se ríen ahora, obedientes, justo en el silencio que ha marcado precisamente para que se rían. En cuanto se paran las risas, vuelve el monólogo y, sin dejar de hablar, se sienta en una silla, pone los codos en la mesa y la cabeza entre las manos. Ha repetido esa acción tantas veces... ¿Por qué, una noche, en vez de sentarse y poner la cabeza entre las manos, no va hacia la cortina y la olfatea, o levanta el pie y se mira la suela del zapato? Es todo tan repetitivo que podría representar la obra (desde la primera escena a la última) totalmente a oscuras, con el escenario lleno de minas. Un escenario convenientemente minado no sería ningún problema para un actor metódico: podría pasear por él sin miedo, seguro de no pisar ninguna mina: porque tendría todos los movimientos grabados en el cerebro, al milímetro. En cambio, estos actores de hoy, sin disciplina, que de una representación a otra modifican los movimientos, no para mejorarlos (si fuera para mejorarlos, nada que objetar) sino por falta de sistematización, estos actores volarían a los dos pasos. ¡Ja! Finge un ataque de tos, dice de manera entrecortada las últimas frases del monólogo, golpea con el puño (suavemente, aunque los golpes resuenen por toda la sala) la pared empapelada con flores azules y verdes y vuelve a sentarse. Cuando acabe el monólogo con la frase «¡Sin lo cual todo habría sido en vano!», entrará la actriz (que está encantada con la obra y nunca, por muchos años que pasen, se dará cuenta de que está vacía), fingirá sorpresa y dirá: «Hola, Lluc. No esperaba encontrarte aquí.» El actor oye pasos, finge gran sorpresa, se levanta de la silla y acaba: «¡Sin lo cual todo habría sido en vano!» Inmediatamente, entra la actriz, dice: «Hola, Lluc. No esperaba encontrarte aquí», el actor se le acerca con pasos casi de bailarín, la abraza, ella le rechaza con un gesto histriónico, él retrocede hasta el aparador y decide que tendría que dejarlo:

anunciar hoy mismo, en cuanto acabe esta representación, que la obra ya no le satisface, que necesita aires nuevos y listo. Pero ¿con qué excusa? No puede declarar, sin más explicaciones, que deja la obra que ha representado ininterrumpidamente durante años, la obra con la que ha conseguido, finalmente, después de décadas de esfuerzos, la fama y el reconocimiento. No puede confesar que ha ido descubriendo, poco a poco, que la obra que se enorgullece de haber representado novecientas veinticuatro veces es una estafa. Si fingiese una enfermedad (ahora actor y actriz se besan apasionadamente) suspenderían las representaciones. Pero ¿cuánto tiempo podría fingirse enfermo sin que el empresario sospechase? ¿Quince días? ¿Un mes? Si la falsa enfermedad durase más, el empresario (a su pesar, aunque no sospechase el engaño) buscaría un sustituto. La obra se encuentra en el momento culminante. No se puede suspender sin más ni más. Ostentosamente, después del beso la actriz se limpia los labios con el dorso de la mano y le increpa; él la insulta, imagina a su sustituto interpretando (ni por un momento le pasa por la cabeza la posibilidad de que incluso mejor) el papel que él ha convertido en un éxito; la imagen le estremece. También le estremece pensar que es sólo por eso por lo que no abandona, continúa las representaciones día tras día y, cuando cae el telón y oye los aplausos del público, saluda mecánicamente y lleno de orgullo.

# VIDA DE LOS PROFETAS

## 1

El hombre se levanta con los ojos iluminados, respirando agitadamente y con una resolución: revelar al mundo lo que le acaba de ser revelado. Se frota los ojos; la revelación continúa nítida, delante de él. Hasta aquel momento le habría sido difícil aceptar que pudiese, de repente, convertirse en profeta. Ahora, en cambio, se encuentra asumiéndolo con la fe y la frialdad que corresponde a la situación. Con las trompetas resonándole aún en la cabeza, baja las escaleras deprisa y corriendo y en pijama (su misión es demasiado grande para detalles fútiles como buscar unos pantalones, una camisa, una chaqueta) y, de refilón, ve a su mujer en la cocina, preparando el desayuno, y al niño en la cuna, llorando a gritos. La mujer se sorprende de que se haya levantado tan temprano. Se lo dice, pero él ya no puede oírla porque está abriendo la puerta y saliendo a la calle, decidido a anunciar lo que le ha sido revelado. Llega a la plaza, ve un Volkswagen Passat verde aparcado al lado de la panadería y se encarama en él. Será el púlpito perfecto. Las cuatro personas que han salido de casa a buscar pan, bizcochos o leche para desayunar (bien abrigadas, con bufanda y sombreros calados) lo miran entre legañas. El pijama que lleva es azul celeste, con rayitas grises; el viento se lo pega a la piel y le hiela los huesos. Sin perder tiempo inspira profundamente, blande un dedo, abre la boca, se fija en las caras emperezadas de las cuatro personas que lo miran (hay un hombre que roe un trozo de la barra de pan que lleva bajo el brazo) y se queda en blanco. ¿Qué tenía que profetizar? No se acuerda.

Cuanto más se desazona porque no se acuerda, más en blanco se le queda el cerebro. El tiempo se acelera. La gente lo mira, inmóvil, y eso todavía le desazona más. Lo que tiene que profetizar ¿es bueno o malo? Cautivador, seguro: recuerda la sensación que le produjo. Pero la sensación ¿era cautivadora para bien o para mal? Y, en cierta medida, ¿no le resultaba chocante? ¿Acaso tiene que profetizar un fin del mundo pavoroso? No, no era nada de eso. ¿O, todo lo contrario, una alborada de esperanza? Demasiado grandilocuente. No tenía para nada el aspecto de una profecía colosal. Quizá se trata de una profecía discreta. Pero ¿cuál? En una ventana próxima se oye un televisor. Una orquestina ameniza el programa matinal. Intenta concentrarse y, definitivamente, acordarse de la profecía. Pero no es capaz. Pasan los segundos como si fuesen minutos, las cuatro personas que lo miraban se van (poco a poco, una detrás de otra) y él continúa con el dedo levantado, la boca abierta y sin decir nada. Hasta que llega el dueño del Volkswagen Passat, se sorprende de verle encaramado a su coche, se indigna, le hace bajar a gritos, le coge por las solapas y le golpea contra la pared, mientras el profeta (infructuosamente) intenta recordar si acaso era aquello, aquellos golpes contra la pared, aquella incertidumbre, o la imposibilidad de acordarse, lo que tenía que profetizar.

Rumia sobre ello durante días. Una cosa tiene clara: de ninguna manera se ha engañado y ha creído que tenía alguna cosa que profetizar cuando, en realidad, no tenía ninguna. El sentimiento era cierto. Tenía que anunciar un hecho excepcional. Pero ¿excepcional para el mundo?, ¿excepcional sólo para él? Por eso había bajado corriendo las escaleras hasta la calle, para recordarlo. Pero ¿se acordaba aún de ello mientras bajaba las escaleras o, maravillado por el hecho, ya las bajaba sin acordarse y obsesionado por contárselo a todo el mundo?

¿Cómo se puede olvidar una revelación? Se puede olvidar una cosa habitual, que cualquier mortal puede saber o haber obtenido con el simple conocimiento o con dinero al contado: un nombre, el argumento de una película, el paraguas. Pero una profecía, no. Eso le hace ver hasta qué punto la memoria es traidora y le obliga a considerar la posibilidad de que hubiese sido no tanto una profecía como un sueño. Un sueño con tal verosimilitud que lo hubiese tomado por una profecía. Pero sabe que no fue un sueño. Y sabe también que si no consigue acordarse vivirá mortificado. Su mujer se lo reprocha siempre que puede:

–¿Qué clase de profeta eres? Si no te acuerdas, no hay profecía. Ezequiel e Isaías no habrían sido profetas si hubiesen olvidado lo que tenían que profetizar. Qué hartón de reír, por cierto. ¿Te los imaginas, diciendo que no se acordaban de la profecía?

–¿Y si el profeta tiene mala memoria? No es culpa suya. Puedo incluso aceptar que soy un mal profeta, un profeta incapaz o un profeta mediocre. Pero en cualquier caso soy un profeta. Me ha sido revelada una verdad. Lo sé y no me engaño. Que ahora no la recuerde no niega en ningún caso este hecho. Puedo volverme a acordar. Pero incluso si no es así no pasa nada. Que a lo largo de la historia de la humanidad no haya habido ningún profeta desmemoriado no me quita la condición de profeta. Tampoco ningún profeta había salido volando en un carro de fuego hasta que hubo uno que lo hizo.

El estado profético puede tener lugar espontáneamente o inducido por técnicas diversas: con meditación, con fórmulas mágicas o místicas, con gestos, con castigo corporal. También con música, sobre todo percusión. O con la danza, o ingiriendo narcóticos. Quizá, piensa el profeta desmemoriado, tendría que estimularse con alguno de esos recursos. Cada vez se le hace más evidente que lo más gravc no es haber olvidado qué tenía que profetizar, sino no ser capaz de salir del atolladero. Eso todavía le exaspera más, le hunde en la desazón y hace que llegue a sospechar que la revelación que le hizo levantarse con los ojos iluminados y respirando de manera agitada fue precisamente que, después de la alegría inicial, cuando llegase a la calle no sería capaz de acordarse de ella.

Al cabo de unos años, de improviso, una madrugada el profeta oye nuevamente la revelación. Las trompetas, el estallido de claridad, las palabras nítidas, lentas y con una voz grave. Ya ha leído que las revelaciones se repiten, sobre todo en profetas refractarios a aceptar su papel. Para que no se le escape la revelación, enciende la lámpara de la mesita de noche y, en el cajón, busca lápiz y papel. No lo hay. Se levanta inmediatamente. No lo hay en todo el dormitorio. Corre hacia la cocina; allí hay un bloc para tomar notas, colgado de la pared, en forma de cocinero con sombrero y un bloc por delantal. Pero cuando llega allí ve que el bloc se ha acabado y ahora el cocinero muestra, en vez del delantal de hojas de papel, un agujero obsceno. No se acordaba. Hace días que el bloc de tomar notas se acabó y precisamente no se acordó de comprar uno nuevo porque, como no había bloc donde anotar que había que comprar uno, no tomó nota de ello. Ésta es una incongruencia que irrita al profeta. Los blocs de notas ¿acaso no tendrían que tener una hoja de añadidura para, cuando se acaban, anotar en ella que hay que comprar otro? Es verdad que, en cierta medida, la última hoja del bloc de notas tendría que cumplir esta misión. Pero ¿cómo saber que estamos escribiendo en la última hoja si nada la identifica como tal? Muy bien podría ser que hubiese otra debajo. Para saber con certeza que es la última, para identificarla de golpe, sólo con mirarla, la solución sería que fuese de otro color: amarillo, verde pálido, azulado, lo bastante claro como para que se pudiese escribir en ella con los lápices y los bolígrafos habituales pero lo bastante diferenciado del blanco como para, apenas arrancada la última hoja blanca, darse cuenta de que aquella hoja es la añadida para anotar en ella: «Comprar otro bloc.» Incluso podría llevarlo ya impreso, como ciertos calendarios que, a mediados de diciembre, incluyen la anotación: «Comprar el nuevo calendario Tal», entendiendo por Tal la marca del calendario en cuestión. Claro que esta última hoja encarecería (bien por el color diferente, bien por la impresión) el precio final del producto, pero en un porcentaje ridículo ante la ventaja que supondría. Esta última hoja sería, en cierta medida, el equivalente de la hoja que hay en las chequeras antes de los últimos cinco cheques, y que indica que pronto se habrán acabado y que hay que pedir al banco una chequera nueva.

Todo esto lo piensa el profeta mientras, desasosegado, intenta encontrar un papel para anotar la revelación. Pero incluso antes de encontrarlo (en la cartera de su hijo encuentra una libreta y arranca una hoja) sabe que cuando finalmente tenga la hoja delante, y el bolígrafo (lo saca del plumier de la misma cartera), habrá pasado tanto rato y se habrá desazonado tanto que habrá vuelto a olvidarse. Efectivamente, cuando tiene la hoja delante y el bolígrafo a punto, no recuerda la revelación. Le quedan, eso sí, jirones, fragmentos, ideas vagas. Pero es imposible reconstruirla. Y, además, le asalta una duda. ¿Esa revelación era la misma de la otra vez o son dos revelaciones diferentes? ¿Dios le ha repetido el mensaje que no fue capaz de recordar la vez anterior o ya da aquél por perdido y ahora le envía uno nuevo?

Al día siguiente decide colocar una libreta y un bolígrafo en la mesita de noche, por si la revelación se vuelve a repetir. Le sabe mal haberla olvidado nuevamente, claro, pero haber vuelto a tener una revelación le alegra sobremanera; podríamos decir que desde la primera revelación nunca había sido tan optimista como hoy. Porque haber tenido una segunda le confirma que es un auténtico profeta. Con la única peculiaridad de tener mala memoria. Otro motivo de esperanza: si la revelación se ha repetido una vez, puede repetirse otra.

En una tienda de electrodomésticos compra un casete pequeño; lo lleva siempre encima y de noche lo deja en la mesita, a punto para encenderlo en cuanto se vuelva a producir la revelación y, si ve que se le va a volver a escapar, registrarla de viva voz en vez de escribirla. Con todo, mantiene la libreta y el lápiz, por si acaso en el momento oportuno el casete no se encendiese, o se hubiesen acabado las pilas inopinadamente, aunque cada semana las comprueba y, mucho antes de que caduquen, las tira y coloca otras nuevas.

Los años pasan, sin embargo, sin que todas aquellas previsiones sirvan de nada. No vuelve a haber ninguna revelación. Aquel hijo que estaba en la cuna cuando ocurrió la primera ahora tiene ya veintiocho años. Ha crecido adiestrado por el padre: en la vida, en cualquier momento se puede recibir una sorpresa y hay que estar siempre al acecho. Cuando él tenía siete años la madre murió; padre e hijo cavilaron durante días si la profecía era o no aquélla: que la madre moriría y él se quedaría medio huérfano. Pero al padre no le sonaba. Con todo, aquellas cavilaciones se fueron repitiendo. Cada vez que en el mundo estallaba una guerra o se producía un cataclismo, padre e hijo sospechaban si no era aquello lo que le había sido anunciado.

Ahora el padre está en el lecho de muerte y llama al hijo.

El hijo está fuera, sentado en una silla, con la cabeza gacha. En el dormitorio está el médico, que sale, le avisa y le dice que, sobre todo, no le canse. El hijo entra en la habitación emocionado. Los ojos del profeta se iluminan, intenta hablar, pero se cansa. Intenta decirle alguna cosa, se queda sin aliento, respira profundamente, cierra los ojos un instante, como si le costase mantenerlos abiertos, pero en el acto los vuelve a abrir. Dice: «Hijo...» El hijo se acerca al padre, le coge la mano derecha entre sus dos manos. «Antes de morir...», musita el profeta. Pero de inmediato se vuelve a callar. Ahora aparta la vista y la fija en la pared de enfrente. El hijo mira hacia donde mira su padre, por si en la pared hubiese alguna señal de interés especial, algo que le indicase qué quiere decirle con aquel discurso entrecortado que, es evidente, es el último que le dirige, la despedida definitiva. El hijo estrecha aún más la mano de su padre. «No digas nada, reposa.» De golpe el profeta siente un aliento de energía: «Quiero decirte que...» Se abre la puerta y entra por ella la enfermera haciendo repicar los tacones. La voz del moribundo se pierde entre el ruido. El hijo acerca la oreja a la boca del padre, con la esperanza de que lo repita. La enfermera cambia el frasco de perfusión, del que sale un tubo que se inyecta en una de las venas del moribundo. El hijo está ahora literalmente encima del padre. Una vez cambiado el frasco, la enfermera se va intentando que los zapatos no repiquen tanto como cuando ha entrado. El profeta abre nuevamente los ojos. Cuando abre la boca, en las comisuras se le marca un pliegue grisáceo. «Por eso...» «No te esfuerces...» «... no sabía cómo...»

El viejo cierra los ojos y respira con dificultad. ¿Qué querrá decirle? ¿No habrá recordado la profecía, justo en el lecho de muerte? «Y ahora quiero decirte que...» El moribundo abre los ojos del todo, abre de par en par la boca y queda inmóvil. El hijo solloza. Sale de la habitación, busca al médico. El médico certifica la muerte. Con las yemas de los dedos le baja los párpados. El hijo sale del dormitorio. En el comedor hay otros parientes, que lo paran y lo abrazan. Las escenas de dolor se suceden. Recibe pésames, abraza espaldas, estrecha manos, seca lágrimas, suyas y ajenas. A lo largo de la vida, de la condición de profeta de su padre apenas se ha hablado nunca, en familia, y ahora mismo el hijo sólo adivina, en alguna mirada chispeante, un interés vago, una incierta curiosidad por si en el último momento ha recordado alguna de aquellas revelaciones. En la cocina alguien ha preparado café. El hijo se sirve una taza. Da sorbos cortos porque quema. La parentela continúa abrazándose a él. Busca un rincón donde estar solo. Decide esconderse en el recibidor. Allí, en la oscuridad, nadie le verá y podrá estar solo durante unos instantes. Mientras va hacia allí, un primo lo ve de lejos, se acerca a él, lo abraza y se interesa por su estado de ánimo. Cuando el primo vuelve hacia dentro, el hijo abre la puerta que da al rellano, sale y la cierra procurando no hacer ningún ruido que alerte a los demás. Baja las escaleras, llega a la calle.

## 2

Encuentra trabajo en otra ciudad. Vivir en otra ciudad le sentará bien. Vende la casa paterna y se va. Pasados unos meses, con dos compañeros de trabajo monta una empresa propia. Vive discretamente bien, es relativamente feliz y los viernes por la tarde juega a las cartas con unos amigos.

Una madrugada fría de invierno se despierta con la visión de una ciudad en llamas, con los edificios en ruinas, las calles abiertas en una zanja abismal y la gente huyendo despavorida. Las imágenes se le suceden a una velocidad inaudita y con acompañamiento de trompetas. Es una visión intensísima y corta, y se esfuerza por retener lo que hay escrito, en blanco, en la placa azul y verde: PLACE LACHAMBEAUDIE. La placa tiene la forma y la distribución de colores de las placas de las calles de París. Si tuviese una guía de la ciudad, certificaría si en París hay alguna plaza llamada Lachambeaudie.

Al día siguiente va a una librería y compra una guía de las calles de París: *Guide général de Paris. Répertoire des rues. Éditions L'Indispensable.* Mientras a la puerta de la librería saca la guía de la bolsa y busca Lachambeaudie en la lista por orden alfabético, oye la palabra «terremoto» en boca de una de las dos chicas que en ese momento entran. Vuelve atrás, se acerca a ellas, les pide disculpas por la injerencia y les pregunta de qué terremoto hablan. Una de las chicas le dice que del terremoto de París, el que ha habido hace dos horas. El hijo del profeta echa a correr. Delante de una tienda de electrodomésticos contempla, repetidas en una docena de televisores, las imágenes de París, víctima de un terremoto que ni los detectores habían previsto.

Se siente culpable de no haber dicho nada. A mil kilómetros de distancia observa cómo retiran los cadáveres y piensa que ha cometido un grave error callando, no avisando a ninguna autoridad, perdiendo el tiempo de manera lamentable buscando una guía de calles para certificar si en París hay alguna plaza que se llame Lachambeaudie. Sólo le tranquiliza pensar que si lo hubiese dicho no le habrían creído y que toda aquella gente habría muerto igualmente.

Año y medio más tarde, también en plena madrugada ve (durante décimas de segundo y también con trompetería) cómo una epidemia atroz devasta en pocas semanas un país (le parece que asiático) que no puede determinar. Inmediatamente, para que no se repita la negligencia que cometió con la visión del terremoto de París, habla con las autoridades sanitarias. Les explica el precedente paterno, cómo él mismo previó el terremoto de París y cómo, por no haber dicho nada, hubo aquella tragedia. Le dicen que muchas gracias y que toman nota de ello, pero sabe que lo que hacen es quitárselo de encima porque en el fondo no le creen.

Una semana después, los periódicos no hablan más que de la mortandad en Laos y Camboya. El 98 por ciento de la población de Laos y el 20 por ciento de la de Camboya han muerto ya. Cuando, meses después, la epidemia queda controlada, Laos, Camboya y media Tailandia están arrasadas.

Al cabo de un año, una madrugada se despierta y (durante las mismas escasas décimas de segundo y con la trompetería habitual) ve cómo un autobús escolar se despeña. Sabe de qué escuela se trata porque el nombre estaba inscrito con letras de palo seco en la parte de arriba del parabrisas. Corre a hablar con el director de la escuela. Le cuenta la visión: el autobús, la carretera, la curva con el barranco. El director se muestra impresionado porque, efectivamente, el autobús circula siempre por la carretera que ha soñado y pasa por la curva con barranco que dice. Hace llamar al conductor, para contárselo. Cuando lo ve, el hijo del profeta (profeta ya, de hecho, por méritos propios) chilla. Aquel hombre es, precisamente, quien conduce el autobús cuando se despeña. El director se siente realmente impresionado, y muy agradecido. Pero ¿qué día pasaba eso? El profeta no puede decirlo con certeza. El director toma una determinación: durante un tiempo, el autobús hará una ruta alternativa y el conductor habitual será sustituido por otro.

Dos meses después, como no ha pasado la desgracia anunciada, el conductor vuelve a hacerse cargo del autobús, pero, por prevención, continúa haciendo el viaje por la ruta alternativa. Pasado medio año, ante la imposibilidad de mantener para siempre una ruta mucho más larga y costosa, vuelve a la ruta clásica. Cuando se acerca a la curva del barranco, el conductor extrema siempre las medidas de prudencia. Pasan las semanas y los meses sin ningún problema. Justo a principios de junio, el autobús se despeña.

Alguna gente le mira con malos ojos, como si fuera el culpable del accidente. Una noche, la policía tiene que evitar un intento de linchamiento por parte de familiares de los escolares muertos. El profeta lo explica una y otra vez: confunden profetizar un acontecimiento con ser su causante. El director está de acuerdo con él. Y se siente brumosa e injustificadamente culpable. ¿Qué tendría que haber hecho? ¿Cambiar definitivamente de ruta? ¿Despedir injustificadamente al chófer? Nada concreto le indicaba que el accidente tuviera que suceder de manera inevitable.

El profeta se retrae. Cuando, meses después, una madrugada las trompetas y el estallido de luz le anuncian que se estrellará el avión del vuelo 5397 de la British Airways, que va de Barcelona a Birmingham, decide no decir nada. Por mucho que intenten evitarlo, el accidente acabará produciéndose. Si lo anuncia, cuando se produzca le considerarán en cierta medida responsable. Si no dice nada, nadie le acusará de nada. Pero le cuesta saberlo y callar. En este caso, además, la solución le parece bastante simple. Si el vuelo Barcelona-Birmingham que tiene que estrellarse es el 5397, sólo con cambiar de número al 5397 y otorgarle uno que nadie use (por ejemplo, el 7612) tiene que ser suficiente. ¿Es posible abortar una predicción, sin embargo? No puede dormir sabiendo que quizá se evitarían muertos con una cosa tan simple como cambiar el número de vuelo. Si la compañía le quisiese escuchar, todo se solucionaría. Avisa a la compañía, les explica su historial de profecías y la visión que ha tenido sobre el vuelo 5397. Los directivos de la compañía lo reciben con amabilidad y le explican que si tuviesen que hacer caso de todos los que vienen a anunciar que han tenido presentimientos de que tal o cual vuelo tendrá un accidente no podrían volar a ninguna parte. Hace años que, de manera sistemática, decidieron no hacer nunca caso.

Para que el hecho no pase inadvertido, el profeta declara (al único diario, sensacionalista, que quiere escucharlo) lo que ha pasado, su historial de profecías, el antecedente paterno, y el aviso de que, si la compañía se empeña en no hacerle caso, el vuelo 5397 de Barcelona a Birmingham tendrá un accidente. El periódico, escaso de recursos, publica la noticia (en página izquierda, media parte inferior), y presenta al profeta como un visionario medio loco. Cuando, efectivamente, tres días más tarde el avión se estrella, paralelamente a la desgracia recibe el reconocimiento público. Todos los ojos se vuelven de golpe hacia él y en contra de la compañía aérea. ¿Cómo han podido menospreciar una predicción tan clara y fácil de evitar? Los periódicos que no se interesaron por su historia cuando fue a anunciarles que el vuelo 5397 se estrellaría le piden ahora entrevistas. Pregunta final en todas ellas es si tiene nuevas predicciones que hacer. Un articulista del segundo periódico del país se burla del hecho de que se empeñe en hablar de profecías cuando es evidente que no son más que visiones. Una profecía es una cosa más elevada, más trascendente. El profeta insiste en que el alcance de lo que le es revelado no le fuerza a discriminarlo en categorías y casillitas. Que lo que le es revelado sea de alcance global o personal no le quita su importancia: es una revelación de un hecho futuro, y eso es lo único que importa. Y aún más: quizá su padre vivió toda la vida sin recordar lo que le era revelado precisamente porque se empeñaba en buscarle un valor universal, un aliento redentor.

La fama del profeta es ya tan absoluta que, cuando le llega la revelación siguiente (que el crucero tal que tiene que hacer un viaje navideño por las islas del Egeo se hundirá), las autoridades deciden creerlo. Mantienen la ruta del crucero pero sin ningún pasajero dentro. Y cuando, efectivamente, el barco naufraga, lo hace rodeado de cámaras de televisión que retransmiten cada detalle del hundimiento y el rescate de la tripulación a cargo de los helicópteros que acompañan a la nave, aposta para el cometido. A continuación profetiza una nueva guerra entre dos países sudamericanos, pero ni las más altas instancias pueden hacer nada para detenerla y acaba estallando. Anuncia un tsunami, que produce daños en Chile, Hawai y Japón. Anuncia un choque de trenes, cerca de Bolonia, y la muerte inmediata del rey de Noruega. Cuando prevé la aparición de un volcán en la isla de Mezcala, en el lago de Chapala, las autoridades desalojan rápidamente la zona y las pérdidas en vidas humanas son nulas, aunque las poblaciones próximas quedan arrasadas por la lava. A estas alturas, le piden que lo prevea todo: si tal día será bueno para celebrar las elecciones, si tal sitio es el indicado para construir allí un aeropuerto o qué le deparará el futuro a tal nuevo primer ministro. Se siente tratado como una pitonisa. Por la calle, hay gente que le aborda para preguntarle el tiempo que hará el fin de semana o el número que ganará en el sorteo de la lotería. Una y otra vez tiene que aclarar que de la mayoría de las cosas no sabe nada, que sólo puede profetizar lo que le es revelado. Esto decepciona a los periodistas, que se imaginaban encargándole predicciones a la carta.

Cuando estalla una bomba en la estación de trenes del zoo de Berlín (setenta y nueve muertos) la noticia aparece en la primera página de todos los periódicos y los ojos se vuelven hacia él. ¿Cómo es que no lo ha previsto? Una vez más, les recuerda que no tiene ningún poder para decidir qué hechos le serán revelados y cuáles no, ni ninguna posibilidad de intuir lo que no le es revelado. Pero, por más explicaciones que da, desde aquel momento algunos (entre los que destaca precisamente el articulista que considera que no es tanto un profeta como un visionario) le reprochan cada acontecimiento que no prevé, sobre todo si es una catástrofe. «Quizá no sabremos nunca por qué motivos no le interesaba predecir este hecho», acaba un artículo sobre la bomba en la estación berlinesa, casi acusándolo de connivencia con los terroristas. El titular es: «Profeta cuando le interesa.»

El profeta continúa prediciendo: la paz entre aquellos dos países sudamericanos en guerra, el asesinato del primer ministro holandés, la caída de tal dictadura africana, la inminencia de la vacuna definitiva contra el nuevo tipo de hepatitis mortal aparecida hace tres años. Siempre con la misma trompetería, las revelaciones son del todo aleatorias. Incluso un día de septiembre le es revelado quién será el ganador de la liga de fútbol profesional. Le llueven críticas por banal, por frívolo, por «echar a perder su prestigio profético». Progresivamente, la frecuencia de revelaciones aumenta. Hasta que no puede evitar preverlo casi todo, saber qué sucederá en cada momento. Ya no puede comportarse de manera normal con nada porque sabe cómo será todo. Conoce a una chica y, antes de la primera palabra, sabe que la cosa acabará mal por tal o cual motivo. Con ésta, porque él no soportará los celos (con un morbo especial, le son reveladas, con pelos y señales, cada una de las infidelidades de la chica). Con aquélla, porque al cabo de quince días ella se habrá hartado de tantas visiones. El don profético le impide vivir con naturalidad. Cuando conoce a Marta sabe (el sábado siguiente, en una revelación de madrugada, con Marta junto a él) que se casará con ella, que tendrá un hijo, y que se separarán pocos meses después del parto. Sabe también que, antes, pasarán años, que se comprarán un Rover verde con la matrícula 4436BKR, que medio año más tarde el vecino tendrá un accidente doméstico, que al cabo de tres años en Navidad comerán en Can Nofre, que inopinadamente al día siguiente vendrá la cuñada de visita y que durante el resto de su vida se aburrirá profundamente.

Su hijo tiene un mes de vida. Le da el biberón, lo pone en la cuna, se mete en la cama y, antes de dormirse, de repente oye, como casi cada madrugada, el sonido de las trompetas. Se han convertido en una cosa tan habitual que ya no le emocionan. Abre el ojo izquierdo. Está tan dormido que lo que menos desea, ahora, es una revelación; daría lo que fuese por aplazarla y dormir. Con biberones cada tres horas no hay quien duerma de manera coherente. Pero no puede hacer nada: delante de él ya se despliega, majestuoso, el estallido de luz y, lenta y solemne, una revelación que no esperaba: nunca más volverá a tener otra revelación.

Se queda frío. Mejor, piensa. Por fin descansará, por fin no sabrá más que lo que sabe la gente, por fin llevará una vida normal, como el resto de la humanidad. Se duerme abrazado a la almohada, pero se despierta antes del alba, con pánico. ¿Qué hará ahora con su vida? No tener nunca más revelaciones, poder dormir de madrugada, o estar en un bar tranquilamente, sin recibir la visita de las trompetas, ni el estallido de luz, todo eso está muy bien. Pero tiene que tener en cuenta que, sin percatarse de ello, ha ido montando su vida alrededor de esa cualidad. Sin el don de la profecía, ¿cómo se enfrentará cada día al mundo, que espera de él nuevas profecías? ¿Qué será, si no es profeta?

Decide disimular. Durante un tiempo, no le dice nada a nadie. No anuncia nada. No predice ninguna cosa. Pero los meses vuelan y la gente empieza a quejarse de que ya no hace profecías. Primero se excusa con el niño: los niños pequeños dan mucho trabajo y no se puede estar para nada más. Después intenta hacer pasar por profecías hechos que es obvio que tienen que suceder. Que tal día en tal sitio el sol desaparecerá. Pero la argucia no funciona porque todo el mundo sabe que tal día en tal sitio habrá un eclipse.

Una mañana abre los ventanales de casa (debajo hay siempre un grupo de periodistas, con cámaras y casetes, a punto para registrar lo que tiene que decir) y, con voz grandilocuente, explica que le acaba de ser revelado que el mundo se acabará, que ha visto el planeta yermo, sin vida, destruido. La revelación no emociona ni a los apocalípticos más encendidos. «Ya sabemos que el mundo se acabará, tarde o temprano. Apuestas altilocuentes como ésta no sirven para nada», escribe ahora el articulista que antes le reprochaba la sencillez, la poca grandilocuencia de sus visiones. Poco a poco, aparecen las burlas, las sentencias desdeñosas. «Se le ha acabado la cuerda.» Justo esos días, Marta le repite que no ha sido nunca un buen marido, que ha vivido siempre obsesionado por las revelaciones, por su pequeño y egocéntrico mundo de profeta, un mundo que ahora, por cierto, se muestra acabado. Le anuncia que ha tomado una decisión: se va, y se lleva al hijo con ella. He aquí la última revelación que se cumple. El profeta lo había previsto, pero lamentablemente no había dicho nada a nadie sobre ello, ni a Marta. Si se lo hubiese dicho, ahora aún tendría un cierto, escaso, mínimo, crédito.

Después viene el olvido por parte de la gente. El olvido le produce un pesar insospechado. Nunca hubiera dicho que, cuando llegara este momento, echaría tanto de menos el calor de la gente (¿tendría que llamarla el público?). Abre la ventana y ya no hay ningún grupo de periodistas esperándole, con cámaras y casetes a punto. Había deseado vivir una vida anónima y normal y ahora se lamenta de ello e intenta buscar, como sea, una prórroga. Si les pudiese decir la verdad... Que ha tenido una revelación: que nunca más volverá a tener otra. No está mal. Pero ya es demasiado tarde. Si la hubiese anunciado justo cuando la tuvo habría ocupado primeras páginas de los periódicos y habría sido una retirada digna. Imagina el titular: «Su última profecía antes de la despedida definitiva es que nunca más volverá a tener otra.» Pero ya es demasiado tarde. Anunciarla ahora sería reconocer el fracaso. Y para evitar reconocerse del todo fracasado, para negar que efectivamente hace años que está acabado, un día coge el avión hasta Berlín, se instala en un hotel (el Steigenberger Berlin, junto al zoo), y sale inmediatamente a dar un paseo. Al día siguiente hace público que tiene que anunciar una revelación. Le acoge el escepticismo. «A ver si será del estilo "El 23 de junio de dentro de dos años caerá en miércoles".»

Como en los viejos tiempos, el profeta se encuentra nuevamente en una rueda de prensa. Saluda a un periodista que le entrevistó hace años, cuando los setenta y nueve muertos. Anuncia que ha tenido una revelación: la estación de trenes del zoo de Berlín volará. Algunos protestan: no es ninguna profecía; sucedió hace años, y precisamente él no lo supo prever. El profeta dice que se trata de una revelación del todo nueva. Le preguntan que cuándo pasará, y cómo. Él contesta que aquella misma tarde. Las autoridades reaccionan inmediatamente. Como en los viejos tiempos, sin dudar ni un instante de la fiabilidad de sus palabras, toman las medidas de seguridad pertinentes. Poco antes de las dos, el mismo profeta, encabezando la multitud de policías y periodistas, entra en la estación de trenes para señalarles dónde, en la revelación, la devastación y las llamas eran más pavorosas; justo en aquel momento las bombas estallan, una tras otra.

# DURANTE LA GUERRA

La guerra estalló a media mañana. Pasadas las doce la situación era confusa y al mediodía la sensación de desconcierto ya era (según cómo y dónde) total; a ello contribuía el hecho de que los bandos (y los diversos grupos, de ideologías a menudo opuestas, que había detrás de cada uno de esos bandos, a veces enfrentados entre ellos y que creaban así nuevos subbandos) no quedaban claramente delimitados, y que el tanto por ciento de la población que se había dado cuenta (de que la guerra tanto tiempo anunciada sotto voce era ya un hecho) no sabía qué actitud adoptar exactamente. Había otro tanto por ciento (abrumadoramente mayoritario) que, con intenciones nunca del todo claras, actuaba como si no pasase nada y con la más absoluta normalidad, actitud propiciada por las características de aquel conflicto: el enmascaramiento y la actitud sibilina, que hacían que no se manifestase con la aparatosidad habitual. No había comandos por las calles, ni barricadas en las avenidas. Ni desfiles, ni discursos. Las guarniciones militares guardaban una calma (aparentemente aparente) detrás de la cual no era difícil intuir grandes dosis de nerviosismo. Nerviosismo de los mandos, que se hacía patente en las órdenes dadas con prisa y con una convicción exageradamente extremada, motivada por las dudas y con una trama de contraórdenes tan compleja que evidenciaba su inseguridad. Toda aquella (si se puede llamar así) calma, toda aquella normalidad sospechosa no indicaba sino virulencia.

Al mediodía, sin que nadie los hubiese convocado, movidos por un resorte de civismo y preocupación, los ciudadanos conscientes de la situación fueron yendo hacia la plaza, con la intención de conocer el auténtico estado de las cosas. Según unos, el desencadenante había sido una revuelta (militar o civil, no quedaba claro) en una provincia lejana (e inconcreta, que cambiaba en cada boca: era una u otra según quien la dijese), una revuelta que había estado latente durante meses. La lejanía de los centros de decisión era uno de los motivos por los cuales en la capital (decían los que volvían de ella) tampoco se notaba ningún despliegue fuera de lo normal. Según otros se trataba, en principio, de un enfrentamiento entre dos facciones (no declaradamente antagónicas) del ejército, un ejército que en el pasado había conseguido victorias y proezas que habían entrado en la leyenda y que hasta hacía pocos años había contado con un presupuesto generoso, pero en cuyos altos oficiales habría ido germinando un cierto malestar por la inactividad y las restricciones económicas a que se veían abocados ahora, inactividad y restricciones propiciadas principalmente por la ausencia de conflictos bélicos, de cualquier magnitud, tanto dentro como fuera del país. Todavía, según otros, habría habido un golpe de Estado en la capital (pero ¿dado por quién?), silenciado tanto por los autores (convencidos de que la mayor efectividad de un golpe de Estado era que se notase lo mínimo posible) como por los que, habiendo sido sus víctimas, consideraban que lo mejor para ellos, ya que los golpistas no pretendían ufanarse del golpe, era mantener un silencio prudente que les permitiese no tener que reconocer la derrota. Así pues, hacían como si no hubiese pasado nada, con lo que conseguían que tanto la mayor parte de la población como las misiones diplomáticas no se diesen cuenta (o hiciesen como si no se dieran cuenta) de nada, hasta el punto de que, si a alguien se le ocurría insinuar en público que pasaba algo, ponían como evidencia la calma de las calles. En este punto, golpistas y derrocados estaban, por tanto, y en teoría, paradójicamente de acuerdo. Que el pacto de silencio interesase por igual a los dos bandos hacía que algunos otros, más elucubradores, supusiesen que el golpe de Estado había sido pactado previamente por golpistas y derrocados, habiendo previsto hasta el último detalle para que pasase lo más inadvertido posible. Ante aquel silencio sin resquicios aparentes, ¿cómo podían valorar exactamente los hechos los ciudadanos conscientes? La radio ni siquiera retransmitía únicamente música clásica, como suele ser habitual en estos casos, y la televisión continuaba con la programación prevista. Justo ahora acababa la película correspondiente del ciclo Elvis Presley que habían empezado tres semanas atrás: Elvis Presley se tira al agua, la gente aplaude, Elvis nada hasta el acantilado, se encarama en él, se seca con una toalla, se viste. Un montón de hombres en bañador se lo llevan a hombros hasta el hotel. Todo el mundo le felicita, Ursula Andress le dice: «¡Bravo!», se besan, les rodea un mariachi y Elvis empieza a cantar. A continuación, la programación prevista (esto era especialmente significativo) sin hacer ningún tipo de referencia al enfrentamiento. Los ciudadanos conscientes de la situación se encontraban, por tanto, sin datos para valorar la situación real; desorientación que no hacía sino aumentar las dudas y disparar las cábalas y las suposiciones. Con tan poca base elucubrativa, llegaba un momento en que de una suposición se pasaba a otra; esta otra, unida a una tercera, abocaba a una cuarta, tan imposible de demostrar como cada una de las precedentes e igualmente aceptada como cosa hecha. ¿Había habido ya bajas, como decía alguien? ¿La situación se invertía, como informaba otro? Y, en cualquier caso, ¿se invertía en relación a qué situación precedente? Las tensiones entre los ciudadanos conscientes de la situación crecían, motivadas por los diferentes puntos de vista y por la imposibilidad de demostrar nada, cosa que les impedía tomar ninguna decisión, concreta o no. A menudo, en las concentraciones ante el gobierno militar, la tensión por esa falta de datos llegaba al metafórico punto de ebullición y los ciudadanos más inflamados tenían que ser separados por otros ciudadanos más serenos. Que hiciese falta tomar una decisión era incluso cuestionado. ¿Por qué había que tomar alguna? ¿No era mejor continuar como hasta entonces? (Eso sí: con el oído al acecho. En eso todos estaban de acuerdo.) Las discusiones llegaron a una acrimonia tal que, a las dos del mediodía, finalmente se decidió que aplazaban la determinación hasta después de comer, para razonarlo con más calma. Cada uno se fue a su casa, excepto tres que siempre comían fuera y que se llegaron a un restaurante que había cerca. Allí, la situación no era menos tensa: murmullos en cada mesa, miradas esquivas, disimulos.

A media tarde se detectaron movimientos de tropas delante del gobierno militar. De inmediato, sin embargo, aparecieron los que todo lo cuestionan: ¿había alguna señal, alguna actitud de especial agitación en aquellos movimientos que permitiese deducir de ellos hechos realmente graves o todo eran meras prácticas rutinarias? Poco acostumbrados a los ejercicios castrenses, los ciudadanos conscientes de la situación (que, después de comer, se habían vuelto a encontrar en el café, y desde allí, caminando sin prisa, habían ido al gobierno militar) no sabían qué lectura hacer de aquello; también en esto estaban todos de acuerdo. A las 4.32 llegó un coche negro, con banderín. Bajó un oficial. A aquella distancia, y habiendo sido insumisos la mayoría de los ciudadanos conscientes de la situación, les fue imposible establecer su rango exacto. ¿Se trataba de un general? ¿De un capitán general? ¿De un teniente general? ¿De un teniente a secas? ¿Les habría proporcionado alguna pista saberlo? Era evidente que no, y esto aún les enfurecía más, esta vez con ellos mismos. Les pareció que los dos centinelas (que hacían guardia a un lado y otro de la puerta principal, en garitas de cemento con cúpulas enladrilladas de verde) le saludaron con especial respeto, pero la opinión tampoco era unánime. Una vez el oficial hubo entrado en el gobierno militar, el coche se fue. ¿Denotaba aquella marcha inmediata algo grave; o, al contrario, algo positivo? A las 6.32, una manifestación de obreros metalúrgicos vestidos con mono subió por la calle mayor hasta desembocar en la plaza. Era una manifestación que había sido convocada la semana anterior, que cumplía todos los requisitos legales y que, por tanto, estaba pertinentemente autorizada. Las suposiciones, una vez más, convirtieron en una nueva prueba el hecho de que ninguna autoridad (ni civil ni militar) la prohibiese: haberla prohibido habría sido una señal, un reconocimiento de situación anómala. No se lo podían permitir. Por eso la toleraban y los manifestantes, unas ciento cincuenta personas (cien, según el informe de la policía municipal), pudieron desfilar hasta el puente del oeste, sin ningún problema; allí se dispersaron pacíficamente, unos hacia casa y otros hacia los bares próximos. De repente, a las 7.13 salió del gobierno militar el mismo oficial que había bajado del coche unas horas antes. Ahora, sin embargo, acompañado por otro oficial de graduación diferente pero también sin determinar, por la antes mencionada ignorancia militar de los presentes. El coche (el mismo que a primera hora de la tarde; un ciudadano de buena memoria había retenido mentalmente su matrícula) los esperaba.

La noche fue tensa. Las horas pasaron con lentitud, una tras otra. Los ciudadanos conscientes daban vueltas en sus camas, incapaces de dormirse. ¿Quién podía dormir, con aquella inquietud? Las emisoras continuaban sin emitir música clásica y la televisión con la programación habitual: un concurso de parejas desavenidas y una serie televisiva, en cuyo capítulo correspondiente se descubría aquella noche que uno de los personajes era homosexual.

Durante la noche, calma. El guirigay en los bares, las peleas en la madrugada, los basureros. Después de las seis los quioscos empezaron a levantar las persianas. A las diez de la mañana (¡casi veinticuatro horas desde que todo había empezado!), se oyeron los primeros cañonazos. Veintiuno, exactamente. Y después, nada. Los ciudadanos conscientes de la situación salieron de manera inmediata a la calle, algunos buscando refugio en las estaciones de metro más próximas, mezclados entre los ciudadanos menos conscientes, que aparentemente continuaban como si nada, con la vida de cada día. Después de los veintiún cañonazos, nada más. En el noticiario televisivo del mediodía informaron que aquella mañana había llegado a la ciudad el primer ministro de una potencia económica, política y militar de primer orden. Entre los ciudadanos conscientes de la situación esta visita provocó opiniones contrapuestas. Unos creían que la visita era una excusa para disimular (bajo la apariencia de unos protocolarios cañonazos de honor) los cañonazos reales de aquella mañana. Los otros, que la visita no era gratuita ni inocente (nada lo es, nunca), y que la potencia intentaba o bien hacer de mediadora en el conflicto (una absoluta muestra de petulancia) o bien ayudar a una de las dos partes (pretensión absolutamente intolerable, fuese cual fuese la parte a la que pretendía ayudar). Por la tarde, las primeras víctimas se hicieron públicas: un partido de rugby a cinco en el estadio olímpico acabó con siete heridos, después de que seguidores de los dos equipos se enfrentasen en los graderíos. Al poco rato, otra vez el atardecer, la angustia, la noche. El esquema se repitió, día tras día, durante semanas, con pequeñas variantes que introducían nuevas dudas, supuestas pruebas, nuevas incertidumbres. El drama no era tanto la mortandad (tan bien disimulada que parecía inexistente), las familias desgarradas (pocas y por motivos aparentemente ajenos al conflicto), las casas abandonadas o el hambre (habituales desde hacía décadas), como la fatiga contenida, la violencia de las hipótesis, el intento estéril de descubrir qué sucedía realmente. Pasaban los meses calibrando nuevas hipótesis y al final acababan siempre en el mismo sitio: ahogados en la que ellos mismos llamaban, irónicamente, desinformación. Y sin la más mínima muestra de solidaridad de ningún otro país, próximo o lejano. La frialdad del mundo exterior los hundía aún más.

¿Iba a durar para siempre aquella guerra? Había habido una que había durado incluso cien años y los libros de historia hablaban de ella con una despreocupación enfermiza. Para igualar aquella guerra aún faltaban noventa y ocho. La capacidad de adaptación de los humanos es admirable. Ante las perspectivas más bien negras, los padres aprendieron a aleccionar a los hijos y a prepararlos para vivir en aquellas condiciones. Las generaciones se fueron sucediendo y, de padres a hijos, los ciudadanos conscientes transmitían las argucias necesarias para sobrevivir a aquella guerra inacabable, la primera de las cuales era callar y aparentar, como el resto de los ciudadanos, una despreocupación total.

Hasta que, un día en que los ciudadanos conscientes más jóvenes no se ponían de acuerdo sobre el año exacto en que había empezado todo aquello (evidentemente, ni las enciclopedias ni los libros de historia decían absolutamente nada y presentaban aquellos años como un periodo de paz y esplendor), hubo uno, especialmente independiente e iconoclasta, que abrió de una patada la puerta de la cafetería donde cada martes y cada jueves por la noche se reunían para informarse de las últimas novedades, avanzó hacia la mesa donde todos disimulaban y anunció la noticia: tan inopinadamente como había empezado, la guerra había acabado: aquella tarde a las 5.34. Los ciudadanos conscientes más alegres e ingenuos respiraron con alivio, pero los más conscientes de entre todos los conscientes bajaron la cabeza, apesadumbrados. Porque, si ya de por sí es dura una guerra, mucho más lo es la posguerra que inevitablemente le sigue, y aquella paz (firmada vete a saber en qué condiciones, y con qué cargo a los ciudadanos, y que los medios de información escondían de manera obsesiva) marcaba inapelablemente su inicio.

# LOS LIBROS

El lector apasionado tiene cuatro libros sobre la mesa. Los cuatro por leer. Esta tarde ha ido a la librería y después de una hora paseando entre las mesas de novedades y repasando, en las estanterías, las cubiertas de los libros de aquellos autores que más le gustan, ha escogido cuatro. Uno es un libro de cuentos de un escritor francés de quien le gustó mucho, hace años, una novela. La siguiente novela que publicó no le gustó tanto como aquella primera (de hecho, no le gustó nada), y ahora ha comprado este libro de cuentos con la esperanza de reencontrar todo lo que le había encantado años atrás. El segundo libro es una novela de un escritor holandés de quien intentó leer las dos novelas precedentes, pero sin mucho éxito porque, al cabo de pocas líneas, tanto la una como la otra se le cayeron de las manos. Curiosamente, eso no ha hecho que renuncie a intentarlo de nuevo. Curiosamente, porque de ordinario, cuando a un escritor no le aguanta veinte líneas de un primer libro, quizá lo vuelve a intentar con el segundo pero nunca con el tercero, salvo que los críticos en que confía sean especialmente elogiosos con él, o que algún amigo se lo haya recomendado fervorosamente. Pero en este caso no ha sido así. ¿Cómo es, por tanto, que ha accedido a intentarlo de nuevo? Quizá por el inicio. Ese inicio que dice: «El botones irrumpió gritando:

"¡Señor Kington! ¡Por favor, señor Kington!" Kington estaba en el hall del hotel Ambassador, leyendo el periódico, y estaba a punto de levantar la mano cuando se le ocurrió que nadie, absolutamente nadie, sabía que estaba allí. Ni siquiera levantó la mirada cuando pasó el botones. Sería la decisión más inteligente que nunca hubiera tomado.»

El tercer libro es también una novela, la primera novela de un autor americano de quien no ha oído hablar nunca. La ha comprado porque, a pesar de la cita inicial («Ah, cómo brillan tus tejas en la florida alborada, cuando los gallos con sus cantadas turban la calma del dormitar...»), la ha hojeado brevemente y le ha atraído. El cuarto libro es de cuentos, de un autor también holandés e inédito hasta aquel momento. ¿Qué le ha atraído del libro? Si ha de ser sincero, de entrada la desmesurada abundancia de iniciales: hay tres de ellas (A., F., Th.) antes de las tres palabras que forman el apellido. En total, seis palabras: tres para el nombre y tres para el apellido. Además, la primera de las palabras del apellido es «van». Adora los apellidos que empiezan por «van».

¿Cómo es, por cierto, que de los cuatro libros que el lector apasionado tiene sobre la mesa, dos (el 50 por ciento exacto) son holandeses? Porque la celebración de la feria del libro de la ciudad, dedicada este año a la literatura neerlandesa, ha hecho, por un lado, que estas últimas semanas las editoriales hayan publicado más autores de aquella lengua y, por otro, que las principales librerías de la ciudad le dediquen mesas especiales, reuniendo en ellas tanto estas novedades como libros de autores holandeses y flamencos publicados años atrás y que, desde que dejaron de ser novedad, acumulaban polvo en el almacén de la distribuidora. El lector apasionado tiene los cuatro libros delante y no sabe por cuál empezar. ¿Por los cuentos del francés de quien le gustó una novela hace unos años? ¿Por la novela del joven americano de quien no sabe nada? Así, si (como hay grandes posibilidades) le decepciona inmediatamente, ya habrá eliminado uno de los cuatro y el dilema será sólo entre los otros tres. Claro que lo mismo puede pasarle con la novela del holandés que se le cayó de las manos, justo en la primera página, en dos ocasiones anteriores. El lector abre el segundo libro y lo hojea. Abre el tercero y hace lo mismo. Hace lo mismo con el cuarto. Podría decidirse a partir de la tipografía, el tipo de papel... Intenta que algún elemento del libro (alguna frase aislada, el nombre de un personaje) le haga decidirse. La misma disposición de la página. Los párrafos, por ejemplo. Sabe que muchos autores luchan por abrir párrafos con regularidad, convenga o no al texto, porque creen que así el lector, cuando vea la página poco apretada, se sentirá más atraído por ella. Pasa lo mismo con el diálogo. Un texto esponjado, con abundancia de diálogos, es (según la norma al uso) atractivo para la mayoría de la gente. Puede ser que en general sea así, pero a este lector en concreto le pasa exactamente lo contrario: la abundancia de puntos y aparte le da mala espina. Tiene un prejuicio contra ellos, simétrico al prejuicio que los amantes de la abundancia de párrafos tienen contra la escasez de puntos y aparte, que encuentran aburridísima o petulante.

¿Por cuál empezar? La solución sería, como hace a menudo, empezarlos todos a la vez. A la vez a la vez no, claro: pasando de uno a otro, igual que no se ven nunca seis canales de televisión a la vez, sino que pasas de uno a otro. Siempre, evidentemente, hay un libro que abre primero y del que lee un párrafo, un cuento, un capítulo, el 20 por ciento de las páginas, antes de pasar a otro. El problema, aquí, es que no se decide por cuál empezar. Se levanta y enciende un cigarrillo. ¿Por qué encender un cigarrillo es una solución cuando no se sabe qué hacer? Encender un cigarrillo sirve para demostrar que estamos pensando, que meditamos intensamente, que recordamos, que esperamos a alguien (apartando de vez en cuando la cortina para echar una ojeada a la calle), que nos impacientamos (en la sala de espera de la maternidad, con el suelo lleno de colillas). Se enciende un cigarrillo después del coito; se enciende un cigarrillo para apagarlo en la ingle de la amante masoquista y excitarnos aún más. Se enciende un cigarrillo para buscar la inspiración, para que la nicotina nos ayude a no dormirnos, para no comer cuando tenemos hambre y no podemos o no queremos hacerlo. El lector apasionado da la última calada y vuelve a la mesa. Los cuatro libros están allí y, al lado, la bolsa de plástico con el logotipo rojo de la librería. Cae la noche, pasa una moto, se oye una radio. ¿Se oyen muchas radios en las novelas? Si, de repente, los cuatro libros desapareciesen, desaparecería también el dilema: por cuál empezar. Coge la novela del americano. La abre por la primera página. Pasa el dedo con fuerza por la separación entre las dos hojas, para que se mantenga abierto, y lee: «Justo cuando la enfermera estira la sábana para cubrirle la cara, el muerto abre los ojos y musita alguna cosa incomprensible. La enfermera chilla, suelta la sábana, dice el nombre del paciente, le toma el pulso. Corriendo, sale al encuentro del médico. "¡Doctor, el enfermo de la 114 no está muerto!" "¿Cómo que no está muerto?" "No está muerto. Ha abierto los ojos, de repente. Le he tomado el pulso..." El médico intenta disimular la contrariedad que aquella noticia le provoca.»

El lector cierra el libro. El inicio es el mejor momento de un libro. La primera frase, el primer párrafo, la primera página. Las posibilidades son, siempre, inmensas. Todo tiene que ir viniendo aún, poco a poco, a medida que los caminos que hay al inicio vayan esfumándose y finalmente (es decir: al final) sólo quede uno de ellos, generalmente previsible. ¿Conseguirá el escritor mantenernos seducidos hasta la última página? ¿No habrá un momento, dentro de cinco, dieciocho o ciento sesenta y siete páginas, en que la seducción se romperá? Nunca un relato es tan bueno como el abanico de posibilidades que ofrece justo cuando empieza. No se trata, en ningún caso, de que el lector tenga que prever las continuaciones posibles, y encontrar alguna mejor que las que ofrece el escritor. De ninguna manera. ¿Cómo continuaría él la historia del hombre que lee el periódico en el hall del hotel Ambassador y, cuando gritan su nombre, no contesta? No lo sabe ni le interesa encontrarle ninguna continuación. Es aquel momento de indecisión, en el que se reparten las cartas, lo que le atrae. El planteamiento le recuerda vagamente aquella película de Hitchcock con un Cary Grant a quien confunden con otro hombre en el hall de un hotel. Pero no le interesa lo más mínimo pensar en ello. Escribir su continuación, sea cual sea, tiene que llevarlo a la imperfección.

Los escritores se equivocan cuando desarrollan los planteamientos iniciales. No deberían hacerlo. Deberían, sistemáticamente, plantear inicios y abandonarlos en el momento más sugerente. Es en ese momento del inicio cuando las historias son perfectas. ¿Es que no pasa igual con todo? ¡Claro que sí! No sólo en los libros, sino también en las películas o en las obras de teatro. Y en la política. Si eres tan inocente como para creértelo, ¿no es mil veces más interesante, positivo y entusiasmador el programa político de un partido que su ejecución una vez elegido para gobernar? En el programa todo es idílico. En la práctica, nada se respeta, todo se falsea; la realidad impone su crueldad erosionadora. Y (en la vida que está fuera de los libros) el inicio de un amor, la primera mirada, el primer beso, ¿no son más ricos que lo que viene después, que inevitablemente lo convierte todo en fracaso? Las cosas tendrían que empezar siempre y no continuar nunca. La vida de un hombre ¿no es riquísima en posibilidades, a los tres años? ¿Qué será de ese chico que ahora apenas empieza? A medida que avance, la vida lo irá marchitando todo: de todas las expectativas cumplirá bien pocas, y eso si tiene suerte. Con los libros pasa exactamente lo mismo. Pero así como el lector apasionado no puede parar la vida si no es tomando la decisión de cortarla, los libros sí puede pararlos en el momento más esplendoroso, cuando las posibilidades son aún numerosas. Por eso nunca acaba ninguno. Sólo lee los inicios, las primeras páginas como máximo. Cuando el abanico de bifurcaciones de la historia se va reduciendo y el libro empieza a aburrirle, lo cierra y lo coloca en la estantería, por orden alfabético del apellido del autor.

La decepción puede producirse en cualquier momento. En el primer párrafo, en la página 38 o en la penúltima. Una única vez llegó a la última página de un libro. A punto de empezar el último párrafo (un párrafo corto, de aproximadamente un tercio de página) sin que se hubiese producido la decepción, tuvo miedo. ¿Y si aquel libro no le decepcionaba ni en la última línea? Era del todo improbable; seguro que, aunque fuera en la última palabra, la decepción llegaría, como había llegado siempre. Pero ¿y si no? Por si acaso, apartó la vista rápidamente, a cinco líneas del final. Cerró el libro, lo colocó en su lugar y respiró a fondo; aquella demostración de firmeza le permite continuar fantaseando que, más tarde o más temprano (el día menos pensado, en cuanto por fin se decida), tendrá el suficiente coraje para dejar de aplazar cada vez la decisión definitiva.

ÍNDICE

UF, DIJO ÉL



OLIVETTI, MOULINEX, CHAFFOTEAUX ET MAURY